KB033280

울진 대풍헌과 조선시대 울릉도·독도의 수토사

이 책은 2015년 경상북도와 울진군의 지원을 받아 수행된 연구임

울진 대풍헌과 조선시대 울릉도·독도의 수토사

초판 1쇄 발행 2015년 10월 30일

엮은이 | 영남대학교 독도연구소
펴낸이 | 윤관백
펴낸곳 | 도서출판 선인

등록 | 제5－77호(1998.11.4)
주소 | 서울시 마포구 마포동 324－1 곶마루 B/D 1층
전화 | 02)718－6252 / 6257 팩스 | 02)718－6253
E-mail | sunin72@chol.com
Homepage | www.suninpub.co.kr

정가 34,000원
ISBN 978-89-5933-928-0 94910
978-89-5933-602-9 (세트)

· 잘못된 책은 바꿔 드립니다.

울진 대풍헌과
조선시대 울릉도 · 독도의 수토사

영남대학교 독도연구소 엮음

▍책머리에▐

조선후기에 삼척영장과 월송포 만호가 교대로 수토관으로 임명되어 울릉도로 출발하였습니다. 그 유적의 대부분이 울진에 있습니다. 울진에서 해류와 순풍을 타고 울릉도로 가는 최적지이기 때문에 월송포 만호가 머물렀던 '월송포(만호)진'이 있고, 수토사들이 '대풍헌(待風軒)'에 머물다 순풍(順風)을 만나서 '구산항'에서 울릉도로 출발하였습니다. 울진과 울릉도 · 독도는 하나의 생활권역이었습니다. 그 역사성을 알리기 위해 울진군과 경상북도의 예산을 받아 울진문화원과 영남대학교 독도연구소가 '울진 수토사 뱃길 재현 체험행사'를 기획하였습니다.

첫째, '울진 수토사의 후예-울릉도 · 독도 학술탐사'를 기획하였고, 둘째, 울진을 중심으로 한 울릉도 · 독도 관련 교재개발을 통해 독도교육을 하고, 셋째, '조선시대 수토사' 학술대회를 개최하고, 넷째, 월송포진~대풍헌 수토사 가장행렬과 수토선 체험행사를 재현하여 독도 영토수호의 전진기지 '울진'을 홍보하고자 하였습니다.

【울진 대풍헌과 조선시대 울릉도 · 독도의 수토사】 학술대회(2015년 5월 14일, 울진문화원)는 울릉도 · 독도에 대한 체계적인 홍보 및 교육을 위해 조선시대 수토사 출항유적지가 있는 울진 대풍헌을 부각시키고 울진지역의 역할을 재조명하며, 조선시대 울릉도 · 독도 수토사를 연구하여 울진의 역사적 위상을 더 높이고자 함입니다. 다음은 세부과

제입니다.

총괄주제 : 【울진 대풍헌과 조선시대 울릉도 · 독도의 수토사】

제1부 울릉도 수토사의 제도와 역할
1) 울진과 울릉도 · 독도의 역사적 상관성
2) 조선후기 수토기록의 문헌사적 연구
3) 수토제하에서 울릉도 · 독도로 건너간 사람들
4) 수토정책의 국제법 해석

제2부 울릉도 · 독도와 울진의 수토사 기록
5) 울진 대풍헌의 울릉도 · 독도 수토 자료와 그 역사적 의미
6) 고지도에 표현된 울진~울릉도의 묘사와 이규원의 검찰 경로
7) 평해 월송포진선과 삼척포진성의 연혁과 구조
8) 울진의 뱃길과 동해의 해류 및 바람
9) 울진과 울릉도지역 마을신앙의 관계성 검토
10) 울진 수토문화와 관광자원화의 방향

학술발표회가 끝난 후 영남대학교 독도연구총서를 내겠다고 약속했습니다.

토론에서 '수토관'과 '수토사' 용어를 어떻게 할 것인가에 대한 열띤 논쟁이 있었습니다. 이 학술대회를 기획하는 입장에서 '수토사' 용어를 선택하였습니다. 삼척영장과 월송포만호는 기록상 '수토관'이라고 했습니다. '독도경비대'는 독도경비대장과 대원으로 구분됩니다. 수토관에 따르는 군관, 왜학, 도사공, 통인, 영리, 군색, 중방, 급창, 고직, 식모, 노자, 사령, 채삼군 등이 있습니다. 수토관을 포함해서 따르는 사

람들을 포함해서 '수토사'라고 지칭하였습니다.

【울진 대풍헌과 조선시대 울릉도 · 독도의 수토사】 학술대회는 경상북도와 울진군의 지원을 받아 울진문화원과 영남대학교 독도연구소가 공동 개최하였습니다. 경상북도 관계자분들과 울진 군수님과 울진문화원장님과 관계자들에게 심심한 사의를 표합니다.

2015년 10월 25일

영남대학교 독도연구소장 최재목

❚ 목 차 ❚

제2부

울릉도 · 독도와 울진의 수토사 기록

제1부

울릉도 수토사의 제도와 역할

울진과 울릉도 · 독도의 역사적 상관성

김 호 동

1. 머리말

『고려사』「지리지」 울진현조에 '울릉도'가 속도로 기재되었고, 『신증동국여지승람』 울진현 산천조에 울릉도와 독도가 속도로 기록되었다. 행정적으로 울릉도와 독도가 울진에 속하였다. 조선후기에 삼척영장과 월송포 만호가 수토사로 임명되어 교대로 울릉도에 갔다. 울진군에는 수토사가 기다리는 '대풍헌'이 있고, 월송포 만호가 거주하는 '월송포진'이 있다. 이를 통해 울진에서 해류와 순풍을 타면 울릉도로 가는 최적지임을 알 수 있다. 포항에서 출발하는 선플라워 정기여객선 등의 모든 선박들은 대체로 울진 앞 바다까지 북상하여 그곳에서 곧 바로 울릉도에 가고 있는 실정이다. 이번 책의 경우 「울진의 뱃길과 동해의 해류 및 바람」 주제가 있어 중복을 피하기 위해 문헌자료를 중심으로 '울진과 울릉도 · 독도의 역사적 상관성'을 논하겠다.

기존의 연구 성과는 다음과 같다.

천혜숙, 「울진 해촌의 신화와 제의」, 『울진 사람들의 삶과 문화』, 민속원, 1998.
이병휴, 「울진지역과 울릉도 · 독도와의 역사적 관련성」, 『울릉도 · 독도 동해안 주민의 생활구조와 그 변천 · 발전』, 영남대학교 민족문화연구소 편, 영남대학교출판부, 2003.

전자는 울진지역과 울릉도 · 독도 관련 신화나 전설에 관한 연구이고, 후자는 울진지역과 울릉도 · 독도 역사적 관련성 연구이다. 두 논문을 참고로 하고 문헌자료를 통해 '울진과 울릉도 · 독도의 역사적 상관성'을 논하겠다.

2. 울진과 울릉도 · 독도 역사적 상관성

1) 삼국시대~고려시대 울진과 울릉도 · 독도 역사적 상관성

『三國史記』(권4 新羅本紀 4) 智證麻立干 13년(512년) 6월조와 『삼국사기』(권44 列傳4) 異斯夫傳 및 『三國遺事』(권1 紀異1) 智哲老王條에 512년, 신라가 우산국을 복속했다는 기록이 있다. 『삼국유사』에서 "아슬라주(지금 명주) 동해중에 순풍 이틀거리에 우릉도(지금은 우릉이라고 쓴다)가 있다"는 기록이 있지만 울진과 울릉도 · 독도 역사적 상관성을 논하는 기록이 없다. 그리고 고고학에도 울진과 울릉도 · 독도 관련성을 전하는 자료가 거의 없다.

삼국시대와 통일신라시대 자료에서 512년 이사부의 우산국 복속에 대한 기록이 있지만 울릉도와 독도, 혹은 우산국에 대한 자료는 그 이상 더 나오지 않는다. 418년 지나 930년에 "우릉도가 백길과 토두를 보내어 방물(특산물)을 바치고, 백길은 정위, 토두는 정조의 직을 받았다"는 기록이 나온다.[1] 그렇지만 우산국은 고려 현종조까지 존재했다. 우산국은 현종 조에 동북 여진족에 멸망하였다.[2] 우산국이 멸망함에 따라 그 주민의 대다수가 고려에 망명하여 고려 군현에 편적될 정도였고, 농기구 지원의 명목이지만 고려의 관리를 받아들이지 않을 수 없는 상황이었다.[3]

현종 13년(1022), 여진에게 약탈당하고 도망해온 우산국 백성들을 禮州(지금의 경북 영해)에 편호되었다고 한 기록을 보면[4] 울진과 직접적인 역사적 관련이 없다. 그러나 평해지역 사람들이 후술하다시피 조선 초 기록에 의하면 울릉도에 간 사람이 많다. 평해는 지금의 울진지역이었지만 1018년에 예주(영해)의 속읍으로 병합되었다. 고려시대의 지방제도를 살펴보면 130여 개 군현에만 지방관을 파견했고, 나머지

---

1) 『高麗史』 권1 世家, 太祖 13년 8월 丙午.

2) 김호동, 「울릉도의 역사로서 '우산국' 재조명」, 『독도연구』 7, 영남대학교 독도연구소, 2009, 59~62쪽.

3) ㉠ 「溟州道 監倉使 李陽實이 蔚陵島에 사람을 보내 이상한 과실 종자와 나뭇잎을 가져다가 왕에게 바쳤다.」(『고려사』 권17, 세가 인종 19년 7월 기해일).

㉡ 「왕이 동해 가운데 있는 羽陵島는 지역이 넓고 땅이 비옥하며 옛날에는 州, 縣을 두었던 적이 있어서 백성들이 살 만하다는 말을 듣고 溟州道 監倉 殿中內給事 金柔立을 시켜 가 보게 하였다. 유립이 돌아와서 그곳에는 암석들이 많아서 백성들이 살 수 없다고 하였으므로 그 의논이 그만 잠잠하여졌다.」(같은 책 권18, 세가 의종 11년(1157) 5월 병자)

㉢ 「또 동해 중에 울릉도라는 섬이 있는데 땅이 비옥하고 진귀한 나무들과 해산물이 많이 산출되나 수로가 원격하여 왕래하는 사람이 끊어진 지 오래이다. 최이가 사람을 보내서 시찰한즉 과연 집터와 주춧돌이 완연히 있었으므로 동부지방의 군 주민들을 이주시켰다. 그 후 풍랑과 파도가 험악해서 익사자가 많다는 이유로 이민을 중지하였다.」(같은 책 권129, 열전42 반역 최충헌전 부 최우 고종 30년).

㉣ 國學學諭 權衡允과 급제 史挺純을 울릉도 안무사로 임명하였다[같은 책 권23, 세가 고종 33년(1246) 5월 갑신일].

4) 「도병마사가 여진에게서 약탈을 당하고 도망하여 온 우산국 백성들을 禮州에 배치하고 관가에서 그들에게 식량을 주어 영구히 그 지방 編戶로 할 것을 청하니 왕이 이 제의를 좇았다.」(『고려사』 현종 13년 7월 병자)

390여 개 군현에는 지방관을 파견하지 않았다. 지방관이 파견된 군현을 주읍이라 하고, 지방관을 파견하지 않은 군현을 속읍이라고 한다. 속읍은 주읍의 간접적인 지배를 받고, 주읍의 이름으로도 불리기도 했다.[5] 우산국 백성들을 예주에 편호했다는 것은 예주의 속읍인 평해에 편호되었을 것이다. 그 이후 평해는 1172년(명종 2)에 감무를 둠으로써 독립했으며, 충렬왕 때에 군으로 승격되어 조선시대에도 평해군을 유지했다. 고려의 5도양계체제가 조선 초의 8도체제로 바뀌면서 고려시대 경상도의 속군으로 존재하던 평해군은 평해군과 울진현은 강원도 삼척도호부에 속하게 되었다. 1914년 군면 폐합으로 평해군이 폐지되고, 북하리면 · 상리면 · 남면 · 남하리면이 평해면으로, 원서면 · 근서면이 온정면으로, 원북면 · 근북면이 기성면으로 폐합되어 울진군에 합병되었다.

고려후기에 울진과 역사적 관련 자료가 보인다. 최이(우) 집권기인 고종 30년(1243), 동부지방의 군 주민들을 울릉도에 이주시켰다는 기록을 보면[6] 자료 ①을 통해 울진의 사람들이 포함되었을 것이다. 『고려사』에 울진과 울릉도와 직접적인 역사적 관련성은 다음과 같은 2가지 기록이 있다.

> ① 울진현령 朴淳이 처자와 노비 및 가산을 배에 싣고 울릉도에 가려고 하였다. 성안 사람들이 이것을 알고 마침 성안에 들어 온 박순을 붙잡아 두었는데 뱃사람들이 배에 실은 가산을 가지고 도망하여 갔다(『고려사』권25, 원종 1년 7월 경오)

---

[5] 김호동, 「고려무신정권시대 지방통치의 일단면-이규보의 전주목 사록겸장서기의 활동을 중심으로-」, 『교남사학』 3, 영남대 국사학회, 1987; 「군현제의 시각에서 바라본 12,13세기 농민항쟁의 역사적 배경」, 『역사연구』 4, 역사학연구소, 1995.

[6] 주 3) 각주㉢.

② 蔚珍縣은 원래 고구려의 于珍也縣(고우이군이라고도 한다)이다. 신라 경덕왕이 지금 명칭으로 고쳐서 군으로 만들었다. 고려에 와서 현으로 낮추고 현령을 두었다. 여기에는 鬱陵島가 있다【이 현의 正東쪽 바다 가운데 있다. 신라 때에는 于山國, 武陵 또는 羽陵이라고 불렀는데 이 섬의 주위는 100리이며 지증왕 12년에 항복하여 왔다. 태조 13년에 이 섬 주민들이 白吉 · 土豆를 보내 방물을 바쳤다. 의종 11년에 왕이 울릉도는 면적이 넓고 땅이 비옥하며 옛날에는 주현을 설치한 일도 있으므로 능히 백성들이 살 수 있다는 말을 듣고 溟州道監倉인 金柔立을 파견하여 시찰하게 하였다. 유립이 돌아와서 보고하기를 "섬에는 큰 산이 있으며 이 산마루로부터 바다까지의 거리는 동쪽으로는 1만여 步이며 서쪽으로는 1만 3천여 보, 남쪽으로는 1만 5천여 보, 북쪽으로는 8천여 보인데 마을이 있던 옛 터가 7개소 있고 돌부처, 철로 만든 종, 돌탑 등이 있었으며 柴胡 藁本, 石南草 등이 많이 자라고 있었습니다. 그러나 바위와 돌들이 많아서 사람이 살 곳이 못됩니다"라고 하였으므로 이 섬을 개척하여 백성들을 이주시키자는 여론은 중지되었다. 혹자는 말하기를 于山과 武陵은 원래 두 섬인데 서로 거리가 멀지 않아서 날씨가 맑으면 가히 바라볼 수 있다고도 한다】(『고려사』 권58, 지12 지리3 동계 울진현).

원종 1년(1260) 울진현령 박순이 처자와 노비 및 가산을 배에 싣고 울릉도에 가려고 하였다는 사료 ①을 통해 울진 사람들이 울릉도에 왕래하였다는 사실을 알 수 있다.

『고려사』 지리지의 경우 조선시대에 편찬되는 지리지와는 달리 『삼국사기』 지리지처럼 군현의 연혁과 영속관계를 밝힌 행정적 변경사항만이 언급되고 있다. 현종 때 고려의 지방제도가 완비되는 시점에 오면 내륙은 물론 서남해안의 도서 가운데, 제주도, 거제도, 진도 등에 군현이 설치되었다. 군현이 설치된 읍은 인근 유인도들을 '屬島'로 거느리고 있었다. '속도'를 거느리고 있는 해당 군현이 섬에 속도에 대한 행정사무를 맡아 보았기 때문에 섬에 대한 영토의식이 그만큼 증대하였음을 반영하는 것이다. 『고려사』 지리지 동계 울진현조에 '울릉도'가

실린 것은 고려의 영토로서, 그 소관 읍이 울진현이었음을 의미하는 것이다. 울진현에는 수령이 파견되고, 울릉도에 수령이 파견되지 않았다. 울진현과 울릉도 양자의 관계는 '속도'로서, 주읍과 속읍 및 향소부곡과 같은 관계였다고 볼 수 있다.[7] '속도'란 개념은 조선 숙종 때 일본에 보낸 외교문서에 "우리나라 강원도 울진현에 속도가 있어 울릉이라 이름 하는데 울진현의 동해 가운데 있다'[8]고 한 것에서 확인된다.

고려시대의 사료 가운데 독도에 관한 사료는 자료 ②에 유일하게 나온다. 『고려사』는 고려시대의 실록 등의 고려시대의 사료를 바탕으로 하여 작성하였다. 위에서 살펴본 바와 같이 사료 ②의 지리지 기록을 제외한 고려시대의 사료에는 우산국, 울릉도 등에 관한 사료가 나오지만 그 속에 독도가 포함된다는 것을 증명해주는 기록이 없다. 그렇기 때문에 『고려사』 지리지의 찬자는 동계의 울진현조에 울릉도만을 기록하였다.

『세종실록』「지리지」는 단종 2년(1454)에 간행되었지만 세종 6년(1424)에 지리지 편찬을 명령한 이듬해(1425)에 『경상도지리지』를 발간하였고, 『경상도지리지』와 같이 발간된 나머지 7도의 지리지를 한 데 모아서 세종 14년(1432)에 『신찬팔도지리지』를 편찬하였다. 그 후 『신찬팔도지리지』를 다소 가감, 정리하여 단종 2년(1454) 3월에 『세종실록』에 실음으로써 『세종실록』「지리지」가 완성되었다. 『고려사』가 편찬된 시기는 문종 1년(1451)이다. 『고려사』 지리지의 찬자는 울릉도의 기록 말미에 독도를 언급하였다. 독도에 관한 기록은 "혹자는 말하기를 우산과 무릉은 원래 두 섬인데 서로 거리가 멀지 않아서 바람이 부는

---

7) 영남대학교 민족문화연구소, 『독도를 보는 한 눈금 차이』, 선출판사, 2006, 52~53쪽.

8) 『숙종실록』 권27, 숙종 20년 8월 기유.

날, 날씨가 맑으면 가히 바라볼 수 있다고도 한다(一云于山武陵本二島相距不遠風日淸明則可望見).” 기록과 『세종실록』 「지리지」 울진현의 우산과 무릉의 기록. “二島相距不遠風日淸明則可望見” 기록을 비교하면 거의 같다. 『세종실록』 「지리지」를 따라 그 기록을 넣었다. 『고려사』 지리지의 경우 다른 곳에서 ‘一云’이라는 기록이 없고, 유일하게 독도에 관한 기록에 ‘일운’ 기록이 나온다. 조선 태종~세종 연간에 김인우 안무사 및 남회 순심경차관의 울릉도 파견에 따라 ‘우산도’의 지식이 알려지면서 조선 초기의 독도에 대한 인식이 『고려사』 지리지를 편찬하면서 동계 울진현조에 “一云于山武陵本二島相距不遠風日淸明則可望見”이라는 표현을 집어넣었다.

2) 조선 전기 울진과 울릉도 · 독도 역사적 상관성

고려시대의 경우 『고려사』 지리지 동계 울진현조에 ‘울릉도’가 실려 있다. 그것을 통해 고려는 울릉도를 자국의 영토로서 편재하여 동계 울진현에 소속시켰음을 알 수 있다. 고려시대 동계에 속하였던 울릉도 · 독도가 조선시대에 어떤 행정체계에 속하게 되었는가를 조선시대 최초의 울릉도에 관한 다음의 기록을 통해 살펴보기로 한다.

> A) 강원도 武陵島居民들에게 육지에 나오도록 명령하였는데, 이것은 감사의 품계에 따른 것이다(『태종실록』 태종 3년 8월 병진).

위 자료를 통해 조선조에 있어서 무릉도, 즉 울릉도는 군현체계상 강원도에 속하였음을 알 수 있다. 고려시대의 5도 · 양계체제가 조선조에 들어와 8도체제로 바뀌면서 울릉도에 대한 관할권이 동계 울진현에서 강원도 삼척도호부 울진현으로 이관되었기 때문이다.

위에서 주목되는 것은 태종 3년(1403)에 울릉도를 관할하게 된 강원감사의 품계에 의해 울릉도 거주민들이 육지로 나오게 되었다는 사실이다. 이들은 아마도 고려 말부터 울릉도에 삶의 터전을 일구어왔던 사람들일 것이다.[9] 이들을 육지로 나오게 한 까닭은 무엇일까? 다음의 자료를 통해 살펴보기로 한다.

B) 金麟雨를 武陵等處安撫使로 삼았다. ①호조참판 朴習이 아뢰기를, "신이 일찍이 江原道都觀察使로 있을 때에 들었는데, 武陵島의 周回가 7息이고, 곁에 작은 섬(小島)이 있고,[10] 전지가 50여 結이 되는데, 들어가는 길이 겨우 한 사람이 통행하고 나란히 가지는 못한다고 합니다. 옛날에 方之用이란 자가 있어 15家를 거느리고 入居하여 혹은 때로는 假倭로서 도둑질을 하였다고 합니다. 그 섬을 아는 자가 三陟에 있으니, 청컨대, 그 사람을 시켜서 가서 보게 하소서."하니, 임금이 옳다고 여기어 삼척 사람 前萬戶 김인우를 불러 무릉도의 일을 물었다. 김인우가 말하기를, "삼척 사람 李萬이 일찍이 무릉에 갔다가 돌아와서 그 섬의 일을 자세히 압니다." 하니, 곧 이만을 불렀다. ②김인우가 또 아뢰기를, "무릉도가 멀리 바다 가운데에 있어 사람이 서로 통하지 못하기 때문에 軍役을 피하는 자가 혹 도망하여 들어갑니다. 만일 이 섬에 住接하는 사람이 많으면 왜적이 끝내는 반드시 들어와 도둑질하여, 이로 인하여 강원도를 침노할 것입니다."

---

9) 태종 12년에 유산국도 사람 백가물 등 12명이 高城 於羅津에 정박하여 말하기를 "우리들은 武陵島에서 생장하였는데, 그 섬 안의 人戶가 11호이고, 남녀가 모두 60여 명인데, 지금은 본도로 옮겨 와 살고 있습니다"라고 한 것으로 보아 백가물 등이 여말선초부터 울릉도에서 삶의 터전을 갖고 있었음을 말해주는 것이다. 이들이 유산국 사람을 자처하고 있지만 강원도 관찰사가 通州 · 高城 · 杆城에 억류해둔 것은(『태종실록』 태종 12년 4월 15일) 태종 3년에 소개조치가 내린 울릉도에 사는 사람일지도 모른다는 인식 때문이었을 것이다.

10) 강원감사를 역임한 박습이 말한 무릉도는 울릉도를 지칭하는 것이고, 무릉도 곁의 작은 섬(小島)은 구체적 언급이 없으나 독도를 가리키는 것이 아닌가 한다. 태종 16년 김인우를 '무릉등처안무사'로 파견하였고, 그가 돌아온 후 조정회의에서 '于山 · 武陵' 주민에 대한 쇄출의 문제를 논의한 것을 보면 태종 16년 김인우가 울릉도에서 돌아온 후에는 분명히 울릉도 · 독도 두 개의 섬을 정확히 인지하고 있었다고 보아야 할 것이다.

하였다. 임금이 옳게 여기어 김인우를 무릉등처안무사로 삼고 이만을 伴人으로 삼아, 兵船 2척, 抄工 2명, 引海 2명, 火通·火藥과 양식을 주어 그 섬에 가서 그 頭目에게 일러서 오게 하였다. 김인우와 이만에게 옷과 갓·신발을 주었다.(『太宗實錄』 권32, 태종16년 9월 2일〈경인〉)

사료 B①)에 의하면 박습이 강원도 감사로 있을 때, 옛날에 方之用이 15 가구를 이끌고 울릉도에 살면서 때로는 왜구에 편승해 假倭로 활동하고 있었다는 것을 들었다고 한다. 박습이 강원도관찰사로 파견된 시기가 태종 11년(1411) 2월이었음을 감안할 때[11] '옛날'은 앞의 사료 A), 즉 태종 3년(1403)에 울릉도 거주민들에 대한 소개조치와 관련이 있을 것이다. 따라서 태종 3년의 강원감사의 품계는 왜구의 침구와, 이에 편승한 울릉도민의 가왜활동에서 비롯된 조처로 볼 수 있다.

강원도관찰사를 역임한 박습에 의해 울릉도에 대해 잘 알고 있다고 추천된 김인우는 '삼척인'으로서 수군 '萬戶'를 역임한 인물이다. 삼척도호부의 관할 울진현의 속도인 울릉도에 관해 수군만호로 봉직하였던 김인우는 울릉도에 대하여 직무수행상 많은 지식을 갖고 있었다. 특히 그가 태종 16년에 무릉등처안무사로 울릉도에 들어갔을 때 伴人으로 따라간 李萬은 삼척인으로서 태종 16년(병신년) 이전에 울릉도로 도망갔다 나온 적이 있었던 자이다. "무릉도가 멀리 바다 가운데에 있어 사람이 서로 통하지 못하기 때문에 군역을 피하는 자가 혹 도망하여 들어갑니다"라고 한 이야기는 이만으로부터 익히 들었던 이야기일 것이다.

사료 B)에 나오는 方之用이라는 인물은 울진 지역의 사람일 가능성이 높다. 『세종실록』「지리지」 울진현조에는 土姓으로 林·張·鄭·房·劉氏와 續姓으로 閔氏가 나오고 있는 반면에 『신증동국여지승람』

11) 『太宗實錄』 권21, 태종 11년 2월 23일(갑인).

울진현의 성씨조에는 본현성으로 林 · 張 · 鄭 · 方 · 劉氏 · 閔氏가 등재되어 있다. 전자에 토성으로 나오는 房氏가 후자에서는 方氏로 바뀌어져 있다. 전자에 나오는 房氏는 울진 지역과 평해 지역 모두에서 토성이었으나, 후자에서 평해 지역에서는 여전히 本郡姓으로 나고 있지만 울진 지역에서는 方氏로 바뀌었다. 더구나 전자와 후자를 비교해보면, 이 시가 울진현과 평해군을 합한 지금의 울진 지역 내부의 주민 구성상에 변화가 일어나고 있었음을 추론해 볼 수 있다. 전자에서 울진현의 다섯 개 토성 중에 포함된 房氏는 후자에서는 方氏로 바뀌어져 있는 반면에, 평해군의 경우 전자에서 百姓姓으로 파악되어 있던 것이 후자에서 村姓으로 기록되어 있다. 울진현에는 속성으로 민씨가 있었고, 평해군에는 속성으로 金 · 李 · 朴 · 鄭氏 등이 있었다. 새로운 성씨들이 울진 지역에 이주하여 일정한 기반을 다져가고 있었음을 알 수 있다. 따라서 方之用은 울진 토성의 方氏이고, 李萬은 평해 속성인 이씨로 추정해도 논리상 별 무리가 없을 것 같다.[12] 사료 B)에서는 이만을 삼척인이라고 하였고, 다음의 C) 사료에서 평해 사람이라고 하였다. 태종 17년 울릉도에 가는 김인우 안무사를 수행한 이만은 삼척 사람이었지만 그 이후에 울진지역으로 이사하였다고 볼 수 있다.

다음 C) 자료를 통해 울릉도 거민의 대다수는 울진 사람이었을 것이다.

> C) 前 判長鬐縣事 김인우를 于山武陵等處按撫使로 삼았다. 당초에 강원도 平海 고을 사람 金乙之 · 李萬 · 金亐乙金 등이 무릉도에 도망가 살던 것을, 병신년에 국가에서 인우를 보내어 다 데리고 나왔다. 계묘년에 을지 등 남녀 28명이 다시 본디 섬에 도망가서 살면서 금년 5월에 을지 등 7인

---

12) 이병휴, 「울진지역과 울릉도 · 독도와의 역사적 관련성」, 『울릉도, 독도 동해안 주민의 생활구조와 그 변천, 발전』, 영남대학교 민족문화연구소편, 영남대출판부, 2003.

이 아내와 자식은 섬에 두고 작은 배를 타고 몰래 평해군 仇彌浦에 왔다가 발각되었다. 감사가 잡아 가두고 本郡에서 急報하여 곧 도로 데려 내오기로 하고서, 인우가 군인 50명을 거느리고 군기와 3개월 양식을 갖춘 다음 배를 타고 나섰다. 섬은 동해 가운데 있고, 인우는 三陟 사람이었다. (『세종실록』 권29, 세종 7년 8월 8일〈갑술〉)

위 사료 C)에서 "당초에 강원도 平海 고을 사람 金乙之 · 李萬 · 金亏乙金 등이 무릉도에 도망가 살던 것을, 병신년에 국가에서 인우를 보내어 다 데리고 나왔다"고 하였다. 평해는 지금의 울진에 속해 있다. 병신년'은 태종 16년(1416)이다. 태종 16년의 경우 울릉도에 살고 있었던 사람들은 울진이나 삼척 사람이었을 것이다. '계묘년'은 세종 5년(1423)이다. 세종 5년에 다시 평해의 김을지 등 남녀 28명이 가족을 이끌고 울릉도에 들어가 살고 있다는 사실이다. 그리고 그들의 존재가 알려진 것은 안무사의 파견 등에 의해서가 아니라 세종 7년(1425)에 김을지 등이 평해의 구미포에 왔다가 적발되었기 때문이다. 김을지는 울릉도에 2년 가까이 살았다. 왜 울진 사람들이 울릉도에 들어가는가를 살펴보기로 하자.

D) 우의정 韓尙敬, 六曹 · 臺諫에 명하여, 于山 · 武陵島의 居民을 쇄출하는 것의 편의 여부를 의논케 하니, 모두가 말하기를, "무릉의 주민은 쇄출하지 말고, 五穀과 農器를 주어 그 생업을 안정케 하소서. 인하여 主帥를 보내어 그들을 위무하고 또 土貢을 정함이 좋을 것입니다."하였으나, 공조판서 黃喜만이 유독 불가하다 하며, 安置시키지 말고 빨리 쇄출하게 하소서."하니, 임금이, "쇄출하는 계책이 옳다. 저 사람들은 일찍이 徭役을 피하여 편안히 살아왔다. 만약 土貢을 정하고 주수를 둔다면 저들은 반드시 싫어할 것이니, 그들을 오래 머물러 있게 할 수 없다. 김인우를 그대로 안무사로 삼아 도로 우산 · 무릉 등지에 들어가 그곳 주민을 거느리고 육지로 나오게 함이 마땅하다."하고, 인하여 옷[衣] · 갓[笠]과 木靴를 내려 주고, 또 우산 사람 3명에게도 각기 옷 1襲씩 내려 주었다. 강원도 도관찰사

에게 명하여 兵船 2척을 주게 하고, 도내의 水軍 萬戶와 千戶 중 유능한 자를 선발 간택하여 김인우와 같이 가도록 하였다.(『태종실록』 권33, 태종 17년 2월 8일〈을축〉)

F) 于山茂陵等處按撫使 김인우가 本島의 避役한 남녀 20인을 수색해 잡아와 복명하였다. 처음 인우가 병선 두 척을 거느리고 무릉도에 들어갔다가 船軍 46명이 탄 배 한 척이 바람을 만나 간 곳을 몰랐다. 임금이 여러 대신들에게 이르기를, 인우가 20여 인을 잡아왔으나 40여 인을 잃었으니 무엇이 유익하냐. 이 섬에는 별로 다른 산물도 없으니, 도망해 들어간 이유는 단순히 賦役을 모면하려 한 것이로구나."하였다. 예조 참판 金自知가 계하기를, "지금 잡아온 도망한 백성을 법대로 논죄하기를 청합니다."하니, 임금이 말하기를, "이 사람들은 몰래 타국을 따른 것이 아니요, 또 赦免令 이전에 범한 것이니 새로 죄주는 것은 불가하다."하고, 곧 병조에 명하여 충청도의 깊고 먼 산중 고을로 보내어 다시 도망하지 못하게 하고, 3년 동안 復戶하게 하였다.(『세종실록』 권30, 세종 7년 10월 20일〈을유〉)

사료 B), D), F)를 통해 울진 사람들이 군역과 요역을 피해 울릉도로 갔음을 알 수 있다. 삼척, 울진 사람들이 울릉도에 수령이 없다보니 군역과 요역을 피해 꾸준히 들어갔다.

울릉도에 잡혀온 울진 사람들은 어떤 처벌을 받았을까? 사료 F)를 통해 세종 7년(1425)에 울릉도에 잡혀온 사람들에게 충청도의 깊고 먼 산중 고을로 보내 3년 동안 복호하게 하였다는 것을 통해 고향인 울진으로 살지 못하게 하였다는 것을 알 수 있다.

그리고 김인우 안무사를 수행한 수군도 울진 사람들이 포함되었다.[13] 세종 20년(1438) 무릉도순심경차관으로 파견된 남회의 경우 다

13) 「茂陵島에 들어갈 때 바람에 표류하였던 水軍인 平海 사람 張乙夫 등이 일본국으로부터 돌아와서 말하기를, "처음에 수군 46인이 한 배에 타고 安撫使 김인우를 수행하여 무릉도를 향해 갔다가, 갑자기 태풍이 일어나 배가 부서지면서 같은 배에 탔던 36인은 다 익사하고, 우리들 10인은 작은 배에 옮겨 타서 표류하여 일본국 石

음의 자료를 보면 울진 사람이었다.

G) 前 護軍 南薈와 전 副司直 曹敏을 茂陵島巡審敬差官으로 삼았다. 두 사람은 강원도 해변에 거주하는 자이다. 이때 국가에서는 무릉도가 海中에 있는데, 이상한 물건이 많이 나고 토지도 비옥하여 살기에 좋다고 하므로, 사람을 보내 찾아보려 해도 사람을 얻기가 어려웠던 것이다. 이에 해변에서 이를 모집하니, 이 두 사람이 응모하므로 멀리서 경차관의 임명을 주어 보내고, 이에 도망해 숨은 인구도 탐문하여 조사하도록 한 것이었다.(『세종실록』 권 81, 세종 20년 4월 21일(갑술)

H) 세종 20년에 縣人 萬戶 南顥를 보내어서 수백 사람을 데리고 가서 도망해 가 있는 백성들을 수색하여 金丸 등 70여 명을 잡아가지고 돌아오니 그곳 땅이 그만 비었다.(『신증동국여지승람』 권45, 강원도 울진현 산천조 우산도 울릉도)

사료 G)를 보면 남회는 강원도 해변에 거주하는 자이고, 사료 H)를 '남회'를 '縣人 남호'로 표기하였다. '남호'는 오자이고, '縣人'은 울진현조에 포함되어 있다 보니 당연히 남회는 울진 사람이다. 세종조 '남회 왕지'는 부산에 있는 국립해양박물관에 소장하고 있다. 대풍헌 박물관이 완성되면 '남회 왕지'를 전시하는 게 좋을 것이다.

태종 17년에 울릉도에 치읍하자고 논의하였지만 실패로 끝나고, 세종 18년~19년 강원감사 柳季聞이 2년여에 걸쳐 적극적으로 울릉도에 置邑하고, 수령을 파견하자고 하였지만 세종은 받아들이지 않았다.[14] 따라서 개항기까지 울진현 속도로 남아 있었다.

세종조 4군 6진의 개척과 더불어 함길도에 강원, 충청, 경상도의 민호를 대거 사민시키는 정책이 전개되었는데, 세종 18년에 흉년이 들어

見洲의 長濱에 이르렀습니다.」(『世宗實錄』 권30, 세종 7년 12월 28일〈계사〉)

14) 김호동, 「조선 초기 울릉도 · 독도 관리정책」, 『동북아역사논총』 20, 2008.

서 충청, 경상도민의 사민에 대한 조치는 반감된데 반해 강원도의 경우는 당초 예정액에 의해 사민토록 하였고,[15] 호구조사 역시 철저하게 시행되었다.[16] 이에 따른 강원도민의 피역인이 다른 지역보다 많았을 것이다. 그에 따라 울릉도로의 피역인이 늘어났고, 강원도 관찰사 유계문은 울릉도에 대한 치읍과 왜구에 대한 우려를 내세워 이 문제를 해결하려고 하였을 것이다.

세종 20년 이후 울릉도에 몰래 들어간 사람에 대한 처벌이 강화되었다.[17] 그 이유는 세종조 이후 호구와 전결의 파악에 집중하였고, 그 결과가 『세종실록』「지리지」에 각 군현별로 호구와 전결수가 기록되는 것으로 나타났다. 조세와 포탈과 군역의 모면을 위해 울릉도 등에 들어가는데 대해 강력한 처벌이 뒤따랐다. 그리고 또 세종조 이후 4군 6진의 개척으로 인해 하삼도의 주민을 이 지역으로 이주시켰다. 그런 상황에서 강원도 등지에서 함경도 등지로 이주된 사람들이 연안항로를 타고 내려와 울진, 삼척 주변 해안에서 울릉도와 독도로 드나들었다. 그것을 숨기기 위해 '蓼島', '三峯島'를 발견했다고 거짓말을 하였을 것이다. 성종조에 '삼봉도'와 '요도'를 발견하고자하는 한바탕의 소동은 이에 기인한 것이라고 보아야 한다.[18] 그 사람들 대부분은 울진 · 삼척 사람들이 함경도로 이주한 사람들이었을 것이다. '삼봉도'와 '요도' 관련 사료의 대부분은 함경도, 강원도에서 삼봉도와 요도를 봤다고 기록하였다. 독도를 가리키기보다는 울릉도를 가리킨다는 점을 인식할 필

---

15) 『세종실록』 권75 세종 18년 10월 16일(무인) 및 『세종실록』 권76, 세종 19년 1월 11일(신축)조 참조.

16) 『세종실록』 권74, 세종 18년 7월 9일(임인).

17) 손승철, 「조선시대 '空島政策'의 허구성과 '搜討制' 분석」, 『이사부와 동해』 창간호, 한국이사부학회, 2010, 290~291쪽.

18) 김호동, 「조선시대 독도 · 울릉도에 대한 인식과 정책」, 『역사학연구』 48, 호남사학회, 2012, 100쪽.

요가 있다.

흔히들 독도를 울릉도의 '屬島'라고 하지만 『세종실록』「지리지」나 『신증동국여지승람』의 기록을 근거로 할 때, 조선시대의 경우 행정체계상 울진현의 '속도'로서 울릉도와 독도는 같은 지위에 있었다. 1900년 칙령 제41호의 반포로 인해 독도는 군현행정체계상 울릉도의 속도가 되었을 뿐이다. 그렇지만 생활권역으로서의 독도는 울릉도와 같은 생활권역으로 불리면서 울릉도의 '속도'라는 인식은 그 이전부터 있었다고 보아야 한다.[19]

3) 조선후기 이후의 울진과 울릉도 · 독도 역사적 상관성

세종~성종조에 요도와 삼봉도를 정부 차원에서 찾는 탐색이 전개된 이후 『조선왕조실록』에는 숙종조 1693년에 이르기까지 우산과 무릉에 관한 기사가 거의 나오지 않는다. 세종 20년 '순심경차관' 파견 이후 단순한 거민 '쇄출'에서 '처벌'로 강화되었기 때문이다.

고려~조선 초기까지 본토에서 울릉도와 독도로 건너간 사람들은 강원도 동해안 지역, 삼척, 울진, 평해지역 등지의 주민들이 대부분이다. 그에 반해 조선후기에 오면 강원도는 물론 경상도의 울산, 부산, 그리고 전라도의 거문도 등지의 사람들이 울릉도와 독도로 건너왔다. 조선후기 울릉도와 독도에 드나든 동남해연안민들은 관에 알리지 않고 몰래 들어갔고, 적발이 되면 풍파 때문에 무릉도에 표류했다고 둘러대었다. 그런 상황이다 보니 울릉도에서 일본인들을 조우하였다 하더라도 관에 보고할 리 없었다. 일본 오야 무라카와 가문 역시 에도 막부로부터 도해면허를 받은 것이 무인도임을 내세워 받았기 때문에 조선인을

19) 김호동, 「조선시대 독도 · 울릉도에 대한 인식과 정책, 『역사학연구』 48, 호남사학회, 2012, 100쪽.

만나더라도 그것을 기록에 남기지 않았다. 돗토리번에서 "竹島는 이나바 · 호키의 부속이 아닙니다"라고 보고한 것처럼 오야 무라카와 가문 역시 울릉도로의 도해가 불법적인 것을 잘 알고 있었을 것이다. 그렇기 때문에 조선에서 울릉도에 어채활동을 한 것을 본국에 알리지 않았고, 그들만이 어로활동을 독점한 것처럼 말하기 위해 에도막부에 호키국의 영지라고 하면서 토관이 파견되었다[20]는 거짓 보고를 평상시 하였다고 보아야 한다.

안용복 납치사건으로 인해 조선 정부는 동남해연안민들이 울릉도와 독도를 드나들었다는 것을 인식하였다. "연해의 백성들은 본래 고기잡이로 생계를 유지하므로, 법으로 금함을 무릅쓰고 이익을 탐하여" 울릉도에 드나들었다고 한 연해 수령들이 보고한 것으로 보아[21] 연해 수령들은 알고도 모른 체 하고 있었다. 안용복 납치사건을 계기로 울릉도 형편을 살펴 鎭을 설치하여 지키게 할 것인가를 살피기 위해 장한상을 삼척첨사로 삼아 울릉도에 파견하였다.

삼척첨사 장한상을 울릉도에 파견한 것을 계기로 하여 정기적인 수토정책이 확립되었다고 볼 수 있다. 숙종 23년(1697) 이후 울릉도의 수토는 매 3년마다 월송만호와 삼척영장이 교대로 한 번씩 하였다.[22]

울릉도와 독도를 속도로 거느리고 있는 울진현령을 수토사로 파견하지 않고 삼척첨사와 월송만호를 파견한 것은 아마 울릉도 수토에 수군의 동원이 필요하였기 때문일 것이다. 삼척첨(절제)사는 수군 무장이다. 삼척포진관에 월송포가 속해 있으므로 삼척첨사와 월송포 만호 파견이 당연하다. 水軍僉節制使가 있는 삼척과 함께 울릉도에 파견된

20) 김호동, 「『竹島考』분석」, 『인문연구』 63, 영남대학교 인문과학연구소, 2011, 211~252쪽.

21) 『비변사등록』 숙종 19년 11월 14일.

22) 유미림, 『「울릉도」와 「울릉도사적」 역주 및 관련 기록의 비교연구』, 한국해양수산개발원, 2007.

월송만호는 평해군의 동쪽 7리에 있는 越松浦營을 말한다. 세조대 지방군제가 진관체제로 정비되면서 삼척에는 浦鎭,[23] 울진지역에는 蔚珍浦營과 越松浦營이 설치되었다.[24] 임진왜란 후 왜구의 침입이 없어졌음에도 불구하고, 삼척과 월송에는 포진과 포영이 남아 있었던 반면에, 울진포영은 언제부터인가 그 기능이 약화되면서 인조 5년(1627)에 폐쇄되었다.[25] 따라서 울진포영의 만호도 없어졌기 때문에 당시의 울릉도 수토는 월송포영에 주둔하고 있던 만호와 삼척첨사가 번갈아 수행할 수밖에 없었다. 울릉도 수토의 일 가운데 독도, 즉 우산도에 관한 조사가 포함되었을 것이다. 그것은 수토사들 중에 현재의 '죽도(댓섬)'을 '소위 우산도'라고 표현한 것으로 보아 독도에 대한 조사 항목이 포함되었기 때문일 것이다.[26]

삼척영장이 울릉도를 수토할 때 採蔘軍이 동행하는데 반드시 산골에서 생장하여 삼에 대해서 잘 아는 자들을 강릉은 5명, 양양은 8명, 삼척은 10명, 평해는 4명, 울진은 3명씩 나누어 정해 보냈음을 알 수 있다.[27]

삼척영장과 월송포 만호가 울릉도를 수토하면서 울진의 대풍헌에 順風을 기다리면서 울진 구산항에서 출발하였다. 삼척영장과 월송포 만호가 교대로 울릉도 수토사가 되면서 처음의 경우 삼척의 장오리진, 울진현의 죽변진과 평해군의 구산포 등으로 출발지가 일정하지 않았

---

23) 『신증동국여지승람』 권44, 강원도 삼척도호부 관방 삼척포진.

24) 『신증동국여지승람』 권45, 강원도 울진현 관방 울진포영 및 『신증동국여지승람』 권45, 강원도 평해군, 관방 월송포영.

25) 이병휴, 「울진지역과 울릉도 · 독도와의 역사적 관련성」, 『울릉도 · 독도 동해안 주민의 생활구조와 그 변천 발전』, 영남대민족문화연구소편, 영남대출판부, 2003, 284~285쪽 참조.

26) 김호동, 「조선 숙종조 영토분쟁의 배경과 대응에 관한 검토-안용복 활동의 새로운 검토를 위해」, 『대구사학』 94, 2009.

27) 김호동, 「월송포진의 역사」, 『사학연구』 115, 한국사학회, 2014, 341쪽.

다. 18세기 말~19세기 이후 그 출발지가 평해의 구산포로 정해져 삼척 영장과 월송만호가 모두 이곳에서 출항하였다.[28] 이규원 검찰사마저도 구산항에서 울릉도로 출발하였다. 모두 102명으로 구성된 검찰사 이규원 일행은 순흥 - 풍기 - 봉화 - 안동 - 영양 - 평해를 거쳐 평해, 즉 지금의 울진의 월송정 근처의 邱山浦에 도착하여 성황제와 동해신제를 지내고 울릉도로 출발하였다.[29]

그렇기 때문에 18세기 후반의 『輿地圖』(59.6×74.5cm) 3책으로 구성된 지도책 중의 「강원도」 지도와 19세기 중기에 만들어진 「海左全圖」(가채목판본, 97.8×55.4cm, 영남대 박물관)의 경우 울진-울릉도 항로가 표시되었다.

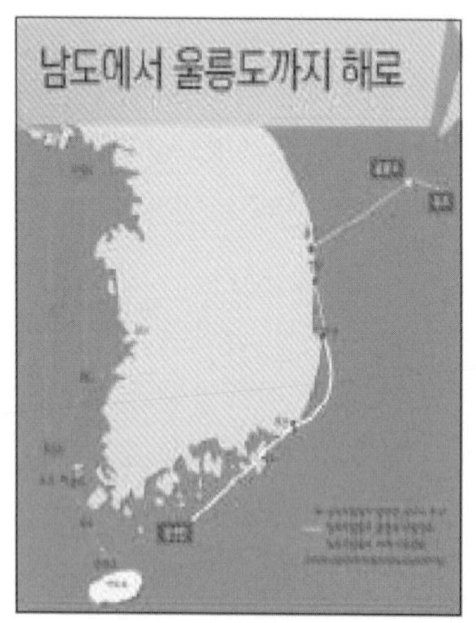

〈그림 1〉 남도에서 울릉도까지의 항로

그리고 조선후기에 오면 〈그림 1〉에서 보다시피 동남해연안민들은 연안항로를 타고 울진 등지에서 울릉도로 건너갔다.

---

28) 배재홍의 경우 19세기부터 삼척영장과 월송만호가 구산항에서 출발하였다고 한다(배재홍, 「조선후기 울릉도의 수토제 운용과 실상」, 『대구사학』 103, 2011, 126쪽). 그렇지만 심현용의 경우 18세기 말부터 구산항으로 출발지가 되었다고 한다(심현용, 앞의 글, 2013, 190~191쪽).

29) 김호동, 『독도 · 울릉도의 역사』, 경인문화사, 2007, 131쪽.

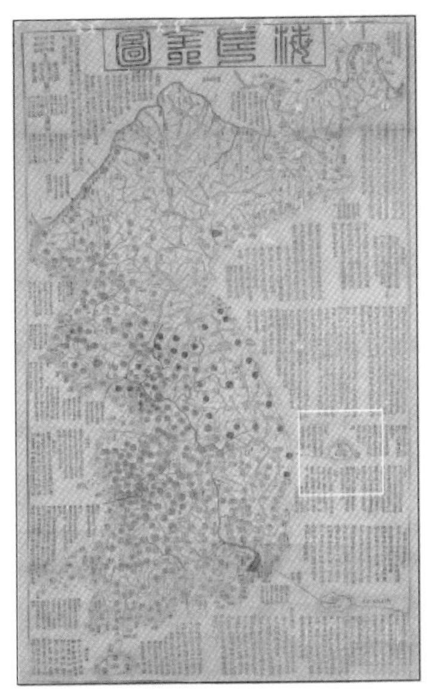

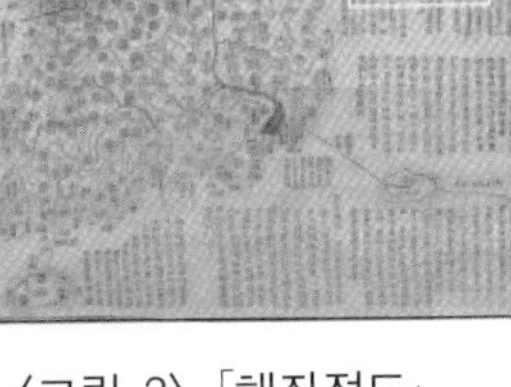

〈그림 2〉「해좌전도」

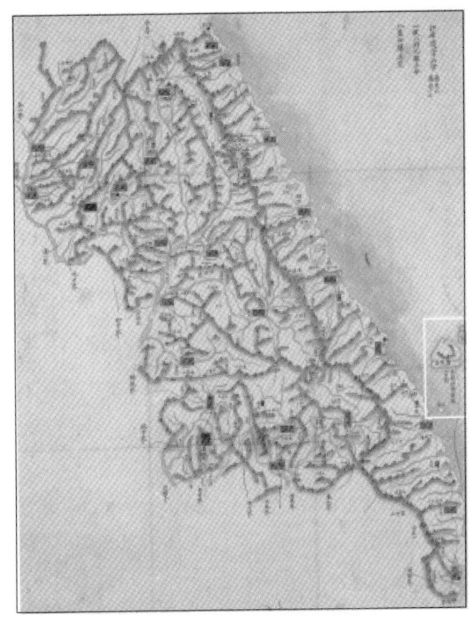

〈그림 3〉『輿地圖』「강원도」

〈그림 2〉과 〈그림 3〉에서 울진-울릉도 항로가 표시된 것은 조선후기에 수토사들이 울진 대풍헌에 순풍을 기다려 출발하였고, 동남해연안민들도 울진 등지에서 출항하였기 때문에 나타난 현상일 것이다.

삼척영장과 월송만호가 교대로 울릉도를 수토한 제도가 고종 20년(1883) 울릉도 개척이 이루어지면서 專任 島長인 울릉도에 10여 년간 살았던 全錫奎가 임명됨으로써 폐지되었다. 그렇지만 고종 21년(1884) 1월, 도장 전석규는 정부의 허락도 없이 米穀을 받고 일본 天壽丸 선장에게 삼림 벌채를 허가해주는 증표를 써줌으로써 파면되고 처벌을 받게 되었다.[30] 당초 정부는 그 후임을 즉시 선발하여 보내고자 하였으나 적절한 후임자를 찾지 못하였다. 그해 3월에 삼척영장으로 하여

30) 『고종실록』 고종 21년 1월 11일.

금 직접 울릉도에 들어가서 실지 형편을 관찰하면서 백성들의 이주와 개척 사무를 관리하여 처리하도록 하되 관리들의 배치 문제는 강원감사에게 위임하고, 관직명은 '울릉도첨사겸삼척영장'으로 하도록 하여 병조의 발령을 받아 울릉도 행정을 담당 관리하게 하였다.[31] 이로 인해 현지인 도장제는 폐지되고 말았다. 그로부터 3개월 후인 6월에 평해군수로 하여금 울릉도첨사를 겸하게 하고 발령은 이조에서 발급하도록 변경하였다.[32]

그 후 고종 25년(1888) 2월에 울릉도는 바닷길의 요충이므로 越松鎭萬戶를 울릉도 도장을 겸임케 하였다.[33] 비록 겸직이지만 삼척영장이나 평해군수가 겸직하는 종래의 울릉도첨사와는 달리 울릉도 개척과 행정을 담당하기 위한 직책으로서, 종4품의 정부관원으로 임명하였다. 그 첫 도장에 徐敬秀를 임명하였다.[34] 울릉도 태하리의「光緖銘 刻石文」은 울진과 울릉도의 관계성을 설명하는 자료이다.[35] 이 각석문은 '光緖十六年'과 '光緖十九年'이라 두 차례 새겨져 있어서 고종 27년(1890)과 고종 30년(1893)의 기록임을 알 수 있다. 태하리 광서명 각석문은 자연석을 다듬지 않고 음각한 것으로, 비석은 울릉도 개척 무렵에 공이 많은 사람들의 공덕을 기리기 위해 1890년(고종 27) 4월 오위장을 지낸 손주영에 의해 처음 세워졌다. 1889년(고종 26)에 울릉도의

31) 『고종실록』 고종 21년 3월 15일.

32) 『고종실록』 고종 21년 6월 30일.

33) 『고종실록』 고종 25년 2월 6일.

34) 송병기, 2007, 『재정판 울릉도와 독도』, 단국대학교출판부, 158~159쪽.

35) 「鬱陵島 台霞里 光緖銘 刻石文」, "光緖十九年 己巳 五月日/聖火東漸 我候由來 誠功祝 華惠沈求/行平海郡守兼鬱陵島檢使越松趙公鍾成永世不忘碑/參判前檢察使行開拓使李公奎遠/領議政沈公舜澤恤賑永世不忘臺/主事行越松萬戶兼島長檢察官徐敬秀/光緖十六年庚寅四月日前五衛將 孫周瑩誌"
[네이버 지식백과] 울릉도 태하리 광서명 각석문 [鬱陵島 台霞里 光緖銘 刻石文] (한국향토문화전자대전, 한국학중앙연구원)

농작물이 쥐와 새 때문에 심한 피해를 입어 주민들의 생계가 어려워지자 당시 도장 서경수가 영의정 심순택에게 이 사실을 보고하였다. 심순택은 왕에게 울릉도의 실정을 보고하고 양곡을 지원하도록 건의함으로써 정부로부터 평해 환곡 가운데 300석을 울릉도에 지원하게 되었고, 이로써 울릉도민들은 흉년의 위기를 넘겼다. 주민들은 이러한 뜻을 기리기 위해 '領議政沈公舜澤恤賑永世不忘臺'라는 글자를 새겨 고마움을 잊지 않고자 하였다.

울릉도 도장을 월송만호가 겸하게 됨에 따라 도장은 대개 3월에 들어와 7 · 8월에 나가는 것이 상례였다. 그것은 全羅船이 3월에 들어와 夏期 영업을 마치고 7 · 8월에 나가기 때문이다. 도장이 나갈 때는 현지민 가운데에서 監之人을 추천하여 島守라 하고, 다음 해 3월까지 代任토록 하였다.[36] 이러한 조처는 울릉도 개척에 대한 중앙정부의 적극적 의지의 표현이라고도 볼 수 있다. 겸임도장은 매년 울릉도를 수토하면서 도형과 토산물을 바침은 물론 신구호수 · 남녀 인구 · 개간면적을 보고하였다.[37] 그뿐만 아니라 조선정부는 중앙 혹은 지방의 관원을 울릉도로 파견하여 개척사업을 점검하기도 하였다. 고종 29년(1892)에 선전관 尹始炳을 울릉도검찰관으로 임명 파견하였고, 이듬해에는 평해군수 趙鍾成을 수토관에 임명 파견하였으며, 1894년에는 조종성을 검사관에 임명 파견하였다. 태하리 광서명 각석문은 1890년 이후 1893년(광서 19) 당시 울릉도 첨사를 지낸 조종성의 공적을 기리는 글이 있다. 다른 글에서 조종성은 '조까꾸리'라고 불릴 정도로 작폐가 심하였다.[38] 1884년경부터 울릉도에는 평해군으로부터 吏校들이 배치되었

---

36) 孫純燮, 『島誌—鬱陵島史—』(초고본; 필사 李鍾烈).

37) 『江原道關草』 무자 7월 10일, 기축 7월 17일, 경인 7월 19일, 신묘 8월 16일, 임진 7월 14일.

38) 손순섭, 『도지—울릉도사—』(초고본) : 필사 이종열.

료를 통해 울진과 울릉도 · 독도의 역사적 상관성으로 국한해서 발표문을 작성했다. 그 때문에 울진의 해류와 바람과 수토제도에 대한 강원도, 울진의 부담을 생략하였다.

필자의 독도와 울릉도에 관한 글 논문들을 종합하여 울진과 울릉도 · 독도의 역사적 상관성을 보완하였다. 부분적으로 기존 논문과 중복되어 있다.

【참고문헌】

김호동, 「고려무신정권시대 지방통치의 일단면-이규보의 전주목 사록겸장서기의 활동을 중심으로-」, 『교남사학』 3, 영남대 국사학회, 1987.

______, 「군현제의 시각에서 바라본 12, 13세기 농민항쟁의 역사적 배경」, 『역사연구』 4, 역사학연구소, 1995.

______, 『독도 · 울릉도의 역사』, 경인문화사, 2007.

______, 「조선 초기 울릉도 · 독도 관리정책」, 『동북아역사논총』 20, 2008.

______, 「조선 숙종조 영토분쟁의 배경과 대응에 관한 검토-안용복 활동의 새로운 검토를 위해」, 『대구사학』 94, 2009.

______, 「울릉도의 역사로서 '우산국' 재조명」, 『독도연구』 7, 영남대학교 독도연구소, 2009.

______, 「『竹島考』분석」『인문연구』 63, 영남대학교 인문과학연구소, 2011.

______, 「조선시대 독도 · 울릉도에 대한 인식과 정책」, 『역사학연구』 48, 호남사학회, 2012.

배재홍, 「조선후기 울릉도의 수토제 운용과 실상」, 『대구사학』 103, 2011.

김호동, 「월송포진의 역사」, 『사학연구』 115, 한국사학회, 2014.

손승철, 「조선시대 '空島政策'의 허구성과 '搜討制' 분석」, 『이사부와 동해』 창간호, 한국이사부학회, 2010.

심현용, 「조선시대 울릉도 수토정책에 대한 고고학적 시 · 공간 검토」, 『영토해양연구』 6, 동북아역사재단 독도연구소, 2013.

유미림, 『「울릉도」와 「울릉도사적」역주 및 관련 기록의 비교연구』, 한국해양수산개발원, 2007.

영남대학교 민족문화연구소, 『독도를 보는 한 눈금 차이』, 선출판사, 2006.

이병휴, 「울진지역과 울릉도 · 독도와의 역사적 관련성」, 『울릉도, 독도 동해안 주민의 생활구조와 그 변천, 발전』, 영남대학교 민족문화연구소편, 영남대출판부, 2003.

조선후기 수토기록의 문헌사적 연구
- 울릉도 수토 연구의 회고와 전망 -

손 승 철

1. 머리말

서기 512년 신라 이사부장군에 의해 복속된 우산국인 울릉도와 독도는 이후 신라 영토에 편입되어 고려에 계승되었다. 고려에서는 5도 양계 가운데 명주도에 속했고, 고려 중앙에서 관리가 파견되기도 했다. 그러던 중 고려 말, 1350년부터 왜구의 한반도 약탈이 본격적으로 시작되었다. 왜구는 1352년, 강릉지방을 약탈했고, 이후 1385년까지 무려 20여 차례에 걸쳐 강릉, 양양, 삼척, 울진 평해 등지를 약탈했다. 특히 1379년, 왜구가 보름동안이나 울릉도에 머물다 간 이후부터는 울릉도가 왜구의 중간 거점이 되는 것을 우려했다.

1392년, 조선이 건국된 이후에도 왜구의 동해안 침탈이 계속되었다. 드디어 1403년, 조선에서는 울릉도 주민의 보호와 울릉도가 왜구약탈의 중간 거점이 되는 것을 막기 위해 울릉도 주민을 모두 육지로 쇄출했고, 울릉도 도항을 금지했다. 역사적으로 보면 이것이 발단이 되어 독도문제가 시작되었다. 왜냐하면 울릉도에 주민이 살았다면 울릉도 주민의 독도왕래가 계속되었을 것이고, 그렇다면 독도가 영토문제에 휘말릴 이유가 전혀 없기 때문이다. 이후 울릉도는 1883년 주민이주가 허용될 때까지 무려 480년간 무인도가 되었고, 이로 인해 울릉도 · 독도관리가 자연히 소홀해질 수밖에 없었다.

그런데 일본에서는 1403년 주민쇄출을 소위 '空島政策'이라고 하면서, 조선이 영토를 포기했다고 주장하고 있다. 그러나 조선에서는 1403년 주민쇄출 이후, 섬을 비웠다고 해서 섬을 포기한 것이 아니었다. 조선전기에는 武陵等處按撫使나 巡審敬差官을 파견했고, 조선후기에는 搜討使를 파견하여 울릉도를 관리해왔다.

울릉도 수토사에 대한 본격적인 연구는 1998년 송병기에 의해 시작된 이래 김호동, 심현용, 유미림, 손승철, 배재홍, 백인기, 김기혁 등에 의해 진행되어 대체적인 윤곽이 드러나 있다.[1] 그러나 각론으로 들어가 보면, 아직도 많은 부분에서 연구가 진행되어야 한다. 이 글은 이들

---

[1] 宋炳基, 「朝鮮後期의 鬱陵島 經營 -搜討制度의 확립-」, 『震檀學報』 第86號, 震檀學會, 1998; 金晧東, 「조선시대 울릉도 수토정책의 역사적 의미」, 『韓國中世史論叢』, 李樹健敎授停年紀念, 2000; 김호동, 『독도 · 울릉도의 역사』 제3장 조선시대 독도와 울릉도, 경인문화사, 2007; 심현용, 「조선시대 울릉도 · 독도 수토관련 울진 대풍헌 고찰」, 『강원문화사연구』 13, 2008; 유미림, 「장한상의 울릉도 수토와 수토제 추이에 관한 고찰」, 『정치외교사논총』 31-1, 2009; 손승철, 「조선시대 '空島政策'의 허구성과 '搜討制'분석」, 『이사부와 동해』 창간호, 2010; 배재홍, 「조선후기 울릉도 수토제 운용의 실상」, 『대구사학』 103, 2011; 김기혁, 「조선후기 울릉도 수토기록에 나타난 부속도서의 표상연구」, 『역사와 지리로 본 울릉도 · 독도』, 동북아역사재단, 2011; 손승철, 「울릉도 수토와 삼척영장 장한상」, 『이사부와 동해』 5, 2013; 백인기, 「조선후기 울릉도 수토제도의 주기성과 그 의의 1」, 『이사부와 동해』 6, 2013; 심현용, 「조선시대 울릉도 수토정책에 대한 고고학적 시 · 공간 검토」, 『영토해양연구』 6, 2013; 김호동, 「월송포진의 역사」, 『사학연구』 115, 2014; 이원택, 「조선후기 강원감영 울릉도 수토사료 해제 및 번역」, 『영토해양연구』 Vol. 8, 2014.
그 외에도 李根澤, 「1693~1699년 安龍福의 鬱陵島 · 獨島 수호활동 -搜討制실시와 관련하여」, 『獨島領有의 歷史와 國際關係』, 독도연구총서 1, 1997 등이 있다.

선행연구를 종합하여 수토사 연구의 현황과 문제점, 그리고 앞으로의 연구방향과 전망 등을 제시하는 것을 목적으로 작성한다. 이 글이 향후 수토사 연구에 보탬이 되고, 일본의 엉뚱한 독도주장을 분쇄하는데 일조가 되었으면 좋겠다.

2. 수토사연구의 주제 및 현황

1) 수토 시작과 제도 확립

搜討란 수색을 하여 무엇을 알아내거나 찾기 위하여 조사하거나 엿본다는 의미를 가지고 있다. 즉 울릉도 수토란 울릉도에 들어가서 섬의 형편을 조사하고, 몰래 들어가 사는 주민이나 혹은 일본인이 있는지 수색하여 토벌한다는 의미이다.

울릉도 수토의 시작과 제도 확립 과정에 대한 연구는 기존 연구가 모두 큰 이견이 없다. 울릉도 수토에 대한 본격적인 연구는 송병기에 의해 시작되었는데, 그는 1693년 안용복의 피랍사건이후 삼척첨사 장한상을 수토사의 시작으로 보았고, 이후의 연구들은 모두 이 견해를 따르고 있다. 그러나 장한상에 앞서 군관 최세철의 사전답사에 대해서는 언급이 없었다.

수토의 시작은 1693년 안용복의 1차 도일사건 직후, 그해 겨울 대마도주가 조선어민의 竹島(울릉도)에의 출어금지를 요청한 서계에서 비롯된다. 이에 대해 조선에서는 1694년 2월, 처음에는 조선어민의 竹島出漁는 금지시키되, 울릉도가 조선의 영토라는 애매한 서계를 보냈다. 그리고 8월에는 삼척첨사 장한상으로 하여금 울릉도에 가서 섬의 형편을 살펴보도록 하였다.

> 남구만이 아뢰기를, "일찍이 듣건대, 고려 毅宗 초기에 울릉도를 경영하려고 했는데, 동서가 단지 2만여 보뿐이고 남북도 또한 같았으며, 땅덩이가 좁고 또한 암석이 많아 경작할 수 없으므로 드디어 다시 묻지 않았습니다. 그러나 이 섬이 海外에 있고 오랫동안 사람을 시켜 살피게 하지 않았으며, 왜인들의 말이 또한 이러하니, 청컨대 三陟僉使를 가려서 보내되 섬 속에 보내어 형편을 살펴보도록 하여, 혹은 민중을 모집하여 거주하게 하고 혹은 鎭을 설치하여 지키게 한다면, 곁에서 노리는 근심거리를 방비할 수 있을 것입니다. 하니, 임금이 윤허하였다. 드디어 張漢相을 三陟僉使로 삼고, 접위관 俞集一이 명을 받고 남쪽으로 내려갔다.[2]

즉 고려 때부터 울릉도를 경영하려 했으나, 땅이 좁고 암석이 많아 경작이 어려워서 포기했었다는 것이다. 그러나 안용복 사건에 의해 드러난 것처럼 왜인들이 와서 고기를 잡는 등 울릉도를 자꾸 넘보므로 이 기회에 섬의 형편을 자세히 살펴서, 주민을 이주하여 거주하게 하고 진을 설치한다면 일본의 침탈을 막아낼 수 있다는 계산이었다. 그리하여 삼척첨사 장한상을 수토사로 파견하게 되었다.

국왕의 명을 받은 장한상은 본인의 수토에 앞서 8월 16일 군관 최세철을 먼저 울릉도에 들여보내 상황을 살피게 하였다. 『울릉도』의 '군관 최세철의 예비조사'의 내용이 그것이다.

> 8월이 이미 반이 지났고 바람이 거세어져 우려스러울 뿐만 아니라, 배를 건조하는 사이에 海路의 거리가 얼마나 되는지 정탐해보겠다는 내용으로 일찍이 여쭌 적이 있습니다. 그리하여 이곳의 가볍고 빠른 작은 어선 두 척을 골라 沙格과 식량을 지급하고 토착 軍官 중에 1인을 差定하여 바다를 건너게 하였습니다.[3]

---

2) 『숙종실록』 20년 8월 기유조.

3) 박세당, 『울릉도』(『서계잡록』).

이 기록은 장한상이 울릉도 항해에 필요한 큰 배를 만들고 있는 사이에 군관 최세철을 시켜 먼저 작은 배로 사전 답사를 하게 한 후, 그 내용을 비변사에 보고한 것이다.

장한상의 본격적인 수토는 역관 安愼徽를 포함하여 총 150명에 騎船 2척, 給水船 4척을 동원하여 9월 19일에 삼척을 출발하여 9월 20일부터 10월 3일까지 13일간 체류하면서 울릉도를 조사하고 10월 6일에 삼척으로 돌아와 국왕에게 복명하는 것으로 종료되었다. 복명서의 내용은 다음과 같았다.

> 장한상이 9월 갑신에 배를 타고 갔다가 10월 경자에 삼척으로 돌아왔는데, 아뢰기를, "倭人들이 왔다 갔다 한 자취는 정말 있었지만 또한 일찍이 거주하지는 않았습니다. 땅이 좁고 큰 나무가 많았으며 水宗(바다 가운데 물이 부딪치는 곳)이 또한 평탄하지 못하여 오고 가기가 어려웠습니다. 土品을 알려고 麰麥을 심어놓고 돌아왔으니 내년에 다시 가 보면 징험할 수 있을 것입니다." 하였다. 남구만이 입시하여 아뢰기를, "백성이 들어가 살게 할 수도 없고, 한두 해 간격을 두고 搜討하게 하는 것이 합당합니다(間一二年搜討爲宜)."하니, 임금이 그대로 따랐다.[4]

즉 民을 입거시킬 수 없으니, 1~2년 간격으로 수토하는 것이 마땅하다고 건의했고, 이것이 숙종에 의해 받아들여지면서 울릉도의 수토방침이 일단 결정되었다. 그러나 1년에 한 번 할 것인가, 또는 2년에 한 번 할 것인가, 구체적으로 언제부터 할 것인가에 대한 구체적인 내용은 결정되지 않았고, 울릉도의 수토가 제도화되어 시행되는 것은 안용복의 2차 도일사건 후, 울릉도의 영유권문제가 매듭지어지는 1697년이다.

1697년 3월, 안용복의 2차 도일 사건이 매듭지어지고, 대마도를 통하

---

4) 『숙종실록』 20년 8월 기유조.

여 막부로부터 일본인의 '竹島渡海禁止令'이 전해지자, 4월에는 울릉도 수토문제를 다시 논의하게 되었다. 『숙종실록』에는 수토제의 결정에 대해 다음과 같이 기록하고 있다.

> 대신과 비국의 여러 신하를 인견하였다. 영의정 유상운이 말하기를, … "울릉도에 대한 일은 이제 이미 명백하게 한 것으로 귀착되었으니, 틈틈이 사람을 들여 보내어 순검해야 합니다." 하니, 임금이 2년 간격으로 들여보내도록 명하였다(間二年入送).

고 하여, 2년 간격으로 정기적으로 울릉도 순검을 하도록 결정했다. 이 결정에 대해 『承政院日記』에는 자세한 전말을 다음과 같이 기록하였다.

> 상께서 희정당으로 거동하여 대신 · 비변사 당상들을 인견하여 입시했다. 영의정 유상운이 말하기를, "울릉도 일은 이미 명백하게 귀일되어, 왜인은 본국인의 魚採를 금한다고 말했고, 우리나라는 때때로 사람을 보내어 수토하겠다는 뜻을 서계 중에 대답해 보냈습니다. 해외 절도에 비록 매년 입송할 수는 없지만, 이미 지방에 매이고, 또한 이는 무인도이어서 불가불 간간히 사람을 보내어 순검하여 오도록 하는 까닭에 감히 이같이 앙달합니다." 상께서 말씀하시기를, "우리나라의 지방을 영구히 버릴 수 없으며, 입송하는 것 또한 많은 폐단이 있으므로 2년을 간격으로 입송함이 가하다." 상운이 말하기를, "3년에 1번 보내는 것을 정식으로 삼는다면 상상년에 이미 가보고 왔으므로 명년에 마땅히 입송해야 하는데, 듣건대 본도는 반드시 5월 말 바람이 고를 때 왕래할 수 있다고 하니 명년 5월 달에 입송하는 것이 마땅할 듯하며, 차송하는 사람은 늘 입송할 때를 당하여 품지하여 차송함이 어떠하겠습니까," 하니, "그리하라."하였다.[5)]

---

5) 『승정원일기』 숙종 23년 4월 13일.

이 사료를 통해 볼 때, 당시 일본은 울릉도에서 일본인의 어채를 금하고, 조선은 울릉도를 수토하는 것을 정식으로 합의를 한 것이며, 수토는 間二年 그러니까 3년에 1번씩 하기로 제도화 해감을 볼 수 있다. 그리고 장한상의 수토를 기준으로 했는데, 실제로 장한상의 수토가 1694년 이었으므로 1697년이나 上上年 즉 1695년으로 계산한 것은 착오가 있는 듯하다. 그러나 실제로 울릉도에 대하여 수토가 실시된 것은 1698년에는 영동지방에 흉년이 들어 1699년(숙종 25) 6월이었다.[6)]

2) 수토사 파견차수와 주기성

울릉도 수토는 1694년 장한상의 울릉도 수토로부터 1894년 수토제도가 공식적으로 종료될 때까지 200년간 지속되었다. 이것은 울릉도수토가 확고한 제도로서 유지되었다는 것을 의미한다. 그런데 현재 학계에서는 울릉도수토가 언제, 누가, 어떻게 실시했는지 정확한 규명이 이루어지지 않고 있다. 일반적으로는 2~3년에 한 번씩 이루어 진 것으로 알려져 있지만 전모가 파악되었다고 보기는 어렵다. 현재까지 파악된 수토사 연표는 다음 표와 같다.

수토사 일람표

차수	김호동[7)]	배재홍[8)]	손승철[9)]	심현용[10)]	백인기[11)]	이원택[12)]
1	1694	1694	1694	1694	1694	
2	1699	1699	1699	1699	1699	
3	1702	1702	1702	1702	1702	
4	1711	1705	1705	1705	1705	
5	1735	1711	1711	1711	1711	

6) 『숙종실록』 숙종 25년 7월 임오조. 『비변사등록』 숙종 25년 7월 15일조에는 수토사 전회일은 6월 4일 발선하여 임무를 마치고 6월 21일에 돌아왔다.

6	1769	1735	1735	1735	1714	
7	1794	1745	1746	1745	1719	
8	1801	1751	1765	1751	1725	
9	1804(?)	1765	1769	1765	1727	
10	1830(?)	1770	1772	1772	1731	
11	1846(?)	1772	1786	1776	1735	
12		1776	1794	1783	1738(?)	
13		1779	1799	1786	1741(?)	
14		1783	1801	1787	1745	
15		1786	1803	1794	1747	
16		1787	1804	1799	1749	
17		1794	1841	1801	1751	
18		1795	1882	1803	1753	
19		1797	1884	1805	1755(?)	
20		1799		1807	1757(?)	
21		1801		1809	1760	
22		1803		1811	1762	
23		1805		1813	1765	
24		1807		1819	1767	
25		1809		1823	1770	
26		1811		1829	1772	
27		1813		1831	1774	
28		1819		1841	1776	
29		1823		1843		
30		1829		1845		
31		1831		1847		
32		1841		1859		
33		1843		1866		
34		1845		1868		
35		1847		1881		
36		1859		1888		1857

37		1881				1867
38						1888
39						1889
40						1890
41						1891
42						1892
43						1893

이 표에 볼 수 있는 바와 같이, 김호동은 11차, 배재홍은 37차, 손승철은 19차, 심현용은 36차, 백인기는 28차(정조 즉위년 1776년까지)로 파악하고 있다. 특히 배재홍의 경우『한길댁 생활일기』라고 하는 새로운 사료를 인용하여 종전에 파악하지 못한 수토사실을 다량 밝혀냄으로서 12차 이상의 수토기록을 확보했다. 향후 정조 즉위년까지만 기술한 백인기의 후속연구가 이루어지면 수토횟수는 훨씬 많아질 가능성이 있다. 최근 이원택은 강원감영의 사료를 바탕으로 철종 고종대에 8차에 걸친 수토사실을 추가하였는데, 이 글에서는 기존의 표에 추가하여 덧붙이는 형식을 취했다.[13] 수토사 파견차수와 수토관을 밝히는 일은 수토사 연구의 가장 기본적인 작업임에도 정확한 횟수조차 파악되

7) 김호동,『독도 · 울릉도의 역사』, 2007, 117~8쪽.

8) 배재홍,「조선후기 울릉도 수토제 운용의 실상」,『대구사학』 103, 2011, 5~6쪽.

9) 손승철,『독도사전』, 2011, 249쪽.

10) 심현용,「조선시대 울릉도 수토정책에 대한 고고학적 시 · 공간 검토」,『영토해양연구』 6, 2013, 178~9쪽. 심현용은 주39)에서 김호동, 손승철, 배재홍, 백인기의 표를 수정 보완하였다고 했다.

11) 백인기,「조선후기 울릉도 수토제도의 주기성과 그 의의 1」,『이사부와 동해』 6, 2013, 179~82쪽. 백인기는 이 논문에서 영조대까지만 분석하였다.

12) 이원택,「조선후기 강원감영 울릉도 수토사료 해제 및 번역」,『영토해양연구』 Vol 8, 2014.

13) 이원택, 위의 글, 186쪽.

지 않았다는 사실은 수토사 연구가 아직도 요원하다는 명백한 사실이기도 하다.

수토사 파견차수와 함께 또한 문제가 되는 것이 파견주기의 문제이다.

수토사의 파견주기에 관해서는 앞의 『숙종실록』과 『승정원일기』의 기록에서처럼 '間二年入送' 즉 2년 걸러 3년에 한 번씩 하는 것으로 제도화 해 감을 볼 수 있다.

그러나 실제로 수토가 시행된 것은 문헌마다 다양하게 나타나 몹시 혼란스럽다. 수토주기에 대해 송병기는 1694년 수토가 결정되고 2년 걸러 3년 1차씩 정식화 되었다고 보았고, 이근택은 1690년대 말부터 숙종 연간에 2년 걸러 3년에 한 번씩 시행하는 것이 정식이라고 하였다. 유미림도 1697년 수토제가 확립되어 2년 간격 3년설이 정식이라 했고, 손승철도 이에 따랐다. 그러나 김호동은 2년마다 한 번씩 하는 것으로 파악하였다. 또 배재홍은 2년 간격 3년마다 한 차례 하는 것이 정식이지만, 정조대 말인 18세기 말경부터는 2년마다 바뀌었다고 하였으며, 백인기는 숙종 · 경종을 거쳐 영조 초까지는 2년 걸러 3년이 원칙이었으나, 1745년부터는 2년으로 변경되었다고 하였다.

수토주기에 대한 분석은 심현용의 자세한 연구가 있는데, 그가 작성한 〈기록으로 본 울릉도수토간격〉 표를 보면,[14] 수토주기가 1년 간격, 2년 간격, 3년 간격 또는 1 · 2년 마다, 5년마다 등 다양하다. 이와 같이 기록마다 수토주기가 1~5년설 등 제각각 달라 수토시기 간격에 혼동을 야기한다. 수토간격이 언급된 27건의 사료 중에 2년 간격이 13건, 1년 간격이 8건, 3년 간격이 3건, 1 · 2년 간격이 1건, 1 · 2년마다가 1건, 5년마다가 1건으로 3년설이 가장 많고, 2년설이 다음이다.

---

14) 심현용, 앞의 글, 2013, 182쪽.

그러나 실제로 확인되는 위의 수토사 일람표(심현용)와 비교하면, 모두 36번의 수토중 2년 후 12건, 3년 후 3건, 4년 후 2건, 5년 후 2건, 1년 후 1건순으로 나타나며, 6년 이상도 15건으로 가장 긴 것은 24년 후로 파악된다. 즉 수토후 2년째에 다시 수토한 경우가 12건으로 가장 많이 나타난다.

숙종초기에는 1699년, 1702년, 1705년으로 3년에 1회 시행하는 '3년설'이지만 이후는 3년마다 기록이 나타나지 않는다. 정조대에 들어오면 1799년 이후부터는 대체로 안정적으로 2년후에 수토하고 있다. 따라서 1697년, 숙종대 말에 2년 간격 3년마다 시행되던 수토가 1799년 정조 말에 이르러 1년 간격 2년으로 변경되었다고 보는 '2년설'도 타당하다. 그러나 '2년마다 수토한 것도 1813년 이후는 불규칙해지고, 1829년, 1831년에 나타나고, 다시 1843년, 1845년에 나타나므로 정례화 했다고 말하기는 어렵다. 따라서 현시점에서 수토제의 주기성을 하나의 이론을 가지고 체계화할 수가 없다. 뿐만 아니라 최근에 발표된 이원택의 강원감영 사료를 바탕으로 한 연구에 의하면, 1888년부터 1893년까지는 울릉도 수토가 매년 이루어지고 있다.

그러므로 수토의 주기성과 함께 초기의 3년 수토가 왜 2년이 되었는지를 밝히는 작업이 이루어지고, 수토실시 횟수의 전모가 보다 소상히 밝혀진 이후에야 수토주기성에 대한 판단이 가능할지 않을까. 물론 수토주기성을 전제로 역으로 수토 실시년을 추정할 수도 있겠지만 흉년 등의 예외변수가 많기 때문에 이점도 유념해야 할 것이다.

3) 수토관의 임명과 파견

搜討官은 1697년 4월 영의정 유상운의 건의처럼 '차송하는 사람은 입송할 때마다 稟旨하여 차송하도록 하였다. 그리고 1698년 3월 좌의정 윤지선의 건의로 강원도의 邊將 중에서 임명하도록 하였다.[15] 이어 1702년 삼척영장과 월송만호가 번갈아가며 輪回搜討하는 것이 정식이 되었다. 즉 1699년 6월, 월송포 만호 전회일의 제2차 수토에 이어, 제3차 수토는 그로부터 3년 후인 1702년 5월, 삼척영장 이준명에 의해 이루어진다.

> 삼척영장 이준명과 倭譯 崔再弘이 울릉도에서 돌아와 그곳의 圖形과 紫檀香 · 靑竹 · 石間朱 · 魚皮 등의 물건을 바쳤다. 울릉도는 2년을 걸러 邊將을 보내어 輪回搜討가 이미 정식으로 되어 있었는데, 올해에는 삼척이 그 차례에 해당되기 때문에 이준명이 울진 竹邊津에서 배를 타고 이틀낮 밤 만에 돌아왔는데, 제주보다 갑절이나 멀다고 한다.[16]

위의 사료를 보면, 삼척과 월송포에서 번갈아 가며 윤회하여 수토관을 임명했고, 수토관은 일본인을 대비하여 왜어역관을 대동하여 울릉도를 순검하면서, 울릉도의 지도와 토산물을 바치며 복명을 했던 것을 알 수 있다.

그렇다면 왜 수토관의 임명을 삼척영장과 월송만호로 지정했을까. 이 문제에 관해서는 심현용이 최근에 유재춘의 연구를[17] 인용하여, '동해안의 방어와 수군유적'관계를 설명하고 있다.[18] 즉 조선시대 강원도에는 관찰사인 강릉대도호부사 휘하에 江浦口(고성, 3척, 196명), 束草浦(양양, 3척 210명), 連谷浦(강릉, 3척 191명), 三陟浦(삼척, 4척 245명), 守山浦(울진, 3척 191), 越松浦(평해, 1척 70명) 등 6곳에 수군이 주

15) 『숙종실록』 숙종 24년 4월 갑자.

16) 『숙종실록』 숙종 28년 5월 기유.

17) 유재춘, 「동해안의 수군유적 연구-강원도지역을 중심으로」, 『이사부와 동해』, 창간호, 2010.

18) 심현용, 앞의 글, 2013, 186쪽.

둔하였고, 삼척포의 규모가 가장 컸다. 그리고 인조때 부터는 원주에 中營, 철원에 左營, 삼척에 右營을 설치하면서, 삼척도호부의 관할에 있었던 울진현의 울진포진과 평해군의 월송포진은 우영이 설치된 삼척포진의 관할 하에 들어가게 되었던 것이다.

따라서 영동의 동해안지역을 관장하는 수군의 중심부대는 삼척포영이었으며, 그 하부조직으로 울진포진과 월송포진이 속해 있었다. 그리고 울릉도를 속도로 갖고 있던 울진현령을 수토관으로 임명하지 않고, 삼척영장과 월송만호를 파견하게 된 까닭은 동해안의 경비를 수군이 맡아서 했기 때문이며, 울릉도를 수토할 시점인 1694년에는 울진포진이 이미 폐지되었기 때문에 삼척영장과 월송만호가 수토관이 되었던 것이다. 그리고 두 곳에서 윤번제로 운영하게 된 이유는 1702년 5월 삼척영장 이준명의 보고에서처럼, 뱃길도 멀었고 험난했으며, 많은 인력과 경비, 시간 등이 소요되므로 두 수군부대를 교대로 윤회수토를 시킨 것이다.

그런데 기존의 수토일람표를 볼 경우, 수토관의 직위와 이름을 대조해 보면, 삼척영장과 월송만호의 윤회수토가 정확하게 이루어졌는가에 대해서도 의문의 여지가 남는다.

예를 들면 배재홍의 수토일람표를 보자.

순번	년도	직위	성명	출처
1	1694	삼척첨사	장한상	『숙종실록』, 숙종 20년 8월 기유 / 『울릉도사적』
2	1699	월송만호	전회일	『숙종실록』, 숙종 25년 7월 임오
3	1702	삼척첨사	이준명	『숙종실록』, 숙종 28년 5월 기유
4	1705	월송만호	-	『숙종실록』, 숙종 31년 6월 을사

5	1711	삼척첨사	박석창	울릉도 수토관 비문
6	1735	삼척첨사	구억	『영조실록』, 영조 11년 1월 갑신
7	1745	월송만호	박후기	『승정원일기』, 영조 22년 4월 24일
8	1751	삼척첨사	심의희	『승정원일기』, 영조 45년 10월 15일
9	1765	삼척첨사	조한기	『승정원일기』, 영조 41년 2월 18일
10	1770	-	-	『승정원일기』, 영조 46년 윤5월 5일
11	1772	월송만호	배찬봉	『승정원일기』, 영조 48년 5월 6일
12	1776	월송만호	-	『승정원일기』, 정조 즉위년 5월 22일
13	1779	-	-	『승정원일기』, 정조 2년 12월 20일
14	1783	-	-	『승정원일기』, 정조 9년 1월 10일
15	1786	월송만호	김창윤	『일성록』, 정조 10년 6월 4일
16	1787	-	-	『한길댁 생활일기』, 정조 11년 8월 12일
17	1794	월송만호	한창국	『정조실록』, 정조 18년 6월 무오
18	1795	삼척첨사	이동헌	『승정원일기』, 정조 23년 3월 18일
19	1797	삼척첨사	이홍덕	『승정원일기』, 정조 20년 6월 24일/23년 3월 18일
20	1799	월송만호	노인소	『승정원일기』, 정조 23년 10월 2일
21	1801	삼척첨사	김최환	『한길댁 생활일기』, 순조 1년 3월 30일/울릉도 태하리 각석
22	1803	월송만호	박수빈	『비변사등록』, 순조 3년 5월 22일
23	1805	삼척첨사	이보국	울릉도 태하리 각석
24	1807	-	-	『한길댁 생활일기』, 순조 7년 2월 7일
25	1809	-	-	『한길댁 생활일기』, 순조 9년 3월 1일
26	1811	-	-	『한길댁 생활일기』, 순조 11년 3월 1일
27	1813	-	-	『한길댁 생활일기』, 순조 13년 2월 21일
28	1819	삼척첨사	오재신	『한길댁 생활일기』, 순조 19년 윤4월 9일
29	1823	-	-	『한길댁 생활일기』, 순조 23년 3월 1일
30	1829	월송만호	-	『한길댁 생활일기』, 순조 29년 4월 3일
31	1831	삼척첨사	이경정	울릉도 태하항 각석
32	1841	월송만호	오인현	『비변사등록』, 헌종 7년 6월 10일
33	1843	-	-	『한길댁 생활일기』, 헌종 9년 4월 3일
34	1845	-	-	『한길댁 생활일기』, 헌종 11년 3월 17일
35	1847	삼척첨사	정재천	울릉도 태하항 각석

36	1859	삼척첨사	강재의	『한길댁 생활일기』, 철종 10년 4월 9일
37	1881	-	-	『승정원일기』, 고종 18년 5월 22일

이 일람표에 의하면, 1차 1694년부터 5차 1711년까지는 삼척첨사, 월송만호가 윤회수토를 한다. 그러나 6차 1735년부터 16차 1787년까지는 수토의 주기도 일정치 않을 뿐만 아니라 윤회수토를 적용하기는 어렵다. 그러나 17차 1794년부터 23차 1805년까지는 18차 1795년과 19차 1797년을 제외하면 비교적 윤회수토가 인정된다. 그러나 그 이후는 수토주기도 일정치 않을 뿐만 아니라 윤회수토를 전혀 인정하기가 어렵다. 뿐만 아니라 강원감영 사료를 바탕으로 한 이원택의 연구에 의하면 1857년 철종대 이후는 모두 월송만호가 파견되고 있다.[19]

이원택의 표

연도	수토관		출처	비고
	직위	성명		
1857	월송만호	지희상	『각사등록』27,79상, 하	철종 8년 윤5월 5일
1867	월송만호	장원익	『각사등록』27,284상, 하	고종 4년 4월 20일
1888	월송만호	서경수	『각사등록』27,481하	고종 25년 7월 10일
1889	월송만호 겸 울릉도장	서경수	『각사등록』27,483하~484상	고종 26년 7월 26일
1890	월송만호		『각사등록』27,485하	고종 27년 7월 18일
1891	월송만호		『각사등록』27,487하	고종 28년 8월 16일
1892	월송만호		『각사등록』27,489상	고종 29년 7월 14일
1893	평해군수	조종성	『각사등록』27,493하	고종 25년 9월 20일

19) 이원택, 위의 글, 186쪽의 표 인용.

따라서 윤회수토를 인정하기 위해서도 수토자료가 좀더 발굴되어 수토사실에 대한 역사적 사실이 먼저 고증되어야 하며, 그 이후에야 윤회수토를 확실히 인정할 수 있을 것이다.

4) 수토사의 편성과 역할

수토사의 인적구성과 규모에 대해서는 손승철과 배재홍의 연구가 있다.[20] 손승철은 이 논문에서 수토군의 조직이나 편성, 역할에 관련된 사료로는『朝鮮王朝實錄』,『日省錄』, 장한상의『鬱陵島事蹟』등의 다음 6개의 사료를 들어서 설명하고 있다.

(1) 張漢相,『鬱陵島事蹟』(1694년 9월)

> 갑술년 9월 모일, 강원도 三陟營長 張漢相은 치보 안에, 지난 9월 19일 巳時쯤, 삼척부의 남면 莊五里津 待風所에서 배를 출발시킨 연유에 대해 이미 치보한 적이 있습니다. 첨사가 別遣譯官 安愼徽와 함께 員役 여러 사람과 沙格 모두 150명을 거느리고 와서, 騎船과 卜船 각 1척, 汲水船 4척에 배에 크기에 따라 나누어 타고서 같은 날 사시쯤 서풍을 타고 바다로 나갔습니다.…

(2) 수토군 익사사건(1705년 6월) -『肅宗實錄』

> 울릉도를 수토하고 돌아올 때에 平海 등 군관 黃仁建 등 16명이 익사했는데, 임금이 휼전을 거행하라고 명하였다.

(3) 월송만호 김창윤 수토기(1786년 6월) -『日省錄』

> 27일, 오시에 4척의 배를 倭學 李裕文과 나누어 타고, 상하역관, 사공과 격

---

20) 손승철, 앞의 논문, 2010, 303~8쪽과 배재홍, 앞의 논문, 2011, 9~11쪽.

군등 모두 80명이 일제히 출발하였습니다.

(4) **월송만호 한창국 수토기**(1794년 6월) - 『日省錄』, 『正祖實錄』

월송만호 첩정에 '4월 21일, 다행히도 순풍을 얻어서 식량과 반찬거리를 4척의 배에 나누어 싣고, 왜학 李福祥 및 상하원역과 격군 80명을 거느리고 같은 날 미시쯤에 출선하여 바다 한가운데에 이르렀는데, 유시에 갑자기 폭풍이 일며 안개가 사방에 자욱이 끼고, 우뢰와 함께 장대비가 쏟아졌습니다.

(5) **採蔘軍 징발의 기사**(1799년 3월) - 『正祖實錄』

採蔘軍을 정해 보내는 것은 을묘년 1795년부터 시작되었다. 그리고 반드시 산골에서 생장하여 삼에 대해 잘 아는 자들을 강릉은 5명, 양양은 8명, 삼척은 10명, 평해는 4명, 울진은 3명씩 나누어 정해 보내는데, 이들은 모두 풍파에 익숙하지 않다고 핑계를 대고 간간히 빠지려는 자가 많다.

(6) **수토제 폐지 기사**(1894년 12월) - 『高宗實錄』

"울릉도를 搜討하는 船格과 什物을 바치는 것을 영영 없애는 문제입니다. 그 섬은 지금 이미 개척되었는데 左水營에서 동쪽 바닷가 각읍에 배정하여 三陟·越松鎭에 이속하는 것은 심히 무의미한 일입니다. 수토하는 선격과 집물을 이제부터 영영 없애라고 경상도와 강원도에 분부하는 것이 좋겠습니다."라고 하니 승인하였다.

이상의 사료를 통해서 볼 때, 수토관은 삼척영장과 월송포 만호가 번갈아 했고, 수토군의 인원은 처음에는 150명이 되었으나, 1786년과 1794년 수토군이 모두 80명이었던 것으로 보아, 80명 선으로 조정되었으며, 반드시 왜학 역관을 동행했다. 이것은 만일의 경우 일본인과의 조우에 대비한 것으로 보인다. 그리고 원역·격군등 인원구성과 필요한 집물은 강릉 양양 삼척 평해 울진 등 동해안에 접한 고을에서 차출했던 것으로 보이며, 강원감사가 주관했고, 개항기에는 경상좌수영에서도 관계한 것으로 파악된다.

또한 선박의 척수는 1694년에는 150명에 선박이 騎船과 卜船 각 1척에 汲水船 4척으로 도합 6척이었으나, 80명이었을 때는 4척이었다.

한편 배재홍은 1711년 박석창의 〈도동리 신묘명각석문〉의 자료를 인용하여 수토사의 구성을 자세히 소개했다. 각석문의 내용을 소개해보자.[21]

〈원문〉

辛卯五月初九日. 到泊于倭舡倉, 以爲日後憑考次. 萬里滄溟外, 將軍駕彩舟, 平生仗忠信履險, 自無憂. 搜討官, 折衝將軍 三陟營將兼, 僉節制使 朴錫昌. 拙句刻石于卯方. 軍官折衝 朴省三. 折衝 金壽元. 倭學閑良 朴命逸. 軍官閑良 金元聲. 都沙工 崔粉. 江陵通引 金蔓. 營吏 金嗣興. 軍色 金孝良. 中房 朴一貫. 及唱 金時云. 庫直 金危玄. 食母 金世長. 奴子 金禮發. 使令 金乙泰.

〈번역문〉

신묘년 5월에 세워 놓은 도동리 비석문

신묘년 5월 9일, 왜강창(倭舡倉)에 도착하여 정박하였다. 오늘 이후 이 조사를 근거로 삼게 하려 한다.

만리 푸른 바다 밖으로 (이사부)장군은 채주(彩舟)[22]를 타고 나갔다. 평생 충성심과 신의를 갖고 어려운 일을 처리하여 이후부터 우환이 없게 하였다.

수토관(搜討官) 절충장군(折衝將軍) 삼척영장(三陟營將) 겸 첨절제사(僉

---

21) 鬱陵島 道東里 辛卯銘刻石文 (경상북도 문화재자료 제413호. 경북 울릉군 울릉읍 도동리 581-1 향토사료관) 1937년 도동 축항공사 때 바다에서 인양한 비석) 높이 75cm, 너비 57cm, 윗면 너비 34cm.

22) 채주(彩舟)를 직역하면 '색칠한 배'가 된다. 이사부 장군이 우산국 사람들을 위협하기 위해 나무사자를 만들고, 배를 알록달록하게 칠하여 타고 간 배를 지칭한 용어로 보인다.

節制使) 박석창(朴錫昌)이 서툰 글을 써서 돌에 새겨 동쪽에 세우다.
군관(軍官) 절충(折衝) 박성삼(朴省三).
절충(折衝) 김수원(金壽元).
왜학(倭學) 한량(閑良) 박명일(朴命逸).
군관(軍官) 한량(閑良) 김원성(金元聲).
도사공(都沙工) 최분(崔粉).
강릉통인(江陵通引) 김만(金蔓).
영리(營吏) 김사흥(金嗣興).
군색(軍色) 김효량(金孝良).
중방(中房) 박일관(朴一貫).
급창(及唱) 김시운(金時云).
고직(庫直) 김위현(金危玄).
식모(食母) 김세장(金世長).
노자(奴子) 김례발(金禮發).
사령(使令) 김을태(金乙泰).

이 각석문의 내용을 볼 때, 수토사 구성의 구체적인 내역에 대해 파악할 수 있다. 이들이 각기 어떠한 기능을 했는지는 아직 밝혀진 바는 없지만 직책을 통해 수토사의 역할에 대해 간접적으로 추론해 볼 수 있을 것이다.

지금까지 밝혀진 수토사의 역할에 관해서 보면, 왜인탐색, 지세파악, 토산물진상, 인삼채취 등을 꼽을 수 있다. 1438년 울릉거민이 교형을 당한 이후, 조선후기에 들어서도 조선인의 울릉도 거주는 없었던 것으로 보인다. 그 이유는 수토기록 가운데 거민 쇄출의 사례를 전혀 찾아볼 수 없다. 따라서 왜인탐색과 지세파악이 가장 중요한 임무였다고 파악된다.

장한상의 복명기사는 주로 왜인이 다녀간 흔적에 관한 내용과 울릉도의 산천과 도리의 지도였으며, 왜인으로 하여금 그곳이 우리나라 땅임을 알도록 하는 데 있었다고 했다.

> 당초 갑술년(1694) 무신 張漢相을 파견하여 울릉도의 지세를 살펴보게 하고, 왜인으로 하여금 그 곳이 우리 나라의 땅임을 알도록 하였다. 그리고 이내 2년 간격으로 邊將을 보내어 수토하기로 했는데, …[23]

그런데 1699년 전회일과 1702년 이준명의 복명내용에는 울릉도의 지형 · 지세에 관한 내용과 함께 울릉도의 토산물의 진상에 관한 기사가 등장한다.

> 전회일 : 「본도의 地形을 올리고 겸하여 그곳의 토산인 皇竹 · 香木 · 土石 등 수종의 물품」
> 이준명 : 「圖形과 紫檀香 · 青竹 · 石間朱 · 魚皮 등의 물건」
> 김창윤 : 「可支魚皮 · 篁竹 · 紫檀香 · 石間朱 · 圖形」
> 한창국 : 「可支魚皮 · 篁竹 · 紫檀香 · 石間朱 · 圖形」

可支魚는 흔히 바다사자 · 바다표범 · 물개 · 강치로 불리며,[24] 篁竹은 누런대나무로 단소의 재료로 많이 사용되는데, 烏竹보다 단단하고 무거운 소리를 낸다하여 선호한다. 紫檀香은 우리나라의 해안지방, 섬지방에 자생하는 상록성 침엽교목으로 나무껍질은 암갈색이고 비늘모양이며 송곳모양의 잎은 오린가지에 난다. 생약으로는 사용하며 자단

---

23) 『숙종실록』 숙종 24년 4월 갑자조.

24) 바다사자의 경우 수컷 몸길이 약 3.5m, 몸무게 약 1t 이상, 암컷 몸길이 2.3m, 몸무게 약 500kg 정도 되며, 바다표범은 우리나라에 서식하는 종은 소형이며, 물범이라고도 부른다. 물범은 종에 따라 다르지만 보통 몸에 점박이 무늬가 있는 게 특징이다. 물개나 바다사자에 비해 둥글고 통통한 몸매를 가지고 있다. 물개의 경우 수컷 약 2.5m, 암컷 약 1.3m, 몸무게 수컷 180~270kg, 암컷 43~50kg 정도 된다. 강치는 강치과에 속하는 동물인데, 무리를 지어 생활하는 게 특징이며, 크기는 2.5m가량이다. 바다사자와 물개를 포함하여 강치로 부르기도 한다.

향이라 한다.[25] 또 향기가 좋아 향료로도 널리 사용하며, 지금도 울릉도 향나무는 천연기념물로 지정되어 있다. 石間朱는 石間硃인데, 산수화와 인물화의 살빛을 나타낼 때 사용하는 회화의 彩料이다. 천연산 석간주는 붉은 酸化鐵을 많이 포함한 赤茶色의 붉은 흙으로, 石灰岩·혈암(頁岩) 등이 분해된 곳에서 난다. 따라서 이러한 울릉도의 특산물은 육지 물품과는 달리 귀하게 여겨졌고, 왕실에서도 선호했던 물품이었음을 쉽게 짐작할 수 있다.

한편 토산물 진상과 함께 1795년부터는 별도로 인삼채취의 임무가 부과되었다. 울릉도에서의 인삼채취에 관해서는 1769년 12월부터 기록에 나오며 허가 없이 인삼을 채취한 강원감사를 파직하거나, 인삼채취를 금하고 있다.

1799년 3월, 『정조실록』에 의하면,

> 강릉 등 다섯 고을의 첩보에 의하면, "採蔘軍을 정해 보내는 것은 을묘년(1795)부터 시작되었다. 그리고 반드시 산골에서 생장하여 삼에 대해 잘 아는 자들을 강릉은 5명, 양양은 8명, 삼척은 10명, 평해는 4명, 울진은 3명씩 나누어 정해 보내는데, 이들은 모두 풍파에 익숙하지 않다고 핑계를 대고 간간히 빠지려는 자가 많다. 그러므로 채삼군을 가려 뽑는 담당관이 중간에서 조종하며 뇌물을 요구하고 있다.[26]

고 했다. 이 내용으로 보면, 수토군의 역할 중 채삼은 중요한 임무중의 하나였고, 그 부담을 집물이나 격군의 차출과 마찬가지로 삼척을 포함한 인근 다섯 고을에서 충당했으며, 이를 피하려고 뇌물이 오고 가는 등 민폐가 심했던 모양이다.

---

25) 성분으로는 심부에 정유로 알파-피닌, 리모넨, 세드롤등이 함유되어 있다. 약효로는 세드롤이 향료보류제로 심재는 고혈압, 토사곽란에 사용한다.

26) 『정조실록』 정조 23년 3월 병자조.

5) 수토여정과 경로 · 지역

수토사일행의 출항에서부터 귀환까지의 여정에 관해서는 심현용, 배재홍, 김기혁의 연구가 있다.[27] 특히 심현용은 수토사 출발지의 변천에 관해 다루었고, 배재홍은 출항시기 및 수토기간, 김기혁은 울릉도내에서의 수토경로에 대해 현재의 지도 및 지명을 열거하면서 이해하기 쉽게 재구성하였다.

이들 연구를 통해 수토사 출항지 및 여정과 경로에 대해 정리해 보자.

기록에 의하면 수토사의 출항지는 삼척부의 장오리, 울진현의 죽변진과 울진포, 그리고 평해군의 구산포 등을 확인할 수 있다.

1694년 최초의 수토사 였던 삼척영장 장한상이 삼척부의 남면 장오리진 대풍소에서 출발하고 있는데,[28] 현재의 삼척시 장호리에 있는 장호항이다. 또 1699년 월송만호 전회일이 울릉도를 수토하고 돌아온 곳이 대풍소인데, 현재 대풍헌이 있는 울진군 기성면 구산리의 구산포이다. 이곳은 월송포진에 근접한 지역으로 출발지도 이 구산항이었을 것이며, 1786년 월송만호 김창윤이 평해 구미진에서 출항한 것도 구산포를 말하는 것이다. 그리고 수토사는 아니었지만 1882년 울릉도 검찰사 이규원도 구산포에서 출항하였다.

한편 울진현 죽변진에서도 출발하는 것이 확인된다. 1702년 삼척영장 이준명이 죽변진에서 출항하고, 1787년 삼척영장이 수토할 때도 죽변진에서 출항하고 있다. 죽변진은 현재의 울진군 죽변면 죽변리의 죽변항으로 삼척시와 가까운 곳이다.

---

27) 심현용, 앞의 논문, 2013, 187~191쪽; 배재홍, 앞의 논문, 2011, 13~17쪽; 김기혁, 앞의 논문, 2011, 43~49쪽.

28) 장한상, 『鬱陵島事蹟』.

물론 삼척포영이 있었던 삼척포도 그 출발지가 되었을 것이다. 삼척포는 지금의 삼척시 삼척항(정라항)이다.

그런데 1714년 『숙종실록』에 의하면, 영동지역에서는 울진지역이 울릉도와 가장 가까운 곳이고, 또 이지역의 뱃길이 가장 안전하고 순탄한 것을 알고 있었다.

> 강원도 어사 조석명이 영동 지방의 海防의 허술한 상황을 논하였는데, 대략 이르기를, "浦人의 말을 상세히 듣건대, '평해 · 울진은 울릉도와 거리가 가장 가까 와서 뱃길에 조금도 장애가 없고, 울릉도 동쪽에는 섬이 서로 잇달아 倭境에 접해 있다.'고 하였습니다. 무자년(1708) 과 임진년(1712)에 모양이 다른 배가 고성과 간성 지경에 표류해 왔으니 倭船의 왕래가 빈번함을 알 수 있는데, 朝家에서는 비록 嶺海가 隔해 있어 걱정할 것이 없다고 하지만, 후일의 변란이 반드시 영남에서 말미암지 않고 영동으로 말미암을지 어떻게 알겠습니까? 방어의 대책을 조금도 늦출 수 없습니다." 하니, 묘당에서 그 말에 따라 강원도에 신칙하여 軍保를 단속할 것을 청하였다.

동해안의 이러한 조건들에 의해, 월송만호는 처음부터 구산포에서 출항했지만, 삼척영장은 초기에는 삼척에서 출항하다가 18세기에 들어오게 되면 남쪽인 울진 죽변진으로 내려오게 되며, 19세기에는 이보다 더 남쪽인 평해 구산포에서 출발하게 된다고 했다.

배재홍은 그 시기를 19세기 이후로 보았는데, 심현용은 1787년~1799년 사이, 즉 18세기 말에 출발지가 구산포로 정해져 삼척영장과 월송만호가 모두 이곳에서 출항하는 것이 더 타당할 것 같다고 했다.[29]

이렇게 삼척영장과 월송만호가 모두 구산포에 와서 대풍헌에서 순풍을 기다리며 머물렀다가 울릉도로 출발하게 된 것은 수토초기에는

---

29) 심현용, 위의 논문, 191쪽.

단순히 두 포진이 있는 가까운 항구에서 출발하다가 이후 앞의 사료에서와 같이 동해항로에 대한 지식이 축적되어 울진지역이 거리상으로 울릉도와 가장 가깝고 또 구산포에서 출항하는 것이 해로상 가장 안전하고 순탄하다는 것을 터득했기 때문이라고 기술하였다. 물론 조선시대 울릉도 항로에 대한 지식은 현대의 과학적 조사에서도 확인되었다.[30)]

또한 수토사가 돌아올 때, 처음 출항했던 포구로 꼭 다시 돌아온 것은 아니었다. 1786년 수토관 월송만호 김창윤의 경우, 평해 구미진에서 출발하였지만 귀항한 포구는 삼척 원덕면 장오리였다. 그리고 1859년 삼척첨사 강재의의 경우도 돌아온 포구는 망상면 어내진이었다. 이처럼 수토사가 처음 출발한 포구로 돌아오지 못한 것은 당시 발달하지 못한 항해술과 일정하지 않는 풍향 등의 요인 때문이었을 것이다. 실제로 영동지방 바닷가 주민들이 수토사 출항 직후부터 候望 守直軍을 조직하고는 바닷가에 장막을 치고 망을 보았던 것도 아마 수토사가 돌아와 도착하는 포구가 일정하지 않고 유동적이었기 때문이었다. 그렇지만 단순히 가까운 거리나 기상 상태만으로 출항지가 변경되었을까?. 당시의 항해술이나 해상정보에 관해 심현용은 긍정적으로 배재홍은 부정적인 평가를 하고 있다. 수토사의 출항지와 귀항지가 변경되었던 이유와 시기에 대해서도 좀 더 면밀히 검토되어야 한다.

또한 수토사 출항시기와 수토기간에 관해서 보면, 1694년 삼척첨사 장한상 일행이 출항한 날짜는 9월 19일이었다. 그러나 이후 울릉도 수토를 위한 출항은 대부분 바람이 순조로운 시기인 4 · 5월에 이루어졌다. 실제로 수토사의 출발 시기를 보면 1735년, 1751년, 1786년, 1794년,

---

30) 육지와 울릉도 · 독도의 거리는 1998년 국립해양조사원의 우리나라 영해기점 조사 측량에서도 사실로 확인되었다. 육지에서 울릉도와 가장 가까운 곳이 죽변으로 그 거리는 130.3km이며, 죽변에서 독도까지의 거리는 216.8km이다.

1829년, 1843년, 1845년, 1859년 수토의 경우 4월에 출항하였고, 1819년의 경우는 윤 4월에 출항하였다. 1702년, 1711년, 1772년 수토의 경우는 5월에 출발하였다. 그런데 1699년 월송만호 전회일의 수토 출발일 6월 4일이었다. 아마 이는 순풍을 기다리다가 출항이 6월로 넘어오게 되었던 것 같다.

그러나 수토사가 울릉도 인삼 채취의 임무를 띠고 파견되던 시기에는 6·7월에 출항하기도 했다. 출발이 평상시보다 늦추어진 것은 울릉도 인삼 채취시기에 맞추기 위해서였다. 1795년과 1797년의 수토가 이 경우에 해당한다. 이처럼 조선후기 울릉도 수토를 위한 출항은 특별한 경우를 제외하면 대부분 4·5월에 이루어졌지만 그렇다고 출항일이 특정한 날짜에 고정되어 있었던 것은 아니었다. 이는 포구에서 여러 날 순풍이 불기를 기다려야 하였기 때문이었다. 1735년 1월에 당시 우의정 김흥경은 여러 날 순풍을 기다려야 한다고 하였다. 실제로 1786년 월송만호 김창윤의 경우 4월 19일부터 평해 구미진에서 순풍이 불기를 기다렸다가 8일 후인 4월 27일에야 비로소 출발하였다. 이를 보면 울릉도 수토를 위한 출항 일자는 순풍 여부에 크게 좌우되어 유동적이었음을 알 수 있다.

그러면 수토사의 울릉도 수토에는 과연 며칠이 걸렸을까. 1694년 1차 수토사였던 삼척첨사 장한상의 경우 9월 19일에 출항하여 다음 날인 9월 20일 울릉도에 도착하였다. 그 후 10월 3일까지 13일간 머물면서 섬을 순찰한 후 10월 6일에 삼척으로 돌아왔다. 울릉도 수토에 17일이 걸린 셈이다.

또 1699년 월송만호 전회일은 6월 4일에 출항하였다가 6월 21일 항구로 귀항하여 17일이 소요되었고, 1702년 삼척첨사 이준명은 단지 이틀 낮밤 만에 갔다가 돌아왔으며, 1751년 삼척첨사 심의희는 8일간 울릉도에 머물다가 돌아왔다.

또 1786년 월송만호 김창윤은 4월 27일에 출항하여 다음 날인 4월 28일에 울릉도에 도착하였다. 그 후 6일간 머물면서 섬을 수색한 후 5월 4일에 귀환 길에 올라 5월 5일 육지에 도착하였다. 울릉도 수토에 8일이 소요된 셈이다. 또 1794년에 파견된 월송만호 한창국은 4월 21일에 출발하여 다음 날인 4월 22일에 울릉도에 도착하였다. 그 후 8일 동안 머물면서 임무를 수행하다가 4월 30일에 귀환 길에 올라 다음 날인 5월 1일에 육지에 도착하였다고 보면 수토에 10일이 걸렸다. 또 1859년 삼척첨사 강재의는 4월 9일 출발하였다가 4월 25일에 육지로 돌아왔다. 울릉도 수토에 16일이 소요되었다. 이처럼 울릉도 수토에는 짧게는 2일, 길게는 17일이 걸렸다. 이를 표로 정리하면 다음과 같다.

수토 기간

연도	수토관	육지출항	울릉도 도착	울릉도 출항	육지귀항	총기간
1694년	장한상	9.19	9.20	10.3	10.6	17일
1669년	전회일	6.4			6.21	17일
1702년	이준명					2일
1751년	심의회					8일
1786년	김창윤	4.27	4.28	5.4	5.5	8일
1794년	한창국	4.21	4.22	4.30	5. 1	10일
1859년	강재의	4. 9			4.25	16일

그런데 이 기록 가운데, 2일이 걸린 이준명의 경우 '울릉도 도형, 자단향 청죽, 석간주, 어피' 등의 특산물을 가지고 돌아왔기 때문에 울릉도 수토사실이 인정은 되나 항해기간이 이틀 낮밤이라는 것은 납득하기 어렵다. 이점에 대해서는 아무런 언급이 없다. 어쨌든 수토사들마다 수토기간이 일정치 않았던 것은 울릉도 수토에는 정해진 기간이 없

었음을 의미한다. 이는 수토 기간이나 범위 등을 자의적으로 결정했기 때문이 아닐까?

그렇다면 울릉도에서 수토사들은 어느 지역을 수토했을까? 이 주제에 관해서는 김기혁의 연구가 유일하다. 김기혁은 수토사의 수토기와 수토기에 수록된 지명을 연구하였다.[31]

장한상의 『울릉도사적』에 수록된 지명은 중봉 이외에는 한곳도 기록되어 있지 않아 수토경로를 구체적으로 파악할 수 없다. 장한상은 섬 주위를 2일 만에 본 후, 둘레를 150~160리로 추정했다. "동쪽으로 5리쯤 되는 곳에 작은 섬이 하나 있는데, 그리 높고 크지는 않으나 海長竹이 한쪽에 무더기로 자란다"는 기록은 지금의 죽도를 말하는 것 같다. 또한 "서쪽에 대관령의 구불구불한 모습이 보이며, 동쪽을 바라보니 바다 가운데 섬이 하나 있는데, 아득히 동남방에 위치하며, 섬의 크기는 울릉도의 3분의 1에 못 미치고 거리는 300여 리에 지나지 않는다."고 기술했다. 현재의 독도를 지칭한 것으로 추정되고 있다. 이 외에 울릉도의 특산물, 집터의 흔적을 언급하면서 사람이 살았던 것에 대해 기술하였고, 왜인들이 가마와 솥등을 걸어놓았던 흔적과 동남쪽 해안가에 대나무를 많이 베어 놓고 있음을 기술하면서 왜인의 왕래를 지적하였다.[32]

1786년 김창윤의 수토기에 의하면, 4월 28일 도착 후, '4척의 배가 모이니 기쁨과 슬픔이 번갈아 극에 달하여 각자 위험하거나 두려웠던 상황을 진술'하였다는 것으로 보아 항로가 매우 험난하였음을 보여준다. 상봉을 보았다는 내용이 있으나 도착 장소는 기록되어 있지 않다.

이튿날인 4월 29일에 저전동에 도착하여 산제를 지낸 후 중봉이 세

---

31) 김기혁, 「조선후기 울릉도 수토기록에 나타난 부속도서의 표상연구」, 『역사와 지리로 본 울릉도 · 독도』, 동북아역사재단, 2011.

32) 손승철, 「울릉도 수토와 삼척영장 장한상」, 『이사부와 동해』 5, 2013.

개의 봉우리로 되어 있음을 확인하였다. 삼봉에 대한 기록은 『鬱陵島事蹟』과 일치한다. 이후 대추암 · 소추암 · 석초 · 저전 일대를 수토하고, 가지도 구미에서 가지어 2마리를 포획하였다. 사료에는 나타나지 않으나 숙박은 저전동에서 한 것으로 추정된다.

5월 1일에 왜강창 동구에서 중봉까지 수토를 한 후, 장작지 · 천마구미에서 대나무밭을 확인하고 이곳에서 2박하였다. 3일째인 5월 2일에 일어나보니 바다 가운데 바위가 우뚝 서있어서 이를 후죽암이라 하였다. 동쪽에 있는 방패도를 보았다. 4일째인 5월 3일에 현작지, 추산, 죽암, 공암, 황토구미 일대를 수토하였으며, 황토구미에서는 논농사가 가능할 것이도, 예전의 수토관들이 새겨놓은 석각을 확인하기도 하였다. 5일째인 5월 4일에는 향목정과 대풍소를 거쳐 이 일대를 수토하였다. 당일 신시에 출발하여 이튿날인 5월 5일에 삼척 원덕면 장오리에 도착하였다.

1794년 한창국의 수토기에 의하면, 4월 21일 未時에 강원도 평해에서 출발하여 이튿날 22일 새벽인 인시에 황토구미진에 도착하여 잠시 휴식을 취한 후 중봉으로 향하는 골짜기를 수토하고 60여 마지기의 땅이 있음을 확인하였다. 좌측에 있는 황토구미굴을 확인하고 병풍석, 향목정 일대를 답사하였다. 23일에는 일정이 없다. 24일에 배로 통구미진으로 이동하여 내륙을 수토하면서 지형이 험한 곳임을 확인하였다. 저녁에 이곳에서 숙박하였으며 25일에는 장작지포로 이동하여 대밭을 확인하고 일부 베어 내었다. 이어 저전동으로 이동하여 내륙을 수토하면서 평지가 적지 않음을 확인하였다. 이후 해안의 방패도, 죽도, 옹도 일대를 답사하였으나‘, 지형이 매우 험준하여 올라가 보지는 못하였다’고 기록하고 있다.

4월 26일에는 저전동에서 자고, 가지도로 이동하여 가지어를 포획하였다. 이후 구미진으로 이동하여 계곡으로 들어가 옛 인가가 있음을 확인하였다. 이어서 죽암·후포암·공암·추산을 둘러보고 통구미로 가서 바다에 고사를 지내는 등 출항 준비를 하였다. 바람이 자기를 기다려 4월 30일에 출발하여 5월 8일 본진(강원도 평해)에 도착하였다.

현존하는 수토기는 그 수가 많지 않지만, 위의 수토기를 통해 볼 때, 시대가 흘러갈수록 울릉도에 대한 지리정보가 다양해지고 정확해져 가는 것을 알 수 있다. 이러한 경향은 수토기록은 아니지만 1882년 울릉도 검찰사 이규원의 기록에서는 아주 상세하게 기록되고 있다. 뿐만 아니라 기존의 수토기록과는 다르게 본토의 주민들이 들어와 살고 있는 것을 서술하고 있으며, 취락의 규모와 지명들을 상세히 기록하고 있다. 1882년 당시 울릉도에 거주하고 있는 조선인이 대략 140명에 달하고 있으며, 일본인도 도방청 포구에 78명이 들어와 거주하고 있는 것으로 기록하였다.[33]

한편 수토사들은 출항 때부터 귀항 때까지 각종 제사를 지냈다. 山祭와 海祭, 船祭 등을 지냈고 또 항해 중에 악풍이 불거나 고래와 악어를 만나면 龍食을 바다에 흩뿌리며 기도하였다. 이러한 각종 제사에는 많은 곡물이 들어갔다. 아마 안전한 항해와 원활한 임무 수행을 바라는 간절한 마음에서 여러 제사를 지냈을 것이다. 실제로 수토사들이 지낸 제사의 예를 보면 1786년 월송만호 김창윤은 울릉도에 도착한 다음 날 섬을 看審하기에 앞서 저전동에서 산제를 지냈고, 울릉도를 떠나기 바로 전에는 海神에게 제사를 지냈다. 또 1794년의 월송만호 한창국은 항해 중에 갑자기 북풍이 불고 안개가 사방에 자욱한 가운데 소나기가 내리며 천둥 번개가 쳐 네 척의 배가 뿔뿔이 흩어져 어디로 갔는지 알 수 없는 상황에 처하게 되었다. 그러자 그는 군복을 차려입고 바다에 기도를 올리고는 해신을 위해 많은 식량을 바다에 뿌렸다.

---

33) 김기혁, 위의 논문, 2011, 35쪽.

또 그는 울릉도에 도착한 후 나흘째 되는 날에도 산과 바다에 기도를 올리고 제사를 지냈다.

수토와 관련된 제례행사는 기록에 의해 알려져 있을 뿐, 구체적인 내용에 대해서는 전혀 연구된 바가 없다. 앞으로 각종 산제와 해제, 선제 등의 제례행위를 지역주민의 민속, 신앙, 종교행사와 연관지어 연구해야 할 필요성이 제기된다.

6) 지역 주민의 역할

수토사가 출항했던 삼척과 울진지역의 주민의 역할에 대해서는 배재홍과 심현용의 연구가 있다.

배재홍의 논문에 의하면, 지역민은 우선 울릉도 수토에 필요한 양식 즉 搜討料 80여 석을 부담하여야 했다. 이 수토료는 강원도 내에서도 영동지방 바닷가에 위치한 삼척 · 울진 · 평해 등의 고을에서 부담하였던 것으로 보인다. 그러나 어느 고을에서 얼마의 수토료를 부담하였고 또 각 고을에서는 할당된 수토료를 어떻게 주민에게 부과하여 징수하였는지는 구체적으로 알 수 없다. 다만 삼척의 경우 大米와 小米 두 종류의 곡물을 부담하였고, 대미의 부담 양은 약 16석이었다. 삼척에서는 이 大米 16석을 주민의 소유 토지 면적을 대상으로 부과하여 징수하였다는 것을 알 수 있다. 그러나 삼척에서 부담해오던 수토료 중 대미 16석은 1825년에 당시 삼척부사 민사관이 營門과 상의하여 울진과 평해로 이전하였다고 한다.

특히 배재홍은 2007년 삼척지방에 세거하던 강릉김씨 감찰공과 한길댁 구성원들이 일상생활 속에서 보고 들은 사항이나 체험한 일을 책력의 여백과 이면에 간략하게 비망록 적인 성격의 일기인 『한길댁 생활일기』를 발굴하여 삼척부의 토지 1결당 수토료 납부현황을 보고하였다. 그의 연구에 의하면, 수토료는 수토가 실시되는 해 봄 2·3월에 주민에게 부과하여 징수하였고, 주민은 벼·조를 찧어서 쌀·좁쌀 상태로 납부하였음을 알 수 있다. 그리고 토지 1결 당 납부량은 시기에 따라 약간의 차이는 있지만 대체로 대미는 약 2되, 소미는 3~4되 정도였다. 결국 조선후기 울릉도 수토료는 일종의 부가세로 징수했던 것을 알 수 있다.

둘째, 강원도 영동지방 바닷가 주민들은 수토관 일행이 사용할 搜討船 마련에 일정한 부담을 하였다. 1694년, 삼척첨사 장한상 일행이 사용한 수토선은 새로 건조하였다. 그러나 이 때 差使員이 배 건조에 사용할 雜物을 너무 지나치게 민간에 分定하여 문제가 되었다. 비록 장한상은 울릉도를 수토한 공로로 인하여 용서를 받았지만 차사원은 濫徵의 죄로 파직되었다. 이처럼 새로운 수토선 건조에 커다란 폐해가 발생하자, 앞에서 살펴본 바와 같이 이후의 수토선은 경상도 각 포의 병·전선을 빌려 사용하기로 하였다. 하지만 경상도에서는 배 운항에 필요한 기계 등을 완전하게 갖추어 빌려주지 않았다.

1786년 9월에 당시 우의정 윤시동은 영동에는 수토선으로 사용할 적합한 배가 없어서 항상 영남에서 빌려 사용하는데, 밧줄은 썩고 노는 부러져 열중에 하나도 온전한 것이 없으므로 기계는 삼척海民의 것을 가져다 사용한다고 하였다. 이를 보면 삼척지방 바닷가 어민들은 울릉도 수토관 일행이 사용할 수토선에 필요한 기계 등을 징발 당하였음을 알 수 있다.

셋째, 수토관 일행이 울릉도로의 출항을 위해 포구에서 여러 날 순풍을 기다리는 동안에 들어가는 접대비 등을 포구 인근 동리에서 부담하여야 하였다. 심현용은 19세기 중·후반의 「完文」, 「搜討節目」, 「狗巖洞金宗伊各樣公納抄出」, 「公納成冊開國伍百肆年乙未 十一月二十八日」 등 고문서와 「구산동중수기」, 「평해군수 심능무·이윤흡 영세불망지판」, 「월송영장장원인영세불망지판」, 「평해군수이용익영세불망지판」, 「월송영장황공영세불망지판」, 「전임 손주형 · 손종간 · 손수백 영세불망지판」「도감 박억이영세불망지판」, 「구산동사기」 등 현판내용을 분석하여 구산동을 포함한 대풍헌 주변 9개 마을, 즉 울진 지역민의 부담과 역할을 기술했다.

이 자료들의 내용을 보면, 수토사가 유숙하는 기간이 길어지면 주민이 접대하는 비용이 양일에 100金이나 지급될 때도 있어 주민들은 이러한 폐단을 해결하기 위해 평해 관아에 진정하는 일도 있었다. 이에 1871년 7월에 구산동에서는 자체적으로 재원 120냥을 마련하여 9개 동의 동세에 따라 분배하고 存本取利하여 수토관이 순풍을 기다리는 동안에 소요되는 비용에 충당하기로 하였다. 당시 이식은 1냥에 3분이었다. 그러나 그 후 10여 년이 지나자 이자 돈만으로는 한계를 드러내었고, 수토관 일행의 접대 등을 위한 비용 조달은 여전히 9개 동의 커다란 폐해였다. 따라서 돈을 거둘 때 원망하고 미워함이 끊어지지 않았으며 모두 지탱하기 어렵다고 하였다. 이에 1883년에는 다른 지방의 예에 따라 생선 · 소금 · 미역 등을 실은 商船이 포구에 들어와 津頭에 물건을 내릴 때 受貰하기로 하였다. 아울러 이 貰錢을 取殖하여 수토관들의 접대 등에 들어가는 비용에 쓰기로 하고 관아에 소장을 올렸다. 이에 지방관은 9개 동민의 受貰 의견을 받아들여 10월에 그 내용을 절목으로 작성하여 주고 준행하도록 하였다. 절목 내용을 보면 소금은 每石 당 5分, 명태는 每駄 당 1錢씩 수세하기로 하였다. 아울러 船主人으로부터도 貰錢을 받기로 하여 藿船 주인으로부터는 2냥, 鹽船 주인과 魚船 주인으로부터는 5전씩 받기로 하였다. 그리고 받은 貰錢은 구산동에서 맡아 取殖하도록 하여 수토관이 구산진에서 순풍을 기다리는 동안에 들어가는 비용을 전담하도록 하였다. 아울러 나머지 8개 동에는 侵徵하지 못하도록 하였다. 대신 구산동에는 소소한 烟戶

부역을 除減시켜 주었다. 이처럼 수토관이 포구에서 순풍을 기다리는 동안에 들어가는 적지 않은 비용의 마련은 포구인근 주민들에게는 커다란 부담이기도 했다.

한편 주민의 어려움을 파악한 평해군수 심능무, 이용익, 이윤흡과 월송 영장 장원익, 황공 등은 수토 비용에 보태도록 돈과 경작지를 지급하여 그 폐단을 줄이는 등 백성들을 돌보았으며, 월송영장 장원익은 술로서 주민을 위로하기도 했다. 이렇게 울릉도 수토는 군관민의 협조와 부담으로 이루어졌으며, 200년간 수토가 유지될 수 있도록 큰힘이 되었던 것이다. 이 부분에 대한 연구도 보다 면밀하게 이루어져야 할 것이다.

넷째, 採蔘軍의 선발과 그 운용을 둘러싸고 폐해가 발생하였다. 앞에서 살펴 본 바와 같이 조선후기에 울릉도 수토관이 채삼군을 대동하고 간 해는 정조 19년(1795)과 정조 21년(1797) 두 차례뿐이었다. 그리고 채삼군은 총 30명으로 영동지방 바닷가 군현에 分定하여 선발하였는데 강릉 5명, 양양 8명, 삼척 10명, 평해 4명, 울진 3명이었다.

그런데 당시 채삼군은 반드시 산골짜기에서 生長하여 삼에 대해 잘 알고 있는 자를 선발하였는데, 채삼군으로 뽑힌 자들은 모두 바람과 파도에 익숙하지 않다는 것을 핑계대고는 謀避하려고 하였다. 이에 채삼군의 선발을 맡은 任掌輩들이 이 점을 이용하여 뇌물을 요구하기도 하였다. 또 채삼군으로 선발된 자들도 津頭에서 순풍을 기다리는 동안에 소위 糧價를 민간에서 거두어들였는데, 채삼군 한 사람의 소득이 많으면 4·5냥에 이르고 적어도 2·3냥에 이르렀다.) 이처럼 채삼군의 선발과 운용이 비록 두 차례 실시되었지만 적지 않은 폐해가 뒤따랐다.

다섯째, 울릉도 수토 실시 동안 바닷가에 위치한 동리에서는 結幕을 하고 候望 守直하여야 하였다. 삼척지방의 경우 수토관이 울릉도에 갔다가 돌아올 때까지 자연부락 단위로 搜討候望守直軍을 조직하고 바닷가에 결막하고 망을 보았다. 아마 수토선이 언제 어디로 돌아올지 알 수 없고 또 항해 중 풍랑에 난파당해 표류할 수도 있었기 때문이었을 것이다. 그리고 울릉도 수토가 대부분 4 · 5월 농번기에 이루어졌음을 감안하면 여러 날 후망 수직한다는 것은 당시 주민들에게 큰 부담이 되었을 것이다. 이 부분도 당시 동해안 지역의 해상교통로와 항해술 등과 연계하여 보다 정밀한 연구가 필요하다.

7) 수토관련 자료

수토관련 기록에는 사서 등 문서로 된 고문서, 수토기, 각석문, 울릉도 도형, 그리고 대풍헌의 편액 등이 있다. 문서자료 중 국가기록으로는 삼척영장과 월송만호가 올리는 狀啓나 牒呈 또는 강원감사의 장계를 바탕으로 한 『朝鮮王朝實錄』, 『備邊司謄錄』, 『承政院日記』, 『日省錄』의 기록이 있다. 가장 상세한 자료는 『承政院日記』인데 결락된 부분이 있다. 그러나 『承政院日記』는 수토관들의 임명사항을 확인할 수 있다는 점에서도 그 가치가 매우 크다. 『日省錄』의 자료는 정조이후의 자료가 자세하나 역시 1800년대 중후반의 자료는 소략하다.

문서자료 중 구체적인 수토가 어떻게 이루어졌는지를 알 수 있는 사료가 수토사들이 직접 기록한 각종 『搜討記』이다.[34] 제1차 수토관인 장한상의 울릉도 수토기록은 그 후손이 『蔚陵島事蹟』으로 남겨 놓았으며, 1727년 삼척영장 이만협의 수토기도 1950년대까지 전해졌다고 하나 현재는 찾을 수 없다. 1765년 조한기의 울릉도 수토기는 규장각

---

[34] 손승철, 『울릉도 독도품은 강원도 사람들』, 강원도민일보, 2012. 삼척시에 『서계잡록』, 『울릉도사적』, 『김창윤수토기』, 『한창국수토기』, 『울릉도검찰일기』의 원본과 번역문이 수록되어 있으며, 강원도와 울릉도의 고지도 및 소공대 시문등이 참고된다.

소장『臥遊綠』에 포함되어 전해지고 있다. 1786년 김창윤 수토기록은『일성록』, 1794년 한창국 수토기록은『정조실록』에 수록되어 있다. 또한 최근에 이원택에 의해 소개된 강원감영의 수토관련사료도 주목할 만하다. 수토일정 및 윤회수토, 간년수토, 일본인의 전목채취 · 어로 · 벌채행위, 주민이동 등 개항기의 상황을 소상히 전하고 있다.

그리고 수토사는 아니지만 1882년 작성된 검찰사 이규원의『鬱陵島檢察日記』도 울릉도 수토기로 분류할 수 있다. 현재 전해지고 있는『鬱陵島檢察日記』는 조선시대 울릉도조사 기록 중 가장 상세한 내용을 담고 있어서 울릉도 수토를 이해하는데 필수적인 자료라고 할 수 있다. 울릉도검찰일기는 검찰내용에 대한 초고와 같고, 그를 바탕으로 계초본을 작성하였으며, 어떤 날에는 필체가 다른 중복된 기록도 있어서, 최소한 3명이 기록한 것으로 보인다. 또한 원본이 훼손되어 내용을 알기 힘든 경우에도 검찰일기, 계초본, 그리고 실록의 상세한 기록 등을 참조하여 원본을 추정할 수 있어서 울릉도 검찰 전모를 파악할 수 있는 등 자료의 완결성도 매우 높다.

또한 2007년 배재홍에 의해 발굴된『한길댁 생활일기』는 조선후기 삼척지방에 세거한 강릉김씨 감찰공과 한길댁 구성원들이 일상생활 속에서 보고들은 사항이나 직접 경험한 일상적인 모습을 책력의 여백과 이면에 간략하게 쓴 비망록적인 성격의 일기인데, 이 자료에는 수토관련 사항이 많이 수록되어 있으나, 아직 그 전모가 자세히 공개되어 있지 않다.

지금까지 남아있는 수토관이 작성한 울릉도 도형은 현재 3건이 발견되었다. 울릉도 도형 중에서 가장 오래된 것은 1711년 박석창의 울릉도 도형이다. 박석창 울릉도 도형이 담고 있는 내용은 장한상의 울릉도사적에 기록된 것과 매우 유사하다. 특히 울릉도가 조선의 영토임을 알리는 標石과 標木을 작성했다는 기록들이 박석창의 울릉도 도형에 반영되어 있는 것으로 보아 박석창의 울릉도 도형의 저본은 아마도 장한상이 작성한 울릉도 도형이었던 것으로 추정할 수 있다. 그 밖에 국립중앙도서관의 울릉도 도형과 삼척시립박물관의 울릉도 도형이 있다. 이들 울릉도 도형은 많은 지명을 포함하고 있고, 이들 지명의 빈도가 조한기의 울릉도 수토기보다도 상세한 것으로 보아 이들 도형은 1765년 조한기의 울릉도 수토 이후에 작성된 것으로 볼 수 있다.

검찰사 이규원이 1882년 작성한 것으로 추정되는 「울릉도외도」와 「울릉도내도」도 울릉도 도형의 일종으로 볼 수 있는데, 가장 자세하고 정밀하게 작성되었다. 그러나 『검찰일기』와 『계초본』도 서로 다른 부분이 많고, 「울릉도외도」와 「울릉도내도」도 약간 상이한 점이 있다.

각석문에 대한 자료는 현재까지 7건이 알려져 있다. 1937년대 울릉도 도동항 공사 때 발견된 1711년 삼척영장 박석창의 각석문과 1735년 삼척영장 구억의 각석문이 발견되었으나, 구억의 각석문은 사진만 전하고 실물은 전하지 않는다. 울릉도 서면 태하리에서 발견된 각석문에는 삼척영장 김최환(1801년), 삼척영장 이보국(1805년), 삼척영장 이경정(1831), 삼척영장 정재천(1847년) 등이 울릉도 수토관이 새긴 것이다. 일성록 김창윤(1786)의 수토기록에는 황토구미의 …좌우토굴 암석 위에 이전에 다녀간 수토관 등의 이름이 새겨져있다(黃土仇味則山形重疊谷水成川可畓三十餘石可田數十餘石自洞至中峯三十餘里左右土窟巖石上有前日搜討官等題名) 고 하였는데 이와 관련된 각석은 현재 하나도 발견되지 않고 있다. 각석문에 대한 연구는 이승진의 논문만 있을 뿐,[35] 보다 정밀하고 체계적인 연구가 요청된다.

울진군 죽변면 과거 待風所에 있었던 待風軒에는 여러 편액과 수토절목 등이 발견되었는데, 이들 자료는 수토사실과 함께 수토에 필요한

---

35) 이승진, 「울릉도 역사의 새로운 발견-세 가지 각석문의 검토」, 『울릉문화』 5, 울릉문화원, 2000.

물건을 대풍헌 주변 9개 마을에서 제공한다는 내용이 담겨있다. 수토에 필요한 물건을 마련하는 것을 정한 대풍헌 절목은 1860년대에도 울릉도 수토가 정기적으로 지속되고 있음을 보여주는 중요한 자료이다.

이들 수토관련 사료에 대한 연구는 아직 많이 부족한 편이다. 『수토기』에 대한 본격적인 연구는 유미림이 시작했고, 이어 손승철과 심현용, 김기혁이 단편적인 논문을 발표했으나, 각자의 관심분야에서만 다루었고, 종합적으로 이루어지고 있지 않으며, 사료집 발간도 매우 부진하다.[36]

3. 맺음말

이상에서 현재까지 진행되어 온 울릉도 수토사 연구에 대한 연구의 현황 및 문제점 그리고 앞으로의 연구방향과 전망 등에 대해 종합적으로 고찰했다.

1693년 안용복 1차 도일사건 이후, 1694년 8월, 군관 최세철의 예비조사에 의해 시작된 울릉도 수토는 이후 1894년 종료될 때까지 공식적으로 200년간 지속되었다. 기존의 연구자 모두가 1694년 9월 장한상에 의해 본격적인 수토가 시작되었고, 이후 間2年, 즉 3년에 한 번씩 하기로 제도화 된 것에 대해서는 이견이 없다. 그러나 이후 1894년 12월, 폐지될 때까지 수토사의 파견차수와 주기성에 대해서는 많은 이견이 있다. 수토차수와 주기성에 관해서 더 치밀한 연구가 필요하다.

또한 수토관의 임명과 파견절차에 대해서도 삼척영장과 월송만호의 輪回搜討에 대해서는 이견이 없다. 그러나 윤회수토의 구체적인 실상

36) 유미림, 『울릉도와 울릉도 사적 역주 및 관련 기록의 비교연구』, 한국해양수산개발원, 2007; 손승철, 『울릉도 · 독도 품은 강원도 사람들』, 강원도민일보, 삼척시, 2012.

이나 이유, 그리고 출항지와 귀항지, 또한 이들 지역의 현재 위치 등에 대한 검증이나 고고학적 조사는 거의 되어 있지 않다.

수토사의 편성과 역할 등에 대해서도 지역주민의 기여도와 함께 연구되어야 한다. 採蔘軍의 편성구성을 통해 강릉, 양양, 삼척, 평해, 울진 지역의 지역민이 동원되었고, 또 수토비용의 일부를 부담했다는 기록도 있는데, 이시기 수토관은 물론이고 지방관들의 자료도 연구해야 한다. 또한 수토기를 통해 볼 때, 수토사의 역할이 왜인탐색, 지세파악, 토산물진상, 인삼채취 등에 있었음을 염두에 두면서, 조선인과 일본인의 왕래 및 '왜인으로 하여금 그곳이 우리나라 땅임을 알도록 했다'는 기록에 유의하여 구체적으로 어떠한 역할을 했는가도 파악되어야 한다.

또한 수토사 일행의 출항에서부터 귀항까지의 여정과 경로에 대해서도 심층 분석이 필요하다. 예를 들면 17세기 말, 수토 초기에는 삼척포와 구산포였다가 18세기 말부터는 울진 죽변에서도 출항했으며, 이시기부터는 삼척영장도 구산포에서 출항했다는 연구가 있다. 또 귀항지도 삼척 장오리, 망상면 어내진, 구산포 등 여러 포구가 등장한다. 그리고 바닷가 주민들은 수토선 귀항을 관측하기 위해 候望 守直軍을 조직하여 망을 보았다는 기록이 있다. 뿐만 아니라 수토사들의 수토기간도 일정치 않고, 수토지역에 대한 실측 및 고증도 필요하다.

또한 수토사들이 울릉도의 어느 지역에서 무엇을 했는지에 대해서도 김기혁의 논문 한편 이외에는 전혀 없다. 현재의 울릉도 지형 · 지세를 바탕으로 실증적인 조사와 연구가 병행되어야 한다. 울릉도의 일주도로, 항만, 비행장 건설이 본격화되기 이전, 울릉도의 고고, 역사와 지리에 대한 본격적인 조사계획이 종합적이고 체계적으로 수립되고 실시되어야 한다.

그리고 우선 무엇보다도 수토관련 자료에 대한 종합적인 수집과 편찬이 이루어져야 한다. 수토관련 자료로는 수토사실을 기록한 각종 사서 등 고문서, 수토기, 각석문, 지도 및 도형, 산수화, 대풍헌 사료 등이 있다. 이들 자료에 대한 집적과 편찬이 이루어져, 문헌 및 인터넷으로도 널리 공유되어야 할 필요가 있다. 물론 새로운 자료 발굴도 계속되어야 하며, 군사, 지리, 민속, 해양, 해류 등 학제간의 연구도 이루어져야 할 것이다.

1403년 왜구 침탈로부터 울릉도주민을 보호하기 위한 '居民刷出' 이후, 無人島가 된 울릉도를 관리하기 위한 조선전기의 '按撫使' '敬差官' 파견, 그리고 조선후기의 '鬱陵島 搜討使' 파견이야말로 독도가 우리영토라는 명백한 증거의 하나이다. 조선시대 5백년간 조선정부와 지역민이 울릉도와 독도를 어떻게 관리해 왔는가를 보여주는 역사적 사실에 대한 종합적이며 체계적이고, 심도 있는 연구가 이루어지기를 기대한다.

【참고문헌】

『肅宗實錄』

『正祖實錄』

『承政院日記』

유미림, 『울릉도와 울릉도 사적 역주 및 관련 기록의 비교연구』, 한국해양수산개발원, 2007.

손승철, 『울릉도 · 독도 품은 강원도 사람들』, 강원도민일보, 삼척시, 2012.

李根澤, 「1693~1699년 安龍福의 鬱陵島 · 獨島 수호활동 -搜討制실시와 관련하여」, 『獨島領有의 歷史와 國際關係』, 독도연구총서 1, 1997.

宋炳基, 「朝鮮後期의 鬱陵島 經營 -搜討制度의 확립-」, 『震檀學報』 第86號, 震檀學會, 1998.

金晧東, 「조선시대 울릉도 수토정책의 역사적 의미」, 『韓國中世史論叢』-李樹健教授停年紀念-, 2000.

이승진, 「울릉도 역사의 새로운 발견-세가지 각석문의 검토」, 『울릉문화』 5, 울릉문화원, 2000.

김호동, 『독도 · 울릉도의 역사』 제3장 조선시대 독도와 울릉도, 경인문화사, 2007.

심현용, 「조선시대 울릉도 · 독도 수토관련 울진 대풍헌 고찰」, 『강원문화사연구』 13, 2008.

유미림, 「장한상의 울릉도 수토와 수토제 추이에 관한 고찰」, 『정치외교사논총』 31-1, 2009.

손승철, 「조선시대 '空島政策'의 허구성과 '搜討制'분석」, 『이사부와 동해』 창간호, 2010.

배재홍, 「조선후기 울릉도 수토제 운용의 실상」, 『대구사학』 103, 2011.

김기혁, 「조선후기 울릉도 수토기록에 나타난 부속도서의 표상연구」, 『역사와 지리로 본 울릉도 · 독도』, 동북아역사재단, 2011.

손승철, 「울릉도 수토와 삼척영장 장한상」, 『이사부와 동해』 5, 2013.

백인기, 「조선후기 울릉도 수토제도의 주기성과 그 의의 1」, 『이사부와 동해』 6, 2013.

심현용, 「조선시대 울릉도 수토정책에 대한 고고학적 시 · 공간 검토」, 『영토해양연구』 6, 2013.
김호동, 「월송포진의 역사」, 『사학연구』 115, 2014.
이원택, 「조선후기 강원감영 울릉도 수토사료 해제 및 번역」, 『영토행양연구』 Vol. 8, 2014.

수토제하에서 울릉도 · 독도로 건너간 사람들

김 수 희

1. 머리말

1693년 일본인 오야가(大家谷)의 선장이 울릉도에서 조업하던 안용복을 납치하는 사건을 계기로 조선정부는 울릉도 방비를 강화하는 수토정책을 제도화하였다. 울릉도가 육지와 멀리 떨어져 있어 진을 설치하기 어렵다는 장한상(張漢相)의 진언에 따라 2년이나 3년에 한 번씩 수토사를 파견하여 관리하는 수토정책을 실시하게 되었다.

이 울릉도 수토에는 왜학과 군관, 군색 등 임무 수행에 필요한 자가 총 4척의 관선에 탑승하여 울진 구미진에서 출항하였다. 울릉도 수토는 짧게는 2일, 길게는 17일이나 소요되는 긴 여정이었지만 수토사는 체류한 왜인 적발과 축출, 불법적으로 체류한 조선인의 쇄환 등의 임무를 가지고 울릉도를 수토하였다. 이러한 수토사의 활동은 1693년부터 1894년 정식으로 폐지되기까지 200년이나 지속되었다.

한편, 수토사의 파견으로 울릉도 항로 정보가 상세히 알려졌고 그

지리적 정보도 풍부해져 울릉도 토산물을 이용하려는 자가 끊이지 않았다. 울릉도 토산물은 시장에서 판매되었고 수토사가 진상한 물품들은 왕실이 선호하는 물품으로 이용되면서 1750년경 영조는 3년마다의 수토를 2년마다 실시할 것을 명령하여 울릉도 산물을 확보하였다. 이 과정에서 도항자들은 울릉도에서 미역과 전복을 따고 대나무를 자르고 배를 건조하는 일들을 지속적으로 계속하였다. 이렇게 하여 18세기 후반『여지도』3책으로 구성된 지도책 중의「강원도」지도와 19세기에 만들어진「해좌전도」에는 울진-울릉도 항로가 명확히 표시될 수 있었다.[1)]

현재 울릉도 수토제도는 독도영유권 연구와 함께 활발한 논의가 진행되고 있다. 수토제도의 실태와 수토사의 활동 등 제도로서 정착되는 과정을 주요한 주제로 다루어졌다.[2)] 하지만 울릉도를 관리한다는 차원에서 수토사의 역할과 임무, 그 활동을 강조하다 보니 법망을 피해 울릉도로 도항하는 도항자들의 활동은 거의 논의를 하지 못하고 있다. 일본이 독도에서 일본인을 쫓아낸 안용복을 '거짓말쟁이'라고 치부하고 있고 대한제국칙령 41호의 '석도(石島)'는 '독도가 아니다'라고 부정하고 있는 상황에서 독도인지와 관련하여 조선후기 울릉도 독도로 건너간 어민들의 활동은 반드시 규명되어야 할 것이다. 수토제도가 실시되던 상황에서 울릉도 · 독도로 도항한 어민들의 활동은 석도(石島)가

1) 김호동,「월송포지의 역사」,『한국사학회』115, 2014.

2) 송병기,「조선후기 울릉도 경영 · 수토제도의 확립」,『진단학보』86, 진단학회, 1998; 김호동,「조선시대 울릉도 수토정책의 역사적 의미」,『이수건교수정년기념 중세사논총』, 대명문화인쇄소, 2000년; 손승철,『조선시대 울릉도 '공도정책'과 '수토제'의 분석』,『이사부와 동해』창간호, 2010; 유미림,「장한상의 울릉도 수토와 수토제의 추이에 관한 고찰」,『한국정치외교사논총』31집 1호, 2009년; 손승철,「울릉도 수토와 삼척영장 장한상」,『이사부와 동해』5호, 2013; 백인기,「조선후기 울릉도 수토제도의 주기성과 그 의의 Ⅰ」,『이사부와 동해』6호, 2013년; 배재홍,「조선후기 울릉도 수토제 운용의 실상」,『대구사학』103집.

독도임을 입증하는 증거일 뿐만 아니라 우리 선조들의 땀이 서린 삶의 터전이었음을 입증하는 증거이기 때문이다.

본 연구에서는 조선후기 동해안 연안항로를 이용하여 울릉도로 건너간 영호남상선과 어민, 주민들의 동향을 파악하여 독도를 이용한 상선과 어민들에 대해서 검토해 보기로 하겠다.

2. 조선후기 동해안으로 진출하는 영호남상선과 울릉도 항로 개방

1) 조선후기 영호남상선의 동해안 연안 진출

조선후기 지역간 국지적인 시장권을 대상으로 한 포구간 선상들의 활동은 도경계를 넘어서 전국으로 확대되었다. 해안별로 고립되었던 교통해상망은 전국을 연결하는 해로 유통권으로 통합되면서 뱃길이 가장 어려웠던 황해도의 장산곶과 충청도의 안흥진도 18세기 중엽이후 대부분 장애 없이 왕래할 수 있게 되었다. 1751년 이중환(李重換)의 『택리지(擇里志)』에서는 "강경의 선인들은 안흥량을 자기집 뜰을 밟듯이 지난다"고 자유로운 항해자들을 기록하였다.[3)]

또한 수심이 깊고 바람이 강해 항해가 어려웠던 동해안 항로도 18세기 후반에 이르러서는 선박을 통해 동해, 남해, 서해를 돌아 서울까지 왕래하는 교통로가 정비되었다. 하지만 동해안 항로는 서해안 항로에 비하여 자연적 항구가 거의 없어 큰 바람이 불면 쉽게 배들이 파손되거나 표류당할 위험이 컸다. 그렇기 때문에 동해안 항로를 이용하는 선박들은 운행 중 큰 바람을 만나면 그전에 정박했던 곳으로 급히 대피하는 것이 일반적인 운행 방법이었다.[4)]

---

3) 국사편찬위원회, 「조선 후기의 경제」, 『한국사』 33, 1997, 367~393쪽.

〈표 1〉 조선후기 표류민의 발생현황

시기	표류건수		시기	표류건수	
	일본	중국		일본	중국
1627-30	3	0	1751-60	37	13
1631-40	2	0	1761-70	29	9
1641-50	7	1	1771-80	50	13
1651-60	12	0	1781-90	39	9
1661-70	11	0	1781-1800	41	14
1671-80	15	0	1801-10	35	8
1681-90	13	0	1811-20	62	8
1691-00	39	1	1821-30	51	3
1701-10	31	1	1831-40	77	27
1711-20	44	2	1841-50	49	10
1721-30	47	2	1851-60	43	14
1731-40	27	7	1861-70	40	14
1741-50	40	4	1871-81		8
			계	844	168

〈출전〉『同文彙考』漂民條(고동환, 「조선후기 상선의 항행조건」)

다음은 조선시대 표류를 둘러싼 외교교섭의 전말을 기록한 『동문휘고(同文彙考)』를 토대로 17~19세기까지의 영호남상선들의 동해안 진출 현황을 〈표 1〉에서 살펴보자. 동해안의 표류 상황을 살펴보면 첫째, 1627년~1881년 사이 중국으로 표류한 건수보다 일본으로 표류한 건수가 4배 이상 많다. 둘째, 시대별로 1660~1670년간 표류가 11건, 1681년~90년대 13건 발생하였으나 1690년 이후에는 증가하여 1691~1700년 39건, 1700년 이후 평균적으로 40건 이상 발생하고 있었다.

이렇게 1690년 이후 동해안에서 표류민이 증가한 사실은 동해안 및

4) 고동환, 「조선후기 상선의 항해조건」, 『한국사연구』 123, 2003.

울릉도 항로를 이용하는 자들이 증가하였음을 알려주는 것이다. 실제로 1693년 안용복은 전라도 순천배와 경상도 가덕도배와 함께 울릉도로 도항하였고 또한, 표류 기록을 보면 1695년 11명이 탑승한 전라도 흥양선박이 3월 23일 흥양을 출발하여 11월 3일 울산에서 표류하였다. 이 선박이 울릉도로 항해했는지는 알 수 없으나 약 8개월간 동해안에서 행상을 한 사실로 미루어 볼 때 울릉도 도항과 관계있을 것으로 생각된다.[5)]

그렇다면 동해안 및 울릉도로 항해한 선박의 규모는 어느 정도였을까? 조선시대 우리나라 해선(海船)은 배 밑바닥이 넓은 평저선 구조가 특징이다. 이 해선의 종류는 뱃전이 있는 삼선(衫船)과 뱃전이 없는 통선(桶船), 그리고 삼선의 종선(從船)으로 급수선이나 조난시 대피용으로 사용된 협선(挾船)으로 구분할 수 있다. 이 가운데 삼선은 평탄하고 두꺼운 저판(底板), 저판에서 서로 겹쳐서 올라간 외판(外板), 그리고 좌우 양현 외판을 연결하는 가름대인 가룡목(加龍木)으로 구성되었다.[6)]

18세기 600~1,000석을 적재하는 조운선의 탑승인원은 사공 1인, 격군 15인 등 16명으로 여기에 세곡 운송을 책임지는 감관과 이를 보조할 색리 등이 탑승하면 총 20명 정도였다. 그리고 1,000석~2,000석을 적재했던 경강선(京江船)은 사공과 격군을 포함하여 40~50인이 승선했다. 대양을 횡단하는 제주 선박인 경우 전국에서 가장 뛰어난 기술을 보유하고 있는 경강선(京江船)이 투입되었는데 승선 인원은 40~50명 정도였고 제주에서 강진, 해남, 영암, 흥양, 진도까지 하루정도 걸렸다고 한다. 이에 비하여 울릉도는 10~15명 정도가 탑승하는 선박으로 제주도와 마찬가지로 하루정도 걸렸다고 한다.[7)] 전라도 해남에서 제주

---

5) 고동환, 위의 논문.

6) 김재근, 『우리배의 역사』, 서울대학교 출판부, 1989.

도까지의 거리가 970리이고, 울진 죽변에서 울릉도까지 325리인 것을 고려했을 때 거리상으로 울릉도는 제주보다 3분의 1정도 짧았지만 항해 시간이 제주도와 비슷한 하루거리인 것으로 보아 울릉도 항해는 제주보다 어려운 조건이었다고 생각된다.

2) 안용복의 울릉도 진출과 수토제도

일본으로 표류한 표류민들은 "갑자기 서북풍이 불어서 배를 돌리지 못해 표류했다(猝遇西北風 萬無回船之路 漂蕩大洋)"고 갑작스러운 바람 때문이라고 진술한다. 또한 울릉도로 간 어민도 바람 때문에 표착하였다고 진술하였다. 하지만 좌의정 목래선(睦來善)은 "경상도 연해의 어민들은 비록 풍파 때문에 무릉도(武陵島)에 표류했다고 칭하고 있으나 일찍이 연해의 수령을 지낸 사람의 말을 들어보니 바닷가 어민들이 자주 무릉도와 다른 섬에 왕래하면서 대나무도 베어오고 전복도 따오고 있다"고 핑계를 대고 울릉도를 왕래하고 있다고 지적하였다.

일본인 오야가(大谷家)의 선장에 납치되어 일본에 간 안용복도 1693년 9월 4일 쓰시마의 오메쓰케로부터 심문을 받았을 때 울릉도 도항을 다음과 같이 증언하였다.

> 우리들은 1척에 10명이 승선하고 있었는데 1명이 몸져누운 탓에 영해라고 부르는 곳에 남겨두고 9명이 타고 다케시마로 건너갔습니다. 위의 1척에 승선하여 울산에서 출발하여 3월 11일에 승선하여 같은 달 15일에 울산을 떠났습니다. 같은 날 울산에 있는 부이가이(홍해?)라는 곳에 도착, 같은 달 25일에 부이가이를 출범하여 경상도에 있는 엔하이(영해)라는 곳에 도착, 같은 달 27일 진시에 엔하이를 출범하여 같은 날 유시에 다케시마에 도착했습니다.

---

7) 고동환, 위의 논문.

같이 갔던 배는 순천이라는 배로 총 17명이 타고 있었으며 또 같은 1척은 경상도에 있는 가덕이라고 하는 곳의 배로 총인원 15명이 타고 있었으며 2척 모두 4월 5일 그 섬에 왔습니다. 두 척의 사람과 선장을 비롯하여 아는 사람은 한 사람도 없습니다.
우리들이 탄 배에 식사용으로 쌀 10표와 소금 3표를 싣고 왔습니다. 그 외의 화물은 없습니다. 물론 같이 간 배 2척의 상황도 우리들의 탄 배와 같았습니다.
우리들의 그 섬으로 건너간 이유는 전복과 미역이 많이 있다고 들어 돈벌이를 위해 건너 간 것입니다. 같이 간 배도 그렇습니다.
우리들은 이번에 처음 그 섬에 건너갔습니다. 같이 타고 있던 사람 중에 긴바타이라는 사람이 작년에 그 섬에 한 차례 돈벌이를 위해 건너간 적이 있어 상황을 알고 있는 사람이 있기 때문에 우리들도 건너갔습니다.
가토쿠에서 온 배에 탄 두 사람이 예전에 한 번 그 섬에 건너간 적이 있다고 들었습니다.
우리들이 그 섬에 건너간 일은 몰래 간 것은 절대 아닙니다. 작년에도 울산 사람 스무 명 정도가 건너갔습니다. 자신들의 돈벌이를 위해 건너갔습니다.
그 섬에 조선국으로부터 건너간 것은 옛날부터 건너간 것인지, 근래부터 건너간 것인지 그와 같은 상황은 전혀 알지 못합니다.[8)]

위의 자료에서 안용복은 울산에서 9명의 어민과 함께 울릉도에 갔고 이후 순천배와 가덕도배가 왔는데 이들에 대해서는 서로 잘 모른다고 하였다. 울릉도 도항은 이전에 도항한 울산인들의 안내로 도항했다고 진술하였다.[9)] 그러나 귀국 후 박어둔은 1694년 비변사 문초에서 "1693년 3월 벼 25석과 은자(銀子) 9냥 3전 등의 물건을 배에 싣고 생선

8) 경상북도, 『竹嶋紀事』, 경상북도 독도사료연구회 연구보고서 1, 2013, 35~37쪽.

9) 수토기록에서 확인하면 삼척첨사 장한상은 삼척부의 남면 장오리진에서 9월 19일에 출발하여 9월 20일에 도착, 1786년 월송만호 김창윤은 평해 구산포에서 4월 27일 출항하여 4월 28일 울릉도에 도착, 1794년 파견된 월송만호 한창국도 평해 구산포에서 4월 21일 출발하여 4월 22일 도착하였다. 1882년 평해 구산포에서 4월 29일 출발한 이규원도 하루 만에 울릉도에 도착하였다.

과 바꾸고자 울진에서 삼척으로 향할 때 바람 때문에 표류하여 이른바 죽도(울릉도)에 정박하게 되었습니다"고 바람 때문에 우연히 가게 되었다고 진술하였다.[10)]

이렇게 울릉도로 간 어민들은 바람을 핑계로 표착했다고 증언하였지만 안용복의 증언처럼 이전에 간 안내자의 안내를 받아 울릉도로 갔다. 그렇기 때문에 1714년 강원도 어사를 지낸 조석명은 "포인(浦人)의 말을 상세히 듣건대 평해 울진은 울릉도와 거리가 가장 가까워 뱃길에 조금도 장애가 없고 울릉도 동쪽에 섬이 서로 보이는데 왜경에 접해 있다"고 하였다.[11)] 울릉도 항로가 공개되면서 이곳을 왕래한 어민들은 독도가 일본과 국경이 접하는 곳으로 인식하고 있었다.

그런데 1693년 일본어민 오야가(大谷家)가 안용복과 박어둔을 납치한 이후 에도막부가 쓰시마번에게 조선인들의 울릉도 도항을 금지할 것을 교섭하라는 '울릉도쟁계(竹島一件)'를 일으켰다. 이에 조선정부는 장한상을 파견하여 울릉도 수토방침으로 결정하고 일본막부도 1697년 3월 일본인의 울릉도 · 독도 도항을 금지하는 '죽도도해금지령(竹島渡海禁止令)을 내려 울릉도 · 독도 도항을 금지하였다. 이 수토제도는 1895년 11월 28일 지속되었지만 조선인들의 울릉도 도항은 계속되고 있었다.

3. 수토제도와 도항자들에 대한 조치

1) 울릉도 토산물의 경제적 가치

17세기 전복은 동아시아무역에서 화폐 가치로 교환되었기 때문에

---

10) 『邊例集要』 권17, 「鬱陵島」 1694년 1월.

11) 『숙종실록 보궐정오』, 숙종 40년(1714) 7월 22일9(신유).

경제적 가치가 뛰어났다. 어장은 제한되어 있었고 캐기도 어려워 공급되는 수량은 항상 부족하였다. 이 때문에 공급 수량을 채우기 위해 전복 진상을 담당하는 포작(鮑作, 浦作)들은 도서지역을 돌아다니면서 전복을 채취하였다. 이들은 관으로 부터 '공문(公文)'을 발급받아 도서지역을 전전하였는데 1692년 20명의 울산 포작인이 울릉도로 도항하였고 그 다음해 1693년 안용복은 울산인의 안내로 울릉도로 도항했다.

> 이 섬(울릉도; 필자 주)으로부터 북쪽에 섬이 있는데 3년에 한번 國主의 용도로 전복 채취를 갑니다. (중략) 우리들이 저 섬에 건너간 것은 별도로 숨겨서 말씀드릴 것도 아닙니다. 작년에도 울산 사람이 20명 정도 건너갔고, 또한 公儀로부터 이를 지시받았다고 할 수도 없고 자기들 마음대로 건너간 것입니다[12]

> 원춘도 관찰사 金載瓚이 장계하기를, "울산에 사는 海尺 등 14명이 몰래 鬱陵島에 들어가 魚鰒 · 香竹을 채취하였는데, 三陟의 포구에서 잡혔습니다. 그 섬은 防禁이 지극히 엄한데도 울산 백성이 번번이 兵營의 採鰒公文을 가지고 해마다 방금을 범하니, 그 兵使와 府使를 勘罪해야 하겠습니다." 하였다. 비변사에서 복주하여, 경상좌도 병마 절도사 姜五成과 울산 부사 沈公藝를 먼저 파직시키고 나서 잡아다 추국하기를 청하니, 윤허하였다.[13]

울산 포작인들은 병영에서 '채복공문(採鰒公文)'을 발급받아 도항하였는데 안용복은 일본에 건너가 3년에 한번 울릉도의 북쪽에 있는 섬에서 '國主之用'으로 채취한 것은 숨길일이 아니라고 하면서 울릉도 전복을 싣고 궁궐에 운상할 예정이라고 하였다.

이렇게 캐기도 어려운 전복이 울릉도에 많았기 때문에 울산 포작인

12) 『竹島紀事』 元祿 6(1693)年 9月 4日.

13) 『정조실록』 권24, 정조 11(1787)년 7월 25일.

들은 울릉도로 건너갔다. 울릉도 전복은 크고 두텁고 그 맛이 아주 좋아 1742년 (寬保 2년) 『百耆民談記』에는 다음과 같이 극찬하였다.

> 이 섬의 전복은 매우 크며 이것을 꼬치전복으로 하면 그 맛에는 견줄만한 것이 없다. 해안에 나란히 서 있는 대나무를 휘어서 물속에 담가 두었다가 매일 아침에 그것을 끌어올리면 대마무의 가지에 전복이나 대합이 걸려있다. 마치 나무열매가 달려 있는 …[14]

『長生竹島記』에 '전복, 해삼을 잡았는데 돌산에서 돌을 줍는 것처럼 많았다'고 하였고, 『村川氏舊記』에 의하면, 도해시 필요한 경비를 돗토리번에서 빌려 귀향시 전복으로 정산했다고 전복과 은의 환산비가 기록되어 있었다. 일본인들은 울릉도에서 '말린 전복(丸干鮑)', '장에 절인 전복(腸漬鮑)', '소금에 절인 전복(鮑腸鹽辛)' 등을 만들어 막부에 진상하거나 판매하여 막대한 이익을 얻고 있었다.[15]

이러한 전복의 경제적 가치로 인해 일본어민은 안용복과 박어둔을 납치하여 어장을 독점하려고 하였다. 이러한 어장 분쟁 시기는 조선에서 전복 수요가 많았던 시기로 전복 최대 산지인 제주도에서는 진상수량을 채우지 못해 포작인이 물에 빠져 죽거나 도망가는 일들이 빈번히 일어났다. 17세기 초기 제주에서 진상된 전복 수량은 4,170첩이었지만 17세기 중엽 6,838첩으로 증가하면서 18세기 말 1,830첩으로 감소되기까지 어민들의 고통은 여러 자료에서 확인된다.[16] 1694년 검토관(檢討官) 김진규(金鎭圭)는 전복 진상의 어려움을 호소하는 장계를 올려 감량해 줄 것을 진언하였다.

---

14) 김병렬 · 나이토 세이추, 『한일 전문가가 본 독도』, 다다미디어, 2006, 185쪽.

15) 스기하라 다카시, 「오오야가, 무라가와가 관계 문서 재고」, 『竹島問題に關する調査研究最終報告書』, 竹島問題研究會, 2007.

16) 김수희, 「조선시대 잠수어민의 활동 양상」, 『탐라문화』 33, 2008년.

전복(全鰒)은 다른 어채(漁採)에 비할 바가 아니어서 바다 밑 10여 길 밑으로 잠겨 들어가야 겨우 얻을 수 있는데 이는 사람이 할 바가 아니니 이를 착취함은 진실로 온당치 못한 일입니다. 더구나 통영에는 전복을 채취하는 해부(海夫)가 있으나 오히려 부족하다하여 운력(運力)이라 이르고 해변 각 읍의 해부에게 두루 사역(使役)을 시키며 그 지급하는 본전도 역시 3~4분의 1에 지나지 않습니다. 1년 사이에 여러 차례 울력을 시키고, 한 차례에 수봉하는 것은 매번 자그마치 1백 여첩(貼)에 달합니다. 뭍에 늘 있는 물산(物産)일지라도 오히려 잇대기 어려움을 걱정하는데 더구나 바다 밑에서 구하는 것이야 더 말할 게 있겠습니까? 이러므로 연해의 해부들은 그 고통을 감당하지 못합니다.[17]

어민들은 진상해야 할 수량으로 그 고통을 견디지 못하고 있었고 관리들은 전복 진상을 핑계로 매입 가격은 본전의 4분의 1도 주지 않았다. 포작인들은 진상할 수량과 생계를 이어갈 전복을 채취하기 위해 울릉도로 도항하고 있었다.

다음은 나무를 이용할 목적으로 울릉도로 항해하는 조선업자들의 도항이다. 17, 8세기 세곡과 소작료의 운송, 그 후 금납화의 진전으로 선박의 수요가 증가하였다. 선박 건조는 목재의 품질이 좋고 장기간 양성된 것이어야 했는데 그 확보가 용이하지 않았다. 관선용 선재도 그 조달이 쉽지 않아 해안이나 강변 지역이 아닌 상당히 깊은 산속까지 봉산으로 정해진 지역까지 가야했다. 민간에서 선재를 구하고자 하면 관리가 엄한 봉산에서 몰래 유출하거나 개인 사유지를 매입하였으나 그 품질이 좋지 않을 뿐만 아니라 목재 사정의 악화로 인하여 벌목 규제가 심하였다.[18]

규모가 작은 선박이라도 선박을 건조하는데 적지 않는 자본이 필요했으므로 선박 소유자는 부유층에 속하였다. 이 선박들은 어염, 행상,

---

17) 비변사등록, 숙종 20년(1694) 7월 3일.

18) 최완기, 『조선후기 선운업사연구』, 일조각, 1993, 169쪽 참조.

상업 등에 이용되었고 지방선이었으므로 지토선(地土船)이라고 불렀다.[19)]

1882년 이규원이 만난 사람들은 전라도 흥양, 고흥, 낙안출신으로 선박 건조를 위해 울릉도로 도항한 자들이었다. 이들의 울릉도 도항은 1787년과 1803년 자료에서도 찾아 볼 수 있다.

> (1787년 5월 28일) 해가 뜰 무렵 섬을 측정하기 위해 섬 쪽으로 향했다. 나는 이 섬을 제일 먼저 발견한천문학자 르포트 다줄레의 이름을 따서 '다쥴레 섬'이라 명명했다. 섬의 둘레는 17km밖에 안 되었다. (생략) 우리는 이 작은 만에서 중국배와 똑같은 모양으로 건조되고 있는 배들을 보았다. 포의 사정거리 정도에 있는 우리 함정이 배를 건조하는 일꾼들을 놀라게 한 듯했다. 그들은 작업장에서 50보 정도 떨어진 숲 속으로 달아났다. 그런데 우리가 본 것은 몇 채의 움막집뿐이고 촌락과 경작물은 없었다.
> <u>다줄레 섬에서 불과 110km밖에 안 되는 육지에 사는 조선인 목수들이 식량을 가지고 와서 여름 동안 배를 건조한 뒤 육지에 가져다 파는 것으로 보였다. 이 의견은 거의 틀림없는 사실일 것이다. 우리가 섬의 서쪽 첨단부로 돌아왔을 때 이 첨단부에 가려서 우리 선박이 오는 것을 보지 못했던 다른 한 작업장의 일꾼들 역시 선박 건조 작업을 하고 있는 중이었다.</u> 나무 등결 곁에 있던 그들은 우리를 보자 놀란 듯했다. 그들 중 우리를 조금도 겁내지 않는 것처럼 보이는 두세 명을 제외하고는 모두 숲으로 도망하는 것을 보았다. 우리는 선량한 사람이며 그들의 적이 아니라는 사실을 설득할 필요가 있어 나는 댈 만한 장소를 찾았다.[20)]

> 비변사의 계사에 강원감사 신헌조(申獻朝)의 장계를 보니, <u>호남(湖南)의 흥양(興陽) · 장흥(長興) · 순천(順天) 등 3읍의 사선(私船) 12척이 울릉도(鬱陵島)에 잠입하여 한 달을 머물러 있었는데</u> 월송만호(越松萬戶) 박수빈(朴守彬)이 수토(搜討)할 때에 간악한 백성을 이미 잡았으니 의당 영(營)에 잡았다고 보고해야 하나 다만 원역(員役)의 교사(敎唆)만 듣고 무

19) 위의 책, 172~176쪽.

20) 이진명, 『독도, 지리상의 재발견』, 삼인, 2005, 53쪽.

단으로 방환(放還)하였습니다.[21)]

1787년 라페루즈 함대가 울릉도를 항해하면서 관찰한 바에 의하면 조선인들은 거주하지 않았지만 식량을 가지고 와서 선박 건조를 하고 있었고 배를 만들어 육지에 가서 팔고 있다는 것이었다. 라페루즈가 목격한 1787년은 1786년 월송만호 한창윤의 수토가 있었던 다음해로 조선업자들은 수토가 없다는 사실을 알고 도항했기 때문에 산속으로 도망갔을 것이다. 후술하겠지만 이후 수토사들은 울릉도에서 조선업자들을 만났지만 이들을 쇄환하지 않았다. 이에 대해 수토시기를 정하지 말고 수토하자는 의견도 제시되었지만 이행되지 않았다.[22)]

2) 도항자에 대한 수토사의 조치와 수토의 형해화

울릉도 수토는 정부의 강력한 의지로 실시되었지만[23)] 수토사의 임무는 왜인탐색과 울릉도 토산물인 황죽(皇竹), 자단향(紫檀香), 석간주, 가지어 가죽을 진상하는 활동에 그치는 경우가 많았다. 수토사는 울릉도 주위와 섬 안을 철저히 수색하지 않아 19세기 문신이었던 이유원(1814~1888)은 연례로 울릉도를 순검하는 관원은 단지 섬 가에 머물면서 향나무만 채취할 따름이고 섬 깊숙이 들어가 살피지 않는다고 하였다. 또 고종 19년(1882)4월에 고종은 그 동안 수토관 모두가 소홀하게 외면만 탐색했다고 하였다.[24)]

---

21) 『비변사등록』 1803년(순조3년) 5월 22일(음).

22) 『비변사등록』 철종5년(1854) 8월 16일.

23) 수토사의 주요 임무는 첫째, 울릉섬에 들어와 체류하는 일본인들을 적발하여 축출하는 것, 둘째, 울릉도에 불법적으로 왕래하고 체류하는 조선인들의 쇄환할 것, 셋째, 울릉도의 토산물을 채취하여 섬 지형을 지도로 그려 비변사에 상납하는 것이었다.

24) 이유원, 『임하일기』 권27, 춘명일사, 울릉도의 복숭아(배재홍, 「조선후기 울릉도 수

이러한 수토의 배경에는 첫째, 울릉도 항로를 이용하는 선박 왕래가 증가하면서 울릉도 수토가 무의미해져 국내인의 쇄환이 필요 없게 되었다는 점, 둘째, 울릉도 산물이 왕실의 선호품으로 이용됨에 따라 진상품 확보로 비중이 옮겨간 점을 둘 수 있다. 특히 향나무, 가지어 가죽, 산삼 등이 중시되면서 좋은 가지어 가죽을 진상하고 많은 향나무를 채취하는 일이 중요시되었으며 정조 19년(1793)과 정조21년(1797) 두 번의 수토에서 울릉도로 약 30명의 채삼군이 파견하기도 하였다.

울릉도 수토는 해방(海防)차원에서 제도화되었지만 조선업자들이 진출이 끊이지 않는 상황에서 강력한 쇄환이나 적발은 무의미하였다. 표면적으로 수토제도는 시행되고 있었으나 울릉도는 개척되어 활용되고 있었기 때문에 수토는 형식적이었다.

수토관은 도항자들을 적발하지 않았고 '심상하게' 생각하여 쇄환하지 않았다.

> 월송만호는 간사한 백성이 불법으로 들어감에 있어 마침 수토하는 때였으나 심상하게 보았고 따라서 양식을 주고 배를 만듦에 있어 식량이 다 되었다 핑계를 대고 먼저 돌아왔고 이름이 수토관이면서 뚜렷이 부동하여 숨긴 흔적이 있으니 월송만호 노인소를 우선 파직하고 그 죄상들 유사에게 품처하게 하며 사공등은 신의 영에서 법에 의해 처단하겠다고 하였다.[25)]

> 강원감사 신현조의 장계를 보니. 호남의 흥양 · 장흥 · 순천등 3읍의 사선 12척이 울릉도에 잠입하여 한 달을 머물러 있었는데 월송만호 박수빈이 수토할 때에 간악한 백성을 이미 잡았으니 의당 영에 잡았다고 보고해야 하나 다만 원역(員役)의 교사만 듣고 무단으로 방환하였습니다. 후일을 징계하는 도리에 있어 용서할 수 없으니 당해 만호 박수빈을 우선 파출시

토제 운용의 실상」, 『대구사학』 103집 재인용).

25) 『비변사등록』 정조23년(1799) 10월 2일.

키고 그 죄상을 유사(攸司)로 하여금 품처하게 하며 호남의 선격등은 마땅히 잡아들여 끝까지 조사하여야 하나 길이 너무 멀고 잡아오는 동안에 폐단이 적지 않습니다. 왜학(倭學) 서성신이 한통속이 되어 뇌물을 받은 죄상도 진교등의 초사에 드러났으니 모두 묘당에서 각 해도에 관문을 보내 엄히 조사하여 정죄하게 하소서' 하였습니다. 울릉도를 수토하는 법의가 어떠한데 명색이 수토관이라 하면서 잠입하는 배들이 이와 같이 많은 것을 목격하고도 숨기고 보고하지 않았을 뿐만 아니라 도리어 뇌물을 받고 죄인을 일부러 풀어준 형적이 있으니 그 죄범을 논하면 법을 무릅쓰고 함부로 들어간 뱃놈보다 더한 것이 있으니 기강이 있는 바에 만만 한심합니다.[26]

함경감사 조병헌의 장계를 보니 울릉도를 수색할 때 붙잡힌 잠상의 선척을 외물을 받고 풀어 준 월송만호 오인현의 죄상에 대해서는 담당관사에게 품처하게 해달라고 청하고 각종의 뇌물등을 책자로 만들어 올려 보냈으며 속공의 여부를 본사에 논보하였습니다. 수색 토벌의 행정이 얼마나 엄중한 것인데 자신이 진장이면서 뇌물을 받고서 몰래 풀어 주는 일을 이처럼 낭자하게 하였으니 변방의 금령을 생각할 때 너무도 놀랍습니다.[27]

이처럼 18세기 말 수토관의 수토활동은 형식적으로 변화하였고 적발된 자들은 대부분 방면되었다. 또는 라페루즈기록에서처럼 수토시기가 아닌데도 수토사가 온다면 산속으로 도망가거나 며칠간 숨어 지내면 위기를 모면할 수 있었으므로 수토사는 이들을 붙잡아 벌주기보다는 이들의 활동을 묵인하고 인정하는 방향에서 방면하거나 '심상'하게 처리하였다. 수토사는 연안 해안을 돌아다니면서 왜인 탐색을 중시하였으나 국내인의 도항에 대해서는 쇄환하지 않았다. 1882년 검찰사 이규원을 만난 도항자 141명은 자신의 죄를 숨기지 않고 출신지와 도항 목적을 당당히 진술하였고 자신들의 활동은 숨길 것이 못된다고 말

26) 『비변사등록』 순조3년(1803) 5월 22일.
27) 『비변사등록』 헌종7년(1841) 6월 10일.

하였다.[28] 수토제도에 있어서 조선인 쇄환은 형식적인 것에 불과하였다.

4. 수토제도하 독도로 건너간 흥양현 거문도 · 초도 사람들

1) 거문도 · 초도주민의 울릉도 도항

여수 삼산면 거문도 · 초도 · 손죽도 3개의 섬은 조선시대 흥양현(興陽縣)에 부속된 도서로 1871년 『新增興陽誌』의 흥양현 도서조에는 '三島在草島南有占城址'라고 기록되어 있었다. 조선시대 흥양현의 중심도서는 초도였고 거문도를 삼도라고 부르기도 하였다. 그러나 일제시대 거문도가 일본인들의 어업근거지로 이용됨에 따라 남해안 중심지역으로 변화하였다. 이규원의 검찰일기에 나타난 거문도 · 초도 주민들의 도항기록을 살펴보면 다음과 같다.

4월 30일 소황토구미 전라도 흥양 삼도 김재근 외 격졸 23명이 배를 짓고 미역을 채취함
5월 3일 왜선창 전라도 낙안사람 선상 이경칠 외 격졸 20명, 흥양 초도 김근서 외 격졸 19명을 거느리고 배를 만듦
5월 5일 도방청(도동) 전라도 흥양 삼도에 사는 이경화 외 13명을 데리고 미역을 채취함
장작지포(사동) 흥양 초도 주민 김내언 외 12명을 데리고 배를 만들고 있음
5월 6일 통구미포(통구미) 흥양 초도 김내윤 외 22명과 막을 치고 배를 만듦[29]

---

28) 이규원, 『검찰일기』.
29) 이규원, 『검찰일기』.

전라도인들이 움막을 세운 곳은 도동과 사동 5곳으로 독도가 잘 보인다. 이들은 선박건조와 미역을 채취하였는데 이들의 울릉도 도항은 구전이나 노동요, 주민들의 증언과 그 지역에 남아있는 울릉도 산물에서 충분히 증명된다.[30]

조선시대 거문도 · 초도의 행정구역은 전라도였으나 군정은 경상도 통영수군통제영이 관할하였다. 거문도가 육지에서 멀리 떨어져 항로상 통영에 가까운 점, 말과 전복 껍질 진상 등 통영 진상품과 밀접한 관련이 있었으므로 통영수군통제영에 소속된 것으로 보인다.[31] 따라서 이들은 거제도 방면으로 나가 남해안 도서를 전전하며 동해안으로 진입하는 것이 쉬웠다. 이곳은 제주도해역에서 동쪽으로 올라오는 대마난류의 직접적인 영향을 받아 북동쪽으로 물이 낙조할 때 남서쪽으로 드는 물의 속력보다 빨라 이 조류를 타면 빠르게 동남쪽해역으로 드나들 수 있는 편리함이 있었다.[32] 다시 말하면 해류의 흐름으로 연안 가까이에 있는 섬들은 내륙을 향해서 조류가 흘러 외양으로 나가는 장거리 항로가 어렵지만 거문도는 쉽게 외양으로 나갈 수 있는 지점에 있었다.

이들의 외양항로는 연도, 욕지도를 돌아 경상도에 진입한 후 장기에서 바람 등 항해 조건을 살핀 후 동해안연안항로를 따라 울릉도로 갔다. 그리고 북동계절풍을 이용하여 장기곶을 거쳐 남해안의 섬과 섬

---

30) 김수희, 「개척령기 울릉도와 독도로 건너간 거문도 사람들」, 『한일관계사연구』 38, 211년.

31) 같은 논문.

32) 거문도보다 내륙에 위치한 고흥반도 남쪽과 소리도 부근 해상은 해류가 서쪽이나 북쪽으로 흐르거나 청산도 부근도 북동으로 확장하는 찬 연안수를 따라 북동 방향으로 흐르지만 거문도 부근해류는 남동해안 먼 외양으로 빠르게 흐르고 있어 먼 거리 외양으로 나갈 수 있는 지리적 위치에 있었다. (추효상, 「하계 한국 남해의 해황 변동과 멸치 초기 생활기 분포 특성」, 『한국수산경영지』 35, 2002; 고희종 외 2인, 「한반도 주변 해역 5개 정점에서 파랑과 바람의 관계」, 『한국지구과학회지』 26권, 2005년 4월)

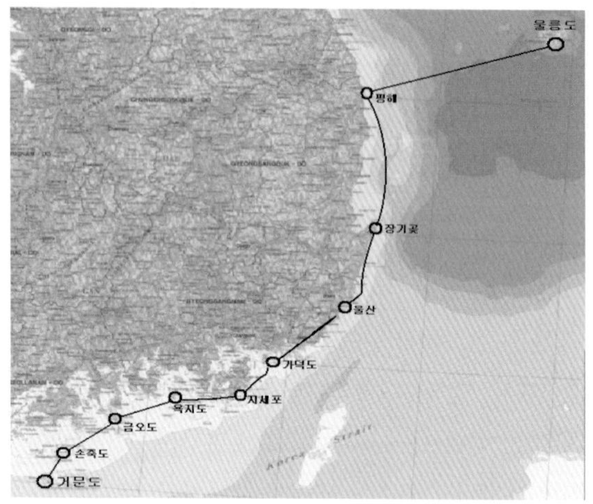

〈지도 1〉 거문도주민들의 울릉도항해 항로

사이를 타고 돌아왔다.[33)]

> 갈때는 하늬바람과 썰물을 타고 바람에 따라 손죽도 위쪽이나 아래 끝으로 나라도를 멀리하여 소리도 아래 끄트머리로 경상도 육지와 절영도를 지나면 동해안은 물이 들고 나는 간만의 차가 적으면서 해류가 북상하는 고로 가다가 인적이 없는 한적한 포구에서 식수도 싣고 쉬었다가 날씨를 보아 울릉도로 갔는데 순풍일 때는 쉬지 않고 그대로 달려간다.[34)]

〈지도 1〉에서 알 수 있는 것처럼 관의 눈을 피하기 쉬운 섬과 섬을 돌며 남동해안으로 이동하였다. 이들의 울릉도 항로는 거문도→연도→욕지도→거제도→지세포→가덕도를 돌아서 부산→울산→장기→평해→울릉도였다. 산삼면 주민들의 울릉도 여정은 운이 좋아 순풍을 만나면 3~4일 만에 갈 수도 있었다. 1970년경 초도에서 울릉도

33) 앞의 책, 『삼산면지』, 27쪽.
34) 1970년 초도출신 서덕업 할머니 증언.

도항을 증언한 서덕업 할머니는 1900년대 울릉도를 왕래하였는데 북서풍이나 남서풍, 남풍이 불어야 가기 좋고 돌아올 때는 동풍이나 북동풍이 불어야 왕래하기 좋다고 하였다. 그래서 10월 초순에 갔다가 겨울을 보내고 다음에 2월이나 8~9월에 떠나온다고 증언하였다.[35] 이 지역의 도항조직은 '흥양삼도둔별장(興陽三島屯別將)' 오성일(吳性鎰)과 같은 마을 지도자가 지휘하고 있었다.

2) 거문도 · 초도주민의 독도 도항

1787년 라페루즈 탐험대가 울릉도에서 선박을 건조하는 있는 조선인을 확인하였는데 이 시기에 거문도 김해 김씨족보에는 '영조 47년(1770년) 거문도에 거주하는 세력가 김씨가 울릉도를 다녀오던 중 풍랑을 만나 죽었다'고 기록하였다.[36]

적어도 18세기 후반 거문도 · 초도인들의 울릉도 도항은 시작된 것으로 보인다. 이들이 울릉도가 잘 보이는 도동, 사동에서 겨울을 보냈는데 유독 해무가 적은 늦가을과 겨울에 독도가 잘 보였으므로 당연히 독도를 보았고 인지했을 것이다. 거문도인 김윤삼 노인은 1820년경부터 강치잡이와 나무못 벌채로 독도에 건너갔다고 증언하였다.

여러 제보자들을 종합해 보면 울릉도 · 독도항로는 두 가지 경로가 있었던 것으로 보인다. 첫째, 김윤삼 노인은 함경도 원산에서 명태를 매입하고 돌아오는 길에 울릉도에서 배를 만들고 그 사이 독도로 가서

---

35) 김충석, 「독도문제 어떻게 풀어야 할까」, 2010. 김충석은 전 여수시장을 지낸 정치가로 고향은 초도 의성리이다. 그는 어렸을 때 초도인들이 울릉도와 독도, 안마도, 위도, 연평도등 전국을 항래했던 주민들의 이야기를 듣고 자랐다. 1970년 고흥 금산에서 초도로 와서 아버지(서춘삼)를 따라 울릉도에 다녀온 서덕업 할머니의 증언을 채록하고 기록으로 남겼다.

36) 경상북도, 『독도를 지켜온 사람들』, 2009, 187쪽.

어업을 하였고 둘째, 초도주민들처럼 가을에 울릉도에 가서 나무를 벌채하고 선박을 건조하고 독도에서 나무못을 확보하여 가을에 돌아오는 경우이다.

먼저 첫번째 유형인 김윤삼 노인의 이동 경로를 살펴보자. 1962년 3월 20일자 『민국일보』 기사에 의하면 김윤삼 노인은 20세 때(1895년경) 울릉도로 갔는데 그는 '동쪽바다 가운데 어렴풋한 섬'을 보았고 이 섬을 '돌섬'이라고 한다는 것을 알았다. 1875년 거문도 서도리에서 태어난 김윤삼 노인은 거문도 서도리사무소에 호적이 남아있으며 독도 도항을 다음과 같이 말하였다.

> 1895년(20세) 되던 여름철에 '천석짜리' 무역선 5~6척이 원산을 거쳐 울릉도에 도착하여 그 울창한 나무들을 찍어 뗏목을 지었다. 날이 맑을 때면 동쪽바다 가운데 어렴풋이 섬이 보였다. 나이 많은 뱃사공에게 저것이 무엇이냐고 물었다. "저것은 돌섬인데(石島 = 獨島의 별칭) 우리 삼도(거문도)에 사는 김치선(그 당시로부터 140년 전-1820년경)할아버지 때부터 꼭 저 섬에서 많은 가제를 잡아간다고 가르쳐주었다. 일행 수십 명은 원산 등지에서 명태 등을 실은 배를 울릉도에 두고 뗏목을 저어 이틀 만에 약 2백리 되는 '돌섬'에 도착했다. 섬이 온통 바위로 되어있었다는데 사람이라고는 한사람도 없었다. 돌섬은 큰 섬 두 개 그리고 작은 섬이 많이 있었는데 큰 섬 사이에 뗏목을 놔두고 열흘 남짓 있으면서 가제(강치-주 김)도 잡고 미역, 전복 등을 바위에서 땄다.[37]

김윤삼 노인은 1895년(20살) 되던 해 독도로 갔는데 '돌섬은 큰 섬 두 개, 작은 섬이 많이 있다', '이틀 만에 약 200리 되는 돌섬에 도착했다'고 하였다. 그는 열흘 남짓 있으면서 강치와 미역, 전복 등을 땄다고 하였다. 김윤삼 노인의 증언은 독도에 가 본 적이 있는 사람만이 알 수 있는 매우 구체적인 내용들이었다.

---

37) 「천석짜리 뗏목배로 내왕」, 『민국일보』(1962.3.20).

두 번째 유형은 보리농사가 끝난 5월경이나 추수가 끝난 10월경 고향에서 출발하여 울릉도에 도착하는 경우이다. 이들은 선박 건조가 주목적이었기 때문에 나무못을 벌채하러 독도에 갔다. 이들은 나무를 잘 말리지 않고 배를 만들면 배의 동체가 쉽게 휘거나 부패하는 것을 알고 그 보강 작업으로 독도에서 작은 소나무를 벌채하였다. 독도 나무는 먼 바다 항해에서 이음새 강화 역할을 하는 단단한 나무 못 역할을 하였다.

> 구한말 당시 거문도어부들은 울릉도에 가서 아름드리 거목을 베고 배를 만들고, 또 그 재목을 뗏목으로 만들어 끌고 온다고 했다. 해변에 움막을 치고 배를 만드는데 쇠못을 구할 수가 없어 독도까지 가서 나무를 베어와 그 나무못으로 조립했다고 한다. 왜냐하면 이 바위섬에서 자란 나무는 왜소하지만 몇 백 년 몇 천 년 풍운에 시달려 목질이 쇠만큼 단단해져 있기 때문이라 했다. 독도나무를 베어오면서 물개 한 마리를 잡아와 기름을 짜고 그 기름으로 밤을 밝혔다.[38]

위의 증언은 대단히 중요한 자료로 어민들이 쇠못을 대신하여 단단한 독도나무를 이용하려고 독도에 갔다는 것이다. 일본인들이 독도를 돌산 위에 작은 소나무가 자라는 뜻에서 송도(松島)라 하였듯이[39] 지금은 모두 없어졌지만 예부터 독도바위에는 아주 작지만 단단한 작은 소나무들이 자생하고 있었다.[40]

---

38) 이규태, 「이규태코너」, 『조선일보』(이예균 · 김성호, 『일본은 죽어도 모르는 독도 이야기 88』, 2005, 307쪽 재인용).

39) 杉原隆, 『竹島問題』, 2010, 17쪽.

40) 독도 토양의 화분 분석 조사에 의하면 독도에는 소나무속(Pinus) 화분과 오리나무속(Alnus), 참나무속(Quercus), 자작나무속(Betula), 서어나무속(Carpinus), 가문비나무속(Picea), 느릅나무속(Ulmus)의 화분층이 다량 검출되어 독도에는 암벽이 아니라 수림이 형성되었음을 입증하였다.(경상북도 · 문화재청, 『2007년 독도 천연보호구역 식생복원을 위한 타당성 조사연구』, 2008)

위의 증언처럼 거문도 · 초도인들은 1820년경부터 독도로 도항하여 미역, 전복, 강치를 잡았고 조선업자는 독도에서 소나무를 벌채하기도 하였다. 그리고 강치기름을 짜고 가죽을 이용하고 대나무를 잘라 육지로 반입하고 있었다.

그런데 일본은 1905년 1월 28일 각의 결정에서 "이 무인도에는 타국이 이를 점유했다고 인정할 형적이 없다. 명치 36년(1903년-주) 이래 나카이 요자부로(中井養三郎)란 자가 이 섬에 이주하고 어업에 종사한 것은 관계 서류에 의하여 밝혀지며, 국제법상 점령의 사실이 있는 것이라고 인정하여 각의 결정이 성립되었음을 인정한다"고 무주지라며 독도를 편입하였다. 일본은 1903년부터 강치어민 나카이 요자부로가 독도어업에 종사한 사실을 근거로 편입하였던 것이다.[41]

5. 맺음말

조선시대 독도로 건너간 어민들은 전라남도 여수시 거문도 · 초도 어민들이었다. 이들은 뛰어난 항해기술을 이용하여 전국을 무대로 중개지 무역을 하며 울릉도로 건너가 배를 만들고 독도로 건너가 강치를 잡고 나무못을 벌채하였다. 지금까지 논의한 내용을 요약해 보면 다음과 같다.

첫째, 조선후기 지역간 상품유통이 활발해지면서 영호남상선들은 국지적인 영역을 떠나 함경도나 강원도, 울릉도로 도항하였다. 1690년

41) 일본 학자들은 무주지선점론에 의거하여 울릉도에서 독도가 보이지 않으며, 울릉도인들은 농업을 주업으로 하였기 때문에 독도에 갈 수 없다고 조선인들은 독도를 몰랐다고 주장하고 있다(川上健三, 『竹島の歷史地理學的硏究』, 古今書員, 1996년; 池內敏, 「竹島/獨島と石島の比定問題 · ノート」, 『HERSETEC』 4-2, 2010년).

부터 동해안 진출이 활발해지면서 울릉도로의 소규모 도항은 대규모 도항으로 발전하였고 울릉도어장을 둘러싸고 조 · 일양국민들의 충돌이 발생하였다. 이 결과 일본은 울릉도 · 독도가 조선영토임을 인정하고 1696년 1월 28일 '도해금지령'을 내려 일본인들의 울릉도 · 독도 도항을 금지하였다.

둘째, 1650~1700년 사이 영일만 장기에서 표류한 선박은 흥양, 영암, 장흥, 통영, 창원, 웅천에서 출발한 선박이었다. 이 가운데 흥양은 어선 보유률이 매우 높아 지토선이 500여 척 이상이 소재한 곳으로 어선활동이 활발하였다. 이곳의 행정구역은 전라도였지만 경상도로 나가기 쉬웠기 때문에 거문도 · 초도의 군정은 통영 관할이었다.

셋째, 수토사의 주요 임무는 울릉도에 불법 침입한 일본인 적발과 국내인 쇄환, 그리고 울릉도의 토산물을 채취하고 섬 지형을 지도로 그려 비변사에 상납하는 것이었다. 그러나 수토가 계속되면서 수토사의 임무는 왜인 탐색과 토산물을 진상하는 활동에 그치는 경우가 많았다. 수토사는 울릉도 주위와 섬 안을 철저히 수색하지 않았고 도항자들을 묵인하였고 인정하는 방향에서 쇄환하거나 적발하지 않았다.

넷째, 1882년 검찰사 이규원이 울릉도를 검찰했을 때 도항자들은 자신들의 활동을 숨길 것이 못된다며 권리 주장하였고 이 가운데 약 90명은 전라도 거문도 · 초도 출신이었다. 이들은 독도가 보이는 도동과 사동에 움막을 짓고 생활하였는데 1820년부터 독도에 가서 나무못을 벌채하고 강치를 잡아 기름을 짜고 전복을 따고 미역을 채취하였다.

이와 같이 전라도 외양항로 중심지에 위치한 거문도, 초도지역민들은 수백 년 간 울릉도 · 독도로 도항하면서 다양한 지명을 남겼다. 강치가 머무는 독도 바위에는 '큰 가제바위'와 '작은 가제바위'라는 전라도 사투리를 남겼고 보찰이 많이 나는 곳에는 보찰바위라는 이름을 붙였다. 또한 독도에는 돌섬, 또는 독섬이라는 지명을 붙여 1900년 대한

제국 칙령 41호의 석도(石島)라는 지명을 남기기까지 하였다. 이렇게 울릉도 · 독도를 왕래한 어민들은 이곳을 생활 터전으로 이용하고 있었지만 일본은 독도가 '소속 불명의 섬' 즉 무주지라면서 일본 영토로 편입해버렸다.[42)]

---

42) 이승진, 「남조선과도정부 · 조선산악회의 독도조사」, 『광복후 독도 영유권을 둘러싼 쟁점』, 영남대학교 독도연구소, 2015(통구미의 구미, 작지, 와달, 보찰, 가제, 독섬 등이 전라도에서 광범위하게 쓰이는 단어이며, 사투리이다).

【참고문헌】

『朝鮮王朝實錄』, 『邊例集要』, 『鬐城雜詩』, 『林下筆記』, 『備邊司謄錄』, 『조선일보』

국사편찬위원회, 「조선 후기의 경제」, 『한국사』 33, 1997.

김재근, 『우리배의 역사』, 서울대학교 출판부, 1989.

강만길, 『조선후기 상업자본의 발달』, 고려대학교 출판부, 1993.

최완기, 『조선후기 선운업사연구』, 일조각, 1993.

고동환, 『조선후기 서울상업발달사연구』, 지식산업사, 1998.

삼산면지발간추진위원회, 『삼산면지』, 2000.

김병렬 · 나이토 세이츄, 『한일 전문가가 본 독도』, 다다미디어, 2006.

이진명, 『독도, 지리상의 재발견』, 삼인, 2005.

경상북도, 『竹嶋紀事』, 2013 경상북도 독도사료연구회 연구보고서 1, 2013.

송병기, 「조선후기 울릉도 경영-수토제도의 확립」, 『진단학보』 86, 1998.

추효상, 「하계 한국 남해의 해황 변동과 멸치 초기 생활기 분포 특성」, 『한국수산경영지』 35, 2002.

고희종 외 2인, 「한반도 주변 해역 5개 정점에서 파랑과 바람의 관계」, 『한국지구과학회지』 26권, 2005.

고동환, 「조선후기 상선의 항해조건」, 『한국사연구』 123, 2003.

______, 「조선후기 선상활동과 포구간 상품유통의 양상」 14, 1993.

심현용, 「조선시대 울릉도 · 독도 수토관련 울진 대풍헌 고찰」, 『강원문화사연구』 13, 2008.

유미림, 「장한상의 울릉도 수토와 수토제 추이에 관한 고찰」, 『정치외교사논총』 31-1, 2009.

김충석, 「독도문제 어떻게 풀어야 할까」, 2010.

배재홍, 「조선후기 수토제운용의 실상」, 『대구사학』 103, 2011.

손승철, 「조선시대 '공도정책'의 허구성과 '수토제'분석」, 『이사부와 동해』 창간호, 2011.

손승철, 「울릉도 수토와 삼척영장 장한상」, 『이사부와 동해』 5, 2013.

김수희, 「개척령기 울릉도와 독도로 건너간 거문도 사람들」, 『한일관계사연구』 38, 2011.

백인기, 「조선후기 울릉도 수토제도의 주기성과 그 의의 I」, 『이사부와 동해』 6, 2013.
심현용, 「조선시대 울릉도 수토정책에 대한 고고학적 시공간 검토」, 『영토해양연구』 6, 2013.
김호동, 「월성포진의 역사」, 『사학연구』 115, 2014.
이승진, 「남조선과도정부 · 조선산악회의 독도조사」, 『광복후 독도 영유권을 둘러싼 쟁점」, 영남대학교 독도연구소, 2015.
川上健三, 『竹島の歷史地理學的研究』, 古今書員, 1996.
杉原隆, 『竹島問題』, 2010.
杉原隆, 「大谷 · 村川家關係文書再考」, 『竹島問題に關する調査研究最終報告書』, 竹島問題研究會, 2007.
池內敏, 「竹島/獨島と石島の比定問題 · ノート」, 『HERSETEC』 4-2, 2010.

수토정책의 국제법적 해석

유 하 영

1. 서론

1954년 2월 10일자 "일본정부의 견해"에 의해 제기된 조선 초 '수토정책'이 독도 영토주권의 포기에 해당하는 것인가 하는 문제는 한일 양국간의 구술서를 통한 논박에서부터 시작된다. 수토정책에 관한 역사학의 연구는 울릉도와 독도에서의 쇄환(쇄출), 수토, 순심 정책 차원에서의 접근이었다. 이에 본고는 한일 양국간의 외교문서에 나타난 소위 '비거주정책'(policy of non-inhabited island)은 결코 일본의 주장과 같은 "공도정책"(Policy of Island Vacancy)이 아님을 국제법적으로 밝히고자 한다.

조선시대 울릉도와 독도에 대한 정부의 관리대책은 대략 15세기 초기의 쇄환정책(鎖還政策)과 18세기 후기의 수토정책(搜討政策)으로 구별하여 고찰할 수도 있다. 그러나 본고에서는 이러한 구별을 두지 않고 또 제도적 측면을 포함한 단지 "수토정책"으로 총칭하기로 한다. 이하 수토정책에 관해 역사적 검토를 바탕으로 현재의 한일 양국의 해양 정책을 고찰하고 난 뒤, 이러한 수토정책이 국제법상 "영토 주권의 포기"에 해당하는가를 법해석학의 견지에서 분석해 보고자 한다.

2. 수토정책의 법적 개념

1) 용어의 사용범위

기존에 '수토정책' 또는 '수토제도'(搜討制度)와 관련 사용되는 용어를 보면, 쇄환정책(刷還政策, Evacuation Policy), 순심정책(巡審政策, Policy of Patrol and Jurisdictional Inspection), 공도정책(空島政策, Island Vacancy Policy), 해금정책(海禁政策, Sea Embargo(ban) Policy) 등이 사용되어 왔다.

이러한 용어사용과 관련 김호동 교수는 "독도를 두고 일본 학계에서 '공도정책'이란 용어를 쓰는데, 이는 독도가 빈 섬이며 이를 취하면 소유권이 발생한다는 논리로 1905년 '무주지선점론'(無主地先占論)에 이용됐다"고 지적하며, "대체 용어로 '순심정책'(巡審政策)을 쓰는 게 바람직하다"고 주장한다. 순심정책이란 섬 안을 탐색하고 토산물을 채취하고 "조사관"(inspector)을 파견하는 행위 등을 포괄하는 용어이다.[1]

1697년(숙종 23년) 영의정 남구만의 주장에 따라 쇄환, 쇄출 정책은 지속하되 수토제도를 실시토록 하였다. 조선의 수토정책은 이후 1882년(고종 19년)까지 약 4백 년가량 유지된 조선 정부정책의 하나이다.[2]

---

1) 김호동, 「일본교과서 독도 기술 분석 및 독도관련 용어 사용 검토」, 『독도영유권 확립을 위한 연구 I』, 2010, 405쪽 이하 참조.

2) 수토제의 폐지 시기에 관해 "송병기와 이근택을 비롯한 김호동, 유미림, 손승철과 배제홍도 사료를 근거로 1894년 12월 27일 공식적으로 폐지되었다"고 보고 있다(심

이러한 역사적 사실에도 불구하고 일본은 이를 마치 한국이 독도영유를 포기한 것으로 호도하고 있다. 결론적으로 '수토정책'란 2~3년에 한 차례씩 관리(수토사)를 파견하여 울릉도와 그 부속도서인 독도를 순검 관리토록 한 정책으로 울릉도와 독도에 대한 명백한 주권 행사였다.

2) 조선의 수토제와 독도영유권

조선의 수토제도는 조선정부가 왜구의 침입 등을 고려하여 채택한 도서정책의 하나이다. 이는 조선 초기 순심경차관 등을 파견하여 울릉도, 독도를 관리하는 정책을 말한다. 또한 1883년 울릉도 개척령이 공포되기 전 울릉도 등의 섬 거주민들을 본토로 이주시키는 정책이다. 이 정책은 고려 말기 왜구의 침탈로부터 섬 주민을 보호하기 위해서 섬 주민을 육지로 이주시켰다고 하는 『신증동국여지승람(新增東國輿地勝覽)』 등의 지리지 기록 등에 근거를 두고 있다.

한편 공도정책이란 용어는 처음에 일본 학자들에 의해 제기되었다.[3] 이 용어는 울릉도를 자국의 영토로 편입시키고자 하는 일본의 침략 의도에서 비롯된 것으로, 조선의 해양 정책 전반으로까지 확대하여 적용되었다. 그러나 15세기 이래 바다와 섬은 부를 축적하는 곳으로 인식되어 섬으로 사람들이 몰렸다. 지리지에는 지금까지 기록되지 않은 섬들이 기재되고, 해당 섬의 크기(둘레, 넓이) · 인구 · 특산물 · 유적 · 유물 · 본 읍과의 거리 등의 다양한 내용이 실렸다.

여말선초에 왜구의 노략으로 피해가 심해지자 결국 1403년(태종 3) 8월 주민들의 피해를 우려해 육지에 나와 살도록 쇄환정책을 실시한

현용, 「조선시대 울릉도 수토정책에 대한 고고학적 시 · 공간 검토」, 『영토해양연구』 Vol. 6(2013), 175~76쪽).

3) 김호동, 『독도 · 울릉도의 역사』, 경인문화사, 2007, 99~102쪽.

다. 1416년 (태종 16)년에는 울릉도와 주변 섬을 조사하기 위해 삼척만호 김인우를 무릉등처안무사(武陵等處按撫使)로 임명하였으며 이후 대책회의에서 '우산 · 무릉등처'라는 용어가 사용된다. 세종도 몇 차례나 주민 이주정책을 실시하면서 김인우를 다시 우산 · 무릉등처안무사로 임명하고 우산도와 무릉도의 두 섬을 순견(巡見)하는 임무를 맡긴다.[4)]

1436년(세종 18) 6월에 강원관찰사 유계문(柳季聞)은 울릉도는 땅이 기름지고 산물이 많아 백성을 이주시켜 만호나 수령을 두어 다스려야 한다고 주장했으나 받아들여지지 않았다.[5)] 그 대신 1~2년에 한 번씩 관원을 보내 울릉도와 독도를 수토하도록 했다. 그리하여 1438년(세종 20) 4월에 전 호군 남회, 조민 등을 "순심경차관"(巡審敬差官)으로 삼아 울릉도를 수토해서 잡힌 사람들을 처형하기도 했다.[6)]

---

4) 임영정, 「조선시대 해금정책의 추이와 울릉도 · 독도」, 『독도영유의 역사와 국제관계 독도연구총서 1』, 독도연구보전협회, 1997, 35~39쪽.

5) 강원도 감사 유계문(柳季聞)에게 전지하기를, "지난 병진년 가을에 경이 말하기를, 무릉도(茂陵島)는 토지가 기름져서 곡식의 소출이 육지보다 10배나 되고, 또 산물이 많으니 마땅히 현(縣)을 설치하여 수령을 두어서 영동의 울타리를 삼아야 한다고 하였으므로, 곧 대신으로 하여금 여러 사람과 의논하게 하였더니, 모두 말하기를, 이 섬은 육지에서 멀고 바람과 파도가 매우 심하여 예측할 수 없는 환난을 겪을 것이니, 군현을 설치하지 않는 것이 마땅하다고 하므로 그냥 그대로 두었더니 경이 이제 또 말하기를, 고로(古老)들에게 옛날에 왜노들이 와서 거주하면서 여러 해를 두고 침략하여, 영동(嶺東)이 빈 것 같았다는 말을 들었다고 한다. 내가 역시 생각하건대, 일찍이 왜노들이 날뛰어 대마도에 살면서도 오히려 영동을 침략하여 함길도에까지 이르렀었는데, 무릉도에 사람이 없은 지가 오래니, 이제 만일 왜노들이 먼저 점거(點據)한다면 장래에 어떠한 우환이 생길지 알 수 없을 것이다. 현을 신설하고 수령을 두어 백성을 옮겨 채우는 것은 지금 형세가 어려우니, 매년 사람을 보내어 섬 안을 탐색(探索)하거나, 혹은 토산물을 채취(採取)하고, 혹은 마장(馬場)을 만들면, 왜노들도 대국의 땅이라고 생각하여 반드시 몰래 점거하려는 마음이 들지 않을 것이다. 옛날에 왜노들이 와서 산 때는 어느 때이며, 소위 고로(古老)라고 하는 사람들은 몇 사람이나 되며, 만일 사람을 보내려고 하면 바람과 파도가 순조로운 때가 어느 때 어느 달이고 섬에 들어갈 때에는 장비(裝備)할 물건과 배의 수효를 자세히 조사하여 보고하라."고 하였다(「世宗實錄」 卷 七十六, 世宗 十九年 二月 八日 戊辰條).

임진왜란(1592) 이후 조선 조정은 김연성과 군사 260명을 울릉도로 보내 정세를 살폈다. 1693년 (숙종 19년)에는 안용복이 울릉도에 들어갔다가 일본의 어부들에 의해 일본으로 납치된 사건이 일어난다. 안용복은 당대 최고 실권자인 에도 관백(江戶 關白)에게서 "울릉도와 자산도는 일본 땅이 아니기 때문에 일본 어민들의 출어를 금지 시키겠다"는 등의 내용이 있는 서계를 받는다. 하지만 귀국길에서 이 서계를 대마도주에게 빼앗기고,[7] '월경죄인'으로 감금당한다. 풀려난 안용복은 분개하며 1696년 다시 일본으로 건너가 독도와 울릉도가 우리 땅임을 명백히 하고 돌아온다. 안용복의 활동은 일본의 영토편입 야욕으로부터 울릉도와 독도를 지켜내고, 일본의 최고 권력기관으로부터 조선의 영토임을 인정받았다는 데 큰 의의가 있다.[8] 무엇보다도 1693년 및 1696년 등 2차례에 걸친 안용복의 피랍·도일활동으로 촉발된 소위 "울릉도쟁계" 사건에서 일본 막부는 조선의 1694년 8월 공문에 대하여 1697년 2월 교환공문(약식조약; 양자간 국제협정)에서 양국 간 특수관습인 거리관습에 따라 조선의 울릉도 영유권을 명시적으로 인정하고 조선의 독도 영유권을 묵인 내지 묵시적으로 합의한 바 있다.[9]

---

6) 한편 1430년(세종 12) 쯤에는 신도설(新島說)이 나돌기 시작했다. 요도(蓼島)·삼봉도(三峯島) 등이 그것이다. 이 두 섬은 독도를 말한다. 이에 1472년(성종 3)에 경차관 박종원(朴宗遠)을 보내 삼봉도를 탐사했으나 상륙하지는 못했다. 1479년(성종 10) 5월에 영안도관찰사는 병조의 요구로 경차관 신중거(辛仲琚)를 파견해 울릉도와 독도를 수탐하도록 했다. 그 보고서에 의하면 이곳에 도망한 백성수가 1,000여 명에 이른다고 했다.

7) 송병기, 「조선후기의 울릉도 경영 -수토제도의 확립-」, 『진단학보』 제86호, 1998, 159쪽.

8) 안용복의 진술에 관해서는 김화경, 「안용복 진술의 진위와 독도 강탈 과정의 위증」, 『독도영유권 확립을 위한 연구 II』, 경인문화사, 2010, 65쪽 이하 참조.

9) 박현진, 「독도 영토주권과 격지 무인도에 대한 상징적 병합·가상적 실효지배」, 국제법학회논총, 제58권 제4호(통권 제131호), 140·151쪽.

3) 한국 및 중국의 전통 해양정책과 도서관리

(1) 조선의 해양정책

조선왕조가 고려왕조를 이어받게 되자 울릉도 독도 지역은 주민의 거주를 금하고 섬을 비우는 소위 "해금정책"하에 놓이게 되었다. 조선왕조가 해금정책을 취하게 된 이유 가운데 가장 큰 것은 고려 말부터 집요하게 이루어진 왜구의 침입이었다.[10] 왜구는 해안가나 섬에 게릴라처럼 출몰하는데, 그때마다 조정에서 정규군을 일일이 파견하기란 매우 힘든 일이며 비효율적이었다. 군대가 현장에 도착하기 전에 왜구는 이미 노략질을 끝내고 사라진다. 이러한 해금정책은 우리만이 아니라 명나라 역시 해안방어와 자국민 보호정책으로 해금정책을 시행하였다.[11]

1417년(태종 17년) 조정에서는 우산(于山) 무릉도(武陵島)의 주민들을 뭍으로 데리고 나오는 것이 좋을지, 곡식과 농기구를 주어 주민들을 안정시킨 후 관리를 파견하고 세금을 거두는 것이 좋을지를 의논하

---

10) 왜구가 출현한 시대에 대하여 여러 가지 견해가 있다. 일찍이 5세기경부터 이 단어는 나타났다. 이후 1000여 년에 이르는 기간 동안 왜구는 기본적으로 태평양서안지구의 해적을 가리켰고, 이 해적은 일본인 위주로 되어 있거나 일본을 기지로 하는 것이었다. 왜구는 원나라 때부터 중국의 연해지역을 괴롭혔고, 16~17세기에 이르러 소멸되었다.

11) 중국에서의 해금정책은 중국에서 해상의 교통 · 무역 · 어업 등에 대하여 행해졌던 禁制를 말한다. 국내의 치안을 유지하고, 밀무역을 단속하며, 외국과의 분쟁을 피하는 것이 목적이며, 동진(東晉) 이래 행하였으나, 명나라 초인 1397년 明律로써 공포되었다. 공인된 조공선(朝貢船) 이외에는 무역을 인정하지 않고 '한 치도 하선을 불허한다'는 규칙이었다. 명나라 말 최후까지 청나라에 저항한 타이완의 정성공(鄭成功)도 '천계령(遷界令)'이라는 철저한 해금 때문에 패배하였다고 한다. 천계령은 1661년에 실시하기 시작하였는데 적용 범위는 푸젠 · 광둥성 2성을 중심으로 하여 저장 · 장쑤 · 산둥 등 5성에 미쳤다. 연해 주민을 20km 오지로 강제이주시켰으나 1683년에 정성공이 멸망하자 이듬해 전해령(展海令)이 내려지고 천계령은 해제되었다.

였다. 많은 신하들이 후자를 주장하기도 하였으나, 당시 공조판서였던 황희의 의견을 들어 결국 백성들의 왕래와 거주를 금지시키고, 계속적인 순찰을 시행하는 쇄출정책을 적용하기로 하였다.[12] 이로써, 울릉도 독도지역은 우리 영토로 귀복(歸服)된 서기 512년 이후 905년 만에 처음으로 사람의 왕래와 거주가 법으로 금지되었다.

우리 역사에서 주민의 이주정책은 흔히 찾아볼 수 있는 것이었다. 국방, 개척, 국토의 균형적 개발 등을 위해 주민 이주정책을 적절히 사용해 왔던 역사적 경험은, 조선 태종 조에 많은 토론을 거쳐 울릉도 독도지역에 대해 '주민의 철수와 정기적인 순찰'을 택하게 했던 것이다. 그러나 위와 같은 중앙정부의 노력에도 불구하고 본토의 백성들은 끊임없이 울릉도와 독도를 왕래하며 고기를 잡거나 미역 등을 채취하였으며, 농사를 지으며 정착하여 살기도 하였다.[13] 이 때문에 중앙정부는 이 지역에 대한 계속적인 순찰을 통해, 토산물의 파악 등 섬을 관리하면서 동시에, 거주민들을 수색하여 본토로 송환시키는 작업을 계속해야 했다.

해금정책 등을 통한 공도화(空島化, 섬을 비우는 것)는 1417년(태종 17년) 이후 1882년(고종 19년)까지 465년간 조선왕조의 울릉도 · 독도에 대한 기본적인 주민보호 정책으로 계속 추진되었다.[14] 그러나 이러한 해금정책이 철회된 것은 1882년(고종 19년)에 가서였고, 1883년부터 울릉도지역에 대한 본격적인 주민이주가 시작되었다. 그러나 해금정책은 영토를 버려두는 것이 아니라 왜구에게 시달리던 당시 동아시아 국가들이 영토를 방어하고 자국민을 보호하고자 광범하게 시행하였던

12) 태종실록 권33, 태종 17년 2월 8일(을축).

13) 김윤배, 「조선시대 전라지역민들의 울릉도 독도항해와 경로」, (사)독도연구보전협회 2012년도 학술대토론회 자료집, 2012.10.25 참조.

14) 이케우치 사토시, 「일본 에도시대의 다케시마 마츠시마 인식」, 『독도연구』 6호, 영남대학교, 2009, 201쪽.

공통된 전략이었다. 수토정책이 주민이주와 정착으로 바뀐 것은 개항 이후 울릉도에 대거 침입하기 시작한 일본인들의 침탈행위를 막기 위해서였다. 따라서 한국과 중국이 섬을 비운 것도, 섬에 주민을 이주시킨 것도 그 직접적인 원인은 모두 일본에 주원인의 하나가 있었던 것이다. 끝으로 비교 논리적으로 살펴볼 때, 일본의 소립원제도(오가사와라, 小笠原諸島)의 경우 1675년 이후 오랫동안 주민이 살지 않게 방치하였으며 1862년 8월이 되어서야 약 30명의 이주자를 모집 이주시켰다가 9개월 만에 다시 철수하는 등[15] 일본 자체에도 사실상의 '공도정책' 내지는 해금정책을 시행한 사실이 있다.

(2) 중 · 근대 동아시아 해금정책과 한중교류, 해양인식

중국사상 국가차원에서 바다를 통한 대외무역을 관리하는 관원이 설치된 것은 당조가 들어선 이후의 일로 알려져 있다.[16] 당 개원 연간(713~714) 처음으로 시박사(市舶司)라는 관직을 두어 安南 · 廣州 등지에 파견하여 무역을 국가가 관리하기 시작하였다. 宋代에는 광주 · 항주 · 명주 · 천주 · 밀주 등지에 시박사를 설치하여 해외교통과 무역에 대한 제도적인 관리체계가 성립되었고, 원대에도 시박사를 통해 해외교통과 무역을 보호하고 장려하였다. 명초에도 이러한 무역장려책이 채택되어 명주 · 천주 · 광주 등지에 시박사가 설치되었다. 비록 홍무 4년(1371)에 이미 해금령이 내려진 상황이었지만, 민간무역은 일정한 수속을 거치고 조건을 갖추면 비교적 자유롭게 허용되었다. 하지만 홍무 7년(1374) 시박사는 폐지되었고, "조각배도 바다에 띄울 수 없다"는

---

15) 한철호, 「메이지 초기 일본 외무성 관리 다나베 다이치(田辺太一)의 울릉도 · 독도 인식」, 『동북아역사논총』 19호 2008, 201쪽.

16) 민덕기, 「중 · 근세 동아시아의 해금정책과 경계인식」, 『한일관계사연구』 39집, 106쪽.

매우 엄격한 해금정책이 실시되면서 명조는 일체의 해상활동을 철저하게 금지하였다.[17)]

원나라는 5차례에 걸쳐 '海禁'을 선포한 적이 있으나, 동아시아의 무역은 중단되지 않았고, 고려를 왕래하는 배에 대해서는 양국의 특수한 관계를 고려하여 다른 나라와 달리 우대해주었다.[18)] 충렬왕이나 그의 비인 제국대장공주 등 고려 국왕이나 왕후가 중국에 측근을 보내 무역하게 한 사례가 적지 않게 있는데, 원대에 해상들이 고려를 왕래했다는 기록은 송상과 달리『高麗史』와『高麗史節要』에 거의 없다.[19)] 반면에 고려와 중국의文集과 문헌에는 자주 왕래했다고 추정할 만한 내용들이 많이 있다.[20)]

실제로 고려와 원사이를 항해한 배에 대한 구체적인 사례도 적지 않다. 원의 史燿가 德大夫 · 江浙行省右丞이 되었는데, 高麗王이 周侍郎을 보내 무역하려 하자 천주와 광주의 시박사 예에 따라 3/10세를 거두려 하였다. 이에 史燿가 해외의 원 제국에 불복한 나라와 고려를 같게 하는 것은 옳지 않다고 하고 고려에 대해서는 1/30세만을 거두었다고 하였다. 원의 程文海가 지은「太原宋氏先德之碑」에는 元貞 원년에 廣寧을 지나는데, 이 지역 사람으로 고려에 장사하러 다니다가 잡혀서 고려의 탐라에 유배된 자가 11인이었다고 한다.[21)]

1371년에 명이 전통적인 조공제도와 조공무역에 새롭게 해금을 결합시켜 통행과 교역을 국가가 통제하는 독특한 조공 체제를 만들어 냈

17) 홍성구,「청조 해금정책의 성격」,『한 · 중 · 일 해양인식과 해금』, 동북아역사재단, 2007, 162쪽.

18) 배숙희,「元代 慶元地域과 南方航路: 탐라지역의 부상과 관련하여」,『中國學研究』 65, 2012, 191쪽.

19) 송에 비해 고려와 원의 무역과 교류가 줄었다는 견해도 있다. 李康漢,「13~14세기 고려-원 교역의 전개와 성격」, 서울대 국사학과 박사학위논문, 2007.

20) 이진한,「고려시대 해상교류와 해금」,『동양사학연구』 제127집, 28쪽.

21) 이진한, 위의 논문, 29쪽.

다. 그것은 조공무역으로 국제교역을 통제하고 해금을 통하여 그 체제를 보강하려고 한 것이었다. 그러므로 해상들의 국제교역이 금지되고, 국가 간의 관영무역인 조공무역만이 합법적인 것이 되었다.

처음에는 당시 횡행하던 왜구를 막고, 해상무역을 하던 方國珍 · 張士誠의 잔당과 그들을 따르는 민중이 연해지역에서 횡행하는 것을 막는 것이 해금정책의 주요한 목적이어서 해상들이 규제 대상이 아니었다. 그러나 1374년 9월에 寧波 · 泉州 · 廣州의 시박사를 폐지하였는데도 무역을 둘러싼 문제가 계속되자 명은 조공하기를 바라는 주변민족과 국가에게 일종의 증서인 勘合을 발급하고, 그것을 소지한 배에 대해서만 무역을 허락하는 勘合制度를 실시하여 국내외 배의 출입을 엄격하게 제한하였다.[22] 오래지 않아 명이 다시 寧波 · 泉州 · 廣州에 시박사를 두었지만, 寧波는 일본, 泉州는 琉球, 廣州는 占城 · 暹羅 및 서양 여러 나라들과 통하게 하였을 뿐[23] 공식적으로 고려에 가는 배를 담당하는 시박사는 없었으므로 해상이 고려에 갈 수 없게 되었다.[24] 고려 말에 이르면서 중국과 고려의 해상교류는 사실상 단절되었던 것

22) 명대의 해금정책에 대해서는 다음의 논문이 참고된다. 한지선, 「洪武年間의 對外政策과 '海禁'—大明律상의 '海禁' 조항의 재분석—」, 『中國學報』 60, 2009; 한지선, 「明代 해금정책 연구」, 전남대 사학과 박사학위논문, 2009; 이준태, 「중국의 전통적 해양인식과 해금정책의 의미」, 『아태연구』 17, 2010; 최낙민, 「明의 海禁政策과 泉州人의 해상활동—X嘉靖年間以後 海寇活動을 중심으로—」, 『역사와 경계』 78, 2011; 민덕기, 「중 · 근세 東아시아해금정책과 경계인식—ヶ東洋三國의 海禁政策을 중심으로—」, 『韓日關係史研究』 39, 2011; 민덕기, 「동아시아 해금정책의 변화와 해양경계에서의 분쟁」, 『韓日關係史研究』 42, 2012; 홍영의, 「고려 말 대명교역과 동아시아 해상교류」, 『한국해양사 Ⅲ(고려시대)』(한국해양재단 편), 2013.

23) 박원호 외, 『명사 식화지 역주』, 소명출판, 2008, 382쪽.

24) 한편, 조선의 대명사행로는 산동반도에서 옹진에 이르는 길과, 산동반도에서 발해연안을 거쳐 압록강 하구와 철산에 이르는 두 가지 길만 허용하였다. 특히 후자는 파도가 높고 암초가 많으며 대피할 곳이 적어 위험한 해로였으며, 이미 공민왕대에 사신의 배가 두 차례 침몰한 적이 있는 곳이었지만 다른 해도는 모두 허용하지 않아서 어쩔 수 없었다.(林英正, 「朝鮮前期 海禁政策 시행의 배경」, 『東國史學』 vol. 31, 1997, 44~45쪽.)

이다.

명이 해금정책을 실시하기 직전에 고려와 중국의 해상교류가 매우 활발했으며, 외국의 배들이 고려에 와서 대부분 예성항에 머물렀으므로 자연스럽게 고려 대외무역의 중심 지역은 개경과 예성항이 될 수밖에 없었다. 그런데, 명의 해금정책은 해상 무역 중심의 고려 대중국 무역 기본 틀을 허물었다. 가장 큰 변화의 하나는 대중국 무역의 중심지가 서북면 국경지역으로 이동한 것이었다. 고려는 해상들의 해외무역을 금했던 것처럼 국경지역의 무역을 장려하지 않았다. 물론 고려와 거란·금 사이의 사무역이 없었던 것은 아니다. 국경무역과 관련된 榷場의 경우, 1086년 거란이 압록강의 保州에 설치한 각장은 고려 선종의 親宋政策을 견제하고자 하는 군사 외교적 목적이 있었을 뿐 아니라 고려가 이에 대해 강력히 철회를 요청하였기 때문에 사실상 互市로서 기능할 수 없었다.[25] 이후 금이 거란을 정복하는 과정에서 금이 고려와 거란의 분쟁 지역이었던 보주를 고려에 양여하면서 우호적인 관계로 변화하게 됨에 따라 금과의 국경에 설치된 각장은 제 기능을 하였다. 그 밖에 고려의 변경 지역의 무역은 1185년에 서북면병마사 李知命이 명종의 지시를 받고 龍州의 저포를 契丹絲와 교역하여 바쳤다는 것을 제외하면 대부분 전란기에 고려에게 식량을 구하는 형식이었다.[26]

고려는 거란과 금에 대한 국경무역을 권장하지 않았을 뿐 아니라 고려와 송 사이의 해상무역이 차지하는 비중이 커서 그다지 주목하지 않았다. 또한 원기에는 출입국에 필요한 文引이 있으면 국경을 쉽게 오갈 수 있었기 때문에 굳이 국경 지역에서 양국의 상인들이 만나 무역할 필요가 없었다. 요컨대, 고려와 원과의 활발한 해상교류가 있었으

25) 이미지, 「高麗 宣宗代 榷場 문제와 對遼관계」, 『韓國史學報』 14, 2003, 93쪽.

26) 이진한, 앞의 논문, 34쪽.

나 명의 건국이후 해금정책으로 중국의 배가 올 수 없게 되자, 고려 예성항에서의 해상무역이 급격히 쇠퇴하고, 그것을 대체하기 위해 서북면 국경의 육로 무역이 발달하게 되었다. 그러나 수도에서 멀리 떨어진 서북면 지역의 토호들이 참여하는 무역을 완벽하게 단속할 수 없었다. 고려는 명의 해금정책으로 해상무역이 중단된 후 국경무역에 활발해지면서 새로운 문제가 발생하자 이번에는 고려가 국경무역 호시를 완전히 금지하였다. 따라서 조선이 건국되기 직전인 1391년에는 고려와 중국의 해상무역은 물론 양국의 국경무역마저 원칙적으로 금지되기에 이르렀다.[27]

당과 원대에 이르기까지 민간의 해외교류는 비교적 개방적이었고, 국가가 바다를 통한 경제적 교역을 적극적으로 후원하여 국가재정의 확충에 활용한 측면도 찾아볼 수 있다. 하지만 명대에 이르러 강력하고 전제적인 국가권력이 모든 민간의 대외 경제교류를 통제하고, 이를 바탕으로 "朝貢冊封體制"라는 중화적 세계질서의 수립을 지향하는 경향이 나타나기 시작하였다.[28]

명대 초기부터 실시되어 왔던 해금정책이지만 "下海通蕃의 禁", "海禁"이란 용어의 형성은 16세기의 일이다. 또 해금 존폐논쟁은 1567년 月港의 개항으로 결정되지만 그에 의해 명조는 해금을 폐지한 것은 아니었다. 오히려 20년 후인 1587년 간행된『萬曆會典』에는 弘治問刑條例를 기본으로 "해금"이라고 하는 항목 하나가 설정되어 月港 개항에 대응한 號票(文引) 휴대자를 해금에서 제외하는 例外 규정이 부가되었다. 이러한 해금정책은 명대 말기까지 이어져 청조의 해금으로 계승되어 갔다.[29]

---

27) 이진환, "고려시대 해상교류와 해금," 동양사학연구 제127집, 37쪽.

28) 이문기 외 공저,『한 · 중 · 일 해양인식과 해금』, 동북아역사재단, 2007, 13쪽.

29) 민덕기, 앞의 논문, 110쪽.

홍무제는 해금정책의 일환으로 "通番," 즉 夷狄과 私通할 가능성이 큰 연해지역을 대상으로 대규모 遷徙를 실시하였다. 예를 들어 1386년 절강성 연해 일대의 海島 주민이 밖으로 海盜와 연결하고 안으로 서로 살상을 일삼는다는 이유로 연해의 46개 섬의 13,000여 戶와 34만여 명을 절강의 각 주현 및 안휘의 봉양현으로 이주시켰다. 그 다음해에도 절강의 연해지역과 주산군도 일대와 복건의 남쪽 해안지대 등지에서 遷徙令이 이행되었다. 이들 지역은 방국진·장사성의 잔당들의 활동 근거지였으며 왜구와의 접촉이 용이했기 때문이었다. 명조는 연해 일대의 "下海通番"하는 자들과 왜구들의 활동을 통제하고자 연해의 생산 기반을 근본적으로 파괴하고 주요 해안을 "공동화"시킨 것이다.[30)]

조선시기 해양경계인식을 조선시대 자료를 살펴볼 때, 외양과 내양을 구분하는 특정한 경계선은 섬 또는 水宗이었다.[31)] 여기서 水宗은 水旨라고도 하는데, 그 의미는 "眼力이 미치는 곳" 또는 "바다 중에 물의 높은 곳이 마치 산에 능선이 있는 것과 같은 것으로서, 지금의 개념으로 하면 수평선에 해당한다. 水宗, 즉 수평선은 고정된 것이 아니라 응시지점에 따라 달라진다. 조선시대 水宗은 일반인들이 바라보는 수평선이 아니라, 봉수군들이 감시하는 수평선이었다. 즉 봉수군들의 눈에 들어오는 水宗을 기준으로 수종 바깥은 外洋이었고 안쪽은 內洋이었던 것이다.[32)]

수종 안쪽의 내양은 해안으로부터 100리쯤 떨어진 곳까지로 이곳은 조선시대 영해로 인식되었다. 이런 인식이 있었기에 戰船이나 병선을 외양으로 보내는 사람은 "군인을 백리 밖으로 보내 군역을 헐하게 하

30) 한지선, 「명대해금정책연구」, 전남대학교 박사학위논문, 2009, 23~24쪽.

31) 한임선·신명호, 「조선후기 해양경계와 해금」, 『동북아문화연구』 21, 2009, 7·10쪽.

32) 민덕기, 앞의 논문, 124쪽에서 재인용.

는 죄에 준해 곤장 백대에 처하고 충군하는(犯者 依縱放軍人出百里外空歇軍役律 杖一百 充軍)" 처벌이 시행되었다. 이렇듯 조선시대 내양과 외양을 구분하는 기준으로서의 水宗은 육지의 국경선과 마찬가지로 개인이 함부로 넘을 수 없는 금지선이었다.[33]

3. 현대 한국과 중국, 일본, 대만의 낙도보전정책

1) 한국의 도서관리 체계

안전행정부에 따르면 2008년을 기준으로 전국에 총 3,201개의 도서가 분포되어 있으며, 이중 유인도는 482개, 무인도는 2,719개에 달한다.[34] 이러한 도서에 관련되는 근대 법령으로는 최초 1900년 10월 25일 반포 대한제국 칙령 제41호, 1948년 5월 10일 미군정 법령 제189호 "해안경비대의 직무", 1952년 1월 18일 대한민국정부가 "국무원고시 제14호"로 발표한 "인접해양의 주권에 관한 대통령선언"(평화선선언) 등이 있다.

국제법의 차원에서는 1982년 체결된 유엔해양법협약(UNCLOS)의 섬에 관한 규정인 바, 동 협약 제121조는 다음과 같이 규정하고 있다.

> 1. 섬이라 함은 바닷물로 둘러싸여 있으며, 밀물일 때에도 수면 위에 있는, 자연적으로 형성된 육지지역을 말한다.

---

33) 한임선 · 신명호, 앞의 논문, 13~14쪽. 그러나 이 水宗에 대하여 『숙종실록』 20년 8월 14일(기유)조에서는 "바다 가운데 물이 부딪치는 곳이니 육지의 고개가 있는 데와 같은 것이다(海中水激處, 猶陸之有嶺也)" 라고 정의하고 있어 구체적인 추후 검토가 필요할 것으로 보인다.

34) 한국 행정안전부, 『제3차 도서종합개발10개년계획(2008~2017)』, 2008 참조.

2. 제3항에 규정된 경우를 제외하고는 섬의 영해, 접속수역, 배타적 경제수역 및 대륙붕은 다른 영토에 적용 가능한 이 협약의 규정에 따라 결정한다.
3. 인간이 거주할 수 없거나 독자적인 경제활동을 유지할 수 없는 암석은 배타적 경제수역이나 대륙붕을 가지지 아니한다.

한국은 2007년부터 전국 연안에 분포하고 있는 약 2,700여 개의 무인도서[35]가 체계적으로 관리해 왔다. 이에 관한 현대 법률로는 '무인도서의 보전 및 관리에 관한 법률'이 있다. 그간 무인도서는 일부 도서만이 보존위주로 관리됨에 따라 레저 · 관광 등 최근의 이용 수요에 효과적으로 대처하지 못하고 있다는 지적이 따랐다.[36] 이에 해양수산부는 오는 2015년까지 법률안에 따라 전체무인도서에 대한 실태조사를 실시, 조사결과를 토대로 '무인도서 종합관리 계획'을 수립해 기본정책 방향과 관리유형을 정하도록 했다.

향후 종합관리계획에 따라 무인도서는 '절대보전', '준보전', '이용가능 및 개발가능' 무인도서의 4가지 유형으로 구분돼 각 유형별로 적정한 관리방안과 개발이 이뤄지게 된다. '절대보전 무인도서'는 보전가치가 매우 높아 일정한 행위를 제한하거나 상시적으로 출입을 제한하게 되고, '준보전 무인도서'는 보전가치가 높아 일정한 행위를 제한하거나 일시적으로 출입을 제한할 수 있게 된다. 또한 '이용가능 무인도서'는 무인도서의 형상을 훼손하지 않은 범위 안에서 사람의 출입 및 활동을 허용하고 해양레저나 탐방 등이 가능토록 했다. 아울러 '개발가능 무

35) 일반적 개념으로 대양 · 내해 · 호소 · 대하 등의 수역에 둘러싸인 육지의 일부를 섬이라 하고 그중 사람이 살지 않는 섬을 무인도서로 정의하나, 「독도 등 도서지역의 생태계 보전에 관한 특별법」상 개념은 사람이 거주하지 않거나 극히 제한된 지역에만 거주하는 섬을 '무인도서등'으로 규정한다.

36) 양희철, 「한중일의 도서관리 법제 비교 연구」, 『국제법학회논총』 제58권 제4호, 대한국제법학회, 2013, 208쪽.

인도서'는 해양관광 활성화를 위한 해양관광시설 조성 등 일정한 개발을 허용할 수 있도록 했다. 이와 함께 법률안은 무인도서의 관리 및 개발에 대한 중요 정책을 심의하기 위해 해수부 차관을 위원장으로 중앙행정기관, 지자체 및 전문가 등으로 구성된 '무인도서 관리위원회'를 두도록 했다. 특히 무인도서에 대한 무분별한 난개발을 방지하기 위해 일정규모 이상 개발을 할 경우에는 개발계획을 수립해 해양수산부장관의 승인을 얻도록 했으며 이 경우 타 법률에 의한 허가나 승인을 받은 것으로 의제토록 했다.

이 밖에 해양영토의 근거가 되는 '영해기점 도서'에 대해 형상이 훼손되거나 훼손될 우려가 있는 경우를 대비해 특별관리계획을 수립해 훼손방지 등의 조치를 할 수 있도록 했다. 해수부 관계자는 "이 법률이 제정되면 보전위주의 일률적인 관리에서 유형별 관리로 이용이나 개발이 가능케 된다"면서 "다양한 이용수요를 충족함은 물론 영해기점 무인도서의 관리강화로 해양관할권 확보에 효과적으로 대응할 수 있을 것"이라고 말했다.[37]

2) 중국의 도서정책

중국의 도서정책은 한동안 국가해양국이 민정부 및 총참모부와 연합하여 공포 시행한 「무인도 보호 및 이용관리에 관한 규정(無居民海島保護與利用管理規定), 이하 '規定'」이 유일하였다.[38] 그러나 이는 도서정책 전반에 관한 것이 아니고, 무인도서의 생태환경 및 국가의 해양권익 수호가 중요한 목적이었다. 그러나 생각건대 해당 規定은 중국의 법제상 법률에 해당하지 않고, 법률보다는 하위 단계인 행정법규에

37) 『에코저널』(2007-02-14).

38) 2003년 國海發(2003) 10號로 공포되었고, 2003년 7월 1일부터 시행되었다.

해당한다는 점과 최근 중국의 경제성장에 따른 산업화와 도서 활용정책을 적절히 반영하는 데는 상당히 제한적이라고 판단된다.[39] 따라서 중국정부는 2009년 12월 전국인민대표대회 상무위원회를 통해 〈중국도서보호법(中國海島保護法). 이하 '도서보호법'이라 함〉을 제정 공포하였는바, 이 법은 2010년 3월 1일부로 정식 시행되고 있다. 단, 도서보호법의 시행에도 불구하고 2003년의 〈규정〉은 폐지되지 않았다는 점에서 여전히 유효하다.

중국도서보호법은 기존의 〈규정〉이 무인도서와 영해기점소재 무인도서의 보호를 주요대상으로 한 것이 비하여, 유인도서와 무인도서, 특수용도의 도서(特殊用途海島)를 적용 대상으로 확대하고 있다. 더구나, 도서보호법은 '특수용도의 도서'의 대상을 "영해기점 소재도서, 국방용도 도서, 해양자연보호구역 내의 도서" 등으로 구체화하고), 이들 대상 역시 〈규정〉보다는 확대된 유인도와 무인도를 포함하는 것으로 하였다(표 3 참조).

이미 중국은 내부적으로 해양권익 확대를 위한 해군력 증강을 표방한 바 있으며, 2009년 5월에는 외교부에 '경계와 해양사무사(邊界與海洋事務司)'를 설립하여 영유권 및 관할권 분쟁에 대한 대외교섭 임무를 전담토록 하였다는 점 등에 주목할 필요가 있다.[40] 이는, 중국의 도서보호법의 주요 추진 동기가 "생태계 보호를 위한 도서와 주변해역에 대한 계획수립, 모니터링, 보호 및 관리 정책"에 있음에도 불구하고, "(1) 해안선 변경과 영해기점 망실 (2) 부분 영해기점 도서의 침식으로

---

39) 중국의 해양관련 법령에 대한 구체적 이해는 양희철(梁熙喆) 외3인. 「중국 해양관련 법령의 발전과 입법체계에서의 지위 및 해석」, Ocean and Polar Research, Vol. 30, no. 4(2009), 427~444쪽 참조.

40) 중국 외교부 홈페이지(http://www.fmprc.gov.cn/chn/pds/wjb/zzjg/bjhysws/). 경계와 해양사무사는 육지 및 해양경계획정, 해양관련 대외정책 조정, 해양의 공동개발 등의 문제에 관한 외교 협상 업무를 담당한다.

인한 훼손 위험에 대한 관리"의 필요성과 "(3) 도서주변해역의 자원과 에너지"등의 수요에 따라 언제든지 주변국과의 해양경계획정, 영유권 분쟁 도서에 대한 적극적 관리정책으로 확대 가능하기 때문이다.

특히, 〈도서보호법〉 제정의 주요 동기가 생태환경과 무인도서의 불법점용에 따른 도서의 감소에 있다는 점과 도서 관리를 목적으로 도서에 대한 조사, 모니터링, 보호, 관리, 개발을 시행방법으로 하고 있다는 점에서 잠재된 갈등 요소(도서)가 환경변화에 따라 표면화될 수 있는 여지는 충분히 내재되어 있다. 예컨대, 중국의 관할권에 관련된 특수용도의 도서에는 중국이 선포한 77개 영해기점(領海基点) 소재 도서와 영해 기선점(領海基線点), 중력점, 천문점, 수위점, 전지구위성 위치 통제점 등의 시설과 표식(標式)이 설치된 도서 등을 포함하고 있다. 즉, 법이 해양에너지와 어업자원 보호를 위한 낙도와 주변해역 EEZ에 대한 자원권익 보호 정책으로 구체화될 경우 동중국해 센카쿠열도(조어대), 남중국해 도서(암초)에 대한 영유권 갈등이 표면화될 가능성은 매우 높다. 특히, 2009년 미국 해군 조사선의 2차례에 걸친 중국 EEZ 진입과 유사한 사례가 발생할 경우,[41] 중국의 관할해역 및 해도 보호를 위한 군사행동을 동반한 정책 수위는 보다 보수적 방향으로 전개될 가능성도 배제할 수 없다.

영해기점과 관련하여 주목할 만한 것은, 중국이 2003년 제정한 행정규칙인〈規定〉과 〈도서보호법〉이 규정하는 영해기점의 보호와 관리에 관한 조치다.〈規定〉이 '무인도'의 범위를 "중국 관할 해역내에서 영주가구의 거주지가 아닌 도서 · 암초 · 저조고지 등을 말한다"[42]라고 정의

---

41) 예컨대, 2009년 3월 8일 미국 Impeccable호는 중국 해남도 남쪽 120km에서 해양관측 임무를 수행하던 중 중국 정보함 1척을 포함한 선박 5척의 저지를 받은 바 있으며, 동년 5월 1일에는 미국 해상수송사령부 소속 해양관측선 USNS Victorious호가 황해에서 관측활동을 수행하던 중 중국 어선 2척에 의해 저지를 받은 바 있다.

42) 중국 무인도보호 및 이용관리에 관한 규정 제34조 제1항.

하고 있는데 반하여, 도서보호법은 '저조고지(低潮高地)'가 도서보호법의 적용을 받는다고 규정하면서도[43] '저조고지'가 '무인도'의 범위에 포함되는가에 대한 명확한 규정을 두고 있지 않고 있다.[44] 그러나 해당 법에서 '도서'의 정의가 "고조시(高潮時) 수면보다 높은 자연적으로 형성된 육지지역"으로 규정되고 있고,[45] 저조고지를 "저조시 사면이 바닷물로 둘러싸여 있고, 수면보다 높으나 고조시 몰입되는 자연적으로 형성된 육지지역"으로 규정하고 있다는 점에서, '저조고지'를 도서의 범위에 포함되지 않는 별개의 대상으로 해석하고 있다고 보여 진다. 그러나 도서보호법에도 불구하고 2003년 규정(행정법규)이 여전히 발효 중이고 저조고지에 대한 중국의 정의와 태도는 여전히 불명확하며, 도서보호법 제56조가 "저조고지의 보호와 관리에 관하여 본법을 적용"한다고 규정한 것은 2003년 규정상의 저조고지에 대한 보호 이상의 의미로 해석될 것임을 경계할 필요가 있다. 즉, 중국이 '무인도'의 범위에 저조고지와 주변수역을 포함하여 해양경계획정에 대비할 가능성은 여전히 있으며, 필요시 해양보호구역 혹은 별도의 보호 조치를 통해 국제법상의 안정적 지위를 확보하기 위한 행동으로 연계될 가능성은 있다고 보여 진다.

이 외에, 기타 중국의 도서관련 법률로는 〈해역사용관리법(海域使用管理法)〉과 〈해양환경보호법(海洋環境保護法)〉이 있으나, 전자는 영해 내측 해역에 대한 이용과 관리에 관한 법이라는 점, 후자는 중국 관할 해역 내의 해양환경 보호와 생태균형유지를 규정하는데 제한적이라는 점에서 도서 정책을 연계시키기에는 한계가 있다. 물론, 후자의 〈해양환경보호법〉이 "도서개발과 그 주변해역의 생태계보호"를 규정하는 내

---

43) 중국 도서보호법 제56조.

44) 중국 도서보호법 제57조 제3호.

45) 중국 도서보호법 제2조.

용을 두고 있기는 하지만,[46] 이 역시 일반적이고 원칙적 규정에 불과하다.

3) 일본의 도서관리 체계

한편 일본은 2007년에 제정된 해양기본법(제26조)에는 해양자원의 개발 · 이용 등 낙도역할의 중요성이 명기되기에 이르렀다.[47] 이후 2013년 1월 의원입법으로 개정된 낙도진흥법에는 낙도진흥에 대한 국가의 책무규정 등이 수록되어 종래의 외형적 정비지원과 더불어 각종 내적 지원시책의 대폭적인 확충이 이루어 졌다. 이 법을 비롯해 낙도진흥관계법과 해양기본법 등에 기초한 각종 시책은 낙도주민의 안정적인 정착과 지속적인 경제활동을 도모하여 자국의 중요영역을 확보하여 해양 보전과 이용 및 활용을 모색하는 건 진정한 해양도서 국가를 내다 본 필연적인 방안이라 하겠다. 2012년 6월 20일, 전국의 낙도관계자가 주시했던 개정 낙도진흥법은 참의원 본회의에서 만장일치로 가결 통과, 2013년 4월 1일부터 시행되게 되었다. 1953년, 초당파 의원제안 입법으로 제정된 동법은 이후 10년마다 연장을 반복, 이번에 6번째 개정이 된다.[48]

2013년 7월 15일 일본 정부가 영해 범위 설정의 기점이 되는 약 400여 개 낙도(외딴 섬)에 대해 보전조치(관리 감독)를 강화하기로 했다고 요미우리신문이 보도했다. 이는 해양자원 관리 및 안전보장 강화 목적으로 풀이된다. 요미우리에 따르면 조만간 재무성 · 법무성 · 해상보안

---

46) 중국해양환경보호법 제26조.

47) 국제법상 일본의 도서정책에 관해서는 양희철, 앞의 논문, 195~200쪽.

48) 시라카와 히로카즈(白川博一), 「개정 낙도진흥법에 거는 기대」 recited in http://www.dokdocenter.org/dokdo_news/index.cgi?action=detail&number=11502

청 등을 중심으로 정부 연락회의를 설치, 낙도 소유자와 소유자 국적, 섬 명칭 등을 내년까지 조사할 계획이다. 이중 소유자가 없는 섬은 국유화한다는 방침이라고 이 신문은 전했다. 일본의 섬은 6,000개 이상으로 이들을 기점으로 국토면적(약 38만㎢)의 약 12배에 상당하는 447만㎢가 영해 및 배타적 경제수역(EEZ)을 이루고 있다.[49] 혼슈(本州) 홋카이도(北海道) 규슈(九州) 시코쿠(四國) 오키나와(沖繩) 본섬 등 5개 주요 섬으로 이뤄진 일본에서 영해와 EEZ 기점으로 삼고 있는 낙도는 약 500개이다. 일본정부는 낙도 중 99개에 대해서는 2009년 '해양관리를 위한 낙도 보전·관리 기본방침'에 따라 보전 조치를 취한 상태다. 이번엔 영해기준이 되는 조사 대상인 400여 개 낙도 중에는 소유자와 관리 상황을 잘 모르는 섬들이 많고, 해상보안청이 작성한 해도에도 명칭이 나와 있지 않는 섬이 약 200개에 달해 본격 조사 및 보전강화에 착수하는 것이라고 설명했다. 또 해상보안청 해도에는 나와 있지만 국토지리원이 작성한 지도에는 기재돼 있지 않은 섬도 있어 해도와 지도의 기재를 일치시키고 이름이 없는 섬에 대한 명명작업도 벌일 예정이다. 이번 낙도 조사는 특히 영해 어업자원 및 지하자원의 보전과 일본 주변 해역에서의 중국 잠수함 활동 감시망 구축 등에도 활용하기 위한 것으로 풀이된다.[50] 특히 일본 정부는 낙도(落島, 離島) 중 주인 없는 것은 국유화하는 등 낙도 관리를 강화할 방침이다. 작은 낙도라도 영해의 기준이 되기 때문이다.

일본 정부가 낙도 관리를 강화하는 것은 댜오위다오(釣魚島, (센카쿠(尖閣) 열도)를 둘러싼 중국과의 대립으로 국토 안보의 중요성을 강하게 의식했기 때문이라고 신문은 분석했다. 또 "영해를 투철하게 지킬 것"이라고 수차례 되풀이한 아베 신조(安倍晋三) 총리의 의지도 반

49) 영해는 해안으로부터 12해리(약 22km), EEZ는 해안으로부터 200해리다.

50) 서울경제 2013.7.15 기사.

영돼 있다고 전했다. 아울러 일본 영해와 EEZ를 넓히려는 의도도 있는 것으로 보인다. 일례로 도쿄(東京) 남쪽으로 1,700km 떨어진 오키노토리(沖ノ鳥)의 경우 일본 정부가 1931년에 일방적으로 자국 영토로 편입했다. 현재 오키노토리를 일본의 최남단 섬이라고 주장하며 EEZ를 정하는 기점으로 삼고 있다. 하지만 중국 등 주변국은 오키노토리를 EEZ 기점으로 쓸 수 없는 산호초에 불과하다고 주장하고 그 주변 해역을 공해로 간주해 일본과 대립을 보이고 있다.[51)]

4) 대만의 해양정책

국가 해양정책 가이드라인 외 해양정책에 관한 사항은 「해양백서」와 추후 보완 출판된 「해양정책」이 있다. 그 외에 해안순방서에서 2007년 7월 발표한 「해안순찰백서」(매년 발표)와 교육부에서 같은 해 8월 발표한 「해양교육정책백서」 등이 있다. 그리고 2006년 국가안보회의에서 발표한 국가안보보고에서 처음으로 해양사상(인식)에 관한 내용이 포함됨으로써 해양의 국가안보에 대한 중요성이 강조되었다.[52)] 또한 남중국해 문제, 특히 남사군도를 둘러싼 영유권 분쟁에 대응하기 위해 1992년 8월 행정원은 내정부(한국의 행정자치부에 해당) 산하에 남중국해 전담팀을 설치하기로 했다. 그 후 같은 해 11월 '남중국해 정책 가이드라인' 및 세부 추진계획 초안이 남중국해 전담팀 제1차 회의에서 통과된 데 이어 1993년 4월 13일 행정원에서 통과되었다.[53)]

해양 입법 노력은 1989년부터 시작되었다. 1982년 유엔해양법협약의 성립과 주변국들의 해양 관할권 강화 경쟁에 대응하기 위한 것이었다.

---

51) 『동아일보』, 2013.7.16.

52) 후녠주우(胡念祖), 「타이완의 해양정책」, 『해양국토21』 6, 2010, 178쪽.

53) 후녠주우, 위의 논문, 179쪽.

대만 행정원은 내정부에 영해기점기선과 경제수역 및 영해법 마련에 관한 업무계획을 수립할 것을 요구했으며, 이를 위한 전담 그룹과 작업팀을 구성하여 "영해 및 접속수역법(초안)", "배타적 경제수역 및 대륙붕법(초안)" 그리고 영해기점기선 확정을 위한 계획 마련에 착수했다. 이 두 법령은 1998년 1월 21일 총통령으로 공포 시행되었으며, 그 후 하위 법령으로 "해양오염방지법"과 "외국 선박의 영해무해통과관리방법", "배타적경제수역혹은대륙붕에서인공섬시설혹은구조물의구축·철거에관한허가방법", "배타적경제수역 혹은 대륙붕에서 해양과학연구허가 방법", "해저케이블 혹은 파이프라인 부설 및 유지 방법" 등의 법령이 마련되었다. 그러나 "수중(水中)문화재보호법" 초안은 행정원 문화건설위원회 내부 심의를 통과하였으나 아직 입법화되지 못했다. 즉 2대 주요 해양법이 마련된 후 완벽한 해양법 체계를 구축하지 못하였다. 더구나 상기 2개 주요 해양법도 시행된 지 12년이 경과했음에도 불구하고 시행 경험 및 국제환경 변화에 따른 개정이 이루어지지 못하고 있다.[54]

4. 국제법상 제문제 검토

1) 영토의 포기와 무주지 선점

영토의 '포기'(renunciation, abandonment)는 영토의 취득의 한 유형인 '선점'(occupation)과 같이 영토주권의 '상실'의 한 유형이다. 영토의 소유국가가 무거주지를 영원히 포기하면, 그는 영토주권을 상실하게 되고 그 영토는 타국가가 실효적인 선점을 하게 될 때까지 무주지로 된

54) 후넨주우, 위의 논문, 180쪽.

다. 국제법상 선점이 첫째로 실제적인 점유의 취득과 둘째로 영토주권 취득의 의사를 요구하는 것과 마찬가지로 영토의 포기도 첫째로 영토로 부터의 실제적인 철수와 둘째로 영토주권 포기의 의사를 요한다. 따라서 일시적인 철수와 영토주권 행사의 약화는 소유 국가가 그 영토를 다시 점유할 의사와 능력을 가졌다는 추정이 있는 한 영토주권 상실의 효과가 수반되지 아니한다.[55]

독도의 영토주권에 관한 1954년 2월 10일자 및 1956년 9월 20일자 일본정부의 견해에 의하면 일본정부는 "조선 초기부터 장기간 수토정책을 승계해 왔고 … 한국정부에 의해 울릉도와 독도를 실질적으로 포기해왔다"고 주장한다. 그러나 "수토정책"은 울릉도와 독도에 대한 영토주권의 포기를 의미하지 아니한다. 또한 수토정책은 이들 섬에 대한 실효지배의 한 유형인 것이다. 따라서 1905년의 시마네현 고시 제40호에 의한 독도의 선점은 "무주지"(*terra nullius*)에 대한 선점이 아니므로 국제법상 위법인 것이다.[56]

2) 수토정책에 대한 일본정부의 영토주권포기 주장과 이에 대한 한국정부의 논박

먼저, 1954년 2월 10일의 일본정부가 구술서의 형식으로 한국정부에 보내 온 '일본정부 견해(2)'를 통해 일본정부는 수토정책에 관해 다음과 같이 주장한 바 있다.[57]

---

55) 김명기, 「국제법상 쇄환정책에 의한 독도영토주권의 포기여부 검토」, 『獨島硏究』 제10호, 2011, 235~36쪽.

56) 수토정책에 의한 독도의 영토주권 포기 요건 검토 등에 대하여는 김명기, 『독도의 영토주권과 권원의 변천』, 책과 사람들, 2012, 114~118쪽 참조.

57) 외교통상부 국제법률국편, 『독도문제 개론』, 외교통상부, 2012, 114쪽.

> 역사적 사실로 볼 때 한국정부가 울릉도에 관하여 조선 초기 이래 장기간 비거주정책을 승계하였다는 사실에 비추어 한국은 울릉도보다 더 멀리 떨어진 독도에 행정적 또는 기타의 지배를 확장하였다고 생각할 이유가 없다(When viewed from the historical facts, there is in the light of the fact that the Korean authorities had followed the 'policy of non-inhabited island' for a long period since the beginning of the Li Dynasty in respect to Ulneungdo, no reason to thing that korea extended her control administratively or otherwise to an isolated island further out then Ulneungdo).[58]

상기 일본의 주장은 소위 '비거주정책'(policy of non-inhabited island)에 의해 한국이 독도의 영유권을 '포기'했다고 직접적으로 기술하지 아니하고, '행정적 또는 기타의 지배를 확장하였다고 생각할 이유가 없다'고 기술하여 간접적으로 '포기'했다고 표현하고 있다. 반면 1954년 9월 25일 한국정부가 상기 일본정부의 주장에 대해 구술서의 형식으로 일본정부에 보낸 '한국정부견해(2)'는 다음과 같이 일본정부의 주장을 논리적으로 반박한 바 있다.[59]

> 전술된 바와 같이 울릉도에 대한 "비거주정책(非居住政策, 空曠政策)'은 울릉도와 그 속도인 독도에 대한 영유권의 포기를 의미하는 것이 아니다. … 소위 비거주정책이라는 것이 영토에 대한 행정권의 포기를 의미하지 않는 것이 명백하다. 일본 정부가 소위 '공광책'에 대하여 논박하고 있지만 3년에 한 번씩 울릉도와 독도 지역에 한국 수부관이 파견되어 있었다는 것을 상기하여야 한다"(as was referred to in the foregoing paragraphs, the so-called "policy of non-inhabited island" toward Ulneungdo does not mean the renunciation of its territorial right to Ulneungdo and its attached

58) The Japanese Government, Views of the Japanese Government in Refutation of the Position Taken by the Korean Government in the Note Verbale of the Korean Mission in Japan, September 9, 1953, Concerning territoriality over to over Takeshima(February 10, 1954) para. Ⅱ.5.

59) 외교통상부, 앞의 책, 133~134쪽.

island Dokdo. … the so-called 'policy of non-inhabited island' does not mean the renunciation of the administrative jurisdiction over territory. Though the Japanese Government argues on the so-called policy of non-inhabited island, it must be reminded that Korean inspectors were dispatched to the area of Ulneungdo and Dokdo every three years).[60)]

다시 1956년 9월 20일 일본정부가 구술서의 형식으로 한국정부에 보내 온 '일본정부견해(3)'은 수토정책에 관해 다음과 같이 주장하고 있다.

다른 한편 울릉도가 조선 초기에 무거주지로 되고 한국정부에 의해 사실상 포기된 이후 동도를 왕래하는 일본인의 수가 증가되었다. … 송도(지금의 다케시마)와 죽도(울릉도)는 일본의 서쪽 한계로 간주되었다. … 이조의 고급관리들 스스로가 울릉도를 무거주지 그리고 포기된 지역으로 간주했다(on the other hand, since Ulneungdo became uninhabited in the early days of the Lee Dynasty, and was virtually abandoned by the Korean Government, the Japanese traveling to and from the island increased in number … Matshima(present Takeshima) and Takeshima (Ulneungdo) was regarded as the western limits of Japan, … high officials of the Lee Dynasty themselves regarded Ulneungdo as an uninhabited and abandoned place).[61)]

이에 대해 1959년 1월 7일 한국정부가 구술서의 형식으로 일본정부에 보낸 '한국정부 견해(3)'에 수토정책이 영토포기 정책이 아니라는

---

60) The Korean Government, The Korean Government's View Refuting the Japanese Government's View of the Territorial Ownership of Dokdo(Takeshima), as Taken in the Note Verbale No.15/A2 of the Japanese Ministry of Foreign Affairs Dated February 10, 1954(September 25, 1954), para. Ⅱ. 5.

61) The Japanese Government's View on the Korean Government's Views on the Korean Government's version of Problem of Takeshima dated september 25, 1954(september 20, 1956), para. Ⅳ. 2.

점을 구체적으로 지적하지 아니하고 1956년 9월 20일 '일본정부의 견해(3)'을 용인할 수 없다고 다음과 같이 포괄적으로 주장한 바 있다.[62]

> 대한민국정부는 1956년 9월 20일자 일본외무성 구상서 첨부에 표명된 일본정부의 견해를 추호도 용인할 수 없는 것이다. 독도는 대한민국 영토의 불가분의 일부임을 재차 선언하는 바이다(Therefore the Korean Government can not accept the Japanese Government's views on the subject matters as expressed in the papers attached to the Note Verbale of the Japanese Foreign Ministry dated September 20, 1956. The Korean Government hereby declares once again Dokdo is an integral part of its territory).[63]

3) 국제법상 수토정책의 영토주권 포기 요건 검토

조선의 울릉도와 독도에 대한 수토정책이 국제법상 영토주권 포기의 "요건" 즉 영토 포기의 주체와 객체, 구성요건, 효과 등을 구비했는지의 여부를 검토해 보기로 한다. 전술한 바와 같이 '영토주권 포기의 주체는 국가임을 요한다.' 기본적으로 수토정책은 조선에 의해 시행된 정책의 하나이며, 조선이 국가임은 명백하므로, 수토정책이 이 요건을 충족한 것임은 검토의 여지가 없다. 또 '영토주권 포기의 객체는 국제법상 국가에 귀속되어 있는 영토주권임을 요한다.' 조선의 수토정책이 국제법상 조선에 귀속되어 있는 울릉도와 독도의 영토주권임이 명백하므로, 이 요건을 충족한 것임은 또한 검토의 여지가 없다.[64]

---

62) 외무부, 『독도관계자료집 I』, 1977, 199쪽.

63) The Korean Government, The Korean Government's Views Refuting The Japanese Government's Version of the Ownership of Dokdo dated September 20, 1956(January 7, 1959), para. Ⅶ.

64) 김명기, 앞의 논문, 253쪽; 황상기, 「독도문제연구」, 서울대학교 대학원 석사학위논문, 1954, 49쪽; 박관숙, 「독도의 법적지위에 관한 연구」, 연세대학교 대학원 박사학위논문, 1969, 33쪽.

영토주권 포기의 구성 요건은 '영토로부터의 철수'와 '영토포기의 의사'가 있음을 요한다. 수토정책에 의해 울릉도와 독도에서 조선의 주민이 쇄출한 것이 사실이므로 이는 일견 '영토로부터의 철수'의 요건에 해당한다고 볼 수도 있겠으나, 여기에는 '영토주권 포기의 의사'가 없는 것이다. 조선이 울릉도와 독도의 영토주권을 포기할 의사가 없었음은 다음과 같은 사실로 보아 객관적으로 명백하다. (i) 세종이 1425년(세종7년)에 김인우(金麟雨)를 우산무릉등처안무사(于山武陵等處按撫使)로 수토사를 임명한 것을 시작으로 1888년까지 최소 약 36명이상의 수토사가 울릉도 · 독도에 파견된 사실과,[65] (ii) 고종이 1881년 5월 23일 이규원(李奎遠)을 울릉도 검찰사로 임명 · 파견한 사실, (iii) 고종이 1882년 4월 20일 이규원의 보고에 대해 일본에게 외교적 합의 · 서계를 보낼 것과 울릉도 개척을 지시한 사실[66] 등 당시 조선정부는 수토정책으로 울릉도와 독도에 대해 결코 영토주권을 포기할 의사가 없었으므로 이는 '영토주권 포기의 구성요건'을 구비하지 못한 것이다.[67]

국제법상 '영토주권 포기 의사는 명시적인 것'임을 요한다. 조선이 수토정책을 추진하는 기간 어느 경우에도 울릉도와 독도에 대한 영토포기의 의사를 명시적으로 표시한 바 없으므로 이는 그 요건을 구비하지 못한 것이 명백하다. 결론적으로 수토정책은 울릉도와 독도에 대한 '영토주권 포기의 의사'가 없었고, 또한 '영토주권 포기 의사를 명시적으로 표시'한 바 없으며, 이는 영토주권 포기의 요건을 구비하지 못하여 영토 주권포기는 성립되지 아니한다. 따라서 수토정책에 의해 울릉

65) 심현용, 앞의 논문, 176~77쪽.

66) 이외에도 1407년 3월 대마도주 종정무가 대마도 사람들의 울릉도 이주를 요청하였으나 조선 태종이 이를 거부한 사실 등이 있다(손승철, 「조선시대 '공도정책'의 허구성과 '수토제' 분석」, 『이사부와 동해』 창간호, 2010, 281쪽).

67) 유하영, 「수토정책에 대한 국제법적 해석」, 『독도연구』 제16호, 영남대 독도연구소, 2014.6, 281쪽.

도와 독도에 대한 조선의 영유권이 상실된 것이 아니며, 또한 금반언의 효과가 발생하는 것이 아니다.[68)]

5. 결론

1945년 해방이후 1965년 체결된 "한일 기본관계에 관한 조약" 제2조는 "1910년 8월 22일 및 그 이전에 대한제국과 대 일본제국간에 체결된 모든 조약 및 협정이 이미 무효임을 확인한다."라고 규정하고, 양국 국교를 소위 "정상화"(normalization) 했다. 이러한 국제법의 명문규정에도 불구하고 항상 "증거가 없으므로 사실이 아니다"라는 식의 강변을 계속하는 것이 지금까지 일본이 보여준 억지 주장과 대응 태도였다. 국제질서는 항상 유동적일 수밖에 없는 법이며, 순리를 쫒아 성실히 진보하지 않는 한 모든 것은 "사상누각"이다.

주인이 섬을 비워둔 "공도"가 곧바로 무인도 즉 "무주지"(*terra nullius*)는 아니다. 전술한 바와 같이 본고에서는 조선시기 수토정책에 관한 역사적 고찰을 바탕으로 당시 한중일 동아시아 해양 정책을 고찰하고 난 뒤, 이러한 수토정책이 국제법상 "영토 주권의 포기"에 해당하는가를 법해석학의 견지에서 분석해 보았다. 즉 조선의 울릉도와 독도에 대한 수토정책은 국제법상 영토주권 포기의 "요건"인 영토 포기의 주체와 객체, 구성요건, 효과 등 요건 구비 분석 결과는 결코 영토주권의 포기에 해당하지 않는다. 설사 일부 일본학자의 주장처럼 공도정책이라는 용어사용이 맞는다 치더라도 조선의 수토정책은 국제법상 영토주권의 포기에 해당되지도 않으며, 독도가 곧바로 무인도 또는 무주지

68) 김명기, 앞의 책, 117쪽; 김명기, 앞의 논문, 254쪽.

가 되는 것이 아니다.

21세기 이제 "탈식민지화"(de-colonization)를 극복하고 동아시아 국가들도 새로운 국제질서에서의 주역으로 권리와 의무를 수행해야 한다. 먼 친척보다는 이웃을 존중하는 일본으로 변화하기를 진심으로 바란다.

【참고문헌】

김명기, 「국제법상 쇄환정책에 의한 독도영토주권의 포기여부 검토」, 『獨島研究』 제10호, 2011.

_____, 『독도의 영토주권과 권원의 변천』, 책과 사람들, 2012.

김윤배, 「조선시대 전라지역민들의 울릉도 독도항해와 경로」, (사)독도연구보전협회 2012년도 학술대토론회 자료집, 2012.10.25.

김호동, 『독도 · 울릉도의 역사』, 경인문화사, 2007.

_____, 「일본교과서 독도 기술 분석 및 독도관련 용어 사용 검토」, 『독도영유권 확립을 위한 연구 I』, 2010.

김화경, 「안용복 진술의 진위와 독도 강탈 과정의 위증」, 『독도영유권 확립을 위한 연구 II』, 경인문화사, 2010.

민덕기, 「중 · 근세 동아시아의 해금정책과 경계인식—東洋三國의 海禁政策을 중심으로—」, 『韓日關係史研究』 39, 2011.

_____, 「동아시아 해금정책의 변화와 해양경계에서의 분쟁」, 『韓日關係史研究』 42, 2012.

박원호 외, 『명사 식화지 역주』, 소명출판, 2008.

박현진, 「독도 영토주권과 격지 무인도에 대한 상징적 병합 · 가상적 실효지배」, 『국제법학회논총』 제58권 제4호(통권 제131호).

배숙희, 「元代 慶元地域과 南方航路: 탐라지역의 부상과 관련하여」, 『中國學研究』 65, 2012.

손승철, 「조선시대 '공도정책'의 허구성과 '수토제' 분석」, 『이사부와 동해』 창간호, 2010.

심현용, 「조선시대 울릉도 수토정책에 대한 고고학적 시 · 공간 검토」, 『영토해양연구』 Vol. 6, 2013.

송병기, 「조선후기의 울릉도 경영 -수토제도의 확립-」, 『진단학보』 제86호, 1998.

양희철, 「한중일의 도서관리 법제 비교 연구」, 『국제법학회논총』 제58권 제4호, 대한국제법학회, 2013.

유하영, 「수토정책에 대한 국제법적 해석」, 『독도연구』 제16호, 영남대 독도연구소, 2014.

李康漢, 「13~14세기 고려-원 교역의 전개와 성격」, 서울대 국사학과 박사학위논문, 2007.
이미지,「高麗 宣宗代 榷場 문제와 對遼관계」,『韓國史學報』14, 2003.
이문기 외 공저,『한 · 중 · 일 해양인식과 해금』, 동북아역사재단, 2007.
이진한,「고려시대 해상교류와 해금」,『동양사학연구』제127집.
이케우치 사토시,「일본 에도시대의 다케시마 마츠시마 인식」,「독도연구」, 영남대학교, 제6호, 2009.
임영정,「조선시대 해금정책의 추이와 울릉도 · 독도」,『독도영유의 역사와 국제관계 독도연구총서 1』, 독도연구보전협회, 1997.
林英正,「朝鮮前期 海禁政策 시행의 배경」,『東國史學』vol. 31, 1997.
이준태,「중국의 전통적 해양인식과 해금정책의 의미」,『아태연구』17, 2010.
최낙민,「明의 海禁政策과 泉州人의 해상활동—嘉靖年間以後 海寇活動을 중심으로—」,『역사와 경계』78, 2011.
한지선,「洪武年間의 對外政策과 '海禁'—大明律상의 '海禁' 조항의 재분석—」,『中國學報』60, 2009.
______,「明代 해금정책 연구」, 전남대 사학과 박사학위논문, 2009.
한임선 · 신명호,「조선후기 해양경계와 해금」,『동북아문화연구』21, 2009.
한철호,「메이지 초기 일본 외무성 관리 다나베 다이치(田辺太一)의 울릉도 · 독도 인식」,『동북아역사논총』19호, 2008.
홍성구,「청조 해금정책의 성격」,『한 · 중 · 일 해양인식과 해금』, 동북아역사재단, 2007.
홍영의,「고려 말 대명교역과 동아시아 해상교류」,『한국해양사 Ⅲ(고려시대)』, 한국해양재단 편, 2013.
후넨주우(胡念祖),「타이완의 해양정책」,『해양국토21』6, 2010.

제2부

울릉도 · 독도와 울진의 수토사 기록

울진 대풍헌의 울릉도 · 독도 수토 자료와 그 역사적 의미

- 조선시대 울릉도 · 독도 수토정책과 관련하여 -

심 현 용

1. 머리말

최근 들어 조선시대 울릉도(독도) 수토정책(搜討政策)에 대한 연구가 활발히 진행되어 오고 있다.[1] 이 조선시대 울릉도(독도) 수토정책

1) 송병기, 「조선후기 울릉도 경영 -수토제도의 확립」, 『진단학보』 86, 진단학회, 1998; 이근택, 『조선 숙종대 울릉도분쟁과 수토제의 확립』, 국민대학교 석사학위논문, 2000; 김호동, 「조선시대 울릉도 수토정책의 역사적 의미」, 『한국중세사논총』, 이수건교수정년기념, 한국중세사논총간행위원회, 2000; 유미림, 「장한상의 울릉도 수토와 수토제의 추이에 관한 고찰」, 『한국정치외교사논총』 31-1, 한국정치외교사학회, 2009; 손승철, 「조선시대 '공도정책'의 허구성과 '수토제' 분석」, 『이사부와 동해』 창간호, 한국이사부학회, 2010; 배재홍, 「조선후기 울릉도 수토제 운용의 실상」, 『대구사학』 103, 대구사학회, 2011; 이승진, 「조선시대 울릉도 수토 사료 검토」, 『제3회 울릉도포럼』, 2012년 울릉군 국제학술대회, 울릉군 · 울릉문화원, 2012; 손승철, 「울릉도 수토와 삼척영장 장한상」, 『이사부와 동해』 5, 한국이사부학회, 2013; 백인기, 「조선후기 울릉도 수토제도의 주기성과 그 의의 I -숙종부터 영조까지를 중심으로」, 『이사부와 동해』 6, 한국이사부학회, 2013; 심현용, 「조선시대 울릉도 수토정책에 대한 고고학적 시 · 공간 검토」, 『영토해양연구』 6, 동북아역사재단 독도연구소, 2013.

이 19세기에 들어서면서 『조선왕조실록』 등 문헌사료에 수토사(搜討使)를 파견했다는 기사가 거의 보이지 않아 수토정책이 지속되었는지에 대해 논란이 있어왔다. 그러나 울진 대풍헌(待風軒)에서 조선시대 울릉도(독도) 수토와 관련된 「완문」과 「수토절목」 등의 고문서와 현판이 발견되어 조선말까지 수토사가 파견되었음이 밝혀졌다.

이중 「완문」과 「수토절목」은 권삼문에 의해 처음 학계에 소개되었다.[2] 그러나 '수토(搜討)'를 '수색하여 토벌하다'가 아니라 '모여서 토론하다'로 오역(誤譯)하거나 원문 등이 자세히 소개되지 않아 아쉽게도 울릉도(독도) 연구에 활용되지 못하였다. 2005년 6월 1일 필자에 의해 이 고문서가 재조사되었으며, 필자는 당시 한국국학진흥원의 설석규 경상북도 문화재전문위원에게 이 고문서를 제공하여 이욱이 약간의 해제를 달아 흑백사진으로 고문서를 다시 소개하게 되었다.[3] 그러나 이 또한 자세한 원문과 번역문이 소개되지 않아 이후 필자가 이에 대한 자세한 현황과 원문 및 번역문을 소개함으로 인해 학계에 자세히 알려지기 시작하였다.[4] 그런데 2008년 12월 17일(수) 대풍헌 해체작업 중 뜬장혀 1개와 종도리 장혀 2개에서 상량기문이 추가로 발견됨에 따라[5] 필자는 상량기문과 일부 현판을 추가하여 다시 학계에 발표하였다.[6]

---

[2] 권삼문, 「울진의 고문서 -마을 문서와 군지-」, 『향토문화』 11 · 12, 향토문화연구회, 1997, 212~217쪽; 권삼문, 「동해안 어촌의 고문서」, 『동해안 어촌의 민속학적 이해』, 민속원, 2001, 296~303쪽.

[3] 이욱, 2005.8.15, 「〈완문 신미 칠월 일〉, 〈수토절목 공개변통 계미시월 일 구산동〉」, 『일본의 역사왜곡과 대응방안』, 광복 60주년 기념 학술대회, 한국국학진흥원, 147~168쪽.

[4] 심현용, 「조선시대 울릉도 · 독도 수토관련 '울진 대풍헌' 소장 자료 소개」, 『독도지킴이 수토제도에 대한 재조명』, 제1회 한국문화원연합회 경상북도지회 학술대회, 한국문화원연합회 경상북도지회, 2008.

[5] 울진군에서는 2008년도 도비보조 문화재보수사업으로 '울진 대풍헌 해체보수공사'를 시행하였다. 보수업체는 (주)명인건설(대표 최성호, 현장소장 곽순조)이며, 공사기간은 2008년 11월 7일~2010년 1월 8일이다.

[6] 심현용, 「조선시대 울릉도 · 독도 수토관련 '울진 대풍헌' 소장자료 고찰」, 『강원문

이로 인해 '울진 대풍헌'은 경상북도 문화재자료 제493호로 2005년 9월 20일 지정되었다가 2008년 11월 7일~2010년 1월 8일까지 해체복원이 이루어진 후 경상북도 유형문화재 제165호로 2010년 3월 11일 승격 지정되었으며, 이곳에 소장된 「수토절목」과 「완문」의 고문서는 '울진 대풍헌 소장 문서'라는 명칭으로 경상북도 문화재자료 제511호로 2006년 6월 29일 지정되었다. 또한 대풍헌에 게판된 17점의 현판 중 12점은 '울진 대풍헌 현판 일괄'이라는 명칭으로 경상북도 유형문화재 제441호로 2012년 5월 14일 지정되었다.(〈표 1〉 참조)

이후 필자는 울진 · 삼척 · 울릉도 지역에 울릉도(독도) 수토와 관련된 역사적 자료가 더 있을 것으로 판단하고 찾기 시작하였고, 추가로 몇몇 유물을 더 찾게 되었으며, 이를 바탕으로 조선시대 울릉도(독도) 수토정책에 대한 고고학적 방향에서 연구를 진행하였다.[7]

그 결과, 조선의 울릉도(독도) 수토정책은 1694년 시작되었으나, 이 제도의 폐지 시점은 1894년 12월 27일이 아니라 1895년 11월 28일까지 계속해서 실시되었을 가능성을 제시하였다. 또 수토 간격은 처음에 3년설이 정식이었으나, 1797년 이후로는 2년설로 변경되었음을 밝혔으며, 수토 출항지는 처음에 삼척의 삼척포 · 장오리진, 울진의 죽변진과 평해의 구산포 등 다양한 지역에서 출발하였으나, 1787~1799년부터는 평해 구산포로 그 기점이 통일되었음을 밝혔다. 이러한 연구는 모두 울진 대풍헌에서 울릉도(독도) 수토 관련 자료를 찾게 되면서 시작되었던 것이다.

화사연구』 13, 강원향토문화연구회, 2008; 심현용, 「울진 대풍헌 현판 소개 -조선시대 울릉도 · 독도 수토제와 관련하여-」, 『132회 대구사학회 정기학술대회 자료집』, 대구사학회, 2009; 심현용, 「울진 대풍헌 현판」, 『대구사학』 98, 대구사학회; 심현용, 「Ⅱ. 연혁」, 『대풍헌 해체수리공사보고서』, 울진군, 2010.

7) 심현용, 「조선시대 울릉도 수토정책에 대한 고고학적 시 · 공간 검토」, 『영토해양연구』 6, 동북아역사재단 독도연구소, 2013.

본 글에서는 필자가 기존에 발표한 사료의 내용을 일부 수정하고, 또 그동안 소개하지 못한 울진 대풍헌에 게판된 일부 현판을 포함하여 자세히 소개하여 울릉도(독도)를 연구하는데 도움이 되고자 한다. 또 이러한 자료가 조선시대 울릉도(독도) 수토정책과 어떻게 관련되는지 그 역사적 의미도 함께 살펴보고자 한다.

2. 울진 대풍헌의 자료

대풍헌은 조선시대 강원도 평해군 구산포(지금 경북 울진군 기성면 구산리 소재 구산항)에서 울릉도(독도)로 가는 수토사들이 순풍(順風)을 기다리며 머물렀던 장소이다. 그 위치는 경북 울진군 기성면 구산1리 202번지로 조선시대에는 강원도 평해군 근북면 구산동에 해당된다.

대풍헌은 정면 4칸×측면 3칸의 일자형 팔작기와집(57.28㎡)이다. 이 건물은 원래 구산동 마을의 동회관이었는데, 조선시대 어느 시기부터 울릉도로 가는 수토사들이 순풍을 기다리며 머물렀던 장소로 사용되어 오다가 1851년(철종 2) 6월 대대적인 중수를 하고 '대풍헌'이란 현판을 게판(揭板)하였다. 이 건물에는 원래 외부 2점, 내부 15점 등 모두 17점의 현판이 게판되어 있었으나, 최근 해체 · 복원하면서 그 준공기념으로 주민들이 1점의 현판을 제작하여 내부에 게판하여 지금은 모두 18점이 걸려 있다.(사진 1~3) 또 수토와 관련된 「수토절목」과 「완문」의 고문서 2점이 소장되어 있다.(사진 4)

〈사진 1〉 대풍헌
위: 복원 전 전경(남→북), 아래: 복원 후 전경(남→북)

1) 상량기문

〈사진 2〉 상량기문

(1) 뜬장혀

① 판독문

歲在咸豊元年辛亥

② 번역문

(상량하는) 해[年]는 함풍(咸豊) 원년(元年) 신해(辛亥, 철종 2, 1851).

(2) 종도리 장혀①

① 판독문

歲在咸豊元年辛亥三月初二日巳時立柱戌時 上樑 成造都監 時尊位權成度 監役 洞首李景厚

② 번역문

(상량하는) 해[年]는 함풍(咸豊) 원년(元年) 신해(辛亥, 철종 2, 1851) 3월 초

2일 사시(巳時; 오전 9~11시)에 입주하고 술시(戌時; 오후 7~9시)에 상량한다. 성조도감은 시존위 권성탁, 감역 동수 이경후.

(3) 종도리 장혀②

① 판독문
監役 時有司安大喆 時公員金尙郁 監役掌務 金守東 安景祚 金允業 木手 都木手 朴振秀 永興之人 末木手 黃宗國 副木手 黃泰振

② 번역문
감역(監役) : 시유사 안대철, 시공원 김상욱, 감역장무 김수동 · 안경조 · 김윤업, 목수(木手) : 도목수 박진수(영흥사람), 말목수 황종국, 부목수 황태진

2) 현판

(1) 「기성 구산 동사」 현판①

① 판독문
箕城龜山洞舍

② 번역문
기성 구산 동사

(2) 「대풍헌」 현판②

① 판독문
待風軒

② 번역문
대풍헌

① 대풍헌 외부(남쪽)

②대풍헌 내부(서측벽)

③대풍헌 내부(북측벽)

④대풍헌 내부(동측벽)

〈사진 3〉 대풍헌 현판(복원 전 전경)

(3)「구산 동사 중수기」 현판③

① 판독문

邱山洞舍重修記

洞曰邱山 眞是丘將軍之遺址歟 地接滄海 抑
亦魯仲連之所蹈也 東通鬱陵之島 南控月松
之浦 奉命將之大盖武駐 守鎭官之棨戟遙
臨 關東重地 郡北要津 唯我洞舍 歲月侵久 亢
礎幾頹 風雨磨洗 棟樑盡漏 是以權公成度 與
李景厚金尙郁安大喆安景祚四人 重營鳩財
因作十餘間 以爲搜討奉行之所 後之人與我同志

嗣而葺之 庶此舍之不朽也 噫 東坡得雨以名其亭
禹偁代竹以名其樓 所以志喜也 新揭華名 日待
風軒 海波鳴戶 雲影臨軒 地闢千年之基 門泊
萬里之船 旅焉嘉 少焉出蟾精吐光 朝而往 暮而
歸漁歌唱晚 山海幽賞 自在箇中 此則一精舍之
勝槪也 余觀夫古人名物 亦各有志焉 以風名軒
不亦宜乎 逆爲之記 以示不忘云爾
咸豊元年辛亥六月 日 江陵散人金學鱗記
達孝孫宗勳書

成造都監時尊位權成度	別有司安景祚
洞長李景厚	都掌務金守東
公員金尙郁	別掌務金允業
有司安大哲	鳩財人金致業
曾經尊位李宅潤	千光祿
李致潤	官洞長李頓遜
金世得	里正金之平
洞長金重億	監考金文典
李得彔	
李東秀	
朴秋伯	別手金相國
李景洪	木手黃泰振
金光錬	朴振秀
金國臣	金丙才
韓福宅	安盤石
洞員李明鶴	金光浩
權在彦	金成根
金守郁	金光浩
金在鈺	安億彬
	原
金重九	金丁玉

李是赫	安萬大
李景黙	李景彦
朴元福	
金大龍	

② 번역문

구산 동사 중수기.

구산동(邱山洞)은 진실로 구장군(丘將軍)의 유적지이다.[8] 동해 바다에 접해 있으며, 또한 노중련(魯仲連)[9] 도해(蹈海)의 장소이다. 동(東)으로는 울릉도(鬱陵島)와 통하고 남(南)으로는 월송포(月松浦)와 가깝다. 명을 받든 장수(將帥)가 대개 무인(武人)으로 머물렀으며, 진(鎭)을 지키던 관리가 계극(棨戟)을[10] 앞세우고 멀리서 부임한 곳이다. 관동(關東)의 요충지이자 군(郡; 평해군) 북쪽의 중요 나루터이다. 다만 우리 마을의 동사(洞舍)는 세월이 오래되어 지붕이 퇴락하고 비바람에 닳고 씻기어 집이 모두 세고 있었다. 이런 까닭으로 권성수가 이경후 · 김상욱 · 안대철 · 안경조 네 사람과 더불어 다시 재물을 마련하여 십여 칸을 짓고 수토(搜討) 봉행(奉行)하는 곳으로 삼았다. 뒷날 나와 뜻을 함께 한 사람들이 지붕을 새로 이어 이 동사가 허물어지지 않게 된 것이다.

아! 소동파가 자신의 정자(亭子)를 '득우정(得雨亭)'이라 명명하고, 우칭(禹偁)이[11] 그의 누(樓)를 '대죽루(代竹樓)'라 명명한 마음에 기뻤기 때문

---

8) 중국 당나라 구대림(丘大林) 장군이 귀화해 살면서 구산이라 불렀다는 이 마을의 지명유래를 말한다.

9) 백암 김제의 도해 전설을 비유한 것이다. 즉 백암 김제는 고려 말 충신으로 평해군수를 지냈는데, 고려가 망하자 신하는 두 임금을 섬기지 않는다면서 지금의 울진군 기성면 구산리 바닷가에서 배를 타고 동해바다로 나가 돌아오지 않았다는 전설을 중국 전국시대 제나라사람 노중련에 비유한 것이다.

10) 적흑색 비단으로 싼 나무창으로 고대에 관리가 쓰던 의장의 일종이다. 출행할 때에는 맨 앞의 병사가 이 창을 들고 전도(前導)가 되며, 임소에 당도한 뒤에는 문정(門庭)에 세워 놓는다. 왕발(王勃)의 〈등왕각서(滕王閣序)〉에 "좋은 명망을 지닌 도독 염공은 계극을 앞세우고 멀리서 부임해 왔고, 훌륭한 의범을 갖춘 새로운 태수 우문은 휘장 친 수레를 잠시 멈추었다.[都督閻公之雅望 棨戟遙臨 宇文新州之懿範 襜帷暫駐]"라고 하였다.

11) 중국 북송 때 시인 왕우칭(954~1001)을 말함. 자기가 정자(樓)를 짓고 '죽루(竹樓)'라

이다.
새로이 '대풍헌(待風軒)'이라는 화려한 이름을 거니, 파도 소리는 방안까지 들리고 구름 그림자가 마루 난간에 드리웠으며, 땅은 천년의 터를 열었고 문 앞에는 먼 곳까지 운행하는 배가 정박한다. 훌륭한 여관이라서 잠시 후 달빛이 아름답게 비치고, 아침에 나갔다가 저물녘에 어부 노래 부르며 돌아오는 곳, 산과 바다 운치 좋은 이곳 중 제일승지 정사(精舍)이다.
내가 옛사람[古人]들이 물건을 명명한 것을 보니 각각 그 뜻이 있었으니 '풍(風)'자로 집[軒]을 명명한 것이 또한 마땅하지 않겠는가? 미리 기문(記文)을 지어서 잊지 않겠다는 마음을 보일 따름이다.
함풍(咸豐) 원년(元年) 신해(辛亥, 1851, 철종 2) 6월 일. 강릉산인(江陵散人) 김학린이 짓고, 달효(達孝)의 손종훈이 씀.

성조도감(成造都監) : 시존위 권성도, 동장 이경후, 공원 김상욱, 유사 안대철, 증경존위 이택윤 · 이치윤 · 김세득, 동장 김중억 · 이득록 · 이동수 · 박추백 · 이경홍 · 김광련 · 김국신 · 한복택, 동원 이명학 · 권재언 · 김수욱 · 김재옥 · 김중구 · 이시혁 · 이경묵 · 박원복 · 김대용 · 김정옥 · 안만대 · 이경언, 별유사 안경조, 도장무 김수동, 별장무 김윤업, 구재인 김치업 · 천광록, 관동장 이돈손, 리정 김지평, 감고 김문전, 별수 김상국, 목수 황태진 · 박진수 · 김병재 · 안반석 · 김광호 · 김성근 · 김광호 · 안억빈, 끝.

(4)「평해군수 심능무 · 이윤흡 영세불망지판」 현판④

① 판독문

古昔賢侯之惠於民澤於民者 凡幾 而孰
如沈等李等兩侯之惠澤者乎 惟我洞在
郡北十里 背山臨海 村落櫛比 一境居最矣
奈之何陟營越鎭之間 三年搜討於鬱島
也 待風於本洞 未知創自何時 而供億之費
每每不少 洞掠漸致蕭條 倒懸之勢 益之能
解矣 何幸丙寅沈公能武下車後 深軫本

명명한 고사가 있다.

洞事勢 捐出七十金 以補當歲捜討時所費
洞民忽肩 又於戊辰李公玧翕 特悄本洞之
竟無措處劃 給椒卜十五結于本洞 使之放
賣以補捜討年買費 空年所賣者 亦使取殖而
次次添補 則令民如之 來年如之 無限將來 殘
可滋長 洞可蘇醒矣 原來椒卜者 烟司柴艸之
從結役 入用於官廩者也 而各以椒卜防賣於
野役 則十五結 一年所賣價爲三十金矣 捐廩而
防弊付洞而生殖 則卜與殘殊 人豈敢接嘴犯
手與洞終始 猗歟韙哉 孰罪民也 本洞候風所
而偏苦倍他 孰罪侯也 兩等傾月廩 而措劃
裕後 其惠其澤 山可并峙 海與俱深 奚但碑
口於當時 宜可銘肺於後世 逐梓以記之永
矢不諼也
上之七年庚午七月 日

前尊位李景厚
金光鍊
安大哲
安景祚
金正郁
金錫鍊
時尊位金相郁
洞首金守億
有司李在秀

② 번역문

옛적 어진 수령[賢侯]이 백성들에게 은택을 베푼 사람이 얼마나 되겠으며, 누가 심(沈) · 이(李) 두 수령의 은택처럼 하였겠는가? 우리 동(洞; 구산동)은 군(郡; 평해군) 북쪽 십리(十里)에 있고, 산을 등지고 바다에 임해 있으며, 촌락이 즐비하여 살기 좋은 곳이다.

어찌하여 삼척 포영[陟營]과 월송 포진[越鎭]이 3년 간격으로 울도(鬱島; 울릉도)를 수토(捜討)하였던가? 본동(本洞; 구산동)의 '대풍헌(待風軒)'이 어느 시대에 지어졌는지 모르겠으나, 들어가는 비용은 해마다 줄어들지 않고 동(洞; 구산동)을 노략질함이 점점 심해져 곤궁(倒懸)한[12] 형세를 빨리 해결해 주어야 할 상황이었다.

다행스럽게도 병인년(1866)에 심능무(沈能武)가 수령으로 부임하여 본동(本洞; 구산동)의 형편을 자세히 캐물어 70금(金)을 내어 수토(搜討)를 당했을 때의 비용을 충당하니 동민(洞民)의 어깨가 가벼웠으며, 또 무진년(1868)에 이윤흡(李玧翕) 수령이 특히 본동(本洞; 구산동)이 끝내 조처하지 못할까 걱정하여 초복 경작지 15결(結)을 본동(本洞; 구산동)에 내어 주어 그것(초복)을 판매하여 수토를 당했을 때 해마다 사들인 비용에 보충토록 하고, 비용 부담하지 않는 해[空年]에는 그것[초복]을 판매하여 또한 이식을 취하고 차차 더 보태어 동민(洞民)들로 하여금 오는 해에도 그렇게 무한히 이와 같이 장래에 남는 자본이 불어나 동(洞; 구산동)이 가히 소생하게 하였다.

원래 초복이라는 것[椒卜者]은 연사시초(烟司柴艸)에 따른 결역(結役)으로 관아 창고에 넣어주어야 하는 것인데, 이것을 각각 팔게 하였다. 결역은 15결에서 생산됨을 판매하면 30금(金)이 되는 것인데, 관아 창고 분을 들어내어 폐단을 막아 동(洞; 구산동)에 맡겨 증식토록 한 즉, 초복과 잔고 자산을 누가 감히 범접하랴. 동(洞; 구산동)에서 시종 처리하였으니 아름답고 훌륭하구나!

누가 동민(洞民)을 탓하랴? 본동(本洞; 구산동)에 후풍소(候風所; 대풍헌)를 지음에 다른 곳의 배가 되게 더욱 힘을 기울였다. 누가 수령을 탓하랴? 두 수령 모두 월급을 털어 조치하고 구획하여 후대에 넉넉하도록 하였다. 그 은택이 산처럼 높고 바다같이 깊으니, 어찌 다만 당시에만 송덕비를 세우겠는가? 마땅히 후대인의 가슴속에도 새겨야 할 것이다. 마침내 기문을 새겨 영원히 잊지 않도록 한다.

임금 7년(고종 7, 1870) 경오(庚午) 7월 일.

전존위 이경후 · 김광연 · 안대철 · 안경조 · 김정욱 · 김석련,

---

12) 도현(倒懸)은 곤고(困苦)의 형세가 심함을 이른 말이다. 『맹자』 공손추(公孫丑) 상(上)에 "백성이 즐거워함이 거꾸로 매달린 것을 풀어주는 것 같다[民之悅之 猶解倒懸]." 하였다.

시존위 김상욱,
동수 김수억,
유사 이재수.

(5)「월송만호 장원익 영세불망지판」 현판⑤

① 판독문

聖上三年丙寅 原營人張公源翼 以捜討官來
守越松 議者以爲鬱島千里水路艱險 公曰
國事而登舟 何異於安如京閣 明年丁卯 行
次玆洞 詢于民曰 譯官而留沙格而餽費汝
之洞乎 民曰 邱津之爲待風所 果自何昔 而
無於式 年增竈炊湌倍 戶收役孤尤分 其若
匹婦 出其斂 幾之爲瘼 大略如此焉 公聞甚
惻 我迺於是 日遂應發 盖其急於國 故速於
幾也 翌年戊辰 公以二十重來之于洞曰 投
河之醪 不能味汝之衆 而若有少禱於用 則
座可落味之及汝耶 衆皆頌源 不所用之于
當日 而兩年生息 又行數十重矣 若使繼此
而久遠贏餘 則幾之用 何想乎無補 而公之德
亦何想乎 微而泯哉 以其有補於捜討所 名其
樓 日捜討補用樓 又其不泯乎厚德 故榜其梓
日
前萬戶張公源翼永世不忘之板云
庚午七月上澣 士人朴齊恩記
前尊位 李景厚
金光鍊
安大哲
安景祚
金正郁
金錫鍊
時尊位 金相郁

洞首 金守億
有司 李在秀

② 번역문

지금 임금 3년 병인년(고종 3, 1866)에 원영 사람[原營人] 장원익(張源翼)이 수토관(搜討官)으로 와서 월송(越松)을 지키게 되었다. 논의하는 자들은 울도(鬱島; 울릉도) 천리 물길이 험난하다고 생각하기에, 공(公)이 말하기를, "나랏일로 배를 타는 것이 서울의 관서에서 편안히 근무하는 것과 어찌 다르겠습니까?"하였다. 이듬해 정묘년(고종 4, 1867)에 이 동(洞; 구산동)에 행차하여 동민(洞民)들에게 묻기를 "역관(譯官; 국가관리)들이 머물 때 마을에 비용을 보내주었습니까?"라고 함에, 동민(洞民)들이 대답하기를, "구진(邱津; 구산진, 지금의 구산항)의 '대풍소(待風所)'는 그 옛날부터 일정한 법식(法式)은 없었으나, 해마다 식솔이 증가함에 집집마다 거둬들이는 세금도 더욱 세분화되어 필부(匹婦) 같은 사람도 세금을 내는 지경에까지 이르러 거의 고질적인 폐해가 된 것이 대략 이와 같습니다."하였다.

공(公)이 듣고 매우 측은하게 생각하였고, 우리들도 이에 날마다 응발(應發)하였다. 대개 나랏일보다 더 급하게 생각했기 때문에 매우 빨리 진행되었다.

다음해 무진년(고종 5, 1868)에 공(公)이 20여 차례 동(洞; 구산동)에 찾아와 술을 주며 여러분과 같이 하지 않으면 술맛을 느끼지 못한다고 하고, 제사 지낼 때 술을 쓴다면 나도 좋고 동민(洞民)들도 좋을 것이라 함으로 여럿이 모두다 장원익을 칭송하였다. 당시 쓰지 않을 때 2년 동안 이자가 늘어서 10배가 되었다. 만약 이렇게 오랫동안 남는다면, 이 쓰임이 어찌 보충이 없었다고 생각할 수 있겠으며, 공(公)의 덕행 또한 없어져 다하게 됨을 생각할 수 있겠는가? 수토소(搜討所)에 보충함이 있었기 때문에, 그 누(樓)를 '수토보용루(搜討補用樓)'라 명명하였다. 또 두터운 덕(후덕한 행적)도 민멸되지 않을 것이기 때문에 방(榜)에 새겨 '전 만호 장공원익 영세불망지판(前 萬戶 張公源翼 永世不忘之板)'이라 이른다.

경오(庚午, 고종 7, 1870) 7월 상한(上澣; 상순), 사인(士人) 박제은 지음.

전존위 이경후 · 김광련 · 안대철 · 안경조 · 김정욱 · 김석련,

시존위 김상욱,
동수 김수억,
유사 이재수.

(6) 「평해군수 이용익 영세불망지판」 현판⑥

① 판독문

夫捐廪救瘼明府之善政銘心不忘吾民之感頌也惟玆/
邱山津所鬱陵島搜討時候風所而陟營越鎭間年
行之之時浮費浩多切有賢勞之難矣今我侯
李公諱容益氏深用爲憂捐出百金附之均役所存
本所利以二分五里邊爲之每年利條分春秋出給本
津以爲補用之資此眞結實之根而生稻之田也以之而
國役共濟以之而民瘼更蘇惠澤之廣不啻若當
前碧海本利之固奚但如在後邱山也玆用剞劂
揭于洞壁凡爲洞民者食實而知其根飯稻而知其
田常目目銘心以爲永世不忘云爾
同治十年辛未四月 日

時戶長 黃允河　前洞首 金永業
吏房 黃之海　尹學遜
副吏房 孫武英　金允業
色吏 孫維燮　權在彦
前尊位 金相郁　安萬大
金光鍊　李元業
安景祚　金在玉
金正郁　金光銖
金成淵　金秉載
時尊位 安大哲　金光浩
洞首 李在秀　金泰辰
有司 權在洪　金正哲
孫度根　安磐石
都掌務 金璧哲　朴億伊

別掌務　李景淵　　　　　權在益
　　　　　　原

② 번역문

대저 창고(국고)의 곡식을 풀어서 질병을 구제하는 것은 밝은 관청의 선정(善政)이다. 마음에 새겨서 잊지 않는 것은 우리 백성들이 감사하는 칭송이다.

이 구산진(邱山津; 지금의 구산항)은 울릉도(鬱陵島) 수토(搜討) 때에 바람을 기다리는 곳[候風所]인데, 삼척 포영[陟營]과 월송 포진[越鎭]이 간년(間年)으로 오고갈 때 쓴 비용이 너무 많이 들어 매우 현명한 관리라도 어려운 점이 있었다. 이제 우리 수령[侯; 평해군수] 이용익씨(李容益氏)께서 심히 근심하고 100금(金)을 내어주어 균역소가 있는 본소(本所)에 보내 주면서 이자는 2푼 5리 정도로 했다. 매년 이자조로 봄(春) · 가을(秋)로 나누어 내어주어 본진(本津; 구산진)에서 보충하여 쓰는 자산이라.

이는 참으로 결실의 뿌리요, 곡식이 생산되는 논밭이다. 이자를 사용하여 나라 부역에 충당하고 그럼으로써 백성(동민)들의 고질적인 폐해가 다시 줄어들게 되었으니 혜택의 넓음이 바로 앞의 푸른 바다[碧海] 같을 뿐만 아니고 본 이자를 고정한 것은 어찌 뒤에 있는 구산(邱山) 정도와 같을 뿐이겠는가?

이에 현판에 새겨 동회관 벽[洞壁]에 걸어두었다. 동민(洞民)이 된 사람들은 그 열매를 먹으면 그 뿌리를 알고, 그 쌀을 먹으면 그 밭을 알게 되었으니, 항상 보고 명심하여 영세토록 잊지 않게 하고자 한다.

동치(同治) 10년(고종 8, 1871) 신미(辛未) 4월　일.

시호장 황윤하, 이방 황지해, 부이방 손무영, 색리 손유섭, 전존위 김상욱 · 김광련 · 안경조 · 김정욱 · 김성연, 시존위 안대철, 동수 이재수, 유사 권재홍 · 손도근, 도장무 김벽철, 별장무 이경연,

전동수 김영업 · 윤학손 · 김윤업 · 권재언 · 안만대 · 이원업 · 김재옥 · 김광수 · 김병재 · 김광호 · 김태진 · 김정철 · 안반석 · 박억이 · 권재익, 끝.

(7) 「월송영장 황공 영세불망지판」 현판⑦

① 판독문

分人以財謂之惠 說世不忘謂之思也 本洞卽
間年搜討時待風所 而應站一番 勤費百金
以是而財力枵然 洞樣蕭如 奧在己巳
黃營察之海 恒垂庇護之澤 物施出等之
惠 捐三十金 而付諸洞 經一二哉 而演其殖
洞有食實之利 人得飲泉之美 然則食實而
不知其本 可乎 飲泉而不別其源 可乎 之人
之惠 可謂實之本泉之源 旣銘於心 又銘於
書 使后之人 另念其實之本泉之源云爾
同治十一年壬申八月 日 幼學 方五 撰
幼學 金述謨 書

老班	前洞首	
金相郁	金永業	時尊位安景祚
金光鍊	金允業	洞首金光浩
安大喆	權致祥	有司安大郁
金正郁	李元業	都掌務安昌祚
金成淵	金炳在	別掌務金岩回
	金光銖	
	安盤石	
安萬大	朴億伊	
金在玉	權在益	
李應伯	李永周	

② 번역문

재물을 사람들에게 나누어 준 것을 '은혜(恩惠)'라 이르고, 세상 사람들에게 베풂을 잊지 않는 것을 '사(思)'라고 이른다. 본동(本洞; 구산동)은 간년(間年)으로 수토(搜討) 시에 바람을 기다리던 곳[待風所]으로 한번 응잠(應站)하는데, 100금(金)이 소비되어 이 때문에 재력이 고갈되고 동(洞; 구산동)의 모양이 쓸쓸해졌다.

기사년(고종 6, 1869)에 황영장(黃營長)이 바다를 순찰할 때 항상 도와주는 은택을 내려 재물도 베풀어 내어주는 등 은혜 베풀어 30금(金)을 내어주어 동(洞; 구산동)에 맡기니 1, 2년이 지나 그 이자가 늘어나 동(洞; 구산동)에는 열매를 먹는 이익이 있게 되었고, 사람들은 샘물을 마시게 되는 좋은 점이 있게 되었다. 그렇다면 열매를 먹으면서 그 뿌리를 몰라서 되겠는가? 샘물을 마시면서 그 근원을 분별 하지 못해서야 되겠는가? 이 사람의 은혜는 열매의 뿌리요 샘의 근원이라 할 만하니 마음[心]에 새기고 또 글[書]로 새겨서 후세 사람들로 하여금 특별히 열매의 뿌리[本]와 샘물의 근원[源]을 생각하게 할 뿐이다.

동치(同治) 11년(고종 9, 1872) 임신(壬申) 8월 일, 유학(幼學) 방오 찬하고 유학(幼學) 김술모 씀.

노반 김상욱·김광련·안대철·김정욱·김성연,
전동수 김영업·김윤업·권치상·이원업·김병재·김광수·안반석·박억이·권재익·이영주·안만대·김재옥·이응백,
시존위 안경조,
　동수 김광호,
　유사 안대욱,
도장무 안창조,
별장무 김암회.

(8) 「전임 손주형·손종간·손수백 영세불망지판」 현판⑧

① 판독문

夫鬱島間 一年搜討 有國之重役 本洞供億費 獨
　當無勘之偏苦 其在同境之民 不無向偶之嘆 往
　在甲申 孫公周衡 時當銓任 念此賢勞 左右旋力 無
　所不至 而境內鹽商石頭貰 皆付之本洞 以爲輔用 於
　是乎邑有碩劃之方 自是以洞無偏當之苦 其惠
　之及 深且遠矣 至于己酉 公之族侄宗侃 亦在銓任 銓
　所例納鹽一石 永爲除給 今則公之孫洙栢 述其志 隨
　事斗護 第念前後施惠 非止一再 而下上五十五載

尙闕揭板 洞人銘佩之義 果安在哉 公議俊發 請余記之 余乃言曰 人有德惠以永矢不諼者 或銘之而碑口 然此特本洞之銘碑而已 凱若揭板於待風軒之壁上乎 況斯邢者問年 而旣本來駐有時 而客節登臨常目所在 公名益彰 洞人之報 不亦深乎 於是乎記

戊寅至月 方五記

前尊位	時尊位金正郁	前有司
安大喆	洞首權在益	韓啓先
安景祚	公員金光奎	李景淵
金允業	有司安洪錫	李德辰
李景伯	都掌務金用周	姜漢玉
金光銖	別掌務金學只	金碧哲
李在秀	官洞長金士文	金成辰
金丙業	里正 崔福在	金寬宗
前洞首		金用文
安盤石	金錫祚	
李景達	金景淳	原
孫道辰	朴億只	
金海分	李德根	

② 번역문

대개 울도(鬱島; 울릉도)는 1년 간격으로 수토(搜討)하는 국가의 중역(重役)이 있게 되어 본동(本洞; 구산동)에서 드는 비용은 감당할 수 없을 정도로 매우 고통스러웠다. 같은 지역에 있는 사람들은 때를 만나지 못한 탄식이 있게 되었다.

지난 갑신년(순조 24, 1824)에 손주형(孫周衡)이 그때 전임(銓任) 담당인데, 이 노고를 걱정하여 여기저기 두루 힘을 쏟아 이르지 않는 곳이 없이 지역 내[境內]의 소금상인[鹽商] 석두(石頭)에게 꾸어서(세를 받아) 본동(本洞; 구산동)에 주어 보태어 쓰게 하니, 이에 고을[邑; 평해군]에서 이 지방의 구획을 크게 그으니 이때부터 동(洞; 구산동)에 치우친 괴로움[偏當之苦] 없어졌다. 그 은혜 깊고도 원대하다.

기유년(헌종 15, 1849)에 이르러 공(公)의 족질(族姪) 종간(宗侃)이 또한 전임(銓任)에 있었는데, 전례대로 거두어 소금 일석(一石)을 지급했고, 이제 공(公)의 손자 수백(洙栢)이 그 뜻을 따라 일마다 도우고 다만 그 전후(前後)의 베품을 생각하니 한두 번에 그치지 아니하였으나, 위 · 아래 55년이 지났음에도 지금까지 게판(揭板)이 없었다. 마을사람[洞人]들이 가슴에 새길 뜻[義]이 과연 어디에 있었겠는가?
공의(公議)가 크게 일어나서 나에게 기문(記文)을 청하니, 내가 말하기를 "사람이 은덕을 입고서 영원히 잊지 못하게 되는 자는 혹 이를 마음에 새겨 입으로 칭송하기도 한다. 그러나 이는 다만 본동(本洞; 구산동)에서만 비(碑)를 새길 뿐이니, 대풍헌(待風軒)의 벽 위에 게판하는 것만 하겠는가? 하물며 당시의 시대를 물으면 이미 본래 머무르던 때가 있으며, 길손[客]이 지팡이 짚고 이곳에 올라 늘 보게 되면 공(公)의 이름[名]이 더욱 드러나게 되고, 마을사람[洞人]들의 보은에 대한 마음도 더욱 깊어지지 않겠는가?" 이에 기록한다.
무인(戊寅, 고종 15, 1878) 지월(至月; 동짓달, 11월], 방오 지음.

전존위 안대철 · 안경조 · 김윤업 · 이경백 · 김광수 · 이재수 · 김병업, 전동수 안반석 · 이경달 · 손도진 · 김해분 · 김석조 · 김경순 · 박억지 · 이덕근,
시존위 김정욱, 동수 권재익, 공원 김광규, 유사 안홍석, 도장무 김용주,
별장무 김학지, 관동장 김사문, 리정 최복재,
전유사 한계선 · 이경연 · 이덕진 · 강한옥 · 김벽철 · 김성진 · 김관종 · 김용문, 끝.

(9) 「도감 박억이 영세불망지판」 현판⑨

① 판독문

邱山之洞 陸海而居 外石稍實 內則甚虛 丙子之歲
飢 丁丑之海渴 離散相繼 困窮頻多 公逋如山之中
昨秋刷高七十二金 以若登末之時 正如雪上之霜
何幸洞里朴都監億伊 上慮公納之愆滯 下憂
民力之凋殘 斥賣五斗之畓 全當一洞之納 公弭
推捉之集 民解倒懸之急 若無廣雲之高義 豈
有今日之終惠 聲聞所到 貪部并廉 此誠洞人之

一大銘佩處也 之人之惠 不宜不報 故本洞雜役 爰及
後裔之除之出等高風 特揭軒眉而揚之 噫 人能
推是心 則奚但惠一洞而止哉 洞之老少 請記其事
余辭不得已 遂書顚末 保壽其請云爾
戊寅十一月望日 方五書

前尊位　　前有司
安大喆　　金錫祚
安景祚　　韓啓先
金允業　　李景淵
李景伯　　李德辰
金光銖　　姜漢玉
李在秀　　金碧哲
前洞首　　金成辰
安盤石　　金寬宗
李景達　　金用文
金丙業　　原
孫道辰
金海分　官洞長 金士文
李德根　里正 崔卜在
金景淳　　李順完
時尊位　　金學只
金正郁　掌務 金用周
時洞首　有司 安洪錫
權在益　公員 金光奎

② 번역문

구산동(邱山洞)은 육지와 바다에 위치하여 겉으로는 조금 실(實)한 것 같으나 속으로는 매우 허(虛)하다. 병자년(고종 13, 1876)에는 흉년이 들었고, 정축년(고종 14, 1877)에는 바다 해산물조차 말라 버려서 사람들은 서로 흩어지고 곤궁(困窮)이 번다하니 공포(公逋; 국가의 재물을 사사로이 소비함)하기를 산(山)처럼 많이 했다.

작년(고종 14, 1877) 가을에는 72금(金)의 높은 금리로 착취하여, 마치 나무 끝에 오른 것 같았으니 바로 설상가상(雪上加霜)이었다. 다행히 동리(洞里)의 도감(都監) 박억이(朴億伊)가 위로는 공납을 체납할 허물을 염려하고, 아래로는 동민(洞民)들의 힘이 시들 것을 근심하여 자신의 5두(斗)의 논을 팔아 마을 공납을 전부 감당하였다. 공(公)은 죄인 잡아들임을 늦추어 백성들은 위급한 상황을 면하게 되었으니 마치 구름 없는 고상한 의표(高義)와 같았다. 오늘날까지 은혜가 알려져 소문을 들으면 탐욕스런 자들도 청렴해지게 되었으니, 이는 진실로 마을사람[洞人]들이 크게 마음에 새겨야 할 것이다. 이 사람의 이 은혜를 마땅히 갚아야 하기 때문에, 본동(本洞; 구산동) 잡역(雜役)은 이에 후손[後裔]들에게 제외되었다. 이 뛰어난 고풍(高風; 풍습)을 특별히 게시하여 드날리게 하였다. 아! 사람이 능히 이 마음을 미루어 간다면 은혜가 어찌 다만 한 마을[洞]에 그치겠는가. 마을[洞]의 노소(老少)가 그 일을 기록해 달라 청(請)하니, 내 사양하다 부득이 마침내 전말(顚末)을 자세히 써서 오래도록 그것이 전(傳)해지기를 이른다.

무인(戊寅, 고종 15, 1878) 11월 망일(望日, 15일), 방오 씀.

전존위 안대철 · 안경조 · 김윤업 · 이경백 · 김광수 · 이재수, 전동수 안반석 · 이경달 · 김병업 · 손도진 · 김해분 · 이덕근 · 김경순, 시존위 김정욱, 시동수 권재익,
관동장 김사문, 리정 최복재 · 이순완 · 김학지, 장무 김용주, 유사 안홍석, 공원 김광규,
전유사 김석조 · 한계선 · 이경연 · 이덕진 · 강한옥 · 김벽철 · 김성진 · 김관종 · 김용문. 끝.

(10) 「구산 동사기」 현판⑩

① 판독문

邱山洞舍記

余嘗觀輿誌 槩昔丘將軍 浮海來 居于此
而因名邱山 則年代歷千 興替不一 中有
鬱收之灾 而適因邑賢宰拯溺之澤 不
渙散安堵 曾有深痼之弊 而幸賴若爾人

發蹤之功 如看症投劑 猗歟偉哉 微若人
豈如是盡心捄弊哉 大抵莫重國事搜
討役服 一除八有難雜頉 烟戶役呈官
安民於古未易之功 有功必有記 安宅奎
金碩彬 不有已功 歸之常例 則洞之老少
齊日不可 有功無記 與無功同 蓋將梓板
使後勸頌 要余記功萬一 不以材拙辭者
乃是居隣同井之故也 不已忘拙客記以
壽其傳焉
著雍困敦維夏上浣 散人李瑞球記

曾經尊位
安義寬
金有三
金宗潤
朴致儉
安宅奎 公私雜役頉
金碩彬
曾經洞長
李得士
朴用宅
韓時白
金成雲
安道尙
李千宅
時任尊位
安宅奎

洞長	官洞長
安道尙	金業重
有司	里正
金處郁	金守業
都掌務	監考

金孝得　　　　李昌福
金海孫

② 번역문

구산 동사기.

내 일찍이『여지(輿誌;『신증동국여지승람』)』를 살펴보니, 옛날 구장군(丘將軍)이 표류해 와서 이곳에 살았기 때문에 '구산(邱山)'이라 이름 붙였다고 하니, 연대가 천년이 지났고, 흥하고 쇠함이 한번이 아니며, 그 사이에 울릉도에 재난이 있어 마침 고을[邑; 평해군] 현재(賢宰; 현명한 수령, 즉 평해군수)가 고난을 구제해 준 덕택으로 흩어지지 않고 안도하게 되었다. 일찍이 고질적인 병폐가 있었으나, 다행히 힘입었으니 마치 이 사람이 첫째의 공(功)이요, 병 증상을 보고 약을 지어준 것 같다 하겠으니 위대함이다. 이 사람이 아니었다면 어찌 마음을 다해 폐단을 바로 잡았겠는가? 대저 막중한 국사(國事)인 수토역(搜討役)은 한 번 복무하면 여덟 번을 빠지니 난잡한 탈이 있었다. 백성[烟戶]들은 부역을 바치고 관(官)은 백성을 편안하게 하는 것이 옛날에도 바꿀 수 없는 공(功)이였다. 공(功)이 있으면 반드시 기록이 있으니, 안택규 · 김석빈이요. 이미 공(功)이 있지 아니한데 공(功) 있는 것으로 돌리는 것이 상례였으니, 마을[洞]의 노소(老少)가 일제히 말하기를 안 된다고 하였다. 공(功)이 있는데 기록하지 않으면 공(功)이 없는 것과 같아지므로 장차 현판을 새겨서 후세로 하여금 칭송하기를 권면하게 하기 위하여 나에게 공(功)의 만에 하나라도 기록해 주기를 요구하였다. 재주가 졸렬하다고 사양하지 못한 것은 이웃에 살면서 우물을 함께 사용하기 때문이다. 이에 졸객(拙客)임을 잊고서 기록하여 오래 전하고자 한다.

무자년[著雍困敦, 고종 25, 1888][13] 유하(維夏; 4월) 상완(上浣; 상순)[14] 산인(散人) 이서구 지음.

---

13) 저옹(著雍) = 무(戊), 곤돈(困敦) = 자(子)이므로 무자년(戊子年)을 말하며, 1888년이다.

14) 한 달 가운데 초하루에서 초열흘까지의 사이. 즉 상순(上旬), 초순(初旬), 상한(上澣)을 말함.

증경존위 안의관 · 김유삼 · 김종윤 · 박치검 · 안택규 · 김석빈,
증경동장 이득사 · 박용택 · 한시백 · 김성운 · 안도상 · 이천택,
시임존위 안택규, 동장 안도상, 유사 김처욱, 도장무 김효득 · 김해손,
공사 잡역이, 관동장 김업중, 리정 김수업, 감고 이창복.

(11) 「동계 완문」 현판⑪

① 판독문

洞稧完文

右文爲成後事 夫有洞然後有民 有民
然後有洞 然而矣洞僻在海偶荒業 累
度殘氓難産末由流離 故今夫洞員 一
齊公議 相論并肩之精誼 與謨相
救之事勢 創設桃李之樂事 修序
蘭亭之好會 世世不諼之誼也 惟我
洞員二十餘名 鳩聚榆銅 仰慕
四十賢之蘭觴咸集 萬一員之桃
園 豈不美哉 亦不韙歟 易之臭蘭
通心於同 詩之伐木歌於相救 則豈
不爲人間盛事之修稧乎 上以誠養
生送死之道施也 下以悌垂後裕
前之敎謨 獻暨自翠後益篤 舊
誼漸滋 用利勿負百年之誼 以遵
一畫之約 伏惟明主公決無私 惠
念修稧之樂事 特垂印跡之顧
助 以永久遵行無弊之意 玆以成
給事 千萬祈懇之地爲只爲

光武八年甲辰二月 日 邱山洞

官

孫快潤 尹國仲 鄭厚根
安長用 孫億哲 金相連
李順五 金士用 金相仁

金學伊　安斗遠　崔成辰
金基俊　金學伊　李季秀
金啓俊　安千錫　安德守
金有學　金在希 〈이상 진정문〉

八十戶之大洞二十人之
成稧書於奉公其誠
可嘉終前以往無終
禁樹公納一乃心力
萬保洞規是會別
有不遵之民則自
官庭別般嚴處克
愓念嚴行事
光武八年五月十三日 〈이상 데김문〉

② 번역문
동계 완문.
이 완문(完文)을 작성하는 일은 동(洞)이 있은 후에 동민(洞民)이 있고 동민(洞民)이 있은 후에 동(洞)이 있는 것이다. 그러나 우리 동(洞; 구산동)은 바닷가에 치우쳐 있어 흉년이 잦아 여러 차례 쇠잔한 백성들은 소출이 없어서 떠나가기 때문에 이제 동원(洞員)들이 일제히 공의(公議)하여 함께할 정의(精誼)를 서로 논하고 구제하는 일을 서로 도모하여 도이(桃李)의 즐거운[15] 일을 창설하고, 난정(蘭亭)의 좋은[16] 모임을 닦아 서술하였으니 대대로 잊지 말자는 뜻이다.
우리 동원(洞員) 20여명은 놋쇠와 구리를 다 내어 한곳에 모아서 40 선현들의[17] 난상(蘭觴; 아름다운 술자리)을 우러러 사모하면서 모두 모여 도원(桃園)을 이루었으니 어찌 아름답지 않는가? 또한 좋지 않은가!
『주역(周易)』의 난초향내[臭蘭]와 같이 통하는 마음 서로 같아 『시경(詩經)』

15) 형제처럼 즐거이.
16) 마음 맞는 동지같이 좋아함.
17) 향교의 배향 인물을 말함.

의 벌목가(伐木歌; 서로 도움)로 서로 구원한 즉, 어찌 인간의 큰일을 언약함이 아니리오. 위로는 성(誠)으로써 살아생전에 봉양하고 죽어서도 보내드리는 도리를 베풀었고, 아래로는 공손함으로 후세에 드리우고 앞에 넉넉한 가르침을 도모하였습니다. 다만 스스로 먼 날 이익 됨을 모으고 오랜 정의를 돈독히 하여 점점 용이하게 하고, 백년의 정의 저버리지 말고 이 완문 규약을 준수하기를 바란다.

현명한 성주[明主]는 공적인 결의에 사사로움이 없으며, 은혜로운 생각으로 계약을 지키기를 즐기고, 일에는 특히 행적을 기록하여 걸어 놓고 돌아보아 영구히 준행하여 폐단이 없도록 하는 뜻으로 이에 성급(成給)하오니 간절히 바라옵니다.

광무(光武) 8년(1904) 갑진(甲辰) 2월 일, 구산동.

관(官)

손쾌윤 윤국중 정후근
안장용 손억철 김상연
이순오 김사용 김상인
김학이 안두원 최성진
김기준 김학이 이계수
김계준 안천석 안덕수
김유학 김재희 〈이상 진정문〉

80호(戶)의 큰 마을[洞]에 20인(人)이 계(稧)를 이루어 봉공(奉公; 공적인 일을 받듦)의 글을 썼으니 그 성의가 가상하다. 종전 이후로 끝이 없도록 하고, 금수(禁樹)와 공납(公納)은 심력(心力)으로서 마을의 규약[洞規]을 잘 보호하되 이 모임에 별도로 따르지 않는 동민(洞民)이 있으면, 관[官庭]으로부터 특별히 엄하게 처리할 것이니, 두려운 마음을 가지고 본 완문(규약)을 엄히 행하라.

광무 8년(1904) 5월 13일. 〈이상 뎨김문〉

(12) 「중수기」 현판⑫

① 판독문

重修記

夫郡之東有海 海之北有洞 洞是海津 而名曰邱山者 何
也 在昔丘公之所占處而然也 郡有議堂 洞有舍宇 故
以五百年來 設邑惟數十戶與爲洞 是其洞舍者亦云
舍宇也 粤自辛卯之水敗 泥又癸卯之年凶 前古大
無 而公納也海稅也 如樑應役比前 以倍以徙 洞杼也民
情也 其所稠殘漸波 艱難上下 振掖東西 貸子迫頭
有事開眼無暇生活 莫前頭緖離肢 竟至末由矣 何
幸孫公商燮 顧其洞勢 念其民窮 任其尊位之名
而特爲捐金摭債 而報私敢弊 而補公多至哉 許卽
金無還之無頭彌縫 洞將有成樑 民可有支保 懿
歟韙哉 是誰之力 德如河海 頌載洞天 豈忘永世乎
且前尊位孫公快潤 以二十人中 洞員一心同力 隨事極勒
與他有異 亦豈非欽歎哉 惟此兩公之德惠誠力 不無
褒功之道也 見而舍宇 年久而風雨終漏 上砌之棟
樑朽傷 歲深而霜雪洒玆 下舍之榜椽頹圮 卽南
北通衢 逆旅之頻 仍前彼處事公需之多 欲分其在
洞樑接待之方 有所難便 故務諸齊發修葺之
意 如一鳩聚隨力 重建之資充數 則豈不美哉 是故
經之營之 不日有成 工也匠也 無事告訖 時過端陽序
屬仲夏 飛甍復就 高欄益舊 枕白岩於西奉
先生之祭坍 四面江山 萬古一屛 臨碧海於東北 將
宰之舊墟 千秋日月 九天雙鏡 漁歌晩浦 沙鷗秩集
牧笛斜陽 霞鶩齊飛 蹈東仲連之忠節 扶桑
早紅 擬古學士之遺跡 越松長靑 別此一洞 添
彼十分 噫 後之登斯者 觀感而興把哉

光武十年丙午五月 日

達孝五衛將 孫周烔 撰

黃京運 書

尹永善 刻

座上 金道仁	成功二十洞員
前尊位金國範	孫快潤
金基漢	金相仁
金相振	金啓仲
朴學㻜	安斗遠
崔錫九	金士用
安章用	孫世潤
準尊位孫快潤	安千石
時尊位孫商燮 錢十兩	金學只
時洞首金相仁	李順元
時有司孫世潤	安章用
前洞首安國賢	金基俊
韓致洪	尹國仲
安斗遠	安德淳
金基俊	金有厚
韓定鎬	李錫宗
安位淳	金孝伊
李千守 韓聖周	鄭後根
朴福哲	金相連
李順元	崔成振
崔明基	別掌務金夫哲
金孝伊	
金先伊	
黃存伊 原	
尹國仲	
金俊伊	

② 번역문

중수기.

군(郡; 평해군)의 동쪽에 바다가 있고 바다의 북쪽에 동(洞; 구산동)이 있으니, 동(洞; 구산동)은 이 바다 나루[海津]인데, 이름을 구산(邱山)이라 함은 어찌 됨인가. 옛적에 구공(丘公; 구장군)이 점거한 곳이기에 그런 것이다. 군(郡)에는 회의(會議)하는 당(堂)이 있고, 동(洞)에는 사우(舍宇)가 있는 고로 오백년 이래 고을[邑]이 설치되고 오직 수십 호(戶)로서 동(洞)이라 하니, 그리하여 동사(洞舍)라 함은 역시 사우(舍宇)이다.
오! 신묘년(고종 28, 1891)에 수재(水災)를 입었고 계묘년(대한제국 고종 광무 7, 1903)에 또 흉년이니, 지난 때에는 크게 공납(公納)이 없었는데, 공납과 바다세[海稅]와 허리가 휘는 부역이 전에 비하여 배로 늘어나니, 동(洞)에서 이사함이 분주하고 동민(洞民)들의 인정이 쇠잔한 바, 점점 퍼져 가난을 상(上) · 하(下)가 구원하고 동(東) · 서(西)로 재물을 빌려야 함이 박두(迫頭)하니, 유사(有司)는 눈뜰 겨를 없었고, 생활은 전과 같지 않아 두서없고 온 몸이 갈라지는 지경이 되었다.
어찌나 다행으로 손공(孫公) 상섭(商燮)이 그 동(洞)의 형세를 돌아보고, 그 동민(洞民)들의 궁핍함을 염려하여, 그 존위(尊位)에 임무로서의 명의로 특히 의연금으로 채무를 감당하여 개인적으로는 과감히 폐단을 갚으니 공(公)이 보완함이 많고 지극하다. 그러한 즉, 돈을 돌려주지 못하고 서두 말머리도 없이 미봉책이었다. 동(洞)에서 장차 집을 지어 동민(洞民)들이 보호받게 되었으니, 아름답고 훌륭하구나! 이 누구의 힘이던가? 덕(德)은 바다와 같아 칭송하는 글이 동천(洞天)에 실려 있으니 어찌 영원히 잊을 수 있겠는가?
또한 전(前)의 존위 손공(孫公) 쾌윤(快潤)은 20인(人) 중의 동원(洞員)으로 일심동력(一心同力)으로 일에 따라 적극 힘써 다른 사람과는 다른 바 있었으니, 또한 어찌 흠모하고 감탄하지 않으랴. 오직 이는 두 공(公; 손상섭과 손쾌윤)의 덕(德)의 은혜로운 진실된 힘인데, 공(功)을 포상하는 도(道)가 없지 아니한데, 사우(舍宇)를 보니 오래되어 비 · 바람으로 세고 기둥이 썩고 상함이 해[歲]가 오래되어 서리 · 눈에 씻기고 집이 낮아지고 방과 서까래 무너진 즉, 남(南) · 북(北)으로 통하는 나그네가 돌아감이 빈번하니, 인하여 전에 그 처사(處事)한 공(公)이 재목을 많이 모으고자 그 동(洞)에 있는 들보[洞樑]를 분담케 함에 있어 대처하는 방도가 어려운 형편인 바, 고로 일제히 힘써 고칠[修葺] 뜻을 펼치니 마치 하나같이 힘 있는 대로 재목을 모아와 중건 재료(재목) 수를 확충하였으니 어찌 아름답지 아니한가.

이런 까닭으로 건물을 짓게 되었다. 며칠도 안 되어 공사가 완성되었으며, 장인과 목공들은 별 탈 없이 일을 마쳤다고 고했다. 때는 단오(端陽)를 지나 5월 한여름이었다. 나르는듯한 대마루를 다시 우루고 높은 난간을 옛보다 더하였다. 백암(白岩)선생의[18] 제단을 뒤(後)와 서(西)로 받들고 네 방향[四面] 강산[江山]이 만고(萬古)의 병풍이요, 푸른 바다를 동(東) · 북(北)으로 임(臨)하였고 장차 옛 터를 주제하니 천추(千秋)의 일월(日月)이요, 구천(九天)의 쌍경(雙鏡)이다. 어부들의 노래 소리 포구의 저녁 무렵엔 갈매기 모여들고 목동들의 피리소리 해 기우는 저녁노을 따오기 일제히 날고, 동해 바다에 빠진 중련(仲連)의 충절(忠節)[19] 태양의 붉은 아침은 옛 학사(學士)의 유적(遺跡)인 듯한데, 월송(越松)의 긴 소나무는 따로 한 마을[洞]이 되어 십분(十分)의 맛을 더해 주었다. 아! 뒷날 이곳에 오르는 자는 보고 느껴 흥취를 맛 볼 지언저!

광무(光武) 10년(1906) 병오(丙午) 5월 일.
달효 오위장 손주형 찬하고, 황경운 쓰고, 윤영선 새김.

좌상 김도인, 전존위 김국범 · 김기한 · 김상진 · 박학진 · 최석구 · 안장용, 준존위 손쾌윤, 시존위 손상섭 전10냥, 시동수 김상인, 시유사 손세윤, 전동수 안국현 · 한치홍 · 안두원 · 김기준 · 한정호 · 안위순 · 이천수 · 한성주 · 박복철 · 이순원 · 최명기 · 김효이 · 김선이 · 황존이 · 윤국중 · 김준이.
성공 20동원 : 손쾌윤 · 김상인 · 김계중 · 안두원 · 김사용 · 손세윤 · 안천석 · 김학지 · 이순원 · 안장용 · 김기준 · 윤국중 · 안덕순 · 김유후 · 이석종 · 김효이 · 정후근 · 김상련 · 최성진, 별장무 김부철, 끝.

(13)「동사 중수기」 현판⑬

① 판독문
洞舍重修記/

---

18) 백암 김제를 말함. 구산리 마을 서쪽에 있는 운암서원 내 '해단각'이라는 비각 안에 김제를 기리는 석비가 세워져 있다.

19) 중국 전국시대 제나라의 노중련(魯仲連)을 말하며, 우리나라 백암 김제의 충절을 비유한 것임.

洞舍之建 未知創在何代 而始爲洞事之會議 無備鬱島之待風 以之而民出其力 官助其費 累廢累興 多貢前人之至悃 亦多歷史之可考矣 世之云變 待風之軒 飜作築港之所 徵求之廢 化爲振興之策 可謂百度告新 而但恨洞舍頹圮 朝夕難保 洞務無妥協之地前蹟無繼述之人 洞中諸位 是爲之憧 齊聲合依 隨力出資 不數月而舍役歇 居然棟宇就完 雲物改觀 洞之人 落其成而賀之 余侯于衆曰 諸位之追先 知而保舊跡 可謂勤且美矣 嗣侯之來建舍者 果能先公而侯私 每誦雨我之詩 救難而規過 不失藍田之約 則舍之屹于海澨者 不但濟事之有助 亦可小補於就風之道云耳 是爲記

檀紀四二七二年 六月 日 孫啓守 撰

老尊位	同意員	
安致順金五圓	吳石△金十二圓	金七重金五圓
金相連金六圓	金宗石金十圓	姜邦奎金五圓
安千石金五圓	金德基金十圓	金有東金五圓
安德淳金七圓	安厚奉金十圓	金富貴金五圓
金相根金五圓	安海東金十圓	宋學述金五圓
崔貴宗金六圓	安德周金十圓	方在國金五圓
全在福金七圓	黃奉述金十圓	金千守金五圓
尹元甲金五圓	安日周金十圓	崔道治金五圓
幹事尊位	金士文金八圓	孫邦守金五圓
孫啓守金五圓	朴碩伊金八圓	全用伊金五圓
一區長	黃云伊金七圓	韓大奉金五圓
金明俊金五圓	金在守金七圓	河黃道金五圓
二區長	安景守金七圓	金用國金五圓
韓大淑金五圓	金方佑金七圓	安聖辰金五圓
時尊位	安景周金七圓	孫錫守金五圓
權凡伊金五圓	金同吉金六圓	金益△金五圓

時洞首
韓大應金五圓
時有司
金相文金五圓
金成五金五圓
發記人
金相國金二十二圓
金德文金二十一圓
安萬守金二十圓
林劍同　二十圓
財務員
安光用　二十圓
箕城釀造會社支店代
安世源　十五圓
金十慮金五圓
李順汝金五圓

金實光金六圓
尹相甲金六圓
崔光伊金六圓
黃奉彦金六圓
權銀宗金六圓
崔凡用金六圓
林允八金六圓
李京玉金五圓
崔萬基金五圓
金明現金五圓
安景順金五圓
金辰伊金五圓
金德根金五圓
安永祚金五圓
表山權相述金五圓
林達英金五圓

金啓潤金五圓
金乭守金五圓
金江山金五圓
金仁得金五圓
安德辰金五圓
月松金海石金五圓
金聖參金五圓
李德周金五圓
總代
林章守

② 번역문

동사 중수기.

동사(洞舍)의 건립이 어느 시대에 창건되었는지 모르며, 처음에 마을의 일[洞事]에 대해 회의(會議)를 하였으며, 울릉도의 대풍(待風)에 대한 사항[준비]은 없었다. 이에 동민(洞民)들이 부역을 하고 관(官)에서 그 비용을 도왔다. 여러 번 허물어져 여러 번 다시 지었으니 공력을 많이 드렸고 앞 사람[前人]들은 지극히 정성 또한 많았음을 역사(歷史)에서 상고할 수 있다. 세상에 이르기를 대풍헌(待風軒)이 변해서 축항(築港)하는 곳이 되었다 한다. 징구(徵求)하던 폐단이 바뀌어 진흥(振興)하는 계책이 되었으니 백 번 새로워졌다고 고할 만하다. 다만 안타까운 것은, 동사(洞舍)가 퇴락되고 무너져 아침저녁으로 보전하기 어려울 정도로 되었으나, 마을의 업무[洞務]는 타협할 수 없는 형지라. 지난날의 자취를 이을 사람이 없는 점이니 동중(洞中) 여러분들은 이것을 위해서 함께 걱정하고 같이 소리 내어 재력에 따라 물자를 내어 몇 달 되지 않아서 동사(洞舍)를 중수하는 일을 마치니 어느새 건물이 완공 되었다. 동사(洞舍)의 면모가 달리 보였다. 마을사람[洞人]들이 낙성하면서 축하하였다.
내가 여러 사람들에게 말하기를, "여러분들은 선조의 뜻을 추모하여 옛 유적을 보전하였으니, 근면하고 아름답다고 이를 만합니다. 뒷날 동사(洞舍)를 짓는 자들이 과연 공(公)을 먼저 하고 사(私)를 뒤로 할 수 있을 런지요? 매양 우아(雨我)의 시(詩)를[20] 노래 부르며, 어려움을 구원하고 과실을 규제하여 남전향약(藍田鄕約)의 제도를 잃지 않는다면, 바닷가에 우뚝한 동사(洞舍)는 구제하는 일에 도움이 있을 뿐만 아니라, 아름다운 풍속을 이루는 데에도 조금 도움이 될 수 있다고 말할 뿐입니다."하였다. 이에 기문을 짓는다.
단기(檀紀) 4272년(1939) 6월 일, 손계수 찬함.

노존위 안치순 금5원 · 김상련 금6원 · 안천석 금5원 · 안덕순 금7원 · 김상근 금5원 · 최귀종 금6원 · 전재복 금7원 · 윤원갑 금5원, 간사존위 손계수 금5원, 일구장 김명준 금5원, 이구장 한대숙 금5원, 시존위 권범이 금5원, 시동수 한대응 금5원, 시유사 김상문 금5원 · 김성오 금5원, 발기인 김상국 금22원 · 김덕문 금21원 · 안만수 금20원 · 임검동 20원, 재무원 안광용 20원, 기성양조회사지점대 안세원 15원 · 김십려 금5원 · 이순여 금5원, 동의원 오석△ 금12원 · 김종석 금10원 · 김덕기 금10원 · 안후봉 금10원 · 안해동 금10원 · 안덕주 금10원 · 황봉술 금10원 · 안일주 금10원 · 김사문 금8원 · 박석이 금8원 · 황운이 금7원 · 김재수 금7원 · 안경수 금7원 · 김방우 금7원 · 안경주 금7원 · 김동길 금6원 · 김실광 금6원 · 윤상갑 금6원 · 최광이 금6원 · 황봉언 금6원 · 권은종 금6원 · 최범용 금6원 · 임윤팔 금6원 · 이경옥 금5원 · 최만기 금5원 · 김명현 금5원 · 안경순 금5원 · 김진이 금5원 · 김덕근 금5원 · 안영조 금5원 · 표산 권상술 금5원 · 임달영 금5원 · 김칠중 금5원 · 강방규 금5원 · 김유동 금5원 · 김부귀 금5원 · 송학술 금5원 · 방재국 금5원 · 김천수 금5원 · 최도치 금5원 · 손방수 금5원 · 전용이 금5원 · 한대봉 금5원 · 하황도 금5원 · 김용국 금5원 · 안성진 금5원 · 손석수 금5원 · 김익△ 금5원 · 김계윤 금5원 · 김돌수 금5원 · 김강산 금5원 · 김인득 금5원 · 안덕진 금5원 · 월송 김해석 금5원 · 김성삼 금5원 · 이덕주 금5원, 총대 임장수.

---

20) 『시경』 소아편 「大田句」 : 풍농을 축하하고 감사의 제를 지내는 노래.

(14) 「성황당 중수기」 현판⑭

① 판독문

城隍堂重修記

奧者五百年間 風磨雨

洗 故右記洞員 同心協力

修築而揭板永世不忘

云爾

記

老尊位	贊助者	
孫啓守	箕城漁業組合	壹萬五阡圓
安景守	箕城里	五阡圓
安聖根	望洋一區	五阡圓
金成五	〃 二區	五阡圓
	沙洞三區	五阡圓
安萬守	〃 二區	三阡圓
	烽山一區	三阡圓
朴大一	〃 二區	五阡圓
	〃 老班	壹阡圓
金順業	錦江里	貳阡圓
林釗同	峯山三光會社	五阡圓
金相國	崔末出	壹阡五百圓
洞長	康珠峯	壹阡五百圓
	黃水龍	壹阡五百圓
金萬得	安守允	壹阡五百圓
	李銡後	壹阡五百圓
時尊位	安昌錫	壹阡五百圓
韓大奉	金沙谷	壹阡五百圓
洞首	邱山國民校	壹阡圓

朴日奉　權達順 壹阡圓
　　　　金泰岩 〃
有司　　李相奉 〃
韓億祚　孫應容 〃
李洪植　姜聖中 〃
　　　　黃得善 〃
發記人 木首 李汝善
李錫復
安守允
孫應元

抛樑東	抛樑南
天高地望兮	風淸日暖兮
五百萬年瑞日紅	三月東風鶯子喃
抛樑西	抛樑北
村落廣大兮	千秋萬代兮
冠童摠讀五百書	萬民祝賀大韓國

檀紀四二九二年己亥三月二十九日
孫應元 撰

② 번역문
성황당 중수기.
아! 지난 500년 동안 비바람에 마모되었기 때문에 옆에 기록한 동원(洞員)들이 합심하고 협력하여 새롭게 증축하고 영세불망(永世不忘)의 뜻을 게판(揭板)한다.
기(記)

노존위 손계수 · 안경수 · 안성근 · 김성오 · 안만수 · 박대일 · 김순업 · 임교동 · 김상국, 동장 김만득, 시존위 한 대봉, 동수 박일봉, 유사 한억조 · 이홍식, 발기인 이석복 · 안수윤 · 손응원, 찬조자 기성어업조합 1만5천원 · 기성리 5천원 · 망양1구 5천원 · 망양2구 5천원 · 사동3구 5천원 · 사동2구 3천원 · 봉산1구 3천원 · 봉산2구 5천원 · 봉산노반 1천원 · 금강리 2천원 · 봉산삼광회사 5천원 · 최말출 1천5백원 · 강주봉 1천5백원 · 황수용 1천5백원 · 안수윤 1천5백원 · 이지후 1천5백원 · 안창석 1천5백원 · 김사곡 1천5백원 · 구산국민교 1천원 · 권달순 1천원 · 김태암 1천원 · 이상봉 1천원 · 손응용 1천원 · 강성중 1천원 · 황득선 1천원, 목수 이여선.

대들보를 동쪽으로 올리니; 하늘은 높고 땅은 망망한데, 오백만년의 상스러운 해[日]는 붉도다.
대들보를 서쪽으로 올리니; 촌락은 넓고 큰데, 학동들 모두 다 오백 서책(書冊)을 읽는구나.
대들보를 남쪽으로 올리니; 바람은 맑고 해[日]는 따뜻한데, 3월의 동풍(東風)에 꾀꼬리 지저귀네.
대들보를 북쪽으로 올리니; 천추만대(千秋萬代)토록, 만민(萬民)이 축하하는 대한민국일세.
단기(檀紀) 4292년(1959) 기해 3월 29일, 손응원(孫應元) 찬함.

(15) 「사자당 중수기」 현판⑮

① 판독문

使者堂重修記
天作名區 地得形勝 平浦海西 邱美山東 五百年
前 曾築城隍 首府巋然 使者盍從 神人俱歡
洞安家慶 財少誠薄 未備使堂 晝宵憂懼 寤
寐不忘 歲維戊申 乃謨構成 新舊并赫 禕祲精
靈 惟玆民庶 歲再齊誠 感應之修 造化之功 求福
方至 所願直亨 廄盛牝牡 野去災怏 海産驅舟 莫
風浪 宜家宣室 老幼新禎 人賴洞神 神賴洞氓 萬
事符合 豈無相應 金石同堅 日月如明 備人五福 應天
三光 堂宇翼然 勝狀佳濃 金波橫帶 瑶岑環拱 西
江南望月松 留神所居 萬歲是寧

老尊位 安聖根
安景守
安萬守

金順業
林釗同
黃奉述
韓大奉
朴日本
金邦佑
鄭在銀
安守萬
金乭守
全用國
金千石
時尊位 金永述
洞首
有司 崔奉述
安翊道
洞長 金萬得
有志 安守允
尹柱錫

西紀一九六八年戊申陽月 日

平海黃德基謹記

② 번역문

사자당 중수기.

하늘은 명구(名區)를 만들고 땅은 명승지(名勝地)를 얻었네. 서쪽으로는 평해(平海) 포구가 있고 동쪽으로는 아름다운 구산(邱山)이 자리했네. 5백년 전에 지은 성황당(城隍堂)이 마을 위에 우뚝하니 사신[使者]이 어찌 정박하지 않을 수 있었겠는가? 신(神)과 사람[人]이 모두 환영하여 마을[洞]이 편안하고 집안의 경사였지. 작은 재물과 보잘 것 없는 정성도 사당(使堂)에 갖추지 못해 밤낮으로 걱정하며 잠을 이루지 못했네.

이제 무신년(1968)에 이르러 이에 새롭게 구축하니 정령(精靈)이 상서롭게 되었고, 오직 이 동민은 해마다 재삼 정성 드려 감응(感應)의 다스림[修]과 조화(造化)의 공(功)으로 복(福)을 구하는 방도 이르기를 소원하니 곧바로 마구의 가축이 번성되고, 들에는 재앙이 가고 해산물과 고기잡이 조업에 풍랑을 만나지 않으며, 가정이 편해 노인과 어린이[老幼]들이 새 기운 생기드니 사람은 마을 신령[洞神]을 의지하고 마을 신령은 동민(洞民)에 의지하니 만사(萬事)가 부합(符合)이라. 어찌 쇠와 돌[金石]과 같이 굳고 해와 달[日月]과 같이 밝은 상응됨이 없다하리. 인간에 오복(五福)이 갖추어지고 하늘에 삼광(三光)이 응하니 사당[堂宇]은 날듯 한 형상이요, 짙은 황금 파도 가로 두르고 아름다운 옥산봉은 서쪽으로 감싸 두르고 강의 남쪽[江南]은 월송정(月松亭) 바라보며 신(神)이 머무는 거소(居所)는 만세토록 평안하리.

노존위 안성근 · 안경수 · 안만수 · 김순업 · 임교동 · 황봉술 · 한대봉 · 박일본 · 김방우 · 정재은 · 안수만 · 김돌수 · 전용국 · 김천석,
시존위 김영술, 동수 (빈칸), 유사 최봉술 · 안익도, 동장 김만득, 유지 안수윤 · 윤주석.

서기 1968년 무신(戊申) 양월(陽月; 10월) 일, 평해 황덕기 삼가 기록함.

(16) 「동사 중수 고사 신축기」 현판⑯

① 판독문
洞舍重修故舍新築記
右重修新築 則本年度新
任員等 以任期內完工 及
部落橋樑建設 各種施設
於勞苦矣 萬丈一就成功
中部落民 結議於揭示永
世不忘之文也
西紀一九七二年 九月 日

前尊位　　　時尊位
安景守　　　崔順根

安萬守　　時洞首
黃奉述　　李洪植
韓大奉　　時有司
朴日奉　　金斗星
金方佑　　金正出
鄭在銀　　洞長
安守萬　　安永岩
金永述　　漁村契長
金乭守　　金完道
全用國　　總代
金千石　　鄭道永
金太祚
韓億祚

② 번역문
동사 중수 고사 신축기.
이 중수(重修)와 신축(新築)은 금년도 신임 임원 등이 임기 내에 완공(完工)한 것이며, 부락(部落)의 교량 건설과 각종 시설에 노고가 많았기 때문에, 만장(萬丈)들이 한결같이 부락민(部落民) 중에 공(功)을 남긴 사람에 대해서 영세불망(永世不忘)의 글을 게시하기로 결의한 것이다.
서기 1972년 9월　일.

전존위 안경수 · 안만수 · 황봉술 · 한대봉 · 박일봉 · 김방우 · 정재은 · 안수만 · 김영술 · 김돌수 · 전용국 · 김천석 · 김태조 · 한억조,
시존위 최순근, 시동수 이홍식, 시유사 김두성 · 김정출, 동장 안영암, 어촌계장 김완도, 총대 정도영.

(17)「대풍헌 및 성황당 중건기」 현판⑰

① 판독문
待風軒및城隍堂重建記
이곳 邱山은 崛山尾峯내린 山

발 바다 위에 뜬 거북이 모양
의 浦口. 唐나라 丘大林將軍의
定着으로 命名된 마을이다.
鬱陵島 搜討에 順風을 기다리
던 待風所의 歷史와 東海에 몸
을 던져 忠節을 지킨 高麗忠臣
白巖金濟先生의 얼을 간직한 由
緖깊은 고장이다.
이러한 歷史의 背景위에 綿綿
히 이어온 自主 · 自立 · 協同의
傳統은 오늘도 老人을 軸으로
邱山을 支撑하고 있다.
邱山의 象徵 待風軒과 城隍堂
이 頹落하여 비가 드샐새 住民
의 誠金으로 檀紀四三二三年 庚
午에 改瓦하고 아울러 城隍堂
進入路를 鋪裝하였기에 이에 그
顚末을 簡略히 記錄하노라.

檀紀四三二四年辛未九月 日
蔚珍文化院長 南宗淳 記

誠金錄

老尊位	一里長
金千石金二萬원	李鎭佑金二萬원
尊位	二里長
金大億金二萬원	金永善金二萬원
安道根〃二萬원	時尊位
安守允〃二萬원	安秉權金二萬원
李洪植〃二萬원	時洞首
韓億琪〃二萬원	金八龍金二萬원
尹令述〃二萬원	金應石〃五萬원
安永俊〃二萬원	時有司
李相宗〃二萬원	金繁益金二萬원

尹柱錫〃二萬원 金炳奎〃二萬원
李奉植〃二萬원 法人漁村契長
金祚項〃二萬원 林邦甲金五萬원
孫良手〃二萬원 地域漁村契長
金萬得〃二萬원 安億權金五萬원
孫商敏〃二萬원 金龍雲〃百三十萬원
李福伊〃二萬원 安斗星金一百萬원
金鍾旭〃二萬원 安成俊〃五萬원
安翊權〃二萬원 孫晋斗〃五萬원
林相龍〃二萬원 金萬哲〃五萬원
同助員 白雲鍾〃五萬원
鄭永植〃五萬원 尹得文〃五十五萬원
車壽文〃五萬원 安鏞大〃二十五萬원

檀紀四三二四年辛未十月十五日

② 번역문

대풍헌 및 성황당 중건기.

이곳 구산(邱山)은 굴미봉[崛山尾峯] 내린 산 발 바다 위에 뜬 거북이 모양의 포구. 당(唐)나라 구대림(丘大林) 장군(將軍)의 정착으로 명명(命名)된 마을이다. 울릉도(鬱陵島) 수토(搜討)에 순풍(順風)을 기다리던 대풍소(待風所)의 역사와 동해에 몸을 던져 충절을 지킨 고려충신 백암(白巖) 김제(金濟)선생의 얼을 간직한 유서 깊은 고장이다. 이러한 역사의 배경 위에 면면히 이어온 자주 · 자립 · 협동의 전통은 오늘도 노인(老人)을 축으로 구산을 지탱하고 있다. 구산의 상징 대풍헌(待風軒)과 성황당(城隍堂)이 퇴락하여 비가 드샐 새 주민의 성금으로 단기(檀紀) 4323년(1990) 경오에 개와(改瓦)하고 아울러 성황당 진입로를 포장하였기에 이에 그 전말을 간략히 기록하노라.

단기(檀紀) 4324년(1991) 신미(辛未) 9월 일, 울진문화원장 남종순 지음.

성금록 ;

노존위 김천석 금2만원,

존위 김대억 금2만원 · 안도근 금2만원 · 안수윤 금2만원 · 이홍식 금2만원 · 한억기 금2만원 · 윤영술 금2만원 · 안영준 금2만원 · 이상종 금2만원 · 윤주석 금2만원 · 이봉식 금2만원 · 김조항 금2만원 · 손량수 금2만원 · 김만득 금2만원 · 손상민 금2만원 · 이복이 금2만원 · 김종욱 금2만원 · 안익권 금2만원 · 임상용 금2만원,
동조원 정영식 금5만원 · 차수문 금5만원, 1리장 이진우 금2만원, 2리장 김영선 금2만원, 시존위 안병권 금2만원, 시동수 김팔용 금2만원 · 김응석 금5만원, 시유사 김번익 금2만원 · 김병규 금2만원, 법인어촌계장 임방갑 금5만원, 지역어촌계장 안억권 금5만원 · 김용운 금130만원 · 안두성 금1백만원 · 안성준 금5만원 · 손진두 금5만원 · 김만철 금5만원 · 백운종 금5만원 · 윤득문 금55만원 · 안용대 금25만원.
단기(檀紀) 4324년(1991) 신미(辛未) 10월 15일.

(18) 「대풍헌 중건 복원기」 현판⑱

① 원문[21)]

대풍헌 중건 복원기
대풍헌은 경상북도 울진군 기성면 구산리 202번지
마을 중심부에 남향으로 자리잡고 있다.
원래 이 건물은 조선시대 평해군 구산포에서
울릉도와 독도로 가는 수토사들이 순풍을 기다리며
머물었던 곳으로 역사적으로 매우 유서 깊은 장소
인데 지금은 구산리 동민들의 회의장소와 동제당
으로 사용하고 있다.
이 건물의 정확한 창건연대는 알 수 없으나 「구산동
사중수기」현판에 의하면 1851년(조선 철종2년)에
중수하고 "대풍헌"이란 현판을 걸었음을 알 수 있다.
그리고 이곳에는 "완문"과 "수토절목"이란 고문서와
다수의 현판이 남아있는데 그 내용은 조선시대 삼척

21) 이 현판은 한자가 아니라 모두 한글로 되어 있어 굳이 소개가 필요하지 않다. 그러나 대풍헌이 있는 곳의 주민들이 대풍헌에 대해 어떻게 생각하고 있는지 그 역사적 인식을 파악하는데 도움이 될 것으로 판단되어 한글이지만 여기에 소개한다.

진영사또와 월송만호가 3년에 한번씩 울릉도와
독도를 지키고자 수색하여 토벌하였다는 것이다.
지금에 와서 건물은 "울진 대풍헌"이란 명칭으로
2005년 9월 20일 문화재자료 제493호로지정
되었으며 위 문서들은 "울진 대풍헌소장문서"라는
이름으로 2006년 6월 29일 문화재자료 제511호로
지정되었다.
한편 오랜 세월이 자나면서 건물의 퇴락과 변형으로
인해 울진군에서 2008년~2010년에 걸쳐 해체하여
원래의 모습을 찾아 복원하여 중건하게 되었다.
그러므로 이를 잊지 않게 하고자 기를 써서 그 역사
를 후세에 남기고자 한다.
2010년 1월 13일

대존위 이봉식 시존위 이덕천
행공존위 안병권 시동수 박진선
상존위 정영식 1리장 안실광
행공존위 백운종 2리장 이화성
상존위 최상운 (주)명인건설대표 최성호
행공존위 안익중
행공존위 임성기 발기인 최상운
행공존위 김정출 울진군청 학예연구사
행공존위 이진우 심 현 용
행공존위 김팔용
행공존위 박진규
행공존위 김택용
행공존위 안익순
행공존위 임방갑
행공존위 윤치곤
행공존위 정응준
행공존위 정문득
행공존위 안수명

행공존위　차수문
행공존위　김만철
행공존위　유덕만

3) 고문서

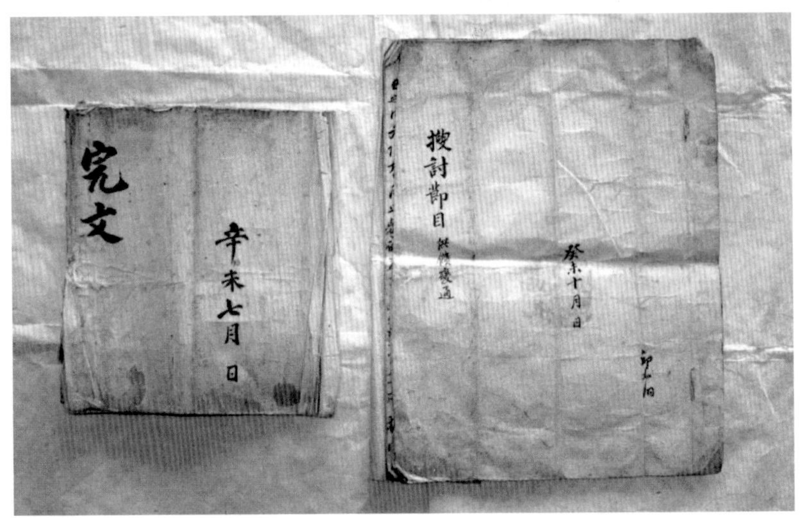

①완문　　　　②수토절목

〈사진 4〉 고문서

(1) 완문

① 판독문

完文

辛未七月 日〈이상 표지〉

右完文爲永久
遵行事卽接
邱山洞民等狀內
鬱陵島搜討時

鎭營使道越松萬
戶行次雜費奉行
等節前所沿海九
洞之并力隨護者
而挽近矣洞惟此
專當則偏害賢勞
不一滌陳而自洞僅
聚錢爲壹百貳拾
兩搜討時萬一添補
之資是在中分授
各洞存本取利每年
二月推捧亦爲有
置莅任以來究諸
營弊則迦矣洞搜
討時難支之狀已爲
洞悉而右錢壹百貳
拾兩布殖於各洞而
亦是不費之惠乙仍
于鄕作廳的只各
洞良中分排右錢
而每兩頭參分邊每
年二月推捧搜討
時用費添補之意成
完文以給爲去乎以此
遵行宜當者
辛未七月 日
官【押】
後
表山洞錢拾伍兩
烽燧洞錢捌兩
於峴洞錢柒兩 〔乙巳三月初七日錢二十兩正〕
直古洞錢貳拾兩

狗巖洞錢伍兩
巨逸洞錢貳拾兩
浦次洞錢拾兩
也音洞錢伍兩
邱山洞錢參拾兩

② 번역문
완문(完文).[22]
신미(辛未) 7월 일. 〈이상 표지〉

옆[右]의 완문은 영구토록 지켜 행[遵行]할 일이다. 방금 구산동민(邱山洞民)들이 올린 진정서[等狀]를 보니 울릉도(鬱陵島)를 수토(搜討)할 때 진영사또(鎭營使道; 삼척 포영의 영장)와 월송만호(越松萬戶)의 행차(行次)에 드는 잡비(雜費)를 봉행(奉行)하는 등에 관한 절목에 관한 내용으로, 전에는 연해(沿海)의 9동(洞)에서 힘을 합쳐 수호(隨護)하는 바였는데, 근세에 이 동(洞; 구산동)이 유독 이 일을 전담하여 해가 편중되고 홀로 수고로운데도 하나도 해결되는 게 없었다고 한다. 따라서 동(洞; 구산동)에서 가까스로 돈[錢] 120냥(兩)을 모아 수토(搜討) 시 만에 하나 첨가되거나 보충해야할 자원이 있을 경우 각 동(洞)에 나누어주어 존본취리(存本取利; 원금은 남겨두고 이자만 취함)하되 매년 2월에 추봉(推捧; 전곡을 물리어서 거두어 들임)한다고 하였다. 내가 부임한 이래로 여러 군영(軍營)의 폐단을 살펴보니, 너희 동(洞; 구산동)이 수토 시 지탱하기 어렵다는 정황을 이미 자세히 알게 되었다.
이제 이 돈 120냥을 각 동(洞)에 나누어서 이자 증식(布殖)하겠지만, 백성의 재물을 함부로 허비하지 않는 은혜를 갖춰야 하므로 향청(鄕廳)과 작청(作廳)에서 정확하게 각 동(洞)에 이 돈을 분배하고 1냥에 3푼 변리(邊利)로 매년 2월에 추봉(推捧)하여 수토(搜討) 시 첨보(添補)되는 비용으로

22) 관청에서 鄕校(혹은 향교의 교생), 書院(혹은 서원의 원생), 結社, 村(혹은 촌민)과 개인 등에게 어떠한 사실을 확인해주거나 권리 및 특전을 인정해주기 위한 용도로 발급되던 문서로 완문은 당사자나 해당 기관의 청원에 의하여 발급되는 것이 일반적이다.

쓰라는 뜻으로 완문을 작성하여 발급하는 것이니, 이를 지켜 행[遵行]하는 것이 마땅할 일이다.
신미(辛未) 7월 일.
관(官) 【수결서명】
다음[後].
표산동(表山洞) 돈(錢) 15냥.
봉수동(烽燧洞) 돈(錢) 8냥.
어현동(於峴洞) 돈(錢) 7냥[을사 3월 초7일 전 20냥 정].
직고동(直古洞) 돈(錢) 20냥.
구암동(狗巖洞) 돈(錢) 5냥.
거일동(巨逸洞) 돈(錢) 20냥.
포차동(浦次洞) 돈(錢) 10냥.
야음동(也音洞) 돈(錢) 5냥.
구산동(邱山洞) 돈(錢) 30냥.

(2) 수토절목

① 판독문
搜討節目 供饋變通
癸未十月 日
邱山洞 〈이상 표지〉

節目
右爲永久遵行事卽者南北津九洞民人等
呈狀內以爲鬱陵島之搜討三陟鎭營使道與
月松萬戶間三年行之者乃是定式而待風發船
之節每於邱山津而爲之是乎所月松鎭之於本津
則相距稍近其所費用雖不至於顆多至若鎭營
之行則本津留住也 爲日之久近都關於風勢之利不
利然則易至於八九日十數日矣雖留住之不久若一二
日之內各須費用之數誠爲不少而以不少之費擔當於
矣徒九洞者乃是九洞之巨弊 是如乎每於收錢之時

怨惡相加咸曰難支故齊會取議則商船之毋論魚
鹽與藿物到泊浦口下陸津頭時受貰八道沿邊
邑通行之例也而矣徒南北津良中各道商船之年
後年來泊者亦云多矣依此例隨多少受貰取殖補
用於惟正之費者似合於矣各洞永保之道也以此意
成給節目俾祛不細之民痒亦爲有置盖此鬱島搜
討時鎭營之行則六年一次而以今年言之兩日內支用之
費殆近百金矣邱山津民之訴則曰分値九洞乃是前例
其他八洞民之訴則曰徵數此多莫可支吾互相呼訴非
止一再左處右斷似不無彼此稱寃之端是如乎第其
兩日之費旣如是顆然矣若値風不利而或至於十餘
日之留住則尤將奈何弊誠非細憧憧一念思所以支保
之策是在如中齊訴適至參互事勢則於商人別無大
失於九洞省弊不些大抵鬱島在於海中搜討發之待
風亦在於津頭而其費用之從前分値於九洞者誠由
於濱海之致則商船之去來也亦豈無些少之受貰而況
他各道沿邊邑通同之例乎一依汝矣等所訴受貰數
爻及擧行條件並以這這後錄成節目四件一則置之
作廳一則出給於揮羅浦一則出給於直古洞一則出給於邱
山洞是去乎以此永久遵行毋或違越宜當者
癸未十月 日
官【押】
後
一 商船之受貰也不可無一定之規矣鹽則每石五分明太則每
　駄一戔式是齊
一 旣已受貰於商船則當該船主人亦不無貰錢藿船主
　人則二兩鹽船主人則五戔微魚船主人則五戔式是齊
一 今此節目已成其收捧之節毋論某津商船如民來泊
　是去等該洞任與船主人眼目以某商船來泊之意來報
　官家是齊
一 受貰之節旣已定式則收捧之際相蒙之歎難保其必
　無不可無句檢之監發監發啓自邱山洞擇其諸洞民中

稍實勤幹者一人報發差出使之逐津受貰而受貰
之際與各該洞任及船主人眼目擧行是齊

一 商船到泊之後旣有該津洞任之報則自官卽爲題送于
受貰監官使之擧行而所捧錢啓計其多少當該監官來
付邱山洞計年取殖是齊

一 今此受貰錢旣付邱山洞使之計年取殖則無論鎭營與
月松間三年搜討行待風時支用下記自邱山洞全當擧行
而切勿侵得於各洞俾無如前紛計之弊是齊

一 毋論某津商船來泊之後如有掩匿不報之弊是如可現
發於廉探之下則當該尊位洞任及船主人等斷當限
死嚴治是齊

一 上道進支旣有官供則不必擧論而至於陪下人馬之供饋
則自官至出勤幹色吏一人與邱山洞任眼目擧行而所
用下記一依辛未節目用下爲乎矣切勿濫下是齊

一 鹽船來泊也每石五分戔旣已成節目酌定收捧付之邱山
洞補用於搜討發下記則鹽捧之受貰可謂疊得自今
爲始永革是齊

一 九洞巨瘼都付邱山洞俾爲矯捄則錢雖有受貰處亦
不無酬勞之典小小烟戶赴役除減是齊

一 月松萬戶搜討之時擧行之節及其他諸條已悉於辛
未節目今不必疊床是齊

一 未盡條件 追後磨錬是齊

② 번역문

수토절목. 수토사 등의 접대 등에 변통하라.
계미(癸未) 10월　일.
구산동(邱山洞). 〈이상 표지〉

절목(節目).

옆[右]에 쓰여 있는 글은 영구토록 지켜 행[遵行]할 일이다. 이것은 (월송진의) 남북포구[南北津] 9동민(洞民)의 소장(訴狀)에 따른 것으로 울릉도(鬱陵島) 수토(搜討)에 쓰이는 것이다. (울릉도 수토는) 삼척진영 사또(三陟

鎭營使道)와 월송만호(月松萬戶)가 3년에 한 번 행(行)하는 것이 정식(定式)으로 되어 있으니, 바람을 기다려 배를 출발하는 때에 매번 구산진(邱山津; 지금의 구산항)에서 하도록 하는 바이다.

월송진(月松鎭)은 본진(本津; 구산진, 즉 구산포, 지금의 구산항)에서 서로 거리가 아주 가까우니 그 소용되는 비용은 비록 많지 않지만, 자주 진영(鎭營)의 행차가 있게 되면 본진(本津; 구산진)에 유숙을 해야 된다. (유숙하는) 날짜가 길어지고 짧아지는 것은 바람의 세(勢)가 좋고 나쁨에 달려 있는 즉 쉬워야 8~9일이나 십 수 일이니 비록 유숙하는 것이 오래지 않더라도 하루 이틀 안에 각 재료 비용에 쓰이는 액수는 진실로 적지 않으니 그 적지 않은 비용을 9동민(洞民)에게 담당하게 한 것은 이는 9동(洞)의 큰 폐단이다. 이와 같이 매양 돈을 걷을 때 원망이 서로 더하니 다 같이 말하기를 견디기 어렵다고 하니, 그러한 고로 모여서 의견을 들은 즉, 상선(商船)은 말할 것도 없고 어염과 미역은 배가 포구에 이르러 진두(津頭)에 하륙(下陸)할 때 세(貰)를 받는 것은 8도(道)의 해안가 고을[沿邊邑]에 통상 행(行)하는 예가 있으니 그대로 한다. 다만 남북포구[南北津]에서 각 도(道)의 상선이 와서 머무는 것이 해마다 많다고 말한다. 이 예에 의하여 (정박일자의) 다소에 따라 세를 받아 (수토할 때) 보충비용에 쓰고, 생각건대 바르게 쓰는 것은 각 동(洞)에서 오래 보전해야 하는 도리에 맞는 것 같다. 이러한 뜻에서 절목(節目)을 만들어 발급[成給]하여 적지 않은 민폐를 없애고자 한다.

대개 울릉도 수토(搜討) 때는 진영의 행차인 즉 6년에 한 번 있으나, 금년으로 말할 것 같으면 이틀 동안 지출한 비용이 거의 100금(金)에 가깝다. 구산진 백성[邱山津民]들이 진정하기를 "9동(洞)이 분담 시행한 것은 앞서 시행한 것이다."라 하였고,[23] 다른 8동민(洞民)이 진정하기를 "징수하는 비용이 많으니 가히 우리가 견딜 수 없다."고 서로 호소하는 것이 한 두 번이 아니었다. 구산동에서 진정하는 것을 다른 8동(洞)에서 차단하니, 피차 원망의 단서가 되고 있다. 그 이틀의 비용이 이미 이와 같이 많은데, 만약 바람을 만나 불리하여 혹 십 여일 유숙하게 된다면 장차 어떻게 하겠는가? 진실로 폐단이 적지 않으니 어떻게 해볼 일념(一念)으로 생각하였는바, 지탱하고 보존하는 대책이 이 가운데 있다. 하소연을 간추려서 서

---

23) 신미년의 「완문」을 말한다.

로의 사세(事勢)를 맞추어 참작한 즉, 상인(商人)에게는 별다른 큰 손실이 없으나 9동(洞)의 폐단을 줄이는 데는 적지 않다.
무릇 울릉도가 바다 가운데 있어 수토(搜討)하는 관리가 진두(津頭; 구산진)에서 바람이 잦아들기를 기다리니, 그 비용은 종전에 9동(洞)에서 분담하였으니 진실로 해변에 위치한 까닭으로서 상선이 왔다 갔다 할 때에 어찌 적은 세(貰)라도 없겠는가? 하물며 다른 각 도(道) 해안가 고을[沿邊邑]에도 같은 예가 있다. 너희들이 진정(호소)한 바에 의하여 받는 세(貰)의 수효와 거행하는 조건을 일일이 '다음[後]'에 기록하여 4조의 절목(節目)으로 한다.
하나, 작청에[24] 비치하여 둘 것.
하나, 휘라포에 내어 줄 것.
하나, 직고동에 내어 줄 것.
하나, 구산동에 내어 줄 것.

이렇게 하였으니 이로써 영구토록 좇아 행[遵行]하여 혹시라도 어긋남이 없도록 하는 것이 마땅할 것이다.
계미(癸未) 10월 일.
관(官) 【수결서명】

다음[後].
하나, 상선의 세를 받을 때 일정한 규정이 없지 않으니 소금은 한 섬 머리 5푼으로 하고 명태는 한 뭇에 1전으로 한다.
하나, 이미 상선에 세를 받았으면 마땅히 선주(船主)도 또한 세가 없을 수 없다. 미역 채취선의 선주는 2냥으로 하고 소금 선주는 5전으로 하고 작은 고기잡이 선주는 5전으로 한다.
하나, 이제 절목이 이미 작성되었으니 그 받아들이는 절차는 어떤 진(津)을 막론하고 상선과 같은 식으로 하고, 와서 정박하고 가는 민선(民船) 등은 동임과 선주의 안목(眼目)대로 하고 어떤 상선이 와서 정박하였는지를

---

24) 서리들의 집무처를 말한다. 공식적으로 人吏廳 또는 吏廳이라 하였고 일반적으로는 作廳 또는 星廳이라고 한다. 서리들은 이곳을 연방이나 연조라고 존칭하였는데, 속어로는 길청 또는 질청이라고 한다.

관가에 와서 보고한다.

하나, 세를 받는 절차는 이미 정식(定式)으로 되었으므로 받아들일 즈음에 서로 혜택을 보려고 하여 바르게 시행되는 것을 보장하기 어려우니 반드시 검열하는 감영의 관리가 없어서는 안 된다. 감영의 관리는 구산동으로부터의 상계는 그 동민(洞民) 중에 뛰어나고 부지런한 한 사람을 차출하여 관청에 보고하여 세받는 책임자로 하고 세를 받을 즈음에는 각 해당 동임과 선주인의 안목대로 거행한다.

하나, 상선이 이르러 정박한 뒤에 이미 있는 해당 진의 동임이 보고하면 관청으로부터 곧 세를 받는 지침을 보내어 감영의 관리로 하여금 거행하고 바치는 돈은 그 다소를 계산하여 보고하고 당해 관리는 구산동의 연간 돈을 모아 증식케 한다.

하나, 이제 세를 받은 돈을 미리 구산동에 부치어 연간 모아 증식케 함은 곧 삼척 진영과 월송진이 물론 3년마다 수토(搜討) 가려고 바람을 기다릴 때에 쓰는 비용은 구산동에서 전담하게 하여 일절 각 동(洞)에 전(前)과 같은 분쟁의 폐단이 없게 함이다.

하나, 어떤 진(津)을 막론하고 상선이 와서 정박한 후에 만일 숨겨서 보고를 하지 아니한 폐단이 있으면, 이는 가히 염탐하여 밝힐 것인 즉, 당해 존위 · 동임 및 선주 등은 마땅히 죽도록 엄하게 다스리게 될 것이다.

하나, 상급 도(道)의 수토관 지출비용은 이미 관(官)에서 공급을 한 즉, 거론할 필요가 없으나 상관을 모시고 온 부하와 말의 먹이에 대한 것은 관청으로부터 나와 일하는 아전 한 사람과 구산동임이 안목에 맞도록 거행할 것이되 소요비용은 '신미 절목(辛未節目)'대로[25] 해야 하고 절대 남용하지 말아야 한다.

하나, 소금배[鹽船]가 와서 정박할 때에는 한 섬 머리 5푼 식으로 이미 절목으로 성립되어 있으니 참작하여 정한대로 거두어 구산동으로 부치어 수토비용에 보태어 쓰게 하면 염선에서 거둔 세로 가위 재원이 늘게 될 것이다. 이제부터 처음 시작하여 영원히 개선되게 한다.

하나, 9동(洞)의 큰 병폐를 모두 구산동에서 처리하도록 교정한 것인 즉, 돈[錢]은 비록 세를 받을 곳이 있다 하더라도 또한 수고를 하는 사람에게

---

25) 이로 보아 신미년 '완문'을 발행한 후 같은 해에 수토사 일행을 접대할 때 들어가는 물품의 종류와 수효 등을 규정하는 절목도 같은 해에 만들었던 것으로 보인다.

수고비를 주는 법이 없지 않으니 자질구레한 민가호구의 부역을 감해 주게 한다.
하나, 월송만호(月松萬戶)가 수토(搜討) 시 거행하는 절목 및 기타 조건은 이미 '신미 절목(辛未節目)'에 모두 정하였으니 지금 거듭 말할 필요 없이 그대로 한다.
하나, 미진한 조건은 추후에 참작 조치한다.

3. 울진 대풍헌 자료의 역사적 의미

1) 대풍헌 자료의 시기

(1) 상량기문

대풍헌이란 건물의 정확한 건립 연대는 알 수 없다. 그러나 「구산 동사 중수기」 현판③에 의하면, 1851년(철종 2) 6월 중수하고 '대풍헌(待風軒)'이란 현판을 걸었다는 것과 「상량기문」으로 보아 1851년 이전에 이 건물은 이미 존재해 있었던 것을 알 수 있다. 이 「상량기문」에 의하면, 1851년 3월 2일 오전 9~11시 사이에 기둥을 세우고 그날 저녁 7~9시 사이에 상량하였다. 그러므로 상량은 「구산 동사 중수기」 현판③보다 약 3개월 빠른 것으로, 이로 보아 이 건물을 준공하기까지는 약 3개월이 걸렸으며, 이는 당시 대대적인 중수로 건물을 새로 지었음을 보여주는 자료라 하겠다.

또 현판의 내용으로 보아 원래는 동회관[洞舍]이던 것이 언제부터인가 이곳 구산항에서 수토사들이 출항하게 되면서 이 동회관에 유숙하게 되어 그들의 숙소로도 사용되었던 것이다. 그 시기는 「구산 동사 중수기」 현판③으로 보아 늦어도 1851년 6월 이전이다.

이 외에도 건물을 중수하면서 게판한 현판이 여럿 있는데, 1906년 5

월(「중수기」 현판⑫), 1939년 6월(「동사 중수기」 현판⑬), 1972년 9월(「동사 중수 고사 신축기」 현판⑯), 1991년 10월(「대풍헌 및 성황당 중건기」 현판⑰) 등 계속해서 중수가 이루어 졌음이 확인된다.

(2) 현판

최근 2010년 복원 후 게판한 「대풍헌 중건 복원기」 현판⑱을 제외하고 대풍헌의 현판 17점을 내용별로 분류해 보면, 건물의 이름을 알리는 현판 2점, 동사기 및 중수기 6점, 성황당 및 사자당 중수기 2점, 동계완문의 문서를 현판으로 기록한 것 1점, 평해 군수와 월송 영장 및 마을사람들의 도움을 기리는 현판 6점이다. 이들 현판의 제작 시기는 후술하겠지만, 1851년~1991년까지로 마을에서는 대풍헌에 지속해서 큰 일이 있을 때나 대풍헌 및 성황당과 관련된 일이 생기면 그 내용을 현판에 기록하여 대풍헌에 게판하였다.(〈표 1〉)

지금 게판된 현판은 모두 나무로 만들었으며, 형태는 세장방형을 하고 있다. 글씨는 해서 · 행서 및 초서가 혼용되어 사용되었으며, 글씨도 모두 세로로 음각하였다. 현판의 바탕은 검은색이며, 명문은 흰색을 칠했는데, 일부 이름 등 붉은색을 칠하기도 하였다. 이 18점의 현판 중 조선시대에 제작된 현판①~⑫인 12점에 대해서 내용 및 제작 시기를 좀 더 자세히 검토해보자.

먼저 「기성 구산 동사」 현판①은 「구산 동사 중수기」 현판③의 내용으로 보아 동사를 중수하는 1851년(철종 2) 3월 이전에 이미 걸려 있었음을 알 수 있다. 이 마을 지명이 신라 말 당나라 구대림(丘大林) 장군이 이곳에 귀화하여 '구미(丘尾)'라 칭하고, 고려 말 평해군수 백암 김제가 지형이 거북의 꼬리와 같다하여 '구미(龜尾)'로 개칭하여 오다가 1914년 행정구역 개편 시 '구산(邱山)'으로 칭하게 되었다 한다.[26] 그런데 현판①의 '구산(龜山)'은 앞에서 보듯이 마을지명이 丘尾 → 龜尾 → 邱山로 변화는 과정에서 확인되지 않는다. 한자로 보아 구미(龜尾)에서 구산(邱山)으로 변화는 중간과정[龜尾 → 龜山 → 邱山]의 지명이 아닌가 추정된다. 또한 '구산(邱山)'이 1914년이 아닌 「구산 동사 중수기」 현판③으로 보아 늦어도 1851년 6월에 이미 '구산(邱山)'으로 사용되고 있었음을 확인할 수 있다. 그러므로 「기성 구산 동사」 현판①에 적힌 '구산(龜山)'이란 지명으로 보아도 「기성 구산 동사」 현판①의 제작 시기는 1851년(철종 2) 3월 이전임을 충분히 추정할 수 있다.

「구산 동사 중수기」 현판③은 월송포 장군이 울릉도를 수토하며, 구산리 마을의 동사가 그동안 수토 임무를 봉행해 오던 곳임을 알려주며, 동사를 중수하고 새로 '대풍헌'이라 이름 짓고 현판을 걸었음을 보여준다. 그 제작 시기는 '함풍 원년 신해 6월'로 알 수 있는데, 이는 1851년(철종 2) 6월이다. 이로 보아 외부에 걸려있는 「대풍헌」 현판②는 「구산 동사 중수기」 현판③과 동시에 게판한 것이다.

「평해군수 심능무 · 이윤흡 영세불망지판」 현판④는 삼척 진영과 월송 포진이 3년마다 번갈아 울릉도를 수토할 시 구산동에 후풍소가 있어 바람을 기다리는데, 그때마다 동에서 물자를 거두어들여 폐해가 컸으나, 심능무와 이윤흡 평해 군수가 마을에 수토비용을 보태어주어 그 덕을 석비뿐만 아니라 현판을 제작하여 기린다는 내용이다. 현판에는 기문을 작성한 시기가 '상지칠년경오칠월 일'로만 되어 있다. 이 현판의 주인공인 심능무는 1865년(고종 2) 3월 8일에 평해 군수로 임명되었고,[27] 이윤흡은 1867년(고종 4) 2월 17일 평해 군수로 임명되는 것이[28]

---

26) 경북향토사연구협의회, 1990, 「제11장 울진군」, 『경북마을지』 상, 경상북도, 914~915쪽.

27) 『승정원일기』 고종 2년(1865) 3월 8일(계묘).

28) 『승정원일기』 고종 4년(1867) 2월 17일(신축).

『승정원일기』에 보인다. 이로 보아 현판의 제작 시기는 1870년(고종 7) 7월로 볼 수 있다. 그러므로 현판 내용 중 '병인년'은 '1866년(고종 3)'으로, '무진년'은 '1868년(고종 5)'이다.

「월송만호 장원익 영세불망지판」 현판⑤는 장원익이 월송포 영장으로 부임하여 울릉도 수토 시 대풍소가 있는 구산동민들의 어려움을 수차례 술을 주며 위로하여 그의 행적을 기리기 위하여 현판을 제작하며, 또 수토소를 보수하여 '수토보용루'라 한다는 내용이다. 장원익은 고종 3년(1866) 12월 20일에 월송만호로 임명되었다.[29] 이 현판에서도 '성상 3년 병인'이라는 기록이 『승정원일기』를 뒷받침한다. 현판은 '경오년 칠월'이라는 간지로 보아 1870년(고종 7) 7월에 제작한 것이다. 그러므로 내용 중 '정묘년'은 '1867년(고종 4)', '무진년'은 '1868년(고종 5)'임을 알 수 있다. 또 대풍헌이 '수토보용루'로도 불렀음을 알 수 있다.

「평해군수 이용익 영세불망지판」 현판⑥은, 구산진은 울릉도 수토시 바람을 기다리는 후풍소로 삼척영과 월송진이 년년이 행하는 수토 때 마을에서 그 비용을 보탰는데, 이용익 군수가 근심하고 그 비용을 보태주어 그 덕을 동회관 벽에 현판을 게판하여 기린다는 것이다. 그 시기는 동치 10년이라는 기록으로 보아 1871년(고종 8) 4월이며, 이는 평해 군수 재임기간(1868.8.13~1871.6.1)[30] 중이다.

「월송영장 황공 영세불망지판」 현판⑦은, 구산동은 간년으로 울릉도를 수토할 시 대풍소로 마을에서 비용을 거두는데, 황 영장이 보탬을 기린다는 내용이다. '동치 11년 8월 방오 찬'이라는 기록으로 보아 현판 제작 시기는 1872년(고종 9) 8월임을 알 수 있다. 그러므로 내용 중 '기사년'은 '1869년(고종 6)'으로 추정할 수 있다. 그러나 월송만호진의 영장 황공이 누구인지는 밝히지 못하였다.

---

29) 『승정원일기』 고종 3년(1866) 12월 20일(을사).

30) 울진군지편찬위원회, 2001, 『울진군지』 하, 울진군, 424쪽.

「전임 손주형·손종간·손수백 영세불망지판」 현판⑧은, 격년간 1년은 수토가 있는데, 구산동에서 그 비용을 제공하여 폐단이 심하였으나, 주민 손주형과 손종간, 그리고 손수백이 소금 상인 등에게 세금을 거두어 보태어 쓰게 하는 등 그 고생을 기록한 것이다. 현판은 '무인지월 방오 기'라는 기록으로 보아 1878년(고종 15) 11월로 이때 제작하였다. 내용 중 갑신년과 기유년의 정확한 시기를 알 수 없으나, '위·아래 55년이 지났다'라는 기록으로 보아 현판 제작 시기(1878)와 연결해 보면, '갑신년'은 '1824년(순조 24)'으로, '기유년'은 '1849년(헌종 15)'으로 추정할 수 있다.

「도감 박억이 영세불망지판」 현판⑨는, 구산동이 병자년과 정축년에 흉년으로 공납을 체납할 위기에 도감 박억이 자신의 논을 팔아 마을 공납에 보탬을 기린 것이다. 이 현판은 '무인 십일월 망일 방오 서'로 보아 1878년(고종 15) 11월 15일에 제작한 것을 알 수 있다. 그러므로 '병자년'은 '1876년(고종 13)'으로, '정축년'은 '1877년(고종 14)'으로 추정할 수 있다.

「구산 동사기」 현판⑩은 구산동이 수토 시 부역을 하였는데, 안택규와 김석빈의 노고를 기록한 것이다. '저옹공돈 유하 상완'으로 보아 1888년(고종 25) 4월 상순에 현판을 제작하였음을 알 수 있다.

「동계 완문」 현판⑪은 완문을 현판에 다시 옮겨 기록한 것이다. 완문은 조선시대 관부에서 향교, 서원, 결사, 촌, 개인 등에 발급한 문서이다. 동원 20명이 학당을 짓고 사회에 공헌함을 도모하고자 완문 규약을 만들었으며, 이 규약을 영구히 지키고자 문서를 다시 현판으로 제작하여 게판한 것으로 판단된다. 그 시기는, 진정문은 대한제국 고종 광무 8년, 즉 1904년 2월이며, 뎨김문은 동년 5월 13일이다.

「중수기」 현판⑫는 손상섭과 손쾌윤이 동민들의 궁핍함을 알고 사비로 채무를 감당하였으며, 또한 공들의 도움으로 대풍헌을 중수할 수 있었다는 내용을 기록한 것이다. 이 현판은 대한제국 고종 광무 10년, 즉 1906년 5월에 제작한 것을 알 수 있다. 또 내용 중 '신묘년'의 수재와 '계묘년'의 흉년은 현판의 제작 시기로 보아 이보다 앞서는 시기, 즉 신묘년은 '1891년(고종 28)'으로, 계묘년은 '1903년(대한제국 고종 광무 7)'으로 추정된다. 이들을 정리해보면 다음의 〈표 1〉과 같다.

〈표 1〉 대풍헌의 현판 현황

번호	현판 명칭	제작 시기	서 · 기 · 찬 자	주요 단어	비고
1	기성 구산 동사	1851년(철종 2) 이전	·		
2	대풍헌	1851년 6월	·	수토	
3	구산 동사 중수기	1851년 6월	김학린 기 손종훈 서	수토	
4	평해군수 심능무 · 이윤흡 영세불망지판	1870년(고종 7) 7월	·	수토	
5	월송만호 장원익 영세불망지판	1870년 7월	박제은 기	수토	
6	평해군수 이용익 영세불망지판	1871년(고종 8) 4월	·	수토	
7	월송영장 황공 영세불망지판	1872년(고종 9) 8월	방오 찬 김술모 서	수토	문화재 지정됨
8	전임 손주형 · 손종간 · 손수백 영세불망지판	1878년(고종 15) 11월	방오 기	수토	
9	도감 박억이 영세불망지판	1878년 11월	방오 서	수토	
10	구산 동사기	1888년(고종 25) 4월	이서구 기	수토	
11	동계 완문	1904년 2월(진정) 1904년 5월 13일(데김)	·		
12	중수기	1906년 5월	손주형 찬 황경운 서 윤영선 각		
13	동사 중수기	1939년 6월	손계수 찬	수토	
14	성황당 중수기	1959년 3월 29일	손응원 찬		
15	사자당 중수기	1968년 10월	황덕기 기		
16	동사중수 고사 신축기	1972년 9월	·		
17	대풍헌 및 성황당 중건기	1991년 9월(기), 1991년 10월 15일(성금록)	남종순 기	수토	

18	대풍헌 중건 복원기	2010년 1월 13일		수토	
합계	18점				

(3) 고문서

「완문」(가로 27.5×세로 29㎝)과 「수토절목」(가로 33×세로 42.1㎝)의 두 고문서는 한지로 만들었으며, 각각 6장으로 성책(成册)되었는데, 문서의 좌측 가장자리부분에 4개의 구멍을 뚫고 한지를 새끼처럼 꼬아 만든 끈으로 앞에서 ⊂모양으로 구멍에 끼어 넣어 뒤에서 묶었다. 그리고 세로로 행서체로 묵서하였으며, 곳곳에 붉은 도장[朱文方印]이 찍혀 있어 작성 당시의 원본임을 말해주고 있다.

「완문」이란 조선시대 관부(官府)에서 일반 백성들에게 어떤 사실을 알리거나 특전을 부여할 때 발급하는 문서로 어떠한 사실의 확인 또는 권리나 특권의 인정을 위한 확인서(인정서)의 성격을 가지고 있다. 보존 상태는 양호하나 뒷 표지 부분이 마모로 인해 훼손이 심하고 찢어져 있다. 여기의 완문은 구산동과 그 이웃한 포구마을의 상소에 따라 평해군 관아에서 발급한 완문이다.

또 「수토절목」은 제목에서 보듯이 '수토(搜討)'란 '수색하여 토벌하다'라는 뜻으로 수토 때의 12조항을 적은 것이 '절목'이다. 즉 앞 시기의 「완문」에서 정한 각 마을의 비용이 많아서 지탱하기 어려워 상선, 어선과 미역을 실은 배 들이 구산항에 들어올 때 세를 받아 수토 시 경비로 사용할 수 있도록 실행 조건을 절목으로 만들어 놓은 것이다.

이 두 고문서의 기록 시기를 살펴보면, 「완문」은 '신미년'이 기록되어 있고, 「수토절목」은 '계미년'이란 간지와 그 내용으로 보아 「완문」보다 12년 후로 보이며, 문서의 재질이나 현 상태로 보아 완문은 '1811년' 또는 '1871년'으로, 수토절목은 '1823년' 또는 '1883년'으로 추정되었다.[31] 그러나 상선이 수세하고 선주인이 널리 확산되는 것은 한국에서 18세기 후반 이후의 상황이고, 1883년(고종 20) 7월에 조인된 '조일통상장정'에서는 조선의 경상도 해안에서 일본 어선의 어업활동을 인정하였기 때문에 1883년(고종 20) 7월 이후에는 수토사를 파견할 이유가 없었으므로 이 문서는 늦어도 '1883년' 이전의 것으로 보고 「완문」을 '1811년', 수토절목을 '1823년'으로 추정한 견해가 있다.[32]

그런데, 「월송만호 장원익 영세불망지판」(1870.7)과 「평해군수 심능무 · 이윤흡 영세불망지판」(1870.7)의 내용을 살펴보면, 이들 현판 제작 시까지 이러한 「완문」과 「수토절목」의 내용들처럼 대풍헌 주변 지역민들을 위한 수토 경비조달 방법 등이 확립되지 않고 있으므로 앞의 두 문서는 이 현판들보다 그 시기가 늦다고 보아야 한다.

그러므로 「완문」의 '신미년'은 '1871년(고종 8)'으로, 「수토절목」의 '계미년'은 '1883년(고종 20)'으로 추정된다. 이는 거일리에서 발견된 「구암동 김종이 각양공납초출」(1893) 문서에서도 김종이가 '수토전(搜討錢)'을 내고 있고, 「공납성책 개국 오백 사년 을미 십일월 이십팔일」(1895.11.28) 문서에서 '구산 수토식리'와 '관 수토식리'를 거두는 것이 확인되며, 또 최용석, 김말동, 윤인길, 박학손, 정운이, 박두회, 박무갑 등 다수의 주민들이 '수토전'을 내는 것에서 입증이 된다 하겠다.[33]

---

31) 권삼문, 「울진의 고문서 -마을 문서와 군지-」, 『향토문화』 11 · 12, 향토문화연구회, 1997, 212~217쪽; 권삼문, 『동해안 어촌의 민속학적 이해』, 민속원, 2001, 296~303쪽.

32) 이욱, 「〈완문 신미 7월 일〉, 〈수토절목 공궤변통 계미시월 일 구산동〉」, 『일본의 역사왜곡과 대응방안』 광복 60주년 기념 학술대회, 한국국학진흥원, 2005, 148쪽.

33) 심현용, 「조선시대 울릉도 수토정책에 대한 고고학적 시 · 공간 검토」, 『영토해양연구』 6, 동북아역사재단 독도연구소, 2013, 173~174쪽.

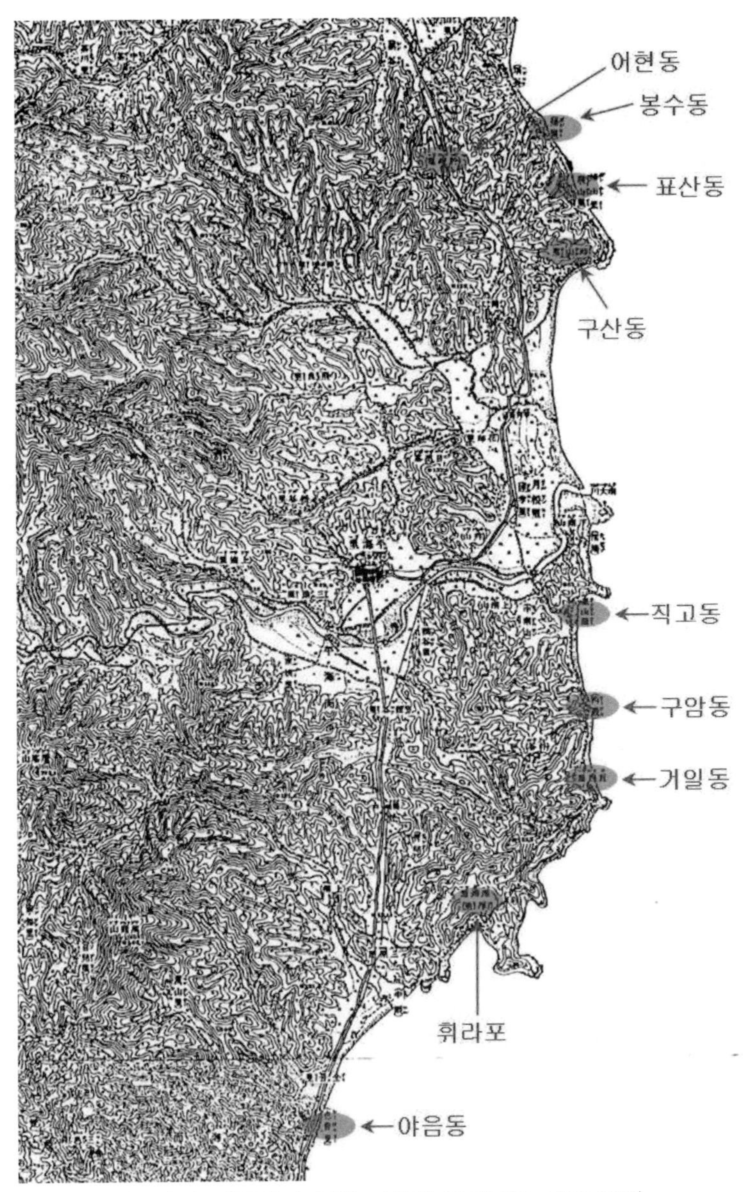

〈그림 1〉 대풍헌과 주변 마을의 위치도(S=1/50,000)

2) 대풍헌 자료의 역사적 의미

앞에서 살펴 본 현판과 고문서는 조선시대 울릉도(독도) 수토 시의 상황을 자세히 알려주고 있다. 특히 「완문」과 「수토절목」은 울릉도(독도)를 순찰하는 수토사 일행의 접대를 위해 소요되는 각종 경비를 전담했던 구산 동민들의 요청에 따라 부담을 경감할 수 있는 방책에 대해 관아 [평해군]에서 결정해준 내용의 문서로 그 역사적 가치가 매우 높다.

먼저 대풍헌이 있는 구산동과 그 주변 마을 등 9개 마을의 위치에 대해 살펴보자.(그림 1)

「완문」에는 표산동, 봉수동, 어현동, 직고동, 구암동, 거일동, 포차동, 야음동, 구산동 등 9개 마을이 나오며, 「수토절목」에는 휘라포, 직고동, 구산동 등 3개 마을이 나온다. 이곳에 나오는 9개 마을은 구산동을 중심으로 그 북쪽은 봉산동이며, 그 남쪽은 야음동까지의 구역이다. 이중 8개 마을은 모두 그 위치를 찾을 수 있다.

즉, 봉수동은 지금의 기성면 봉산1리 봉수 마을이며,[34] 표산동은 기성면 봉산2리 표산 마을이다.[35] 그리고 어현동은 기성면 정명2리 어티 마을이며,[36] 직고동은 평해읍 직산2리 직고개 마을,[37] 구암동은 평해

---

34) 한글학회, 『한국지명총람』 7(경북편 Ⅳ), 118쪽; 경상북도교육위원회, 1984, 『경상북도 지명유래총람』, 1979, 1130쪽; 경북향토사연구협의회, 『경북마을지』 상, 1990, 914쪽.

35) 한글학회, 『한국지명총람』 7(경북편 Ⅳ), 1979, 118쪽; 경상북도교육위원회, 『경상북도 지명유래총람』, 1984, 1130쪽; 경북향토사연구협의회, 『경북마을지』 상, 1990, 914쪽.

36) 한글학회, 『한국지명총람』 7(경북편 Ⅳ), 1979, 121쪽; 경상북도교육위원회, 『경상북도 지명유래총람』, 1984, 1132쪽; 경북향토사연구협의회, 『경북마을지』 상, 1990, 911쪽.

37) 한글학회, 『한국지명총람』 7(경북편 Ⅳ), 1979, 179쪽; 경상북도교육위원회, 1984, 『경상북도 지명유래총람』, 1114쪽; 경북향토사연구협의회, 『경북마을지』 상, 1990, 860쪽.

읍 거일1일 구암(개바위) 마을이며,[38] 거일동은 평해읍 거일2리 기알(게알) 마을이고,[39] 야음동은 후포면 금음3리 야음 마을이며,[40] 구산동은 지금의 구산항이 있는 기성면 구산리 구미(구산) 마을이다.[41]

하지만 포차동은 어디인지 알 수 없다. 「수토절목」에서 포차동은 확인되지 않고 휘라포가 나온다. 이 휘라포는 지금의 후리포(울진군 후포면 후포리 후포항)로 「완문」의 거일동과 야음동 사이에 있고, 「수토절목」의 내용이 신미년 「완문」의 내용을 포함하고 있으므로 앞 시기 「완문」의 포차동이 뒤 시기 「수토절목」의 휘라포로 판단된다.

이 「완문」과 「수토절목」의 내용을 종합해보면, 삼척진영 사또와 월송만호가 3년에 한 번씩 울릉도를 수토할 때 평해 구산리에서 출발하는데, 바람의 형편에 따라 머무는 기간이 길어지기도 하였다. 평해군 관아에서는 구산리와 그 주변 8개 마을에 돈을 풀어서 생긴 이자로 그 경비를 충당하였으나, 각 마을의 동세(洞勢)가 각각 다르니 민원이 자주 일어나 그 해결 방도를 논의한 바를 관부 [평해군]에서 결정한 것이다. 이들 문서를 통해서 조선 후기에 울릉도(독도)를 수토할 시 당시 평해군의 구산리에 있는 구산포(지금의 구산항)이 그 기점이 되었다는 것을 알 수 있으며, 그 경비의 조달방법을 통하여 당시 연해 촌락 주민들의 생활상의 편린(片鱗)도 엿볼 수 있다.

---

38) 한글학회, 『한국지명총람』 7(경북편 Ⅳ), 1979, 174쪽; 경상북도교육위원회, 『경상북도 지명유래총람』, 1984, 1113쪽; 경북향토사연구협의회, 『경북마을지』 상, 1990, 861쪽.

39) 한글학회, 『한국지명총람』 7(경북편 Ⅳ), 1979, 174쪽; 경북향토사연구협의회, 『경북마을지』 상, 1990, 862쪽.

40) 한글학회, 『한국지명총람』 7(경북편 Ⅳ), 1979, 174~175쪽; 경상북도교육위원회, 『경상북도 지명유래총람』, 1984, 1114쪽; 경북향토사연구협의회, 『경북마을지』 상, 1990, 940쪽.

41) 한글학회, 『한국지명총람』 7(경북편 Ⅳ), 115쪽; 경상북도교육위원회, 1984, 『경상북도 지명유래총람』, 1979, 1130쪽; 경북향토사연구협의회, 『경북마을지』 상, 1990, 914~915쪽.

그렇다면 울진지역과 울릉도(독도)는 언제부터 연관성을 가졌을까?[42)]

고려시대에 들어와 울진은 울릉도를 관할 행정구역으로 포괄하게 된다. 이는 『고려사』지리지에서[43)] 살펴볼 수 있다. 왜냐하면, 울진과 울릉도 · 독도의 역사적 첫 만남은 『고려사』지리지가 현존 문헌으로 최초이기 때문이다. 여기에 울릉도(독도)가 울진현에 속하는 것으로 기록되어 있는데, 이는 울릉도(독도)가 고려시대 울진의 관할 행정구역으로 포괄되어 있었음을 보여주는 것이라 하겠다.

그러나 당시 울진과 울릉도(독도)가 어떠한 체제를 가지고 있었는지 자세한 상황은 알 수 없다. 이에 대해 울릉도 · 독도는 고려시대 5도 · 양계 체제 하에서 일반적인 군현과 같은 행정체계에 있었던 것이 아니라 군사조직체로서 동계 감창사의 관할 하에 있었다고 보는 것이 유력하다. 즉 울릉도는 삼척 - 울진 - 평해 등지의 해안방어전선의 일원으로 묶여 있었던 전략적 요충지였으며, 그 조직체계는 동계의 명주도에 울진현을 경유하여 도달하게 되는 하부의 조직단위 - 군려집단으로 동해안 방위체계의 일원에 편재되어 있었다는 것이다.[44)] 그러나 이는 울릉도(독도)가 울진현에 관할 하에 들어온 후의 이야기이며, 그 이전 시

42) 심현용, 「경북 울진군의 연혁에 대한 재검토」, 『울진 사향』 3, 울진문화원 울진향토사연구회, 2012, 125~127쪽.

43) 『고려사』 권58 지리3 동계 울진현. 그러나 『고려사』 편찬 이전의 『세종실록지리지』(1432) 권153 강원도 울진현조에 이미 나와 있으므로 현존 문헌상 『세종실록지리지』가 가장 빠르나 『고려사』는 고려 왕조의 실록을 참고하여 만든 것이며, 이 『고려사』에 이미 고려시대에는 울진현에 소속된 것으로 기록되므로 필자는 『고려사』가 최초의 것이라 하였다.

44) 김윤곤, 「우산국과 신라 · 고려의 관계」, 『울릉도 · 독도의 종합적 연구』, 영남대학교 민족문화연구소, 1998, 40쪽; 김호동, 「군현제의 시각에서 바라다 본 울릉도 · 독도」, 『울릉도 · 독도의 종합적 연구』, 영남대학교 민족문화연구소, 1998, 56쪽. 그리고 이병휴(「울진지역과 울릉도 · 독도와의 역사적 관련성」, 『역사교육론집』 28, 역사교육학회, 2002, 164쪽)도 고려시대의 군현행정체계상 주읍-속읍의 관계는 아니더라도 울진현의 종속적 도서(島嶼)나 진성(鎭城)으로 편성된 것으로 보았다.

기에는 고려 왕조의 통제가 미약하였기 때문에 여전히 반독립적인 상태에 있으면서 나름대로 세력을 형성하였던 것으로 생각된다.

그럼 울릉도(독도)는 언제쯤 울진현의 행정체제에 편입되었을까?

신라가 우산국을 복속한 512년[45] 이후의 기록은 거의 파악할 수 없다. 다만 고려 태조 13년(930)에[46] 그 첫 기록이 확인되는데, 이때 우릉도에서 백길과 토두라는 사신을 고려 정부에 보내 토산물을 바치자 이들에게 고려의 품계를 하사한다. 이후 현종 9년(1018)과[47] 현종 10년(1019)에도[48] 보이는데, '우산국(于山國)'이라는 국호를 여전히 사용하고 있다. 특히 현종 13년(1022)에는[49] "도병마사가 아뢰기를 우산국의 민호 중에서 여진의 약탈을 당하고 도망하여 온 자들을 예주에[50] 편입케 하고 관에서 자량을 지급하여 영구히 편호로 할 것을 청하니 왕이 이 제의를 좇았다"고 하였다. 이 기사는 피난 온 우산국 백성들을 예주에 이주시켜 식량을 나누어 주고, 그 지방 호적에 편입시켰음을 알려준다. 여기서도 여전히 '우산국'이라는 국명을 사용하고 있다. 또 덕종 1년(1032)의 기사에서도[51] "우릉 성주(羽陵 城主)가 아들을 보내 토물을 바쳤다"고 하였다.

이러한 기사는 현종대(1010~1031)와 덕종대(1032~1034) 초까지 우산국은 고려 군현제의 행정편제 상에 포함된 것이 아님을 보여준다. 즉,

---

45) 『삼국사기』 권4 신라본기4 지증마립간 13년(512); 『삼국사기』 권44 열전4 이사부전; 『삼국유사』 권1 기이1 지철로왕전.

46) 『고려사』 권1 세가1 태조1 태조 13년(930) 8월.

47) 『고려사』 권4 세가4 현종1 현종 9년(1018) 11월.

48) 『고려사』 권4 세가4 현종1 현종 10년(1019) 7월.

49) 『고려사』 권4 세가4 현종1 현종 13년(1022) 7월.

50) 평해는 고려 현종 9년(1018)에 경상도 예주의 속현이 되었다. 그러므로 예주의 관내는 평해 · 영양 · 영덕지역으로 이루어져 있었다.(심현용, 「경북 울진군의 연혁에 대한 재검토」, 『울진사향』 3, 울진문화원 울진향토사연구회, 2012, 144~145쪽)

51) 『고려사』 권5 세가5 덕종 원년(1032) 11월.

우산국이 고려에 귀부하고도 어느 시기까지는 반독립적인 상태에 놓여 있었던 것이다. 이후 어느 시기엔가 울진현에 소속되면서 고려 행정체제에 편입된 것 같다. 그러므로 울진현의 행정체제에 들어온 것은 고려 전기 어느 시기, 즉 1032년 이후의 일로 추정된다. 이후 인종 19년(1141)에[52] 명주도 감창사 이양실이 울릉도로 사람을 보내고 의종 11년(1157)에[53] 주민을 이주시키기 위해 명주도 감창 전중내급사 김유립을 보내 조사케 하기도 하였다. 이로 보아 울릉도는 '1032(덕종 1)~1141년(인종 19)' 사이에 울진의 행정체제 안에 소속되었을 가능성이 높다.

그런데 조선 초기에는 울릉도에 거주하는 백성을 보호하기 위하여 육지로 데려오는 쇄환정책(순심 · 쇄출정책)이 시행된다.[54] 그 첫 시기는 1403년(태종 3)이다.[55] 그리고 1417년(태종 17) 울릉도민 이주정책을 확정하고 1438년(세종 20)까지 모든 섬의 주민을 육지로 이주시키다. 이후 17세기 말 1693년(숙종 19) 안용복의 일본 도해 사건으로 수토정책으로 변경되는데, 삼척 포영과 월송 포진의 수군(水軍)으로 울릉도 · 독도를 수토케 한다. 그 첫 시기는 1694년(숙종 20) 무신 장한상에 의해 시행되며,[56] 조선은 삼척영장과 월송만호를 교대로 2~3년에 한 번씩 수토하도록 법으로 정하였다.

이후 울릉도는 1882년(고종 19) 영의정 홍순목에 의해 개척 방안이 제안되어[57] 전석규를 도장에 임명하고,[58] 그 소속을 울진현에서 평해군으로 변경시킨다.[59] 1884년 3월에는 삼척영장이 울릉도 첨사를 겸직

---

52) 『고려사』 권17 세가17 인종3 인종 19년(1141) 7월.

53) 『고려사』 권18 세가18 의종2 의종 11년(1157) 5월.

54) 김호동, 2005, 「조선초기 울릉도 · 독도에 대한 '공도정책' 재검토」, 『민족문화논총』 32, 영남대학교 민족문 화연구소.

55) 『태종실록』 태종 3년(1403) 8월 11일(병진).

56) 『숙종실록』 숙종 20년(1694) 8월 14일(기유) 및 숙종 24년 4월 20일(갑자).

57) 『승정원일기』 고종 19년(1882) 8월 20일.

58) 『강원감영관첩』 제6책 임오(1882) 9월 초9일 도부.

하며,[60] 동년 6월 평해 군수가 울릉도 첨사를 겸직한다.[61] 또 1888년 2월에는 월송만호가 울릉 도장을 겸임한다.[62] 1895년 1월 월송만호가 겸하고 있는 도장을 폐지하고 별도로 전임 도장을 두며,[63] 동년 8월에는 도장의 명칭을 도감으로 바꾸었다.[64] 그러다가 1900년(대한제국 고종 광무 4) 10월 25일 울도군(鬱島郡)이 되어 강원도 27개 군현 중의 하나가 되어 설읍이 이루어졌다.[65] 1907년에는 그동안 강원도에 속해 있던 '울도군'을 '울릉군'으로 변경하고 경상남도에 소속시킨다.

또 1909년 6월 25일 법률 제20호 지분구역과 명칭변경에 관한 건에 따라 면과 리를 결정하였다. 평해군과 울진군은 함께 강원도에 속해 있기는 하였지만, 두 개의 지역으로 분리되어 행정체제를 이루어 오던 것을 조선총독부가 1913년 12월 29일 칙령 제111호로 지방행정제도를 개편하여, 부 · 군제는 1914년 3월 1일부터, 면제는 1914년 4월 1일부터 시행에 들어가게 된다. 이에 따라 평해군과 울진군, 즉 두 개의 군이 통합되어 지금의 '울진군'이라는 하나의 영역과 행정체제를 이루게 되었다.

그런데 1914년 3월 10일 조선총독부령 제111호로 '경상남도 울릉군'은 '경상북도 울릉군'으로 다시 그 소속을 변경시켜 지금까지 오고 있다. 또 1915년 5월 1일 관제개정으로 부군도제(府郡島制)가 실시됨에 따라 군(郡)을 폐지하는 대신 도제(島制)로 개편할 때 '울릉군'을 제주

---

59) 『강원감영관첩』 제6책 임오(1882) 10월 도부.

60) 『고종실록』 고종 21년(1884) 3월 15일(경인).

61) 『고종실록』 고종 21년(1884) 6월 30일(임인).

62) 『고종실록』 고종 25년(1888) 2월 6일(무자).

63) 『고종실록』 고종 32년(1895) 1월 29일(신축).

64) 『고종실록』 고종 32년(1895) 8월 16일(갑신).

65) 『관보』 1900년 10월 25일 칙령 제41호. 물론 '석도(石島)'로 불려 지던 '독도'도 울릉 군수의 관할지역에 포함되어 있었다.(이병휴, 「울진지역과 울릉도 · 독도와의 역사적 관련성」, 『역사교육론집』 28, 역사교육학회, 2002, 195쪽)

도와 더불어 '울릉도(鬱陵島)'로 개편하였다. 광복 후 정부가 수립된 이후 1949년 7월 4일 법률 제32호 제145조에 의해 '울릉도'는 다시 '울릉군'으로 환원되어 지금까지 오고 있다.

이와 같이 울진 · 평해와 울릉도(독도)의 행정체제의 변화에 의해, 조선이 시행한 울릉도(독도) 수토정책은 울진지역(울진현, 평해군)과 긴밀하게 연결되었던 것이다.[66)]

울진지역(울진현, 평해군)과 삼척의 두 포구는 적이 통과하는 요충지인데, 조선시대 사변이 생기면 그 형세가 매우 어려워 전술하였듯이 울진지역(울진현, 평해군)과 삼척에 수군을 전담하는 포진을 설치하여 방어에 충실을 기하고자 했다. 특히 울진지역(울진현, 평해군)을 지키지 못하면 영동 · 영서지방 모두가 적의 공격을 받기 쉬웠다. 그러므로 조선시대 울진지역(울진현, 평해군)은 국방상으로 중요한 요충지의 역할을 담당하였으며, 해안을 담당한 수군인 월송포진이 이곳에 있으므로 인해 이곳 지역민들은 울릉도(독도)의 수토에 기여하게 된다.

그 입증 자료가 바로 전술한 「완문」(1871) · 「수토절목」(1883) · 「구암동 김종이 각양공납초출」(1893) · 「공납성책 개국 오백사년 을미 십일월 이십팔일」(1895) 등의 고문서와 「구산동사 중수기」(1851) · 「평해군수 심능무 · 이윤흡 영세불망지판」(1870) · 「월송만호 장원익 영세불망지판」(1870) · 「평해군수 이용익 영세불망지판」(1871) · 「월송영장 황공 영세불망지판」(1872) · 「전임 손주형 · 손종간 · 손수백 영세불망지

---

66) 심현용, 「조선시대 울릉도 수토정책에 대한 고고학적 시 · 공간 검토」, 『영토해양연구』 6, 동북아역사재단 독도연구소, 2013, 196~198쪽.
필자가 2013년에 발표한 「조선시대 울릉도 수토정책에 대한 고고학적 시 · 공간 검토」(『영토해양연구』 6, 동북아역사재단 독도연구소)의 169~170쪽에 월송만호 이유신의 묘비문을 소개하면서 1883년 이유신이 월송만호를 지낸 사실이 『조선왕조실록』이나 『승정원일기』에 나오지 않아 비문을 그대로 따르기 어렵다고 하였는데, 『승정원일기』 고종 20년(1883) 12월 29일(을해)에 "이유신이 월송만호가 되었다(李裕信爲越松萬戶)"는 기록이 나오므로 여기서 바로 잡는다.

판」(1878) · 「도감 박억이 영세불망지판」(1878) · 「구산동사기」(1888) 등의 현판이다.

특히 울릉도(독도) 수토 시 구산동을 포함한 대풍헌 주변 9개 마을, 즉 울진(당시 평해군) 지역민이 막중한 경비를 부담하고 일정부분 업무도 맡는 역할을 담당하고 있는데, 이는 다음의 사료에서도 이미 18세기 말에 그런 역할을 담당하고 있었음을 보여준다.

> A) 강원 감사 윤필병이 비변사에 공문을 보내기를, "금년에 울릉도를 수토하는 것은 월송만호가 할 차례인데, 채삼절목(採蔘節目) 가운데에는 단지 '영장이 갈 때에 채삼군(採蔘軍)을 들여 보낸다'는 말만 있고, 만호가 갈 경우에 대해서는 거론하지 않았는데, … 강릉은 5명, 양양 8명, 삼척 10명, 평해 4명, 울진 3명씩 나누어 정해 보내는데, 이들은 모두 풍파에 익숙하지 않다는 핑계를 대고 간간히 빠지려고 하는 자가 많다. 그러므로 채삼군을 가려 뽑는 담당관이 중간에서 조종하며 뇌물을 요구하고 있다. 그리고 진두(津頭)에서 바람을 기다릴 때에는 양식 값이라고 하면서 민간에서 거두어들인다. … 좌의정 이병모가 아뢰기를, "지금의 삼정(蔘政)은 … 백성들에게 폐단을 끼치는 것이 이와 같으니, 수토하는 것은 전과 같이 영장과 만호를 차례대로 보내 거행하게 하고 … "하니, 따랐다.[67]

위 사료 A에서 보듯이 울릉도(독도) 수토는 지방민에게 경비부담과 부역을 제공하게 하였다. 이는 지속되어 대풍헌 소장 고문서 · 현판과 울진 거일리 고문서에 그 실상이 자세하다. 그중 가장 힘든 것이 수토사 일행들이 순풍(順風)을 기다리며 구산항의 대풍헌에 머물 때의 경비부담이었다. 수토사가 유숙하는 기간이 길어지면 주민이 접대하는 비용이 양일에 100금(金)이나 지출될 때도 있어 주민들은 이러한 폐단을 해결하기 위해 평해군 관아에 진정하는 등 대풍헌 주변 주민의 고

---

67) 『정조실록』 정조 23년(1799) 3월 18일(병자).

충과 불편은 대풍헌 소장 「수토절목」과 「완문」에서 파악되듯이 실로 상당하였던 것이다.

그리고 평해군 관아에서도 이를 해결하기 위해 돈을 구산동과 그 주변 8개 마을에 풀되 이율도 정해주고 또 발생한 이자를 경비로 충당하게 하였다. 또 주변 9동(洞)이 담당하는 경비를 줄여주기 위해 항구에 정박하는 선박에 세금을 거두어 수토 시 보충하게 하는 절목도 만들어 주는 방책을 내놓기도 하였다.

이뿐만 아니라 이러한 백성[民]의 어려움을 파악한 평해군수 심능무 · 이용익 · 이윤흡과 월송영장 장원익 · 황공 등의 현관들도 있어 울릉도(독도) 수토 시 부담하는 경비에 보태도록 돈과 경작지를 지급하여 그 폐단을 줄이는 등 백성들을 돌보았으며, 특히 월송영장 장원익은 술로서 그들의 고충을 위로하기도 하였다. 그러나 관(官)뿐만 아니라 민(民)에서도 도움이 이어졌다. 즉 구산동 주민 중 전임 손주형 · 손종간 · 손수백과 도감 박억이 등은 스스로 돈과 논을 내어 수토 시 주민들의 고통을 분담하고자 노력하였다. 이는 지방의 유지로서 모범적인 행위를 보여줌으로써 울릉도 수토의 업무가 일반 백성들에게까지 깊이 스며들어 지속적으로 지원할 수 있게 하는 동력이 되었을 것이다.

이렇게 군 · 관 · 민이 단합하여 수토의 역할을 담당하였는데, 특히 울진 지역민의 협조는 동해안 해상의 전초 지역인 울릉도에 대한 국가의 수토정책이 원활히 유지 및 지속될 수 있게 일조하였던 것이다. 그 결과 오늘날 독도가 우리나라 '대한민국의 영토'로 공고히 유지될 수 있었던 이유 중의 하나가 되지 않았을까 여겨진다.

이와 같이 울릉도(독도) 수토 시 울진(당시 평해) 지역민이 경비의 부담과 부역 등 수토사를 접대하는 고충과 불편을 무릅쓴 가장 큰 이유는 국가의 영토를 지키고자 한 백성의 도리를 행하는 데 주체적으로 나서고자 했기 때문일 것이다. 그래서인지 지금도 구산항 주변 마을사람들은 대풍헌을 제당(祭堂) 격으로 모시며 자발적으로 관리해 오고 있으며, 조선시대 울릉도(독도) 수토 시에 마을사람들이 관(官)·군(軍)을 도운 것에 대하여 상당한 자부심을 가지고 있다.

최근에도 울진군(문화관광과 문화재팀)에서 대풍헌을 해체하여 복원(2008.11.7.~2010.1.8)하자 구산 동민들은 스스로 사비를 틀어 전술한 「대풍헌 중건 복원기」 현판⑱을 2010년 1월 13일 제작하여 대풍헌 대청 북쪽 벽에 게판함으로써 지금까지의 역사적 전통을 지키고자 하였다. 이러한 전통에 의해 대풍헌에 다수의 현판이 게판되게 되었으며, 이는 〈표 2〉와 같이 조선시대 울릉도(독도) 수토정책에 대한 빈약한 사료를 더욱 보강하게 되었다.

〈표 2〉 조선시대 울릉도(독도) 수토 시행 현황[68]

번호	수토 시기	수토사		출처
		직위	이름	
1	1694	삼척첨사/ 삼척영장/ 삼척영장/ 삼척영장	장한상	『숙종실록』 숙종 20년 8월 14일(기유)·숙종 24년 4월 20일(갑자)/ 『울릉도사적』/ 『척주선생안』 진주부선생안 부사 박상형/ 『서계잡록』 울릉도
2	1699	월송만호	전회일	『숙종실록』 숙종 25년 7월 15일(임오)/ 『비변사등록』 숙종 25년 7월 15일
3	1702	삼척영장	이준명	『숙종실록』 숙종 28년 5월 28일(기유)
4	1705	월송만호	-	『숙종실록』 숙종 31년 6월 13일(을사)
5	1711	절충장군 삼척영장 겸 첨절제사	박석창	울릉도 도동리 신묘명 각석문
6	1735	? / 삼척영장	구억	『영조실록』 영조 11년 1월 13일(갑신)/ 울릉도 도동리 옹정 13년명 각석문
7	1745	월송만호	박후기	『승정원일기』 영조 22년 4월 24일(기축)

8	1751	삼척첨사	심의회	『승정원일기』 영조 45년 10월 15일(계해)
9	1765	삼척첨사/ 삼척첨사	조한기	『승정원일기』 영조 41년 2월 18일(갑오)/ 『와유록』 울릉도 수토기
10	1772	월송만호	배찬봉	『승정원일기』 영조 48년 5월 6일(경자)
11	1776	월송만호	?	『승정원일기』 정조 즉위년 5월 22일(갑오)
12	1783	?	?	『승정원일기』 정조 9년 1월 10일(경신)
13	1786	월송만호	김창윤	『일성록』 정조 10년 6월 4일(병자)
14	1787	?	?	『한길댁 생활일기』 정조 11년 8월 12일
15	1794	월송만호	한창국	『정조실록』 정조 18년 6월 3일(무오)
16	1799	월송만호	노인소	『승정원일기』 정조 23년 10월 2일(정해)
17	1801	삼척영장/ 삼척영장	김최환	울릉도 태하리 해안 좌측 암벽 각석문/ 『한길댁 생활일기』 순조 1년 3월 30일
18	1803	월송만호	박수빈	『비변사등록』 순조 3년 5월 22일
19	1805	삼척영장	이보국	울릉도 태하리 해안 좌측 암벽 각석문
20	1807	?	?	『한길댁 생활일기』 순조 7년 2월 7일
21	1809	?	?	『한길댁 생활일기』 순조 9년 3월 1일
22	1811	?	?	『한길댁 생활일기』 순조 11년 3월 1일
23	1813	?	?	『한길댁 생활일기』 순조 13년 2월 21일
24	1819	삼척첨사	오재신	『한길댁 생활일기』 순조 19년 윤4월 9일
25	1823	?	?	『한길댁 생활일기』 순조 23년 3월 1일
26	1829	월송만호	?	『한길댁 생활일기』 순조 29년 4월 3일
27	1831	삼척영장	이경정	울릉도 태하리 해안 우측 암벽 각석
28	1841	월송만호	오인현	『비변사등록』 헌종 7년 6월 10일
29	1843	?	?	『한길댁 생활일기』 헌종 9년 4월 3
30	1845	?	?	『한길댁 생활일기』 헌종 11년 3월 17일
31	1847	삼척영장	정재천	울릉도 태하리 해안 우측 암벽 각석문
32	1859	삼척첨사	강재의	『한길댁 생활일기』 철종 10년 4월 9일
33	1866	월송만호/ 월송만호	장원익	평해군수 심능무 · 이윤흡 영세불망지판/ 월송영장 장원익 영세불망지판
34	1868	? / 월송만호	? / 장원익	평해군수 심능무 · 이윤흡 영세불망지판/ 월송영장 장원익 영세불망지판
35	1881	?	?	『승정원일기』 고종 18년 5월 22일(계미)

36	1888	월송만호 겸 도장	서경수	울릉 태하리 광서명 각석문

4. 맺음말

지금까지 울진 대풍헌의 현판과 고문서 및 상량기문 등에 대한 판독문과 번역문을 자세히 소개하고 그 시기를 검토하여 조선시대 울릉도(독도) 수토정책과 울진지역이 역사적으로 어떤 연관성을 갖고 있는지 그 의미를 살펴보았다.

울릉도(독도) 수토정책은 조선 후기 안용복의 활동 이후 제도화되어 1694년부터 약 200년간 동해안의 삼척 진장과 월송만호에 의해 지속되어 왔다. 이는 조선시대에 지속적으로 울릉도(독도)를 우리 영토로 관리하고 있었음을 보여주는 국토방위의 군사정책이었다.

그동안 『조선왕조실록』등의 사료에 19세기 들어와 울릉도(독도)에 수토사를 파견했다는 기사가 거의 보이지 않아 수토사 파견이 없어진 것인지 아니면 파견되고 있었지만 기록되지 않은 것인지 자세히 알 수 없었다. 그러나 울진 대풍헌에 소장된 고문서와 현판들에 의해 여전히 조선이 울릉도(독도)를 한국 영토로 인식하고 정기적으로 상황을 파악하려고 수군인 수토사를 보내어 순찰하였던 것을 알 수 있었다.

이로 보아 대풍헌 소장 자료의 가장 큰 의의는 조선 말기까지 울릉도(독도)에 수토사가 파견되어 국가에서 지속적으로 관리하고 있었음이 보여 주는 것이라 하겠다. 또 대풍헌 자료들은 조선시대 울진(당시 평해) 지역민들이 수토 시 부담하게 되는 경비를 낸 것, 또 이를 도와

68) 심현용, 「조선시대 울릉도 수토정책에 대한 고고학적 시 · 공간 검토」, 『영토해양연구』 6, 동북아역사재단 독도연구소, 2013, 178~179쪽.

준 월송만호와 평해 군수들을 기린 것과 수토사들이 머문 장소인 대풍헌을 중수한 것 등으로 『조선왕조실록』에 나오는 삼척 진장과 월송만호가 2~3년에 한 번씩 번갈아 가며 울릉도(독도)를 수토한 내용을 증명해주는 중요한 1차 사료라는 점이다.

그리고 조선의 수토사들이 출항할 때 그 기점이 당시 평해군 구산포, 즉 지금의 구산항이었으며, 수토사들은 이곳 구산리 동사인 대풍헌에서 순풍을 기다리며 유숙하였음을 알려주었다. 특히 수토사 일행의 경비를 부담한 당시 대풍헌 주변 지역민들의 역할을 상세히 보여주어 당시의 수토와 관련된 사회상을 자세히 파악할 수 있게 해주었다.

【참고문헌】

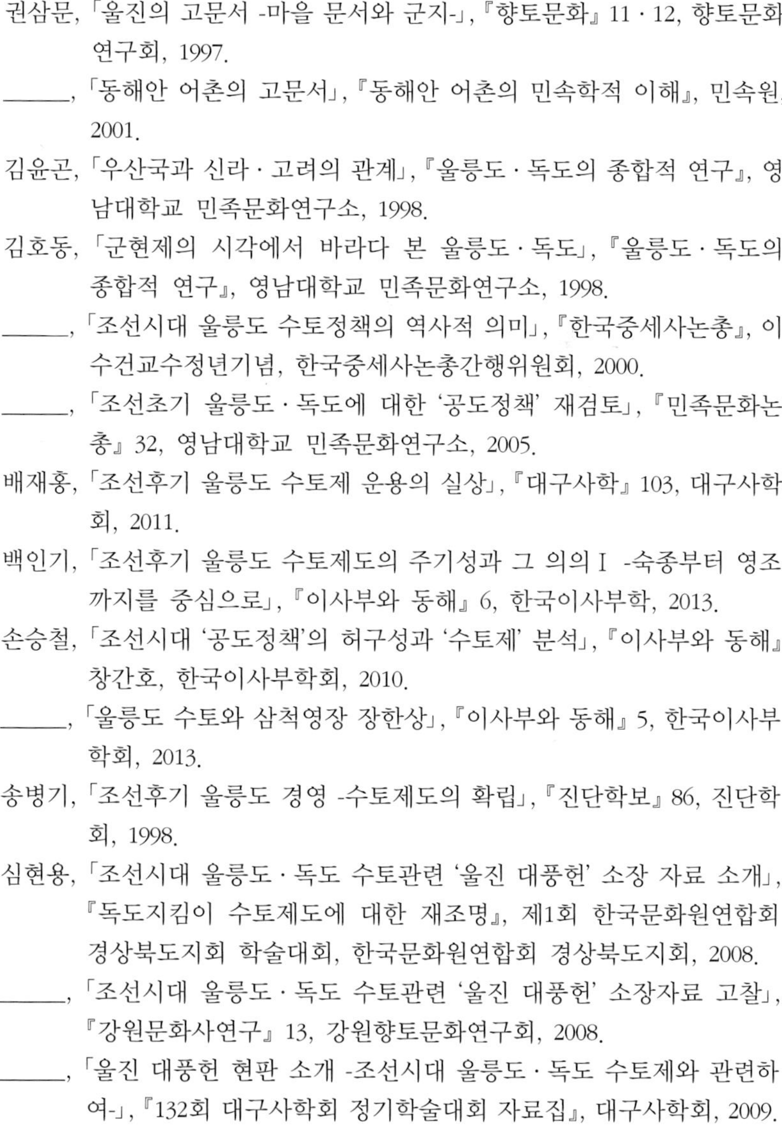

권삼문, 「울진의 고문서 -마을 문서와 군지-」, 『향토문화』 11 · 12, 향토문화연구회, 1997.

______, 「동해안 어촌의 고문서」, 『동해안 어촌의 민속학적 이해』, 민속원, 2001.

김윤곤, 「우산국과 신라 · 고려의 관계」, 『울릉도 · 독도의 종합적 연구』, 영남대학교 민족문화연구소, 1998.

김호동, 「군현제의 시각에서 바라다 본 울릉도 · 독도」, 『울릉도 · 독도의 종합적 연구』, 영남대학교 민족문화연구소, 1998.

______, 「조선시대 울릉도 수토정책의 역사적 의미」, 『한국중세사논총』, 이수건교수정년기념, 한국중세사논총간행위원회, 2000.

______, 「조선초기 울릉도 · 독도에 대한 '공도정책' 재검토」, 『민족문화논총』 32, 영남대학교 민족문화연구소, 2005.

배재홍, 「조선후기 울릉도 수토제 운용의 실상」, 『대구사학』 103, 대구사학회, 2011.

백인기, 「조선후기 울릉도 수토제도의 주기성과 그 의의Ⅰ -숙종부터 영조까지를 중심으로」, 『이사부와 동해』 6, 한국이사부학, 2013.

손승철, 「조선시대 '공도정책'의 허구성과 '수토제' 분석」, 『이사부와 동해』 창간호, 한국이사부학회, 2010.

______, 「울릉도 수토와 삼척영장 장한상」, 『이사부와 동해』 5, 한국이사부학회, 2013.

송병기, 「조선후기 울릉도 경영 -수토제도의 확립」, 『진단학보』 86, 진단학회, 1998.

심현용, 「조선시대 울릉도 · 독도 수토관련 '울진 대풍헌' 소장 자료 소개」, 『독도지킴이 수토제도에 대한 재조명』, 제1회 한국문화원연합회 경상북도지회 학술대회, 한국문화원연합회 경상북도지회, 2008.

______, 「조선시대 울릉도 · 독도 수토관련 '울진 대풍헌' 소장자료 고찰」, 『강원문화사연구』 13, 강원향토문화연구회, 2008.

______, 「울진 대풍헌 현판 소개 -조선시대 울릉도 · 독도 수토제와 관련하여-」, 『132회 대구사학회 정기학술대회 자료집』, 대구사학회, 2009.

______, 「울진 대풍헌 현판」, 『대구사학』 98, 대구사학회, 2010.
______, 「Ⅱ. 연혁」, 『대풍헌 해체수리공사보고서』, 울진군, 2010.
______, 「경북 울진군의 연혁에 대한 재검토」, 『울진사향』 3, 울진문화원 울진향토사연구회, 2012.
______, 「조선시대 울릉도 수토정책에 대한 고고학적 시 · 공간 검토」, 『영토해양연구』 6, 동북아역사재단 독도연구소, 2013.
유미림, 「장한상의 울릉도 수토와 수토제의 추이에 관한 고찰」, 『한국정치외교사논총』 31-1, 한국정치외교사학회, 2009.
이근택, 『조선 숙종대 울릉도분쟁과 수토제의 확립』, 국민대학교 석사학위논문, 2000.
이병휴, 「울진지역과 울릉도 · 독도와의 역사적 관련성」, 『역사교육론집』 28, 역사교육학회, 2002.
이승진, 「조선시대 울릉도 수토 사료 검토」, 『제3회 울릉도포럼』, 2012년 울릉군 국제학술대회, 울릉군 · 울릉문화원, 2012.
이욱, 「〈완문 신미 7월 일〉, 〈수토절목 공궤변통 계미시월 일 구산동〉」, 『일본의 역사왜곡과 대응방안』 광복 60주년 기념 학술대회, 한국국학진흥원, 2005.
한글학회, 『한국지명총람』 7(경북편 Ⅳ), 1979.

고지도에 표현된 울진~울릉도의 묘사와 이규원의 검찰 경로

김 기 혁

1. 들어가면서

역사적으로 볼 때 동해는 한반도에 있던 국가들이 지배하고 있었으며, 이 바다를 중심으로 각 국가의 관계가 설정되었다. 삼국시대에는 백제가 남해를 지나 일본과 교류하였고, 고구려는 동해의 해로를 이용하여 울릉도를 거쳐 일본과 교역을 하였다. 신라에게 있어서 동해는 일본의 왜구가 침입하는 경로였으며, 512년(신라 지증왕 13) 우산국 정복을 통해 고구려와 일본의 교류 경로를 차단하였다. 신라의 우산국 정벌은 울릉도와 동해 일대가 한반도 강역에 귀속되는 계기가 되었다. 고려시대 들어 해양을 따라 남쪽으로 진출하려는 여진족을 막기 위해 울릉도 지배가 강화되었으며, 1236년(고려 고종 33)에 안무사가 파견되기도 하였다.

조선시대 전기에는 울릉도 주민의 보고를 통해 동해 강역과 도서에 대한 지리 정보가 유입되었다. 태종대에는 육지 주민들이 군역을 피하여 울릉도로 도망가서 거주하거나, 왜구가 울릉도를 근거지로 강원도를 침범할 것이라는 보고가 있었으며, 이를 바탕으로 1417년(태종 17)부터 주민쇄환정책이 시작되었다. 세조 때에는 설현치수(設縣置守)의 논의가 이루어지기도 하였다.

임진왜란 후 동해 강역에 대한 인식이 보다 구체적으로 변하였다. 울릉도 근해에서 일본 어민이 조업하는 경우가 잦아지면서 조선 조정은 이에 대해 적극적으로 대응하였다. 1693년(숙종 19) 안용복 1차 사건을 계기로 울릉도 영유권에 대한 논의가 시작되었으며 이듬해인 1694년에는 남구만(南九萬, 1629~1711)이 중용되어 일본에 대해 강경한 대응책이 실시되었다. 같은 해에 장한상(張漢相)이 울릉도를 심찰(審察)하였으며, 이의 보고를 바탕으로 1697년(숙종 23)부터 쇄환정책 대신에 매2년 간격으로 수토를 실시하기로 하였다(이현종, 1985). 1882년에는 이규원(李奎遠, 1833~1901)의 검찰 활동의 계기로 울릉도 개척령이 반포되었다.

조선시대에 울릉도로 가는 항해는 동해안의 강릉, 삼척, 울진 등 여러 고을을 거점으로 이루어졌고, 이 중 수토의 출발 포구는 삼척부의 장오리진, 울진현의 죽변진과 울진포, 평해군의 구산포 등 여러 곳으로 나타나 있다. 시기적으로 볼 때 17세기 초기에는 삼척에서 출발하다가, 18세기 들어와 남쪽인 울진현 죽변진으로 내려오며, 19세기에는 이보다 더 남쪽인 평해군의 구산포에서 출발하는 변화를 보인다. 이때에는 월송만호와 삼척영장도 모두 구산포에서 출발하여, 이는 지금의 울진군 대풍헌 일대가 수토의 거점이 되었음을 보여주고 있다.[1] 울릉

---

1) 조선시대 울진현과 평해군은 1413년(태종 13) 이후 삼척도호부의 관할로 되었으며 이후 강원도 동해안을 포괄하여 다스린 중심 부대는 삼척포영이었다. 하부조직으로 울진 포진과 월송포진이 있었다. 1698년부터 시작된 울릉도 수토는 강원도 삼척영장과 월송만호가 번갈아 파견하여 수토를 하도록 하였다. 당시 울릉도를 관할하였던 울진 현령(1882년부터는 평해군으로 이동)이 수토시 파견하지 않고 삼척영

도로 가는 해로는 당시 평해군 구산포에서 출발하는 것이 가장 가깝고, 뱃길도 안전하다는 지리적인 사실 때문이었다.

조선시대 이루어진 여러 차례의 울릉도 수토와 검찰은 지금의 울릉도와 독도가 한반도 강역에 속하게 된 토대가 되었다. 조선은 국가의 경영을 위해 지리서와 지도 제작에 관심을 기울였으며, 지도 위에 그려진 한반도의 모습은 매우 다양하였다. 수토를 통해 얻어진 동해의 지리 정보와 울진과 울릉도와의 지리적인 관계에 대한 내용은 편집되어 당시의 지도에 편집되었다.

조선 전기에는 울릉도 외에 새로운 섬이 하나 더 있다는 지리 정보의 유입으로 인해 울릉도 서쪽에 우산도가 그려졌다. 18세기 들어서 비로소 울릉도 동쪽에 있는 독도가 삼국시대의 역사 지명인 우산국의 이름을 빌어 우산도로 묘사되기 시작하였다.

본 글에서는 조선시대의 고지도에 표현된 울진과 울릉도의 지리적 관계와 이로 인한 울진 일대의 해안선 묘사 방법의 변화를 파악하고자 하였다. 동시에 19세기 이규원의 한양~울진~울릉도로 이어진 검찰 활동을 사례로 검찰 경로를 파악하고 이 과정에서 울진현이 담당하였던 역할을 파악해 보고자 하였다. 고지도에 표현된 해안선의 분석은『국토의 표상-한국고지도집』(2012)에 수록된 조선전도 중 울진 · 평해와 울릉도 · 우산도가 함께 표현된 지도를 대상으로 하였다. 검찰 경로는 이규원의『검찰일기』와 검찰 후 조정에 올린『울릉도외도』에 수록된 지명의 위치 비정을 통해 분석하였다.

장과 월송만호를 파견하게 된 까닭은 당시 동해안의 경비를 수군이 맡아서 하였기 때문이었다. 울릉도 수토 정책이 실시되기 1627년에 울진 포진이 폐지되었기 때문에 삼척포장과 월송 포진이 수토를 담당하게 된 것이다. 또한 울릉도 수토에서 번갈아 수토를 시킨 것은 인력과 경비가 워낙 많이 소모되어 부담을 줄이고자 한 것으로 설명되고 있다.(심현용, 2013)

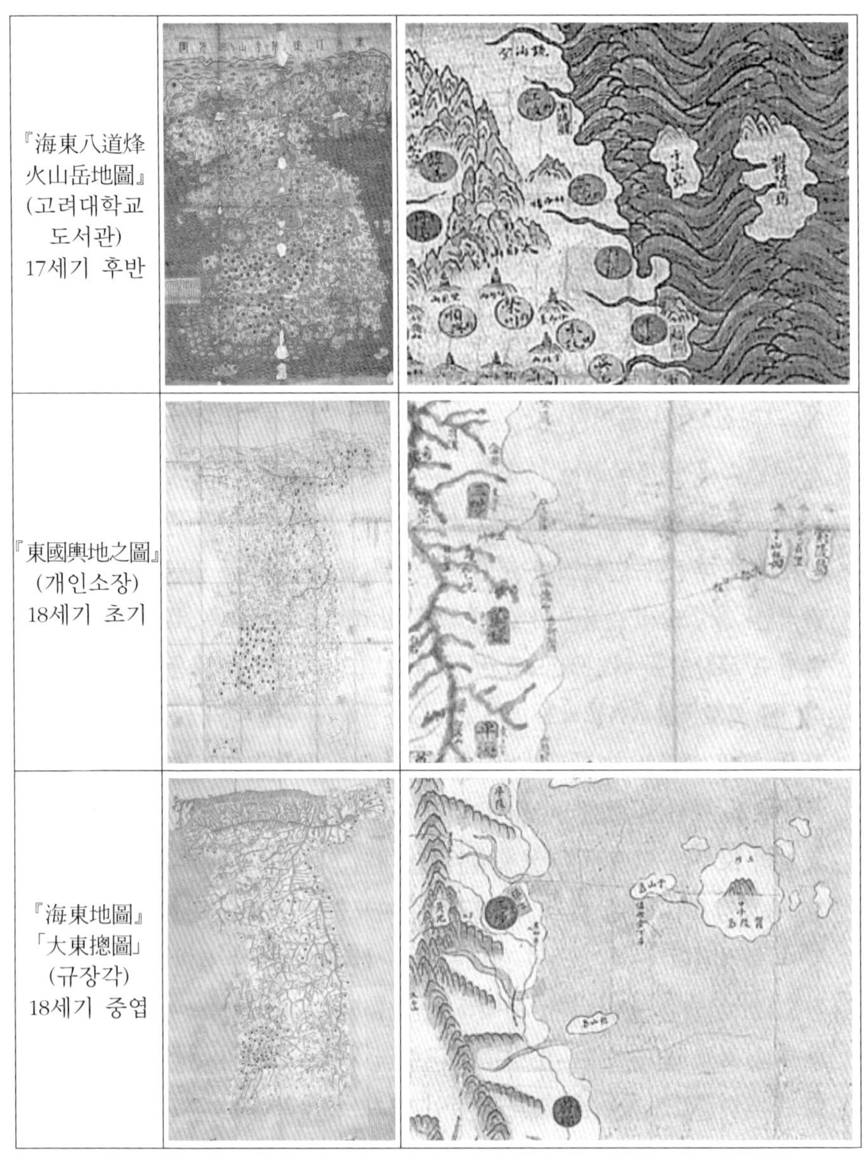

〈그림 3〉 조선 후기~『동국지도』 조선 전도 2

(4) 『관동 · 관서지도』 「조선전도」

두 첩으로 구성된 팔도 지도첩에 첨부된 조선 전도이다. 1729년~1736년 사이에 그려졌으며, 국내에 소장된 조선 지도 중 중국 『황여전람도』의 「조선도」와 내용이 가장 유사함이 최근에 확인되었다. (김기혁, 2015) 지도에서는 북쪽의 압록강을 비롯한 4개 하천의 유로가 동~서로 나란히 흐르는 모습으로 표현되어 있다. 강원도와 황해도 이남의 한반도 형태를 보면 동~서 폭이 과장되어 있어 「동람도」, 『조선팔도고금총람도』, 『해동팔도봉화산악지도』의 모습과 유사하다. 그러나 다른 지도와는 다르게 해파묘는 그려져 있지 않으며 지도의 내용도 이전의 조선 전도와 많은 차이를 보이고 있다.

강원도 일대의 해안선 묘사에서는 울진현과 평해군의 해안선이 동쪽으로 돌출하고 있다. 울진에는 취운루, 평해에는 망향정과 월송포가 그려져 있으며, 우산도와 울릉도는 다른 지도와는 다르게 평해군의 동남쪽에 묘사되어 있다.

(5) 『해동팔도봉화산악지도』

전국의 봉수망을 표현한 지도로 지리 정보의 정밀함을 볼 때 비변사 등의 중앙 기관에서 제작된 지도로 추정된다. 1652년(효종 3) 황해도 강음과 우봉이 합쳐 생긴 금천(金川)이 기재되어 있고, 1712년(숙종 38)에 세워진 백두산 정계비가 없는 것으로 보아 지도는 1652~1712년 사이에 제작된 것으로 추정되고 있다. 한반도 형태 묘사에서 동~서 폭이 과장되어 있어 『동람도』와 유사한 모습을 보인다. 해파묘가 그려져 있는 동해에 우산도와 울릉도가 삼척부 동쪽 해안에 그려져 있어 『팔도총도』와 유사하다. 평해에는 월송만호가 그려져 있다.

(6) 『동국여지지도』

18세기 초에 윤두서(尹斗緖, 1668~1715)가 그의 말년에 그린 지도이다. 실학자인 그는 회화적인 기법을 바탕으로 당시 조선의 강역을 매우 상세히 그렸다. 북방 경계의 형태는 조선 전기형 지도로 북쪽으로는 선춘령까지 그렸다. 산맥과 하천을 상세히 그렸으며 연안의 섬 지명도 자세히 기록하였을 뿐만 아니라 바다에는 해로를 붉은색으로 표시하였다. 백두산정계비가 세워진 이후에 그린 지도이나, 북방영토 묘사에서 압록강과 두만강을 국경선으로 보지 않고 선춘령까지 그린 점이 주목된다.

우산도와 울릉도 표현은 조선 전기의 모습과 동일하나 육지로부터 해로가 표현되어 있는 것이 독특하다. 해로는 삼척과 울진으로부터 우산도까지 그려져 있으나, 울진에 보다 가깝게 그려져 있다. 울진~울릉도 해로에는 '大抵二日程'이라는 주기가 기재되어 있다.

(7) 『해동지도』의 「대동총도」

조선의 18세기 중엽에 만들어진 지도이다. 당시의 대표적인 군현지도책인 『해동지도』 제8책에 수록되어 있으며, 축척도 비교적 커서 수록된 지리 정보가 비교적 상세하다. 지도의 구도는 전체적으로 조선 전기의 양상을 띠고 있다. 한반도의 모습은 동~서 폭이 축약되어 있다. 백두산에서 발원한 압록강과 두만강이 각각 서쪽과 동쪽으로 흐르다가 바다와 만나는 지점에서 남쪽으로 흘러나가는 것처럼 그려져 있다. 두만강 유로는 매우 축약되어 있고, 압록강은 하류 지역까지 거의 직선 형태의 유로로 묘사되어 있다.

이 지도에서 우산도 · 울릉도의 위치는 삼척현 해안의 동쪽에 묘사되어 있으며, 울릉도에는 중봉 묘사와 함께 '삼척' 지명이 기재되어 삼척현에 속하고 있음을 보여준다. 우산도가 울릉도 서쪽에 묘사된 것은 조선 전기의 지도와 동일하며, 이 섬에 '倭船倉可居'라는 주기가 있어 울릉도의 내용을 담고 있다.

3)『동국지도』이후(18세기 중엽~)

18세기는 조선시대의 지도 발달에서 획기적인 전기가 이루어진 시기이다. 각 고을을 상세하게 그린 군현지도가 다양한 모습으로 그려졌으며, 18세기 중엽에는 정상기가 백리척을 이용하여『동국지도』를 제작하였다. 1770년대 20리 방안위에 그려진 군현지도가 만들어졌고, 이는 19세기에『청구도』와『대동여지도』등 대축척지도 제작의 바탕이 되었다. 이들 대축척 지도를 다시 축약하여 판각한『대동여지전도』와『해좌전도』는 사회에 널리 보급되었다. 이들 지도에 표현된 울진과 울릉도의 내용은 〈그림 4〉와 같다.

(1)『동국지도』

정상기(鄭尙驥, 1678~1752)가 제작한 지도로 우리나라 지도 발달에서 큰 전환점을 이루었다. 지도 제작에서는 그때까지 완성되어 있던 도리도표(道里圖標)를 이용하였다. 거리 묘사에서 평지에서는 도리도표의 리 수를 그대로 이용하고, 산협이나 하천으로 인해 우회되는 곳에서는 120~130리를 100리로 계산하였다. 지도의 구도는 압록강이 약간 왜곡되어 있을 뿐 실제 모습과 큰 차이를 보이지 않고 있다. 이전의 지도와 비교할 때 가장 두드러진 특징은 압록강과 두만강의 하계망이 강계 부근에서 약간의 왜곡이 발생되는 것을 제외하고는 실제 유로와 큰 차이를 보이지 않고 있다는 점이다. 산지는 백두산에서 지리산으로 이어지는 백두대간이 굵은 선으로 그려져 있고, 정맥 등도 실제와 유

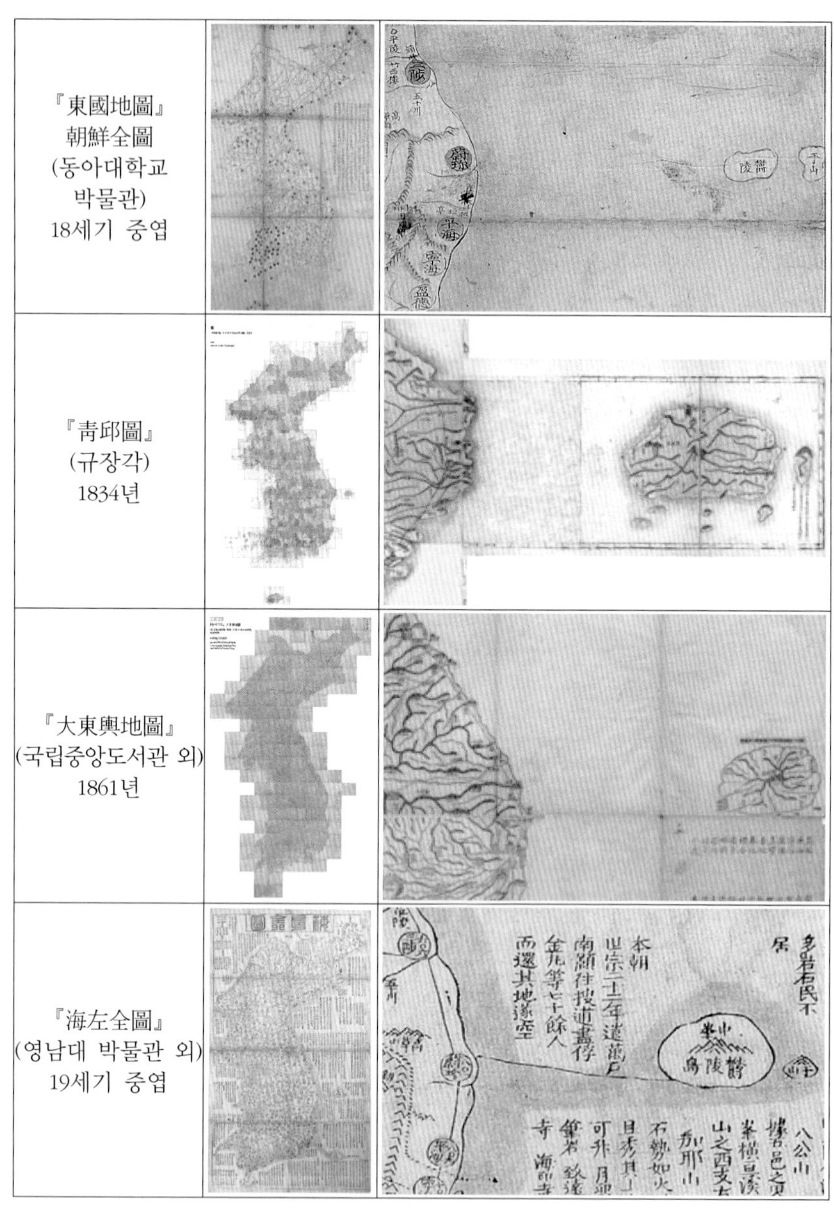

〈그림 4〉『동국지도』 이후의 조선 전도

사하게 묘사되어 있다.

동해의 표현에서 가장 두드러진 차이는 이전 지도에서 우산도가 울릉도의 서쪽에 그려진 것과는 달리 울릉도의 동쪽에 그려져 있다는 점이다. 이는 우산도에 대해 이전의 지리 정보에 대한 오류와는 다르게 울릉도 동쪽에 있으며, 이는 지금의 독도임을 확인한 것이다. 이와 같이 독도를 역사 지명인 우산도라고 명명한 것은 동해에서 조선 강역의 인식이 구체화되었음을 의미한다.

이 지도에서 나타난 또 다른 특징은 동해안의 강원도 일대의 해안선이 동쪽으로 돌출한 것이 실제보다 과장하여 동쪽으로 돌출되어 묘사되었다는 점이다. 판본마다 약간의 차이가 있으나 대부분의 지도에서 해안선이 돌출된 곳에 울진현이 그려져 있고, 이의 정동(正東)쪽에 울릉·우산도가 묘사되어 있다. 동일한 유형의 지도로 국립중앙박물관에 소장된 『동국대전도』에는 울릉도에 '自蔚珍得風○二日到'라는 주기가 있어 울릉도로 가는 주 출발지가 울진임을 보여주고 있다. 울진 일대의 동해안의 묘사에서 실제보다 매우 돌출되게 그려진 모습은 당시 울진이 울릉도와 가장 가깝다는 공간적 인식을 표현한 것에 기인한다.

(2) 『청구도』

1834년(순조 34) 고산자 김정호가 제작한 조선 지도책이다. 2책 혹은 4책의 필사본 지도로 실제 크기는 『대동여지도』와 동일한 크기로 축척은 약 1/162,000~220,000 사이로 알려져 있다. 국내외에 10여 개의 필사본이 있는 것으로 전해진다. 지리 정보는 18세기에 만들어진 20리 방안 군현 지도에 바탕을 두고 있다. 현대식 대축척지도처럼 일정한 크기의 지역도로 나뉘어 있어 각 고을을 연결시킬 수 있으며 지지적인 내용이 반영되어 있어 지역 사정을 파악하기 쉽다. 이 지도는 1861년

『대동여지도』 제작의 바탕이 되었다.

지도에 표현된 한반도의 형태는 동해안의 해안선 등 일부 지역을 제외하고는 실제와 유사하다. 울릉도의 경우 동해안에서 실제보다 돌출된 울진 일대에서 우측으로 두 번째 면에 울릉도가 그려져 있다. 지도상의 거리로는 약 100리에 해당된다. 울릉도에는 동쪽에 우산도 지명이 기재되어 있으며, 남쪽에 5개의 섬이 표현되어 있다. 빈 여백을 이용하여 수토와 관련된 내용의 주기가 기록되어 있다. 울진은 북쪽의 삼척이나 남쪽의 경상도 영해 사이에서 동쪽으로 돌출된 곶 형태로 그려져 있다. 이와 같은 내용은 동해안 포구 중 울진의 위치 표현에서 정상기의 『동국지도』와 함께 울릉도와의 거리와 관련된 인식에서 기인한 것으로 보인다.

(3) 『대동여지도』

1861년(철종 12)에 제작된 우리나라 대표적인 전국지도이다. 우리나라 고지도 발달사에서 정점에 위치하며, 일반 대중들에게도 가장 잘 알려진 지도이다. 22첩의 분첩절첩식의 형태로 채색목판본으로, 각 첩의 크기는 30.0×20.0cm로. 22첩을 모아 붙이면 세로 약 7m, 가로 약 4m이다. 지리 정보는 청구도를 바탕으로 하고 있으나 목판본으로 제작되면서 내용이 적지 않게 수정되었다.

울릉도는 제14첩 하단부에 묘사되어 있으며, 이는 15첩 상단에 표현된 울진과의 지리적인 관계를 표현하기 위한 것으로 보인다. 한편 『대동여지도』의 동해안 묘사에서 울진 일대의 돌출된 부분은 이전의 『청구도』에 비해 많이 완화되어 실제 모습과 비슷하다.[2)] 우산도는 그려

2) 이에 대해 이기봉(2003)은 『청구도』의 경우 울진 읍치의 위치 표현에서 『여지도서』의 '서쪽으로 안동 경계까지 100리, 남쪽으로 평해 경계까지 40리, 북쪽으로 삼척 경계까지 50리'라는 기록을 따른 것이며, 『대동여지도』와 유사한 형태의 『동여도』

져 있지 않다. 이는 목판본으로 제작되면서 섬의 묘사가 생략된 것에 기인한 것으로 추정된다.

(4) 『해좌전도』

19세기 중엽에 정상기의 동국지도를 축약하여 제작된 조선 전도이다. 가채목판본으로 만들어졌으며, 『대동여지전도』와 함께 당시 사회에 널리 보급되었다. 지도 여백에 지리 · 역사 정보를 자세하게 기술하고 있으며, 주로 역사지리 내용으로 구성되어 있다. 지도의 좌측 상단에는 고조선, 한사군, 신라구주, 고려팔도 등에 관한 내용을 실어 한반도의 현재와 과거를 한눈에 볼 수 있도록 하였다. 한반도의 모습과 지리 정보는 주로 정상기의 『동국지도』 내용이 반영되어 있다. 동해에는 울릉도가 우산도와 함께 묘사되어 있으며, 울진과 이어지는 항로가 표현되어 있다. 지도의 내용이 『동국지도』를 따르고 있음에도 불구하고 울진 일대의 해안선은 이전보다 내륙쪽으로 묘사되어 있어 이전보다 왜곡이 수정되어 있다.

4) 지도 유형에 따른 울진~울릉도 묘사

이상과 같이 조선시대 고지도에서 한반도의 모습과 각 지도에서 동해의 울릉도 · 우산도의 표현내용, 울진~울릉도의 거리 관계를 정리하면 〈표 1〉과 같다.

의 경우 『신증동국여지승람』의 '서쪽으로 안동 경계까지 81리, 남쪽으로 평해 경계까지 48리, 북쪽으로 삼척 경계까지 44리'라는 기록에 따른 것으로, 해안선이 서쪽으로 20리 옮겨 표현된 결과임을 밝혔다. 여기에서 주목할 것은 조선 후기인 18세기 중엽에 편찬된 『여지도서』에서 울진의 위치가 동쪽으로 더 치우치기 되었는가이다. 이는 당시 울릉도의 수토 출발지가 이미 울진으로 이동하였고, 울릉도에 가장 가까운 항로에 위치한다는 공간 표상이 지리지상의 거리 표현으로 나타나고, 이것이 지도 제작에 반영되었을 가능성을 함축하고 있다.

〈표 1〉 한반도 형태에 따른 지도의 유형

유형	지도	시기	울릉도 · 독도 지명	최인근 군현	비고
강리도	『혼일력대국도강리지도』	1402년	蔚陵島	울진	
	『조선팔도지도』	1557년	于山島 · 蔚陵島	울진	
	『천하여지도』	17세기 초기	于山島 · 鬱陵島	삼척	
	『동국여지지도』	18세기 초기	于山島 · 鬱陵島	울진	해로 묘사
	『해동지도』 대동총도	18세기 중엽	于山島 · 鬱陵島	삼척	
동람도	『신증동국여지승람』「팔도총도」	1531년	于山島 · 鬱陵島	울진	
	『조선팔도고금총람도』	1673년	于山島 · 鬱陵島	울진	
	『팔도총도』	1683년	于山島 · 鬱陵島	삼척	
	『해동팔도봉화산악지도』	17세기 후반	于山島 · 鬱陵島	삼척	
	『관동 · 관서지도』 조선전도	1729~1736년	于山島 · 鬱陵島	울진 (평해)	
동국지도	『동국지도』 조선전도	18세기 중엽	鬱陵 · 于山	울진	울진 일대 돌출
	『청구도』	1834년	鬱陵島 · 于山	울진	울진 일대 돌출
	『대동여지도』	1861년	鬱陵島 · (于山島)	울진	해안선 수정
	『해좌전도』	19세기 중엽	鬱陵島 · 于山	울진	해로 묘사

한반도 형태는 동~서와 남~북의 비율을 기준으로 볼 때 상대적으로 남북이 비교적 길게 표현된 〈혼일강리도〉 유형으로는 6점이 있다. 이에 해당하는 지도로 조선 전기에는 『혼일강리도』(규장각, 1402), 『조선팔도지도』(국사편찬위원회, 1557년경)과 조선 후기에는 『천하여지도』(프랑스국립도서관, 17세기 초), 『동국여지지도』(개인), 『해동지도』의 「대동총도」(규장각, 18세기 중엽)이 있다. 이들 지도에서 삼척이 울릉도와 가장 가까운 포구로 묘사된 지도는 『천하여지도』와 『해동지도』 2점뿐이며, 나머지 4점은 울진이 가장 인근 포구로 그려져 있다.

동~서 방향이 상대적으로 과장된 〈동람도〉 유형으로는 5점이 있다. 조선 전기에는 『동람도』 1점이 있으며, 조선 후기에는 17세기의 『조선팔도고금총람도』(숭실대)와 『팔도총도』(규장각), 『해동팔도봉화산악도』(고려대도서관), 18세기에는 『관동 · 관서지도』(규장각)가 있다. 이들 지도에서 최인근 포구로 삼척부가 그려진 지도로는 『팔도총도』와 『해동팔도봉화산악도』 2점이며, 나머지 3점은 모두 울진으로 묘사되어 있다. 특히 『관동 · 관서지도』의 경우 울릉도 위치가 남쪽으로 치우쳐 평해 동쪽에 그려져 있다.

한반도가 현재의 모습과 유사한 형태의 〈동국지도〉 유형으로는 정상기의 『동국지도』와 이후의 『청구도』, 『대동여지도』, 『해좌전도』가 있다. 이들 지도는 이전의 주관적인 인식을 바탕으로 그려진 한계에서 벗어나 과학적인 방법으로 제작을 시도하였다는 데에서 평가된다. 동해안의 울진 일대의 묘사에서는 동쪽으로 돌출되어 그려지다가 『대동여지도』에서는 다시 수정되기도 한다.

이들 유형의 지도에서 울릉도의 최인근 군현으로는 모두 울진이 그려져 있다. 『해좌전도』의 경우 강리도 유형의 『동국여지지도』와 같이 울진~울릉도를 잇는 해로가 그려진 것이 주목된다. 이는 조선 후기에 들면서 울릉도 진출의 거점이 당시 강원도 울진현으로 고착되었음을 보여주는 내용이다. 울릉도와 우산도의 묘사에 있어서는 18세기 정상기의 『동국지도』가 제작되기 이전까지에는 우산도가 울릉도의 서쪽에 그려졌으나 이 유형의 지도에서는 우산도가 울릉도의 동쪽에 그려져 있어 동해 강역에 대한 지리 정보가 구체화 되었음을 보여준다.

〈표 2〉 울릉도 수토 및 검찰 경로가 수록된 사료

사료	수토관	연도	수록 자료 및 소장처	출발지	수록지명
『울릉도사적』	張漢相	1694년(숙종20)	국사편찬위원회소장(사본)	삼척	1
「수토기」	金昌胤	1786년(정조10)	『일성록』(1786, 정조 10)	평해	17
「수토기」	韓昌國	1794년(정조18)	『정조실록』(1794, 정조 18)	평해	17
「수토기」	池熙祥	1857년(철종 8)	『각사등록』(1857 철종 8)	평해	13
『울릉도검찰일기』	李奎遠	1882년(고종19)	국립제주박물관	평해	36

(출처) 김기혁, 2011에 의거 수정, 보완.

3. 울진(평해)을 거점으로 한 검찰 경로

조선 후기에 이루어진 여러 차례의 수토가 이루어졌으며 수토 기록 중 지명과 경로가 수록된 자료는 〈표 2〉와 같다. 『울릉도사적』은 장한상이 1694년(숙종 20) 9월 19일~10월 3일 동안 심찰한 후 조정에 올린 내용을 담고 있다. 울릉도에 대한 가장 초기의 조사 기록이나, 지명은 1곳만 기록되어 있어 구체적인 경로는 나타나지 않고 있다.

『일성록』에 수록되어 있는 김창윤의 「수토기」는 1786년(정조 10) 당시 월송만호로서 4월 19일~5월 5일 동안의 수토 활동을 기록한 것이다. 4월 27일 강원도 평해 구미진에서 4척의 배로 출발하여 28일 울릉도에 도착하여 5월 4일까지 체류하고 5월 5일 삼척 원덕면에 이르기까지의 경로를 날짜별로 상세히 수록하였다. 도착 후 비변사에 지도를 보냈다는 기록이 있으나 남아 있지 않다. 한창국의 수토기는 1794년(정조 18) 4월에 울릉도를 수토하여 남긴 기록이다. 울릉도의 도형을 작성하여 비변사에 바쳤다는 기록이 있으나 남아 있지 않다. 4척의 배를 이용하여 출발한 이후 4월 30일까지의 울릉도 일정을 담고 있다. 김창윤과 한창국의 수토기에 수록된 지명 숫자는 동일하며, 경로를 추적하여 볼 때 수토는 주로 해안선을 따라서 이루어졌음을 보여주고 있

다.(김기혁, 2011)

월송만호 지희상의 「수토기」는 1857년(철종 8)에 5월 8일~15일까지 울릉도의 수토 활동을 기록하고 있다. 4척의 배로 울진에서 출발하였으며, 수록된 13개 지명을 볼 때 대풍구미-황토굴-병풍석 일대와 통구미-저전구미-흑장구미-추봉 등 주로 육로를 따라 이동하였음을 보여주고 있다.

1) 육지에서의 검찰 활동 경로

본 글의 분석 대상이 된 『검찰일기』는 당시 부호군[3]이었던 이규원(1833~1901)이 울릉도 검찰사로 임명되어 1882년에 행한 검찰 활동을 기록한 자료이다.[4] 검찰 후 5월 27일 귀경하여 서계 · 별단 · 지도(「울릉도외도」 · 「울릉도내도」)를 올리고, 6월 5일 복명하였다.[5] 검찰 일기와 계초본에 나타난 이규원의 검찰 경로를 정리한 것은 〈표 3〉과 같다. 4월 10일에 한양에서 출발하여 5월 27일까지 48일 동안의 행로 중

3) 조선시대 오위(五衛)에 속해 있던 종4품의 무관직이다.

4) 1881년 울릉도에 일본인이 침입한 사건으로 조선 조정은 일본 정부에 항의 공문을 발송하는 동시에, 이전부터 실시되었던 주민쇄환정책을 재고하기 위해 현지 조사를 위한 검찰사를 파견키로 하였다. 울릉도로 출발하기 전인 4월에 고종은 일본인들의 무상왕래를 검찰하고, 울릉도 옆에 있는 송죽도와 우산도 혹은 송도와 죽도라 부르는 섬들의 지리를 자세히 살피라는 지시를 내렸다. 이전의 수토가 정확하지 못하였음도 지적하면서 울릉도에 설읍할 계획이므로 경식처(耕食處) 등을 자세히 조사하여 지도와 별단을 작성하여 올리라는 것이었다(『고종실록』 19년 4월 7일 임술.)

5) 그는 이 자리에서 '진을 두든 읍을 두든 그 적지는 나리동이며 개척을 할 경우 현지에 있는 사람들에게 물어본 바에 의하면 백성들이 즐겨 쫓을 것이나 먼저 입주를 허락하여 그 모이는 것을 보아가며 조처하여야 한다.'는 것을 건의하였다. 국왕은 이를 받아들여 개척을 서두를 것을 지시하였다(『고종실록』 19년 6월 5일 기미). 같은 해 1882년 울릉도 개척령이 반포되었고, 1900년 울릉도에 울도군이 설치되었다.

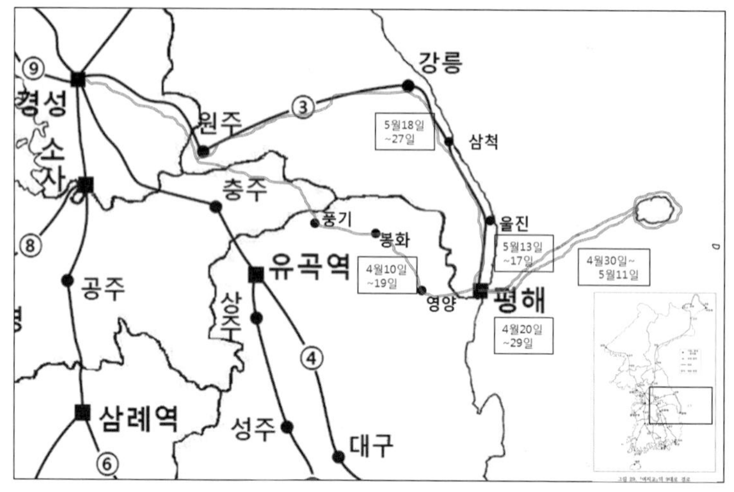

〈그림 5〉 이규원의 검찰 경로

한양~평해 행로에 10일, 평해 체류 10일, 울릉도 검찰과 항해 13일, 귀로에서 울진 · 평해 체류 5일, 울진~한양 10일의 일정이 담겨져 있다. 한양에서 출발하여 울진을 거쳐 울릉도를 검찰한 이규원의 경로는 당시 울릉도 진출 거점으로서의 울진 모습을 잘 보여주고 있을 뿐만 아니라 한양에서 울진에 이르는 경로도 나타나 있다. 본 절에서는 검찰일기의 경로를 통해 조선시대 육지와 동해를 잇는 결절지로서의 울진의 모습을 보고자 하였다.

〈그림 5〉는 이규원의 검찰에서 한양~평해를 이동하는데 행로와 귀로의 경유지를 정리한 지도이다. 행로의 경우 한양에서 출발하여 원주목에서 숙박한 후 풍기~안동~봉화~영양을 거쳐 평해군으로 이르고 있으며, 약 9일이 소요되었다. 귀로는 평해에서 출발하여 울진~삼척~강릉~원주~양근~양주 경로를 거쳐 한양에 이르고 있어 행로는 매우 다르다. 귀로 경로의 경우는 18세기 편찬된 신경준의 『여지고』의 9대로

중 제3로인 경성~평해 경로(경성-양근-원주-강릉-삼척-울진-평해)와 일치한다.

〈표 3〉 이규원의 날짜별 검찰 경로

	月·日(음)	장소	地名(현재 위치)
울진 행로	4월 10일	한양	(4월 7일 임금의 성교를 받음) 한양 출발
	4월 12일	원주	원주목에서 숙박
	4월 16일	순흥	수철교참-풍기-안동 내성참
	4월 17일	봉화·안동	안동 내성참-구능동 세암리-봉화현-비누리 고서동-등지교-보령-재산참
	4월 18일	영양	남령-덕령-단곡참-주곡-교동-영양현-내미원참
	4월 19일		내미원참-양울령
울진·평해	4월 20일	평해	평해군 도착
	4월 23일	평해	평해 원세창 댁 방문,-정평 정수현댁 방문-흥해에서 서간을 보내옴
	4월 24일	평해	삼척 포군을 징계함.
	4월 25일	평해	경상도 배가 도착하지 않음. 구산포로 이동함
	4월 26일	평해	울진과 흥해 군수가 서간을 보내옴.
	4월 27일	평해	구산포-월송진-월송정-구산포
	4월 28일	평해	구산포에서 바람을 기다림(3척, 간성, 강릉 양양배)
	4월 29일	동해	(오전 10시)구산포 출발
검찰	4월 30일	울릉도	(오후 6시) 小黃土邱尾(서면 학포리) 도착
	5월 11일	울릉도	울릉도 검찰(표 4. 참조)
	5월 11일	울릉도	(오전 9시) 소황토구미 출발
울진·평해	5월 13일	평해	(오후 10시)울진으로 향하였으나 평해 구산포로 상륙-장교청에 숙박
	5월 14일	평해	고생한 관리와 백성들 위로
	5월 15일	울진	평해 출발-구산포-결명점-차동-망양정-굴암-덕신역 -구부능-(울진)매화리-구리령-남대천-울진 도착
	5월 16일	울진	울진현-고산성-갈치(울진과 삼척 경계)-
	5월 17일	울진	소공령-용하역-마륵령-가륵치-교하찰방도에서 숙박

한양 귀로	5월 18일	삼척	오십천-삼척부 죽서루-한천역(숙박)
	5월 19일	강릉	사모령-우계역-강릉부
	5월 20일	강릉	(비가 옴) 강릉부 머무르면서 경포대 유람
	5월 21일	강릉	구산역점-횡계역-진부역(숙박)
	5월 22일	강릉	대화역-운주역(숙박)
	5월 23일	원주	횡천현(현 횡성군)-원주
	5월 24일	원주	원주에 머무름
	5월 25일	양평	내창참-지평현(현 양평군)
	5월 26일	광주	양근-광주 봉안역
	5월 27일	한양	양주 평구참-두모포 미륵사에서 계본 작성 (평해-한양 880리)

한편 한양~평해 경로의 행로에서 경성~원주까지는 평해로와 동일한 경로이나, 이후에 남쪽으로 경로를 바꾸어 경상북도 내륙의 풍기와 안동~봉화~영양을 택한 이유는 확실하지 않다. 검찰이 실시된 시기가 『여지고』 편찬 시기보다 100년이 훨씬 지나 한양~평해를 잇는 거리가 보다 짧은 새로운 경로가 생겼거나 혹은 영양현이 이규원이 과거에 머무른 인연으로 이 경로를 선택하였을 것으로 추정된다. 또한 검찰 활동이 단순히 울릉도만을 목적으로 간 것이 아니라 행로와 귀로를 다르게 함으로써 지방 정세를 널리 살펴보기 위했을 가능성도 있다.

이규원은 울릉도로 향하는 행로와 귀로에서 2차례에 걸쳐 울진 · 평해에서 체류하였다. 행로에서 평해에 체류한 기간은 4월 20일 도착한 이후부터 4월 29일 구산포에서 출발하기까지 10일 동안이다. 이 기간 중 대부분의 활동은 울릉도 검찰을 위한 준비와 함께 개인적인 활동, 바람의 기다림으로 구성되어 있다.

검찰 활동의 준비 과정을 보면 삼척 포군의 징계, 경상도 각 읍에 지원 물품 요구, 경주에서의 선박 지원, 삼척과 울진의 배 지원 등과 관

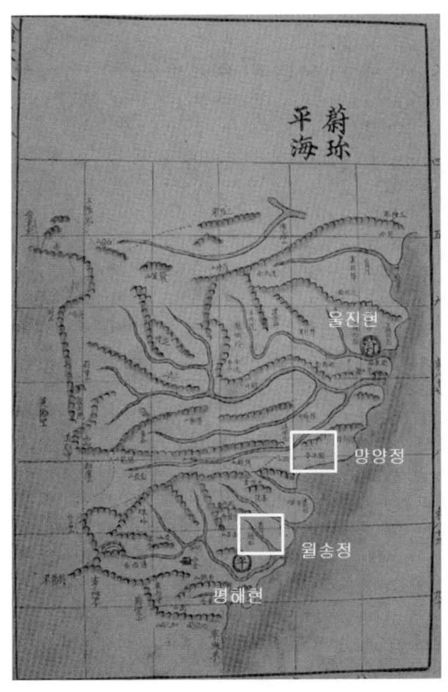

〈그림 6〉『해동여지도』
(국립중앙도서관) 울진 · 평해

련된 내용이다. 출항 선박의 소속으로는 간성, 강릉, 양양 배인 것으로 나타나 검찰 활동에 경상도 각 읍과, 강원도 영동 지방의 고을의 폭넓은 지원으로 이루어졌음을 보여준다. 개인적인 활동으로는 지인들의 방문이 이루어졌으며, 바람을 기다리는 동안 관덕정에서 활쏘기, 장교청에서의 가무 관람, 월송진(越松鎭)과 월송정(月松亭)의 방문, 성황제와 동신제를 지냈다.(그림 6 참조)

귀로에서는 원래 울진에 정박하려 했으나 풍랑으로 평해 구산포로 상륙하게 되었다. 울진·평해에 머무른 5일 중 이틀은 평해, 3일은 울진에서 체류하였다. 평해에서는 장교청에서 숙박하였으며 검찰 활동에 고생한 관리들과 주민들을 위로하였다. 귀로에서 울진을 향하는 경로에는 구산포~결명점~차동~망양정~굴암~덕신역~구부능~(울진)매화리~구리령~남대천을 거쳐 울진에 도착한 후, 울진~삼척에 이르는 경로가 상세하게 서술되어 있다.

이상과 같은 이규원의 울진 체류시 활동 내용을 보면 당시 울릉도 검찰 활동에 대한 중앙정부의 인식을 잘 보여 주고 있다. 또한 당시 비록 짧은 검찰 기간이나마 평해군이 검찰의 중심역할을 하였음을 보여준다. 이는 매 2~3년 주기로 이루어졌던 수토에서도 울진과 평해가 정기적으로 동해 진출의 중심지로 기능하였음을 보여준다.

2) 울릉도에서 경로

〈표 4〉 이규원의 검찰 경로

	日時	조선시대 지명(현재 지명)
육로	4월 30일	小黃土邱尾(서면 학포리)
	5월 1일	(이동 경로 없음)
	5월 2일	大黃土邱尾(서면 태하리)
	5월 3일	黑斫支(북면 현포리) → 倡優岩(북면 노인봉) → 燭台岩(북면 현포리 촛대봉) → 千年浦(북면 천년포) → 錐峰(북면 추산) → (門岩) → (북면 문암, 울릉도외도) 倭船艙(북면 천부리) → 五大嶺(천부→나리동 가는 길목) → 紅門街(북면 홍문동) → 羅里洞(북면 나리분지) → 大池 · 小池((註記) → 中峰(성인봉)
	5월 4일	聖人峰(성인봉) → 苧浦(울릉읍 저동)
	5월 5일	長斫支浦(울릉읍 사동)
	5월 6일	桶邱尾(서면 통구미)
	5월 7일	三大嶺(서면 비파산 일대 고개) → 三流川(남양천 · 남서천)
	5월 8일	(이동경로 없음)
해로	5월 9일	香木邱尾浦(서면 학포→태하) → 待風邱尾(서면 향목정일대 대풍감) → 玄斫支(북면 현포리) → 倭船艙(북면 천부리) → 蒜峰(북면 두루봉) → 竹岩(북면 딴바위) → 燭台岩(북면 일선암) → 船板邱尾(북면 선창) → 島項(북면 관음도) → 竹島(울릉읍 죽도) → 臥達雄達邱尾(울릉읍 와달리)
	5월 10일	道方廳(울릉읍 도동) → 長斫之浦(울릉읍 사동) → 玄圃(서면 감을계) → 桶邱尾(서면 통구미) → 華岩(서면 통구미 거북바위) → 谷浦(서면 남양골개) → 沙汰邱尾(서면 사태감) → 蔘幕洞浦口(서면 산막)

(출처) 김기혁, 2011.

이규원의 검찰사 일행의 울릉도 검찰 경로는 〈표 4〉와 같으며, 지명을 바탕으로 『울릉도외도』와 현대지도에 경로를 표현한 것은 그림 7~8과 같다. 이전의 수토가 4박 5일의 짧은 일정에서 진행된 반면, 이규원의 검찰 기간은 4월 30일부터 5월 11일까지의 12일이다. 경로의 중심은 지금의 서면 학포[小大黃土邱尾] 일대로, 5월 2일~7일까지의 6일간은 육로를 통해, 9~10일은 해로를 통해 검찰 활동을 수행하였다.

날짜별 활동 내용을 보면 4월 29일 울진 기성면 구산동에서 출항한 검찰 일행은 4월 30일 오후 6시경에 서면 학포리 포구[小黃土邱尾]에 도착하여 휴식을 취하였다. 이곳에 조선인 23명이 거주하고 있었음을 확인하였다. 이튿날인 5월 1일에는 산신당에 제사를 지내고 배를 정비하였다.

육로를 이용한 이규원은 이곳에서 출발하여 태하[大黃土邱尾]를 거쳐 하룻밤을 자고 현포[黑斫支]로 이동하여 고분과 농경지로 이용될 수 있는 평지를 확인하였다. 북쪽 해안을 거치면서 노인봉[倡優巖] 촉대암[燭台巖], 천년포[千年浦], 추봉[錐山], 문암[門巖]을 경유하였다.

천부[倭船艙]에서 내륙으로 향하여 오르막 고개길[五大嶺]을 지나 홍문등[紅門街]을 거쳐 나리동[羅里洞]으로 이동하였다. 계속 산지를 거쳐 알봉[中峰]쪽으로 이동한 후 이곳에서 숙박을 하였다. 지금의 알봉은 중봉이라 표현하여 이전과는 다른 지명을 사용하고 있다. 성인봉[聖人峰]을 지나 저동[苧浦]으로 이동하여, 대저포[大苧浦], 소저포[小苧浦]의 2곳에 마을이 있음을 확인하였다. 이 기록에서 '성인봉' 지명이 처음 등장한다. 그의 육로 일정에서 태하→성인봉→저동으로 이어지는 것은 이 경로가 당시 태하와 저동을 잇는 통로였음을 보여준다.

저동에서 숙박하고 다음날 5일 도동을 거치지 않고 남쪽 해안의 사동[長斫支]으로 이동하였고, 6일에는 사동에서 통구미[桶邱尾]로 이동하여 노숙을 하였다. 다음날 7일에 남양동을 거쳐 처음 출발 지점인

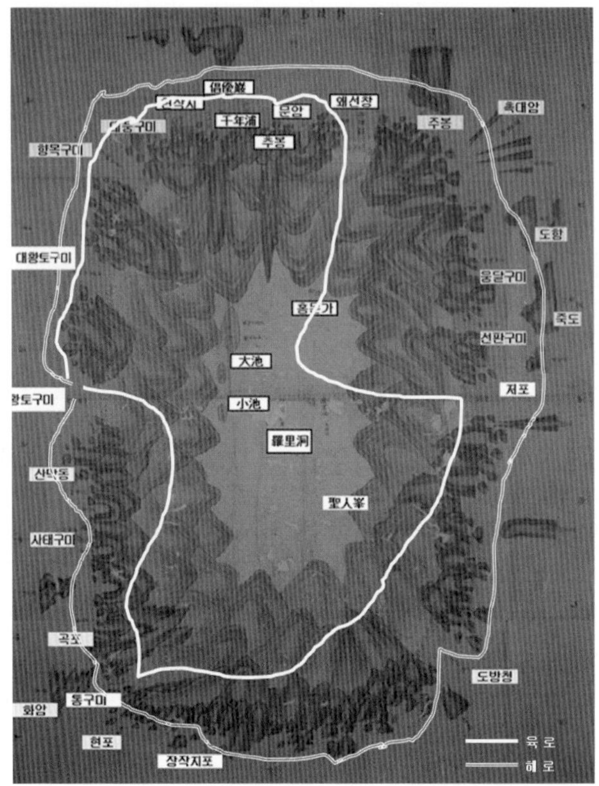

〈그림 6〉「울릉도외도」에 표현된 검찰 경로

학포[小黃土邱尾]에 도착하여 6일 동안의 육로 여정을 마무리하였다. 기록에서 "소황토구미로부터 중심인 나리동을 지나 동쪽 저포에 이르기까지 대략 60여 리이고, 북쪽 왜선창에서 나리동을 지나 남쪽 통구미까지 대략 50리였다. 사람이 사는 곳은 나리동 하나뿐이었으나 수천 호(戶)가 살 만하다."라는 내용은 이규원이 주민을 만나 면담한 내용을 바탕으로 작성한 것으로, 이는 개척령 반포와 군현 설치를 염두에 둔 것으로 보인다.

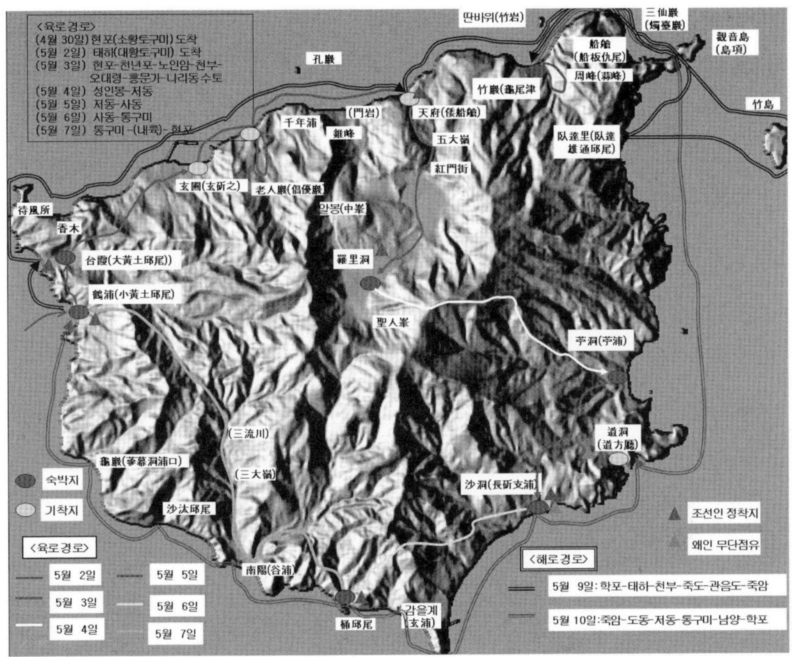

〈그림 7〉 현대 지도에 표현된 검찰 경로(출처: 김기혁, 2011)

하루를 쉬고 5월 9일에는 배를 이용하여 학포를 출항하여 태하[大黃土邱尾]에 잠시 정박한 후 대풍포[待風浦], 현포[玄斫支]로 이동하였다. 천부[倭船艙]를 거쳐 현재의 두루봉이 마늘모양으로 생겼다 하여 '蒜峰'이라 명명하였고 딴바위[竹岩]를 검찰하였다. 일선암, 삼선암을 보고 '형제 같다' 하였고 인근 선창 마을[船板邱尾]에서 취락과 벌목 흔적을 확인하였다. 배로 관음도와 죽도[竹島]를 접근하였으나 오르지 못하였다. 이곳 남쪽의 와달리 일대[臥達雄通邱尾]에서 해구 서식지를 확인하였다. 기상이 좋지 않아 죽암[竹巖]으로 돌아와 움막을 치고 숙박하였다.

이튿날 10일 도동[道方廳]으로 이동하여 일본인 78명이 체류하고 있음을 알게 되었고, 그들에게 울릉도가 조선의 영토임을 주지시켰다. 포구에서는 조선인 13명이 거주하고 있음을 확인하였다. 사동[長斫支浦]을 지나면서 잠시 정박하여 일본인들이 세운 표목을 보았고 감을계[玄浦] 부근에도 해구가 서식하고 있음을 알게 되었다.[6] 통구미[桶邱尾]를 검찰하면서 해안에 있는 거북바위[華岩] 일대에 배 2~3척의 접안이 가능함을 확인하였다. 남양 포구[谷浦][7]와 구암 마을[沙汰邱尾]은 포구 마을로서 적당하지 않다는 것을 기록하였다. 산막동 마을[山幕洞浦口]에 이르렀으나 물이 얕고 파도가 심해 배가 편안히 정박할 곳이 못되었다. 학포[小黃土邱尾]로 이동하여 마지막 밤을 보냈다. 이튿날 울진을 향해 출발하였으나 기상 악화로 평해 구산포에 도착하였다.

이상과 같은 이규원의 검찰 활동의 경로를 볼 때 그의 활동은 이전의 수토와는 다른 차원에서 진행되었음을 보여준다. 즉 이전의 수토가 주민쇄환의 일환으로 시작된 것에 비하면, 이규원의 검찰은 울릉도 개척령을 전제로 한 것이기 때문에 해안을 중심으로 이루어지던 수토와는 다르게 내륙에서도 비교적 세밀한 조사가 이루어졌다. 또한 이전의 수토기에서는 주민이 거주하고 있다는 기록이 전혀 없는데 반해『검찰일기』에서는 조선인이 거주하고 있는 내용이 상세히 수록되어 있으며, 일본인들이 무단으로 점유하고 있다는 내용도 있어 동해 강역에 대한 영토 인식이 더욱 구체화되었음을 보여주고 있다.

4. 맺음말

본 글에서는 조선시대의 고지도에 나타난 울진과 울릉도의 표현과

6) 『울릉도외도』의 이곳 일대에 '可支島' 지명이 기재되는 것은 이 때문이다.

7) 『검찰일기』에는 '洞浦'로 「울릉도외도」에는 '谷浦'로 수록되어 있다.

울진 일대의 해안선 모습의 변화를 파악하고자 하였으며, 1882년 이규원의 한양~울진~울릉도로 이어진 검찰 활동의 경로를 통해 당시 울릉도 진출에서 거점이었던 울진의 지역적인 역할을 보고자 하였다.

조선시대 울릉도와의 지리적인 관계에서 울진이 중심 역할을 담당하면서, 지도에서 묘사된 울진 일대의 해안선 모습이 변화되었다. 그 내용을 보면 한반도 모습이 실제와 유사하게 그려진 『동국지도』를 기준으로 이전과 이후의 지도에서 뚜렷한 차이가 나타난다. 『동국지도』 이전의 지도에서는 울릉도·우산도 위치는 대부분 울진 가까이 그려지며, 일부는 삼척 인근에 묘사되기도 하였다. 대부분의 지도에서 우산도가 울릉도의 서쪽에 그려져 있다. 이는 당시 동해의 섬들에 대한 정확한 지리 정보의 결여에 기인한 것으로 판단된다.

『동국지도』 이후의 지도에서는 동해상의 울릉도와 우산도(독도)의 묘사는 정확해졌다. 그러나 동해안의 울진 일대가 실제보다 동쪽으로 돌출되어 묘사되기 시작하였다. 『청구도』에서 가장 왜곡되었으며 『대동여지도』에서는 다시 상당 부분 수정되기도 하였다. 『동국지도』와 『청구도』의 경우 동해안의 공간 인식의 변화를, 『대동여지도』의 수정은 지도학적 내용의 변화를 반영한 것으로 보인다. 19세기에 목판본으로 제작되어 사회적으로 많이 보급된 『해좌전도』의 경우 『동국여지지도』와 같이 울진~울릉도를 잇는 해로가 그려져 있다. 이는 조선 후기에 들면서 울릉도 진출의 거점이 당시 강원도 울진현으로 고착되었음을 보여주는 내용이다.

18세기 이후의 사료에 나타난 울릉도 수토 경로에서 출발지는 대부분 평해 구산진으로 나타나고 있다. 이는 지금의 울진이 당시 울릉도 수토의 거점 역할을 하였음을 보여준다. 한양~울진~울릉도 경로가 상세하게 서술된 이규원의 『검찰일기』에서 당시 평해에서 수토를 위해 울진현이 담당하였던 역할을 보여준다. 이 기간 중 대부분의 활동은 울릉도 검찰을 위한 준비와 함께 개인적인 활동, 바람의 기다림으로 구성되어 있다. 또한 검찰 준비 과정에서 인근 고을과의 관계가 잘 나타난다. 이는 조선시대 수토가 이루어질 때 짧은 기간이나마 울진 · 평해군이 인근 동해안에서 중심 기능을 하였음을 보여준다.

동해는 단순한 바다가 아니라 동아시아의 지정학적인 내용이 담긴 곳으로, 역사적으로는 이곳을 장악하는 국가가 동아시아를 지배하였다. 삼국시대에 신라가 울릉도를 복속시킴으로써 한반도 강역에 속하였다. 이후 해로를 통해 울릉도와 한반도가 연결되었으며, 이의 중심에 울진이 있었다. 과거와 현재 그리고 미래에도 동해가 한반도의 강역에 속하고 있음을 보여주기 위해서는 동해 진출의 거점 고을이었던 울진군의 장소성에 대한 재해석이 이루어져야 할 것이다. 이를 위해서는 조선시대 울진에서 이루어진 수토와 검찰 활동의 수준 높은 해석이 필요하다.

【참고문헌】

김기혁 외, 『대구 · 경상북도 시군별 고지도』 울릉도 · 독도편, 부산지리연구소, 2005b.

김기혁, 「조선-일제 강점기 울릉도 지명의 생성과 변화」, 『문화역사지리』, 18(1), 2006.

_____, 「조선 후기 고지도에 나타난 '우산도(于山島)' 지명 연구」, 『독도관련자료해제집』, 국립중앙도서관, 2009.

_____, 「조선 후기 울릉도의 수토 기록에서 나타난 부속 도서 지명 연구」, 『문화역사지리』 23(2), 2011.

_____, 『황여전람도』 「조선도」의 모본 지도 형태 연구, 한국지역지리학회지, 21(1), 2015.

김기혁, 윤용출, 『울릉도 · 독도 역사지리 사료 연구』, 한국해양수산개발원, 2006.

김호동, 「개항기 울릉도 개척정책과 이주실태」, 『대구사학』 77, 2004.

동북아역사재단, 『국토의 표상』, 2012.

송병기, 「고종조의 울릉도 · 독도 경영」, 『독도연구』, 1985.

_____, 「조선후기의 울릉도 경영 : 수토제도의 확립」, 『진단학보』 86, 1999.

심현용, 「조선시대 울릉도 수토정책에 대한 고고학적 시 · 공간 검토」, 『영토해양연구』 6, 2013.

울진군지편찬위원회, 『울진군지』 상 · 중 · 하, 울진군, 2001.

유미림, 『「울릉도」와 「울릉도사적」 역주 및 관련 기록의 비교연구』, 한국해양수산개발원, 2007.

_____, 「장한상의 울릉도 수토와 수토제의 추이에 관한 고찰」, 『한국정치외교사논총』 31(1), 2009.

윤명철, 「연해주 및 동해 북부 항로에 대한 연구-고대를 중심으로-」, 『이사부와 동해』 1, 2010.

이기봉, 『동여도』 해제, 서울대학교 규장각한국학연구원, 2003.

이병휴, 「울진지역과 울릉도 · 독도와의 역사적 관련성」, 『역사교육논집』 28, 2002.

이선근, 「근세 울릉도문제와 검찰사 이규원의 탐험성과」, 『대동문화연구』 1, 1963.

이원택, 「조선후기 강원감영 울릉도 수토 사료 해제 및 번역」, 『영토해양연구』 8, 2014.

이현종, 「조선시대 울릉도 · 독도 경영」, 『독도연구』, 1985.

이혜은 · 이형근, 만은 이규원의 『울릉도검찰일기』, 한국해양수산개발원, 2006.

평해 월송포진성과 삼척포진성의 연혁과 구조

유 재 춘

1. 머리말

鎭은 신라 말부터 조선시대까지 있었던 일종의 군사적 지방행정구역 또는 단위 부대 성격의 군사집단을 말하였다. 특히 조선시대에 와서 鎭管體制가 완성됨에 따라 鎭은 主鎭, 巨鎭, 諸鎭으로 분류되어 주진은 兵營이나 水營과 같이 절도사가 관장하는 곳이며, 거진은 절제사나 첨절제사가, 제진은 동첨절제사 · 萬戶 · 節制都尉 등이 관장하는 군사 집단이었다. 이 가운데 수군이 주둔하는 곳은 흔히 "浦" 명칭이 붙여졌고, 이러한 곳을 중심으로 하는 수군의 진을 "~浦鎭"이라고 하였다. 따라서 포진성이란 결국 포진에 축조한 성곽을 말한다.

우리나라는 연해와 島嶼지역이 많고 또 바다와 연결되는 많은 하천이 있어서 일찍부터 물자와 사람을 운송하는데 선박을 이용하였으며, 자연히 군사적인 측면에서도 이를 활용하게 되었다. 기록을 통해 볼 때 이미 삼국시대부터 수군을 전투에 활용하고 있으며, 고려, 조선시대를 거치면서 이는 더욱 발전하게 되었다. 신라는 船府를 두었고, 고려시대에는 船兵都部署 · 司水寺가 있었으며, 조선시대에 이르러서는 군사체제에서 수군이라는 兵種이 완전히 정규군으로 편제되어 별도로 설치되었을 뿐만 아니라 각 도별로 수군절도사를 두고 예하부대를 배치하여 방어태세를 갖추었다.

수군 유적에 대한 것은 주로 고려말 이후의 浦鎭이나 水營에 대한 연구가 이루어졌으나 성과가 많지 않다. 특히 구체적인 유적 자료를 활용한 연구는 소수에 불과하다.[1)] 본 연구에서는 조선시대 수군의 배치체제가 정비되어 가면서 월송포와 삼척포 수군진이 어떻게 변화되어 갔는가, 그리고 포진에 축성을 하게 된 과정, 월송포진성 · 삼척포진성의 유적 현황과 특징에 대해 살펴보고자 한다.

2. 조선시대 수군 배치와 월송포 · 삼척포

고려 말 왜구의 침입에 대비해 재건된 수군은 연해지역 각 浦에 복무하던 병종으로, 騎船軍 또는 船軍으로 불리었다. 세종 때에 수군은 軍額 · 兵船 · 各浦設鎭 등의 규모와 편제로 보아 일단 제도상으로 정비되었다. 수군은 육군인 正兵과 더불어 양인층의 주된 의무병종이었다. 세종대의 병선과 선군 통계를 보면 병선이 총 829척, 선군이 50,169명

---

1) 유재춘, 『韓國中世築城史硏究』, 경인문화사, 2003; 황의천, 「朝鮮時代 忠淸水營과 屬鎭의 위치에 대한 고찰」, 『保寧文化』 16, 보령문화연구회, 2007; 변동명, 「조선시대 여수 石堡와 石(堡)倉」, 『역사학연구』 제33, 호남사학회, 2008; 김호동, 「월송포진(越松浦鎭)의 역사」, 『蔚珍 史香』 제3호, 울진문화원, 2012; 유재춘, 「조선시대 수군 배치와 월송포진성」, 『울진 월송포진성 정밀지표조사 보고서』, 울진군 · 성림문화재연구원, 2013; 윤천수, 「월송포 진성 발굴 의의와 울릉도 수토 출발지 변천사」, 『이사부와 동해』 5호, 한국이사부학회, 2013; 삼한문화재연구원, 『울진 월송포진성』, 2014; 김호동, 「越松浦鎭의 역사」, 『사학연구』 제115호, 한국사학회, 2014.

이었다.[2] 수군은 육군인 정병보다 연중 복무기간이 길었기 때문에 수군 충군을 꺼려 양인 가운데 힘없는 자들이 주로 이 병종에 충원되었다. 수군은 입번할 때 군량을 짊어지고 赴防해 船上에서 근무하며, 屯田 · 漁鹽 · 海産採取 · 兵船修理 · 漕運 · 築城 등의 雜役에 동원되었다.

조선 후기에 수군이 부족했으므로 숙종 때에 수군의 강화를 위해 水軍束伍法을 실시하였다. 수군속오법은 양인 · 천인을 혼성해 종래 左 · 右領이 서로 바꾸어 입번한 2교대에서 3領으로 나누어 3교대함으로써 복무기한을 완화한 것이다.

수군의 편제는 조선 초에 각 浦鎭마다 水軍都節制使 · 水軍都僉節制使 · 水軍處置使 등을 두었다. 세종 때 수군도절제사가 水軍都安撫處置使가 되었으며, 휘하에 都萬戶 · 萬戶가 있었다. 이후 『경국대전』에서는 진관체제에 따라 主鎭에는 수군절도사, 巨鎭에는 水軍僉節制使, 諸鎭에는 萬戶가 배속되었다.

조선시대 지방군의 營鎭은 육군인 兵馬營鎭과 해군인 水軍營鎭으로 나눌 수 있는데, 대체로 鎭管體制下에서는 鎭管地의 守令이 鎭將이 되고 그에 소속된 郡縣의 수령이나 判官이 同僉節制使, 혹은 節制都尉를 맡도록 되어 있었다. 이러한 鎭將은 본래 병마절도사의 통제를 받도록 되어 있으나 강원도의 경우는 관찰사가 절도사를 겸하고 있었기 때문에 평상시의 행정체제하에서와 마찬가지로 유사시 관찰사의 지휘를 받아 전투에 임하는 체제로 편제되어 있었다.[3] 그러나 경상도, 전라도, 평안도, 함경도 같이 병마절도사가 별도로 파견되는 지역은 당연히 그의 지휘를 받는다. 평해와 삼척은 조선시대 강원도에 속해 있었기 때문에 『경국대전』에 실려 있는 강원도 지역의 진관 편성 내용을 보면 다음과 같다.

---

2) 육군사관학교 한국군사연구실, 『한국군제사』, 육군본부, 1968, 140 · 141쪽.

3) 陸士韓國軍事研究室, 『韓國軍制史』, 陸軍本部, 1968, 157~167쪽.

강원도의 鎭管 편성(『經國大典』)

觀察使	兵使 · 水使 兼任　　觀察使營 = 원주	
僉節制使	同僉節制使	節制都尉
江陵鎭管 江陵大都護府使	三陟府使 · 襄陽府使 · 平海郡守 · 杆城郡守 · 高城郡守 · 通川郡守	江陵判官 · 蔚珍縣令 · 歙谷縣令
原州鎭管 原州牧使	春川府使 · 旌善郡守 · 寧越郡守 · 平昌郡守	原州判官 · 麟蹄縣監 · 橫城縣監 · 洪川縣監
淮陽鎭管 淮陽府使	鐵原府使	楊口縣監 · 狼川縣監 · 金城縣令 · 伊川縣監 · 平康縣監 · 金化縣監 · 安峽縣監
僉節制使	萬戶	
三陟浦鎭管 三陟浦僉使	安仁浦萬戶 · 高城浦萬戶 · 蔚珍浦萬戶 · 越松浦萬戶	

한편 전국의 군사조직이 진관체제로 체계화되었지만 鎭에는 항상 무장된 군사가 상주하는 것은 아니었다. 각 고을의 正軍은 當番이 되면 중앙에 番上하거나 혹은 특수지대에 赴防하고, 평시에는 각종 군사가 대부분 非番인 상태로 거주지에서 자기 생업에 종사하고 있었다. 그러나 변방의 전략상 요충이 되는 지역에는 항상 일정한 군사가 체류하였는데 이것이 이른바 留防軍이다.[4] 강원도는 1397년(태조 6)에 처음으로 삼척진과 간성진 두 鎭을 두었으나 당시 鎭에는 별도의 유방군이 없어서 일이 있으면 侍衛牌로 충당하였으나 이후 군사체계가 정비되면서 유방군이 배치되었다. 또 진관체제가 편제되기 이전의 조선초기에는 병마도절제사의 營을 강릉에 두고, 都觀察使가 겸임하도록 하였다.

『경국대전』에 의하여 전국의 留防軍 배치를 표로 정리하면 다음과 같은데, 강원도에는 강릉과 삼척 두곳에만 각각 1旅씩 250명의 留防軍

4) 陸軍士官學校 韓國軍事硏究室, 『韓國軍制史』, 168쪽.

이 있었다.[5] 『경국대전』에 수록되어 있는 전국의 留防軍 배치 상황을 보면 다음과 같다.

전국 유방군 배치(『經國大典』)

구분	留防 4旅	留防 3旅	留防 2旅	留防 1旅	계
충청도		主鎭	庇仁·藍浦·泰安		9旅(1,125명)
경상도	主鎭	東萊·熊川	寧海·金海·泗山·迎日	南海·巨濟	24旅(3,000명)
전라도		主鎭	沃溝·茂長·扶安·順天	興陽·珍島	13旅(1,625명)
황해도			康翎·長淵	黃州·遂安·豊川·甕津	8旅(1,000명)
강원도				江陵·三陟	2旅(250명)
개성부	正兵留本府 巡綽				
평안도, 영안도	兩界甲士·正兵 并留防本邑				

강원도의 水軍(騎船軍)은 정종 원년에 동북면의 수군과 함께 모두 폐지되기도 하였으나 海寇의 우려 때문에 6개월 만에 다시 환원되었고 점차 정비되어 세종대에는 전체 船軍은 1,384명이며, 수군만호가 주둔하는 곳은 월송포·속초포·강포구·삼척포·수산포·연곡포 등 6개처였다.[6]

---

5) 『經國大典』 兵典 留防.

6) 『世宗實錄』 地理志 江原道 平海郡·襄陽都護府·高城郡·蔚珍縣·三陟都護府·江陵大都護府.

조선 초기 강원도의 水軍營鎭

수군 배치 浦鎭(萬戶)	병선수	군사수	비고
월송포(평해)	1	70	평해 동쪽
속초포(양양)	3	210	양양 북쪽
강포구(고성)	3	196	고성 남쪽
삼척포(삼척)	4	245	府의 동쪽
수산포(울진)	3	191	울진 남쪽 근남면 수산리(울진포)
연곡포(연곡현)	3	191	연곡현 동쪽(江陵)
계	17척	1,103	

※ 위 도표는『世宗實錄』地理志의 내용을 정리한 것임.

그리고 동해안을 같이 끼고 있는 경상도의 경우는 좌도 병선 146척, 수군 7,599명, 우도 병선 139척, 수군 9,023명 등 총 병선 285척, 수군 16,622명이 배치되었다. 이와 같이 강원도에 비해 많은 병선과 수군이 배치된 것은 경상도 지역이 일본에서 가장 가까운 지역일 뿐만 아니라 남해, 서해로 이동하는 길목이 되기 때문이었다. 경상도의 수군 배치 상황을 보면 다음 표와 같다.

조선 초기 경상도의 水軍營鎭

수군 배치 浦鎭	병선수	군사수	備 考
富山浦(동래)	33	1,779	左道水軍都安撫處置使 주재
鹽浦(울산)	7	502	都萬戶 수어처
西生浦(울산)	20	767	
丑山浦(영해)	12	429	
烏浦(영덕)	8	353	
通洋浦(흥해)	8	218	지금은 豆毛赤浦에 정박
包伊浦(장기)	8	589	지금은 加嚴浦에 정박
甘浦(경주)	6	387	
開雲浦(울산)	12	420	

豆毛浦(기장)	16	843	
海雲浦(동래)	7	589	
多大浦(동래)	9	723	
소계	146	7,599	
吾兒浦(거제)	28	2,601	右道水軍都安撫處置使 주재. 본래 薺浦에 있었는데 세종 원년 대마도정벌 후 이곳으로 옮김.
加背梁(固城)	22	1,122	都萬戶 수어처. 대마도 정벌 후 거제 玉浦로 옮김.
薺浦(김해)	9	882	
永登浦(거제)	8	720	
見乃梁(固城)	20	940	대마도 정벌후 거제 옥포로 옮김
樊溪(固城)	15	722	지금은 唐浦에 있음
仇良梁(진주)	16	748	지금은 固城 蛇浦에 있음
赤梁(진주)	13	720	지금은 加乙串에 있음
露梁(진주)	8	568	지금은 平山浦에 있음
소 계	139	9,023	
합 계	285척	16,622명	좌도 만호 11, 우도 만호 8

※ 위 도표는『世宗實錄』地理志의 내용을 정리한 것임.

그러나 세종 26년경(1444) 다시 강원도 船軍 폐지를 주장하는 논의가 있게 되었다. 그 이유는 강원도에서는 왜구 침입이 끊어진지 오래되어 배가 썩고 파괴되었는데 이를 수리하려면 선군의 고통이 극심하다는 것, 그리고 포구에 모래가 쌓여 배를 출입시킬 수 없다는 것이었다.[7] 이에 대해 세종은 강원도 관찰사에게 浦口의 상황과 造船의 폐단을 막기 위해 船數를 감하는 문제, 船體가 작은 배를 만드는 방안 등에 대하여 상세히 조사하여 보고하도록 하고 있다.[8]『經國大典』에 강원

7)『세종실록』권105 세종 26년 7월 정묘.

8) 위와 같음.

도에는 兵船으로 小猛船만을 두도록 규정하고 있는 것은 이러한 사정에서 비롯된 것이다.

그리고 수군은 『세종실록』 지리지에 의하면 전국적으로 병선 829척, 船軍 50,169명이었고, 『경국대전』에 기록되어 있는 것을 보면 병선이 총 737척, 水軍數는 48,800(2番)으로 전보다 다소 감소하였는데, 이 가운데 강원도는 小猛船 14척, 無軍小猛船 2척 등 병선 16척에 수군은 420명(乘船水軍) 이었다. 『경국대전』에 의거하여 전국의 병선을 표로 정리하면 다음의 표와 같다.

全國의 兵船 現況(『經國大典』)

道別 / 선박구분	경기도	충청도	경상도	전라도	강원도	황해도	영안도	평안도	비 고	계
大 猛 船	16	11	20	22	-	7	-	4	1척에 수군 80인	80척
中 猛 船	20	34	66	43	-	12	2	15	1척에 수군 60인	192척
小 猛 船	14	24	105	33	14	10	12	4	1척에 수군 30인	216척
無軍小猛船	7	40	75	86	2	10	9	16		245척
無軍中猛船								3		3척
無軍大猛船								1		1척
계	57	109	266	184	16	39	23	43		737척

또 조선전기의 水軍萬戶營은 그 수와 위치가 일정하지 않았다. 이는 세종 원년(1419) 대마도정벌 이후 경상도 지역 여러 수군만호영을 거제 등지로 옮겼고, 강원도 경우를 보면 『世宗實錄』 地理志에서는 越松浦(平海), 三陟浦(三陟)를 비롯하여 東草浦, 江浦口(高城), 守山浦(蔚珍), 連谷浦(江陵) 등 6개 萬戶 浦鎭으로 편성되어 있었으나[9] 세조 8년

9) 『세종실록』 권153 지리지 강원도.

(1462)에 와서는 여러 浦口 가운데 얕거나 암석이 많아 병선의 출입이 원활하지 못한 곳이 있고, 또 울진과 삼척의 경우는 도적이 지나다니는 요충인데 사변이 발생하면 수령이 水陸軍을 겸하여 지휘해야하니 적절치 못하다고 하여 山城浦와 連谷浦에 설치하였던 萬戶 포진을 폐지하고 蔚珍·三陟에 만호를 두었다.[10)]

그 후 『경국대전』에서는 삼척포가 水軍僉節制使鎭으로 편성되면서 越松浦(平海)를 비롯하여 安仁浦(江陵), 高城浦, 蔚珍浦 등 4개의 만호 포진을 거느리게 되었다.[11)] 그 후 조선전기에 별다른 변화는 없었으나 성종 21년(1490) 安仁浦의 만호 포진이 大浦로 이전되었다.[12)]

수군의 배치나 편성은 임진왜란을 거치면서 큰 변화를 겪게 되었다. 경상도 지역을 중심으로 방어책이 편성되어진 것도 있지만 오랜 전쟁으로 인한 기반시설의 파괴와 인구, 재정의 감소는 이에 대한 재편을 불가피하게 하였다. 조선후기에 이르러 강원도 지역의 수군은 삼척포진을 제외하고는 모두 폐지된 것으로 여겨진다. 18세기에 발간된『輿地圖書』의 기록에 의하면 삼척진에 월송포, 울진포, 대포, 고성포가 소속되어 있는 것으로 기록되어 있지만 실제 해당 군현에 기록되어 있는 사항을 보면 내용이 다르다.

평해 월송포의 경우는『여지도서』에는 '월송진'으로 바뀌었고 수군만호가 아닌 병마만호가 파견되고 있으며 鎭軍은 400명이었다. 이는 기존 수군병력을 병마만호가 지휘하면서 陸守軍化한 것으로 볼 수 있

---

10)『세조실록』권29 세조 8년 9월 을사.「兵曹據都體察使韓明澮啓本啓 江原道山城浦則浦口塡沙 船不得出入 泊立爲難 連谷浦則浦口多巖石 亦難泊船 不宜置萬戶 蔚珍三陟兩浦則賊程要衝 乃以守令兼管 倘有事變則兼治水陸軍 其勢甚難 請革山城連谷萬戶 置萬戶於蔚珍三陟 從之」

11)『經國大典』兵典 外官職 江原道.

12)『新增東國輿地勝覽』江原道 襄陽都護府 關防.「大浦營 在府東二十里 成宗二十一年 自江陵安仁浦 移泊于此 水軍萬戶 一人 (新增) 正德庚辰 築石城 周一千四百六十九尺 高十二尺」.

다.[13] 이는 『여지도서』보다 후대의 기록인 『關東誌』(19세기 초반 발간)에서 수군이 400명 소속되어 있었지만 戰船은 없다[14]고 한 것에서도 알 수 있다. 또 울진포의 경우는 『여지도서』 울진현 鎭堡條에는 아무런 기록이 없으며, 양양의 大浦의 경우는 『여지도서』의 양양부 진보조에는 이미 폐지된 것으로 기록되어 있다. 그리고 高城浦의 경우는 『여지도서』에는 '古有高城浦萬戶今革'라고 하여 폐지된 것으로 기록되어 있고,[15] 『관동지』에서는 '임진왜란 후에 마침내 파하였고 지금은 남은 터도 없다'라고 기록되어 있는 것으로 보아 이미 임진왜란 이후 수군浦鎭으로서의 기능이 없어졌다는 것을 알 수 있다. 그러나 앞서 언급한 바와 같이 삼척포진은 조선후기에도 유지되었던 것으로 여겨지나 置廢의 시기는 명확하지 않으며,[16] 특히 1672년에 營將을 겸하게

---

13) 이는 『輿地圖書』 蔚珍縣 軍兵條에 越松水軍이 8명으로 기재되어 있는 것에서도 짐작할 수 있다. 즉, 월송진에는 수군병종이 소속되어 있었지만 실제 운용은 그렇지 않았던 것으로 판단된다.

14) 『關東誌』 平海郡 鎭堡.

15) 『輿地圖書』 江原道 高城郡 鎭堡.

16) 『關東誌』 三陟 鎭堡. 삼척포가 어느 시기에 완전히 폐지되었는지는 알 수 없다. 『關東誌』는 1820년대 후반에서 1830년대 초에 편찬된 道誌인데 이곳에 기록된 내용을 보면 계속 유지된 것으로 보이나 19세기 초에 편찬된 『만기요람』에는 폐지되었다고 하고, 또 『고종실록』에는 삼척영장이 울릉도첨사를 겸하게 하는 기사가 나오고, 또 儒生 玄龍源을 삼척부 水軍으로 充軍하는 기사가 나오고 있어서 매우 의아하다(『고종실록』 21권, 고종 21년 3월 경인, 27년 윤2월 무신). 또 1860년대에 편찬된 『大東地志』(江原道 三陟 鎭堡)에서는 삼척포진이 존치하고 있고 수군첨절제사 1인이 右營將을 겸하고 있는 것으로 기록되어 있다. 아마 1871년 강원도관찰사 申應朝에게 내린 諭書에 '江原道觀察使兼兵馬水軍節度使巡察使原州牧使'라고 되어 있는 것도 이와 관련이 있는 것으로 판단된다. 이러한 기록 내용이 置廢를 반복하였다는 것인지 아니면 기록상의 오류인지는 명확하지 않다. 그리고 『만기요람』(軍政編 四 海防 東海)의 다른 기록에서 삼척의 藏吾里浦가 동해 방면의 선박이 정박하는 곳이고 斥堠가 있다고 한 것으로 보아 옮겨진 것으로도 보이나 명확한 것은 알 수 없으며, 또 平海의 仇珍浦 · 正明浦 · 厚里浦에 역시 척후가 있다고 하였는데 이것이 水軍 척후인지 陸守軍 척후인지도 명확하지 않다. 다만 이 시기에 海防을 위하여 척후를 운영하고 있었던 것은 분명하다.

되어 영동지역 9개 군현의 군사를 지휘하게 되었고,[17] 아울러 울릉도 搜討의 임무를 맡고 있었다. 또 월송포의 경우도 『여지도서』 등의 지리지 기록은 그와 같으나 월송만호진 자체는 계속 유지되며 숙종대 이후로는 울릉도 搜討를 삼척포진과 번갈아 수행하는 중요한 새로운 임무를 수행하게 되었던 것으로 판단된다. 이는 광해군대 이후에도 계속 월송만호가 임명되고 있는 것에서 알 수 있으며, 또 월송만호로 교리나 수찬 등 문관직에 있던 관료를 임명하고 있는 것으로 보아[18] 월송만호진은 삼척포진과는 달리 수군으로서의 고유 기능을 수행하기 보다는 울릉도 수토라는 임무를 수행하는 곳으로 중시되었다는 것을 알 수 있다.

3. 월송포 · 삼척포 수군만호진 설치와 축성

1) 월송포 · 삼척포 수군만호진 설치와 변화

월송포진이 수군만호를 배치하는 정식의 제도상 浦鎭이 된 것은 조선초기 태조 6년(1397) 삼척, 간성진을 설치한 이후일 것이다. 그러나 수군 주둔지로서 월송포가 운영된 것은 그보다 앞선 시기라고 보아야 할 것이다. 이는 이미 우왕 12년(1386) 삼척에 萬戶兼知郡事가 임명되고 있는 것에서 알 수 있듯이 만호직과 지방 수령직을 겸하는 관리가 부임하고 있었고, 이미 고려말 조선초기에 수군이 운영되면서 태조 6년(1397) 처음으로 제도가 확립된 것이라 보는 것이 타당하기 때문이

17) 『關東誌』 卷9 三陟 鎭堡.

18) 『광해군일기』 권7 광해군 즉위년 8월 18일(임신); 『숙종실록』 권33 숙종 25년 7월 15일(임오); 『영조실록』 권111 영조 44년 9월 16일(신축); 『정조실록』 권40 정조 18년 6월 3일(무오); 『고종실록』 권2 고종 2년 12월 3일(갑오).

다. 아무튼 조선초기 평해의 월송포는 당시 강원도에 설치된 6개소의 수군만호가 배치되는 수어처 가운데 하나였다. 그러나 이와 같이 정착되기 전에 월송포는 병선의 출입 문제 때문에 혁파와 재설치를 반복하게 되었다. 『세종실록』에 보면,

> 병선을 평해군의 월송포에 도로 두고 지군사로써 만호를 겸무하게 하였다. 처음에 本浦에 모래가 쌓여 물이 얕아졌기 때문에 만호를 혁파하고 병선을 울진의 守山浦와 三陟浦에 나누어 소속시켰는데, 이때에 와서 고을 백성들이 본군의 읍성이 튼튼하지 못하고, 더구나 왜적이 먼저 들이닥치는 땅이므로 방비가 없을 수 없다고 하여, 모래를 쳐내어 도로 병선을 정박시켜 뜻하지 않은 변고에 방비하기를 청하였다. 감사가 이를 아뢰니, 마침내 그전대로 복구하기를 명하였다.[19]

이는 월송포 포구내에 모래가 쌓여 수심이 얕아져 병선의 출입이 원활하지 못하자 월송포를 폐지하고 이곳에 배치되어 있던 병선을 울진 수산포와 삼척포에 각각 나누어 소속시켰는데, 평해 지역 주민들이 평해군 읍성이 견고하지 못하므로 가까운 곳에 수군을 배치해 만일에 대비하여야 한다는 것이었다. 그러나 이러한 월송포 병선 정박처 복구사업은 곧바로 이루어지지 않았다. 17년이 지난 세종 26년(1444)까지도 해결이 안 되고 있기 때문이다.

> 강원도 관찰사 李孟常에게 諭示하기를, "의정부에서 전임 관찰사 조수량의 장계에 의거하여 아뢰기를, '삼척부사가 水陸僉節制使를 예전대로 겸임함이 좋은가 나쁜가의 여부와 越松浦의 모래로 막힌 곳의 長短, 廣狹과, 공사해야 할 일거리의 많고 적음과, 뱃길을 개통한 뒤에 곧 또 메워져 막혀 버릴 염려의 有無를 그 도의 관찰사로 하여금 친히 살펴보고 啓聞하게 한 뒤에 다시 의논하여 정하도록 하옵소서.'라고 하기에, 내가 이미 그렇

---

19) 『세종실록』 권 37 세종 9년 7월 16일(임인).

게 하기로 하였는데, 또 어떤 이가 獻議하기를, '강원도에 왜구의 소문이 끊어진 지가 거의 백 년이나 되어 이 道 各浦의 浦口는 모래로 막혀진 것이 이미 오래 되었습니다. 그러므로, 비록 왜구가 온다 할지라도 병선이 바다로 나갈 길이 없을 뿐더러 여러 해 동안에 閣岸(배를 댈 수 있도록 바다에 설치한 棧橋와 같은 접안 시설물)은 썩고 파괴되었으므로, 그것을 즉시 고쳐 만들려면 船軍의 고통이 더 할 수 없이 극심할 것이오니, 마땅히 선군을 폐지하여 營鎭에 소속시키고 계속하여 첨절제사로 하여금 考察하게 하여 무궁한 폐단을 제거하는 것이 좋겠습니다'고 한다. 그러나 선군을 경솔하게 갑자기 폐지할 수는 없으니, 월송포의 모래로 막혀진 곳을 개통하는 일의 어렵고 쉬운 것과, 배의 왕래의 便否와 개통한 뒤에 다시 메워 막혀질 염려의 有無와 월송포와 仇未浦와의 거리의 멀고 가까움을 관찰사가 순행할 때에 친히 살펴서 장계하라. 또 그 도의 방어가 중요하지 않음이나 조선의 폐단이 과연 獻議하는 사람의 말과 같다면, 각 포구의 병선을 적당히 줄이어 민폐를 덜어 주는 것이 어떻겠는가. 또 듣건대, 포구가 좁아서 船體가 큰 배는 드나들기가 어렵다고 하니, 그 道의 병선은 선체가 작게 만들어 드나들기에 편리하게 하여 賊變에 대응하는 것이 어떻겠는가. 모름지기 여러 옛 늙은이들에게 물어서 아뢰라"하였다.

이에서 알 수 있는 바와 같이 월송포 복구 문제는 17년이 되도록 이루어지지 못한 채, 모래 제거사업의 작업량 정도, 병선 출입의 편의성, 복구 후 다시 메워질 염려가 있는지의 문제 등 정확한 상황을 파악하여 조치하도록 하고 있다. 아울러 병선을 줄이는 문제나 포구가 좁아 선체가 큰 배가 드나들기 어려우므로 작은 배를 만들어 사용하도록 하는 문제 등을 자세히 조사하여 다시 보고 하도록 지시하고 있다.

또한 이맹상 강원도 관찰사는 知平海郡事가 관례적으로 월송포 만호를 겸직하고 있는데, 만약 賊變이 있으면 사실상 두 가지 일을 다하기 어려우니, 월송포 만호를 별도로 임명해 줄 것을 요청하고 있다. 그러나 조정에서는 강원도가 왜구의 길목이 되는 곳이 아니라고 하여 종전대로 하도록 하자, 관찰사 이맹상은 이 문제를 재차 건의하였다.

맹상이 다시 아뢰기를, … "평해군은 원래 읍의 성이 없어서 실어 들인 미곡을 다 땅에다 노적하여 두오니, 만약 왜적이 가만히 들어와서 도둑질해 내가게 되면 쌓아 두었던 양곡은 다 우리 것이 아니 되고 맙니다. 평해군수가 한 몸으로 실상 두 가지 일을 하기 어렵사오니 만호를 따로 보내 주심이 편리하옵니다. 만약 常任으로 둘 수가 없사오면 漕轉과 성 쌓는 데에 곡식 실어 들이는 동안에 임시로라도 두는 것이 좋을 것 같습니다. 만약 관원을 너무 늘이는 것이 된다면 水山浦千戸를 월송포로 옮겨 임명하시고, 수산포는 울진현령으로 하여금 겸임하게 하소서."하니, 병조에 내려서 의논하게 한즉, 병조에서 의정부에 보고하기를, 월송포 만호는 종전대로 겸임하도록 의논이 결정되었으므로 다시 고칠 수도 없고, 또 멀리서 요량해 처리하기 어려우니, 청하건대, 대신을 보내서 실정을 살핀 뒤에 다시 의논하소서"하니, 의정부에서 아뢰기를, "관찰사가 아뢴대로 하는 것이 좋겠습니다"하므로, 그대로 따랐다.[20]

이에서 알 수 있듯이, 관찰사 이맹상은 평해군 읍성이 없어서 거두어들인 미곡을 노적하게 되는데, 유사시 평해군수가 두 일을 하기 어려우니 이를 왜적으로부터 안전하게 보전하기 위해 만호를 별도로 임명해 줄 것을 요청하고 있다. 만약 常任으로 만호를 둘 수 없으면 漕轉과 성 쌓는 데에 곡식 실어 들이는 동안만 임시로라도 배치해 주는 것이 좋겠고, 만약 관원을 너무 늘이는 것이 된다면 水山浦千戸를 월송포로 옮겨 임명하고, 수산포는 울진현령으로 하여금 수산포를 겸임하게 해 줄 것을 요청하였다. 이에 대해 병조에서 논의하도록 하니, 병조에서는 이미 의논이 결정되어 겸임하는 것으로 하였으니 다시 고치기 어렵지만 멀리서 요량해 시행하는 것도 어려우니 대신을 보내서 실상을 살핀 후 다시 논의하도록 의정부에 건의하였으나 의정부에서는 관찰사가 보고한 대로 시행하는 것이 좋겠다고 하였으므로 보고한 대로 시행하도록 하였다.

---

20) 『세종실록』 권 106 세종 26년 9월 2일(정축).

월송포의 포구가 모래로 메워져 병선 출입이 어렵게 되는 문제는 성종 16년(1485)에 이르러서도 여전히 문제로 대두되었다. 우부승지 李世佑는 夕講 자리에서 성종에게 "월송포와 烏浦·漆浦의 배를 대는 곳은 水勢가 매우 사나워서 모래가 海口를 메워 배들이 육지에 있습니다. 큰 海寇들이 만약에 이른다면 어찌할 바가 없으니, 신은 생각건대, 이것은 반드시 조치할 방도가 있어야 하겠습니다"[21]라고 건의하고 있다. 이러한 현상은 하천 하구를 끼고 병선 정박처를 만들다 보니 하천물과 바닷물이 부딪치면서 그 지점에 砂丘가 생겨 물길을 막기 때문이다.

이러한 문제에도 불구하고 월송포 만호진은 계속 유지되면서 1555년(명종 10)에는 축성을 하게 되었고, 임진왜란 이후에는 수군 고유 기능은 거의 상실되어 갔지만 숙종대 이후 울릉도 문제가 본격 제기되면서 평해 월송만호진은 삼척포진과 조선 말까지 번갈아 울릉도 搜討 직무를 수행하게 되었다.[22]

삼척포(현재의 삼척항)가 언제부터 수군 기항지로 사용되었는지, 또는 수군만호진이 정확히 언제 설치되었는지는 알 수 없다. 그러나 대략적인 추정이 가능한 시점을 지적한다면 아마 고려말 만호겸지군사로 南誾이 부임하여 읍성을 축조한 이후의 어느 시기부터 본격적으로 수군진이 건설되어 활용되었을 가능성이 크다. 『世宗實錄』 地理志에 의하면 삼척포는 越松浦(平海), 東草浦, 江浦口(高城), 守山浦(蔚珍), 連谷浦(江陵) 등 5개 萬戶 포진과 함께 강원도 지역의 주요 수군진이었으며,[23] 세조 8년(1462)에 와서는 여러 浦口 가운데 얕거나 암석이 많아 병선의 출입이 원활하지 못한 곳이 있고, 또 울진과 삼척의 경우는

---

21) 『성종실록』 권 177 성종 16년 4월 7일(무오).

22) 김호동, 「월송포진(越松浦鎭)의 역사」, 『蔚珍 史香』 제3호, 울진문화원, 2012 참조.

23) 『世宗實錄』 卷153 地理志 江原道.

도적이 지나다니는 요충인데 사변이 발생하면 수령이 水陸軍을 겸하여 지휘해야하니 적절치 못하다고 하여 山城浦와 連谷浦에 설치하였던 萬戶 포진을 폐지하고 蔚珍 · 三陟을 중심으로 재편하여 만호를 두게 되었다.[24] 아마 이 기록의 의미는 울진과 삼척에 전적으로 수군을 지휘하는 만호를 배치한다는 것으로 판단된다.

그 후 『經國大典』에서는 三陟浦가 水軍僉節制使鎭으로 편성되면서 安仁浦(江陵), 高城浦, 蔚珍浦, 越松浦(平海) 등 4개의 萬戶營을 거느리게 되었다.[25] 이는 삼척포를 중심으로 강원도 동해안지역의 수군 지휘체계가 체계화 되었다는 것을 의미한다고 하겠다.

수군의 배치나 편성은 임진왜란을 거치면서 큰 변화를 겪게 되었다. 경상도 지역을 중심으로 방어책이 편성되어진 것도 있지만 오랜 전쟁으로 인한 기반시설의 파괴와 인구, 재정의 감소는 이에 대한 재편을 불가피하게 하였다. 조선후기에 이르러 강원도 지역의 수군은 삼척포진을 제외하고는 점차 폐지된 것으로 여겨진다.[26] 18세기에 발간된 『輿地圖書』의 기록에 의하면 삼척진에는 水軍僉節制使兼討捕使가 배치되었으며,[27] 월송포, 울진포, 대포, 고성포가 소속되어 있는 것으로

---

24) 『世祖實錄』 卷29 世祖 8年 9月 乙巳. 「兵曹據都體察使韓明澮啓本啓 江原道山城浦則浦口塡沙 船不得出入 泊立爲難 連谷浦則浦口多巖石 亦難泊船 不宜置萬戶 蔚珍三陟兩浦則賊程要衝 乃以守令兼管 倘有事變則兼治水陸軍 其勢甚難 請革山城連谷萬戶 置萬戶於蔚珍三陟 從之」

25) 『經國大典』 兵典 外官職 江原道.

26) 『연려실기술』(별집 제8권 官職典故 鎭堡)에 의하면 「삼척의 삼척포에 첨사를 두고, 平海의 越松浦에 萬戶를 두었으며, 해변에 모두 성을 쌓았으나 戰船과 兵船이 없었다. 효종조에 어떤 사람이 말하기를, "이 두 곳은 이미 모두 內地이고, 또 그 전과 같이 일본 배가 자주 오지 않아서 다른 걱정은 없으니 없애는 것이 마땅하다." 하니, 임금이 명하여 지형을 그려 올리게 하고 전교하기를, "풍경이 매우 좋으니, 없앨 필요가 없다" 하였다」고 기록되어 있고, 『陟州志』(下)에서 「선조 25년 임진에 왜란을 당하여 연해가 다 적들의 소굴이 되었다. 이 때에 방어사 文夢獻과 조방장 元豪가 啓하여 諸鎭의 병선을 모두 태워 버렸다」라고 하는 것으로 보아 조선후기의 강원지역 수군은 병선 없이 지휘관 補職과 軍額만이 존속한 것으로 여겨진다.

기록되어 있다. 그러나 실제 해당 군현에 대한 기록과 조선후기 다른 邑誌의 기록을 보면, 임진왜란 이후 수군 浦鎭으로서의 기능은 없어졌거나 약화되었다는 것을 알 수 있다. 그러나 앞서 언급한 바와 같이 삼척포진은 조선후기에도 계속 유지되었던 것으로 여겨지나 혁폐의 시기는 명확하지 않다.[28] 특히 1672년에는 삼척에 영동지역 9개 군현의 군사를 통할하는 營將을 두게 됨으로써 삼척지역은 한층 군사적인 중심지가 되었고,[29] 아울러 국가적으로 중요한 업무인 울릉도 搜討의 임무를 맡고 있었다.

2) 월송포 · 삼척포진에 대한 축성

고려시대 이전의 수군진 배치나 수군진에 대한 축성 여부는 명확하

---

27) 『輿地圖書』 江原道 三陟 鎭堡.

28) 『關東誌』 三陟 鎭堡. 삼척포가 어느 시기에 완전히 폐지되었는지는 알 수 없다. 『關東誌』는 1820년대 후반에서 1830년대 초에 편찬된 道誌인데 이곳에 기록된 내용을 보면 계속 유지된 것으로 보이나 19세기 초에 편찬된 『만기요람』에는 폐지되었다고 하고, 또 『고종실록』에는 삼척영장이 울릉도첨사를 겸하게 하는 기사가 나오고, 또 儒生 玄龍源을 삼척부 水軍으로 充軍하는 기사가 나오고 있어서 매우 의아하다(『고종실록』 21권, 고종 21년 3월 경인, 27년 윤2월 무신). 또 1860년대에 편찬된 『大東地志』(江原道 三陟 鎭堡)에서는 삼척포진이 존치하고 있고 수군첨절제사 1인이 右營將을 겸하고 있는 것으로 기록되어 있다. 아마 1871년 강원도관찰사 申應朝에게 내린 諭書에 '江原道觀察使兼兵馬水軍節度使巡察使原州牧使'라고 되어 있는 것도 이와 관련이 있는 것으로 판단된다. 이러한 기록 내용이 置廢를 반복하였다는 것인지 아니면 기록상의 오류인지는 명확하지 않다. 그리고 『만기요람』(軍政編 四 海防 東海)의 다른 기록에서 삼척의 藏吾里浦가 동해 방면의 선박이 정박하는 곳이고 斥堠가 있다고 한 것으로 보아 옮겨진 것으로도 보이나 명확한 것은 알 수 없으며, 또 平海의 仇珍浦 · 正明浦 · 厚里浦에 역시 척후가 있다고 하였는데 이것이 水軍 척후인지 陸守軍 척후인지도 명확하지 않다. 다만 이 시기에 海防을 위하여 척후를 운영하고 있었던 것은 분명하다.

29) 『關東誌』 卷9 三陟 鎭堡. 『조선왕조실록』(숙종 18년 10월 무인)의 기록을 통하여 삼척영장이 영동지역 9개 군현의 군사를 통할하도록 하고 있었다는 것을 알 수 있다.

지 않다. 특히 강원도 지역에 한정하여 보면 더욱 그러하다. 다만 삼국시대의 경우 동해안 지역은 해안선을 따라 신라가 지속적으로 북상하였고 이 과정에서 수군이 지상군과 함께 활동하였을 것으로 추정된다. 당시는 전투가 언제 벌어질지 모르는 戰時이기 때문에 수군은 별도의 활동보다는 지상군과 함께 기항지 근처에 방어시설을 구축하고 있었다고 여겨진다. 고려시대에도 선병도부서의 경우 그 基地가 있었을 것으로 생각되나 성곽과의 연계여부는 명확하지 않다. 그리고 고려말 倭船 追捕를 위해 수군을 대규모로 육성하면서 대체로 그 기항지는 정해졌지만 이들은 15세기 후반까지는 船上勤務가 원칙이었으므로 기항지 근처에 간단한 관리시설과 물자보급소 정도만을 가지고 있었던 것으로 추정된다.

이는 조선시대에 들어서도 마찬가지였다. 수군은 防禦와 搜討를 위하여 수군첨절제사나 수군만호들은 항상 병선을 이끌고 해상을 왕래하며 정찰활동을 하였다. 이들은 병선의 留泊處로 지정된 일정한 浦所를 鎭 · 營으로 삼고 있었으나 이곳에는 軍糧과 軍器 등 소요물품을 쌓아 두고 있었을 뿐이며, 또 無軍兵船이 보관되어 있는 곳이기 때문에 유사시 下番船軍이 집결하는 장소이고 평상시에는 해상작전을 하는 병선의 寄港地인 동시에 補給基地의 역할만을 수행하는 곳이었다.[30)]

앞서 서술한 바와 같이, 조선시대 강원도 지역의 水軍萬戶營은 그 수와 위치가 일정하지 않았다. 강원도 영동 해안은 해안선이 단조롭고 파도가 높아 배의 정박이 용이한 자연적인 浦口가 많지 않은데다가 浦口에 계속 모래가 쌓여 배의 출입이 어려운 문제점이 있었다. 월송포 포구가 모래 퇴적으로 인한 병선 출입로 봉쇄로 고질적인 문제를 안고 있었던 것과 마찬가지로 다른 수군포구도 그러한 문제를 안고 있었다.

30) 車勇杰, 「高麗末 · 朝鮮前期 對倭 關防史 研究」, 忠南大 博士學位論文, 1988, 149쪽.

조선시대 강원도지역의 수군만호영이 자주 변경된 것은 바로 그러한 이유에서였다. 이에 세조 3년(1457) 前中樞院副使 柳守剛은 배의 출입이 어려운 浦口의 병선은 아예 폐지하고, 대신 그곳에 木柵이나 石堡를 축조하여 萬戶로 하여금 수비하게 하자는 것이었다.[31] 이러한 주장은 병선을 없앨 수 없다는 대신들의 의견에 따라 실현되지 않았지만 강원도 지역의 수군이 虛設化되고 그에 따라서 아예 병선을 폐하고 그에 대한 대안으로 육지에 柵堡를 만들어 방비하자는 것이었다.

특히 왜구가 점차 소멸되면서 수군의 船上勤務의 원칙은 잘 지켜지지 않게 되었고, 현실적인 필요성에 따라 수군기지에 대한 축성이 추진되게 되었다. 이에 성종 17년~22년 사이에 경상도 · 전라도 수군영진에 대한 대대적인 축성사업이 이루어지고[32] 서해안과 동해안으로 축성을 확대하려고 하였으나 반대의견이 강하여 추진되지 못하였다.

당시 大司憲 金礪石은 강원도 浦口의 水軍營鎮에 축성을 시행하는 것에 대하여, 수군의 특성상 육지 주둔지의 성곽이 필요치 않다는 것과 수군의 殘弱을 들어 강원도에서의 수군영진에 대한 축성은 필요치 않다는 것이다.[33] 그러나 知事 李克增은 수군이라하여 오랫동안 물 위에만 있을 수는 없으며, 수군영진의 창고에는 많은 물건이 積置되어 있는데 이를 보호할 대책이 반드시 있어야 한다[34]고 하여 축성을 지지

31) 『세조실록』 권7 세조 3년 4월 기유. 「…또 모래가 메워진 여러 浦의 병선을 罷하고, 平安道 口子의 例에 의거하여 木柵과 石堡를 점차로 築造하도록 하고, 그 沿邊의 草人도 또한 撤去하도록 하고, 그 萬戶로 하여금 육지에서 방어하게 하소서.」

32) 車勇杰, 앞의 논문, 149~154쪽.

33) 『성종실록』 권261 성종 23년 1월 무인. 「… 국가에서 지금 모든 浦에 城을 쌓고 있는데, 신은, 水軍은 마땅히 언제나 해상에 있으면서 不虞의 변에 대비하여야 할 것인데, 만약 성을 쌓기 위해 항상 성중에 있게 되면, 해상의 방비가 소홀하게 될 것이라고 생각합니다. 또 경상도와 충청도 두 道는 수군이 많기 때문에 오히려 족히 쌓을 수 있지만, 강원도의 경우는 모든 포의 수군이 적은 데는 혹 60명에 이르기도 하고, 많아도 90명을 넘지 못하며, 또 모두가 빈한하고 잔약하니, 어찌 쌓겠습니까? 각포의 성은 꼭 쌓을 필요가 없습니다.」

하였고, 特進官 李鐵堅도"비단 수군만 아니라 물가에 사는 백성도 또한 많이 있으니, 만약 창졸간에 변고를 만나게 되면, 성에 들어가 피할 수도 있습니다"라고 하여 역시 축성을 찬성하였다. 이러한 수군 주둔지에 대한 축성을 찬성하는 의견을 간략히 정리하면 물자 보관과 주변에 거주하는 주민들의 긴급한 상황에 入保城으로 사용할 수도 있다는 것이다.

그 후에도 侍讀官 姜謙이 다음과 같은 이유를 들어 강원도의 수군진에 대한 축성을 반대하였다.

> 신이 강원도 萬戶의 營을 보니, 무릇 5개소인데, 越松 · 高城 두 곳은 모래땅이라 성을 쌓을 수가 없었고, 그 나머지의 3개 浦口는 이미 돌을 모아 두었으므로 장차 쌓을 것입니다. 그러나 본도의 만호의 營이 모두 큰 바닷가에 있고 육지의 물이 흘러 들어가는 곳에 바닷물결이 부딪치기 때문에 냇물이 막혀 그 영을 번번이 옮겼습니다. 곧 連谷浦의 영을 安仁浦로 옮겼다가 또 大浦로 옮긴 것과 같은 것이니, 비록 백성들을 수고롭게 하여 성을 쌓아도 끝내는 無益하게 되고 맙니다.[35]

즉 姜謙은 강원도 水軍鎭營의 경우 지리적인 여건 때문에 자주 옮기게 되어 축성을 하더라도 無用하다는 것이었다. 특히 평해의 월송포진영과 고성의 고성포진영은 모두 모래땅이라서 성곽을 쌓을 수 없다고 하고 있다. 이는 축성을 하기 위한 기저부 기초공사가 어렵기 때문이었을 것이다. 또한 領事 盧思愼도 비록 倭人이 와서 노략질한다 하더라도 반드시 경상도를 거칠 것이므로 강원도의 방어문제는 다른 곳에 비하여 다소 늦추어도 된다고 하였다. 그러나 同知事 李克墩이 各浦의 축성은 만호를 위한 것이 아니라 군량과 병기를 저장하고자 하는 것이

---

34) 위와 같음.

35) 『성종실록』 권261 성종 23년 1월 기묘.

니 반드시 필요하다고 주장하였고, 成宗도 역시 이에 동의하면서 이미 국가에서 추진한 것이니 정지할 수 없다고 함으로써 강원도의 수군영진에 대한 축성을 추진하고자 하였으나[36] 삼척포를 비롯한 울진포·대포에 모두 중종대에 와서 축성된 것으로 보면 성종대에는 축성을 위한 성돌까지 모아 놓았으면서도 축성이 이루어지지 못하였음을 알 수 있다.[37]

한편 연산군대에 와서는 연산군 3년 2월의 鹿島倭變을 비롯한 3월의 突山島倭變, 연산군 5년 3월의 呂島倭變 등 연이은 왜변의 발생으로 수군과 연해지역 방비에 대한 관심이 고조되게 되었다. 이 당시 강원도 지역에서는 삼척과 강릉읍성을 수축하는 정도에 그쳤으나[38] 중종대에 들어와서 왜인문제는 더욱 심각해져 급기야 중종 5년 4월에는 왜인들이 薺浦·釜山浦·永登浦 등을 급습하여 攻城한 후 웅천성까지 함락하여 아군에게 막대한 피해를 입히는 사건이 발생하였다.[39] 이는 조선왕조 개창이래 최대의 변고로 조선에게 큰 충격을 주었으며, 연해지역에 대한 방비시설을 대대적으로 재정비하는 중요한 계기가 되었다. 특히 이 당시 왜인들이 수군진영을 공격하였기 때문에 중종대에는 성종대에 미처 이루지 못한 연해지역의 수군포소에 대한 축성이 대대적으로 이루어지게 되었다.

당시 왜변에 대한 대응책으로 成希顔의 건의에 의해 下三道의 축성문제가 다시 대두하였으며,[40] 諸道에 대한 방어태세의 재정비가 이루어지게 되었는바, 강원도의 경우는 관찰사 安潤孫이,

---

36) 위와 같음.
37) 위와 같음.
38) 『연산군일기』 권34 연산군 5년 7월 경오.
39) 『중종실록』 권11 중종 5년 4월 정미·갑인.
40) 『중종실록』 권11 중종 5년 6월 계사.

> 本道 연해변 각 고을의 小猛船이 船體가 둔하여 해양에서 쓸 수 없고, 浦에 있는 군사로서 활을 잡은 자는 2~3인에 불과하여 방어하기 더욱 어렵습니다. 요해처에는 모름지기 육군을 써서 나누어 수자리하여 방호하여야 합니다. 청컨대 강릉에 세 곳, 평해 · 울진 · 삼척 · 양양 · 간성 · 고성 · 통천에 각각 두 곳, 흡곡에 한 곳을 설치하여, 험한 곳에는 鹿角城을 설치하고 평지에는 木柵을 설치하여 도내의 군사를 왜구가 그칠 때까지 上番을 덜어다가 방호하고, 강릉 · 삼척의 留防軍은 아울러 모두 權道로 파하는 것이 마땅합니다.[41]

라고 보고하여 목책과 녹각성 설치시에는 강직하고 明敏한 差使員을 보내 役事를 감독하도록 하였고, 上番軍 대신에 下番軍과 閑良중에서 武才가 있는 자를 뽑아서 방수하도록 할 것이 지시되었다.[42] 위의 인용문에 나와 있는 바와 같이 당시 강릉 등 강원도 영동지역에는 각 지역별로 1~3개소의 戍所가 만들어지게 되었는데, 어느 곳인지는 명시되지 않았기 때문에 그 위치를 알 수는 없다.

그러나 이 조치가 그해 4월에 일어난 三浦倭亂에서 비롯된 것이기 때문에 연해지역을 집중적으로 방비하기 위하여 설치되었던 것이고, 따라서 연해의 각 府 · 郡 · 縣별로 중요한 요충지에 설치되었을 것은 명백하다. 특히 산성이 그러한 것처럼 이미 예전에 있던 古城이나 防戍處를 이용하여 녹각성이나 목책을 이용하여 임시의 柵堡를 만들었을 것으로 생각된다. 이러한 연해지역 柵堡 설치 조치와 관련하여 월송포진성 근처에 있는 직산리토성을 주목할 필요가 있다. 이곳은 월송포진 관할 병선을 정박시키고 있었던 곳이라고 여겨지는 평해 남대천 하구에 위치하고 있으며, 이곳에서 고려말~조선시대에 이르는 유물이 주로 수습되고 있기 때문이다. 이 토성은 고려말 조선초기 평해읍성이

41) 『중종실록』 권11 중종 5년 5월 계해.

42) 위와 같음.

만들어지기 전에 주변 거주민들이 입보하던 곳일 가능성이 크며, 삼포왜란 당시 평해에 만들도록 한 두 개의 柵堡 가운데 하나일 가능성이 크다.

한편 삼척포진성 축조와 관련하여 강원도 삼척시 오분동 산12번지에 소재하는 오화리산성을 주목할 필요가 있다. 즉, 이 산성은 고산성, 또는 요전산성(이는 이승휴의 『동안거사집』에 나오는 것인데 이는 두타산성을 지칭한 것에 대한 오인으로 생각됨)이라고 칭하기도 한다. 지표조사에서 신라토기가 수습되고 있는 것으로 보아 이미 삼국시대에 축조되어 고려시대에도 사용되었던 곳이다. 이는 허목이 저술한 『척주지』에 "三陟鎭舊壘"가 이곳에 있다고 하는 것에서 짐작할 수 있다.[43] 이 三陟鎭舊壘가 어느 시기부터 있었던 것인가 하는 것은 알 수 없지만 우왕 10년(1384)에 토성 1,870척을 축조하였다고 하는 것으로 보아 그 이전부터 이곳에 성터가 있었다고 하는 것은 분명한 것으로 보아야 할 것이다. 이 시기의 토성 축조가 수군과 직접적으로 관련이 있다고 할 수 있는 근거는 없으나 이 해에 처음으로 삼척진 萬戶를 두었다가 3년후에 知郡事 南誾이 만호를 겸임하였다고[44] 하는 것으로 보아 당시 축성한 것은 삼척진의 鎭將인 만호가 駐在하기 위한 것이었다고 판단된다. 이로 본다면 삼척 수군만호진 설치 당시 수군의 기지는 아마 삼척진 舊壘라고 칭해지는 오화리산성은 고려말 삼척의 수군만호가 주재하는 곳이었을 가능성이 크다.

그 후 조선시대에 들어와서 초기의 船上守禦 원칙이 깨지면서 수군진에 대한 축성 문제가 새롭게 등장하였다. 삼척진 · 삼척포 · 울진포 · 강릉진 · 대포(양양) 등 5處에 대한 축성은 앞서 말한 바와 같이 이미 성종대에 추진되었던 일이었으나[45] 臺諫이 강원도는 방어가 긴요하지

---

43) 허목, 『척주지』 하, 府內.

44) 『陟州志』 下.

않으니 성급히 성을 쌓을 필요가 없다고 주장하여 축성이 지연되었는데,[46] 중종 7년(1512) 강원도 관찰사 高荊山은 이에 대하여 다음과 같이 보고하고 있다.

> 道內의 江陵鎭 · 三陟鎭 · 同浦 · 蔚珍浦 · 大浦 등 다섯 鎭浦의 성 쌓는 일은, 이미 지난 己酉年에 受敎하여 당번한 留防正兵 및 當領水軍으로 하여금 돌을 주워 모으게 하였는데, 삼척진은 지난 경오년에 民戶에서 역군을 내어다 쌓았고, 그 나머지 네 鎭浦의 돌 모은 상황을 직접 살펴보건대, 軍人들이 쓰지 못하는 돌을 수만 채워 추워 모았으나, 수령이나 僉使 · 萬戶들이 자기가 쌓는 일이 아니기 때문에 전연 단속하지 아니하고 그 수효만 떠벌려 놓았습니다. 이러다가는 백년이 되더라도 필연코 일이 이루어질 기한이 없을 것이니, 그 중에 모은 돌이 조금 많은 강릉의 城을 올봄부터 시작하되, 본 고을의 府使나 判官으로 體差使員을 정하고 本鎭의 당번한 留防軍士 및 삼척진의 유방 군사로 쌓게 한 뒤에, 풍년을 기다렸다가 功役의 경중을 분간하여 적당하게 군사를 내어 쌓기를 끝내도록 하고, 그 나머지 各浦의 것도 또한 위의 예에 의해서 각기 첨사 · 만호가 돌을 주워 모아 쌓도록 하되, 그 勤慢을 고찰해서 築城事目에 의해 勸勉 · 징계하도록 兵曹에 명을 내려 처치하소서.[47]

이에서 보면 이미 己酉年(성종 20년;1489)에 受敎하였던 영동지역에 대한 축성이 삼포왜란을 계기로 진전되었다는 것을 알 수 있다. 이에 이 시기를 전후하여 1510년 三陟鎭의 城이 개축되었고,[48] 이어 1512년

---

45) 『성종실록』 권212 성종 19년 11월 무인. 강원도 연변에 대한 축성은 이미 성종 19년에 결정되었으나 중종 7년 2월 강원도 관찰사 高荊山이 馳啓한 내용 가운데 己酉年에 受敎하였다고 하는 것으로 보아 축성의 결정이 강원도에 정식 명령된 것은 이듬해인 성종 20년(1489)이었던으로 생각된다.

46) 『연산군일기』 권34 연산군 5년 7월 경오 · 병술, 8월 기유; 『중종실록』 권12 중종 5년 9월 임신.

47) 『중종실록』 권15 중종 7년 2월 갑오.

48) 위와 같음.

에는 강릉읍성[49]과 울진포성이,[50] 1520년에는 삼척포성과[51] 대포성,[52] 1555년에는 평해의 월송포진에 축성이 이루어 졌다. 특히 삼포왜란 일어나면서 많은 연해지역 읍성이나 수군 포진성이 축조되는 가운데서도 월송포진영에는 축성이 이루어지지 않다가 전라도 해남군 달량포에 왜구가 쳐들어온 을묘왜변이 발생하자 진영에 축성을 하게 되었다. 16세기 강원도 지역 수군진영의 축성 현황을 보면 다음과 같다.

① 삼척포(삼척) : 1520년(중종 15) 石築, 둘레 900尺, 높이 8尺[53]
② 월송포(평해) : 1555(명종 10) 석축, 둘레 489尺, 높이 7尺[54]
③ 대포(양양) : 1520년(중종 15) 石築, 둘레 1,469尺, 높이 12尺[55]
④ 울진포(울진) : 1512년(중종 7) 石築, 둘레 750尺, 높이 11尺[56]

4. 월송포·삼척포진성의 주요 구조

월송포진성에 대한 기록은 단편적인 것이 대부분이다. 그 가운데 성의 규모를 알 수 있는 기록은 모두 19세기에 만들어진『관동지』,『여도비지』,『대동지지』등이다. 이외에 월송포진에 있었던 '월송정'이 관동팔경으로 일컬어지면서 여러 서화에 등장하고 있다.

49)『신증동국여지승람』강원도 강릉도호부 성곽.「正德壬申 改築石城 周三千七百八十二尺 高九尺」.
50)『신증동국여지승람』강원도 울진현 관방.
51)『신증동국여지승람』강원도 삼척도호부 관방.
52)『신증동국여지승람』강원도 양양도호부 관방.
53)『신증동국여지승람』강원도 삼척도호부 관방.
54)『관동지』강원도 평해군 鎭堡.
55)『신증동국여지승람』강원도 양양도호부 관방.
56)『신증동국여지승람』강원도 울진현 관방.

○『關東誌』평해군 진보
越松浦 有萬戶 浦在郡東七里嘉靖乙卯築石城周回四百八十九尺高七尺有水軍四百名無戰船
○『여도비지』평해군 진보
治東北七里石築周六百二十八尺高六尺水軍萬戶一員軍摠四百名鎭倉
○『대동지지』평해군 진보
東北七里城周六百二十八尺水軍萬戶一員

1454년에 간행된『세종실록』지리지와 1530년에 간행된『신증동국여지승람』에도 월송포진에 대한 기록은 있지만, 성의 규모에 대한 사항은 기록되어 있지 않다. 이는 당시 수군만호가 주재하는 수군 군영만 있고 성곽이 없었기 때문이다. 위의 세 지리지 기록은 보면, 평해 월송포진성이 "嘉靖乙卯" 즉, 1555년에 축조되었다는 것을 알 수 있으며, 규모는 둘레 489척 : 628척, 높이 7척 : 8척으로『관동지』와 다른 두 지리지 기록 내용이 다르다. 그러나 이것이 실제 성곽 규모의 변화라고 보아야 하는지는 의문이다. 적용척의 차이에서 비롯된 것인지도 불분명하다. 현재 성터 규모가 322m 정도로 추정되고 있는데, 이 길이는 '628척'을 포백척으로 계산하면 대략 유사한 수치가 되기 때문이다. 이 길이에 맞추려면『관동지』에 기록되어 있는 '489척'에 대해서는 포백척보다 더 큰 尺이 적용되어야 하는데, 일반적으로 사용된 尺으로 포백척보다 큰 것은 없기 때문이다. 이것을 단순한 기록의 오류라고 해야 할 것인지, 아니면 실제 규모의 변화를 기록한 것인지는 현재로서는 확인할 수 없다. 향후 추가적인 조사가 있을 경우 기록 내용의 확인을 위해 개축 흔적 유무 확인에 유의할 필요가 있다.

한편 1882년(고종 19년)의 이규원의 울릉도검찰일기에서 월송진의 터를 살펴보고 '건물은 거의 무너져 제 모습을 잃었고 성루는 그 형체만 남아 있다'는 내용에서 포진은 폐지되고 포진성은 거의 형태만 잔존하고 있음을 알 수 있다.

월송만호진과 월송정과 관련한 고지도와 고서화는 18~20세기 초반의 조선시대 후기에서 근대에 이르는 것들이 전해지고 있다. 특히 울진뉴스'에서 2010년 9월호 통권 제53호에 보도된 일제강점기(1930년대)에 촬영된 월송정의 사진과 당시 신문에 게재된 기사와 사진으로 월송정과 주변 현황을 파악할 수 있다.[57]

해동지도에서는 포진의 북쪽 성벽 밖에 월송정이 위치하며 남쪽에 성문의 문루가 있으며, 여지도와 광여도에서는 외부에 월송정이 위치하고 있으며 북쪽 성문의 문루는 별도로 표기되어 있다. 여지도서와 1872년 지방도, 관동읍지 등에서는 월송만호진 성벽을 별도로 표시하고 그 안에 월송정을 따로 그려 넣거나 문루와 월송정을 별도로 표시하고 있다.

---

57) 울진군 · 성림문화재연구원, 『울진 월송포진성 정밀지표조사 보고서』, 2013, 100쪽.

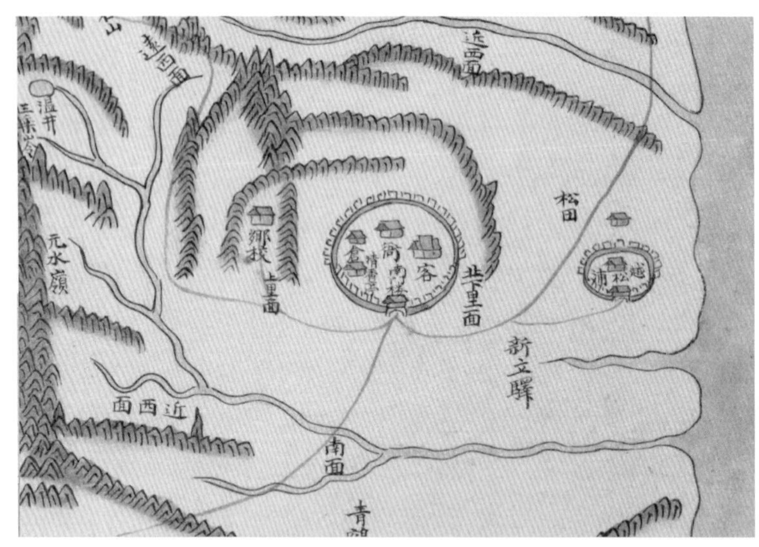

〈해동지도〉 평해군 지도(출처: 서울대학교 규장각)

〈여지도서〉 강원도 평해 지도(출처: 서울대학교 규장각)

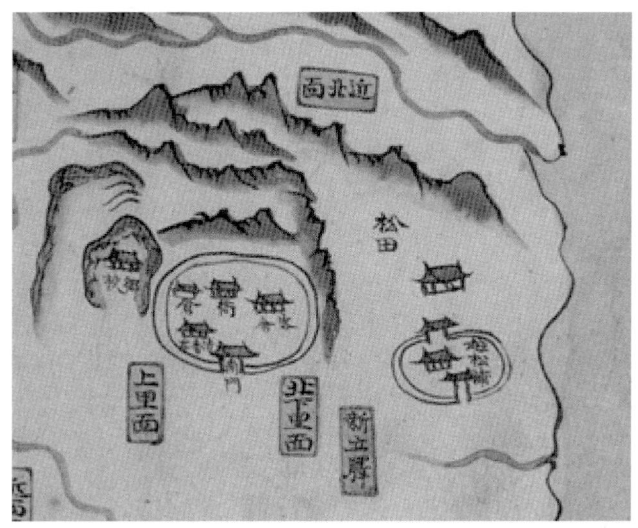

〈여지도〉 평해 지도(출처: 서울대학교 규장각)

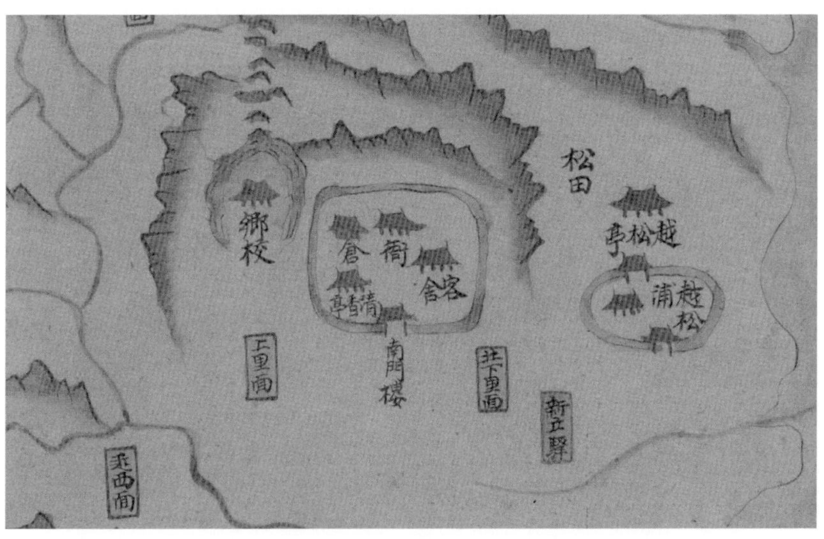

〈광여도〉 평해 지도(출처: 서울대학교 규장각)

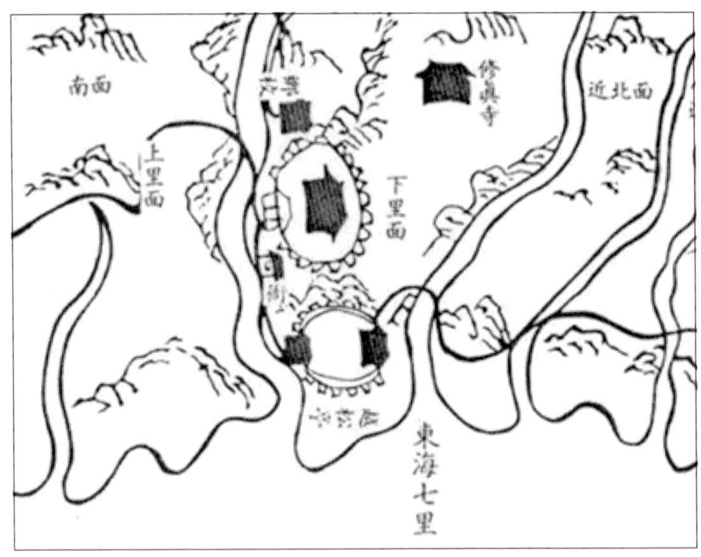

〈관동읍지〉 평해 지도(출처: 서울대학교 규장각)

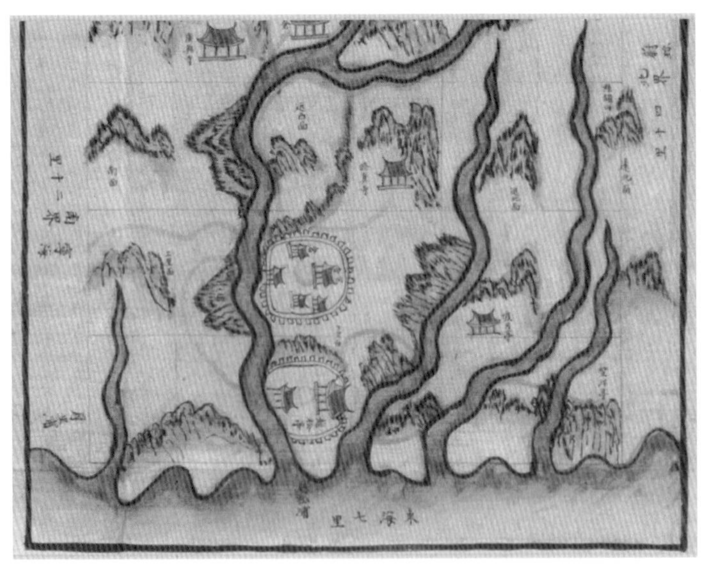

1872년 지방도 평해군 지도(출처: 서울대학교 규장각)

이러한 조선시대에 제작된 고지도에 표기되어 있는 월송포진성의 형태를 보면 실제 모양에 가장 가깝게 표시된 지도는 〈여지도〉와 〈광여도〉라고 할 수 있다. 그리고 성문 표시를 보면 〈해동지도〉를 제외하고는 모두 남·북으로 두 곳의 성문이 표시되어 있다. 〈해동지도〉에 표시된 것을 그대로 해석하면 월송포진성은 어느 시기에 남문만 존재하였다는 것이 되는데, 〈해동지도〉에 표시된 것이 정확한 것인지의 여부는 알 수 없다. 하지만 성 밖에 월송정이 그려져 있고, 북쪽 성문의 문루가 월송정으로 호칭된 적이 있는 것으로 보아 성밖의 월송정이 없어지면서 후에 성문 문루를 만들고 편액을 월송정으로 걸었을 가능성도 있기에 〈해동지도〉의 표기 내용은 좀 더 상세한 검토가 필요하다.

한편 고서화에 나타나는 월송포진성 모습은 겸재 정선의 관동명승첩 '월송정도'를 비롯하여 허필, 정충엽 등의 '월송정도'가 있다. 이러한 서화에서는 월송포진성의 모습이 보다 구체적으로 표현되고 있는데, 다음과 같은 몇 가지 사항을 파악할 수 있다.

① 북쪽 문루(월송정)가 있는 곳의 성문 형태는 개거식이며[58] 그 위에 문루를 조성하였다는 점

② 북쪽 문루는 그림의 형태로 보아 정면 3칸, 측면 2칸 규모이며 지붕은 팔작지붕 형태라는 것

③ 문루가 있는 곳의 여장은 垜의 구분이 없는 평여장, 좌우 연장 성벽의 여장은 垜의 구분이 있는 凹凸 형태의 여장이라는 점,

④ 김홍도가 그렸다고 전해지는 해산첩 '월송정도'를 보면 현재 남아있는 석축과 거의 일치한다는 점(그림에서 반듯하게 치석된 성돌을 사용하지 않았다는 것을 알 수 있음)

⑤ 문루가 있는 곳의 평여장은 외벽으로 회를 발랐거나 벽돌로 만들

58) 관동팔경도에 나타난 형태는 홍예식 개거형태의 성문임.

어졌을 가능성이 있다는 점[59)]

월송포진성은 동해안을 따라 형성된 구릉성 산맥 중 하나인 월출봉(해발131.1m)의 동쪽 해안평탄면 일원에 위치한다. 城址 북쪽으로는 울진군 평해읍 북쪽 오곡리와 기성면 황보리 유역에서 발원하여 동해로 유입되는 황보천이 있으며, 남쪽으로는 울진군 온정면 백암산(1,003m) 남쪽에 있는 삼승령(747.3m) 등지에서 발원하여 동해로 흘러드는 남대천이 위치하고 있다. 유적은 평해 남대천과 동해가 합류하는 기수역 충적지의 북쪽에 분포하며, 두 하천 및 동해(500m 이격)와 인접한 지형적 특징으로 인해 형성된 해안사구에 축성되었다. 조선시대 기록에 월송포진은 모래 땅이라 성을 쌓을 수 없다고[60)] 한 것은 바로 이런 해안 사구지대에 자리잡고 있었기 때문이다.

성터가 입지한 구릉의 지형은 해발 1.5~10m 사이의 北高南低 형태의 지형으로서 2012년 (재)삼한문화재연구원의 월송포진성 남쪽 성벽 발굴조사 과정에서 성터의 낮은 지점인 남쪽구역에서 성문터가 확인된 바 있다.

현재 월송포진성터 대부분은 예식장의 주차장과 사찰(선적사)이 자리 잡고 있으며, 과거 포진 내에는 민가들이 여러 채 있었다고 전하지만, 지금은 모두 이주하고 2채는 선적사의 부속 건물로 사용되고 있다. 월송만호진 관청이 있었다고 하는 터(월송리 302-8 · 9번지)에는 빈집 1채가 대나무와 잡목에 뒤덮여 있으며, 가장자리 일부는 선적사의 텃밭으로 이용되고 있어 원래의 형태를 확인하기 어렵다. 포진 내부의 건물(월송리 303-5번지) 뒤편에 길이 4.6m, 높이 1m 정도의 축대가 잔존

59) 이러한 사항을 확인하기 위해서는 향후 문루가 있던 문터에 대한 조사에서 특별히 유의할 점이다.

60) 『성종실록』 권261 성종 23년 1월 기묘.

하고 있다. 전체 추정 규모는 둘레 322m, 면적 7,544㎡이고, 평면형태는 동서 107m, 남북 73m 정도의 타원형태이다.[61]

조사구역의 남쪽 성벽은 (재)삼한문화재연구원에서 발굴조사 완료 후 보존조치되어 복토되었다.[62] 포진성의 동쪽은 선적사 입구의 성황목인 느티나무 아래에 성 외벽 일부가 노출된 상태이며, 동벽의 북쪽에 위치하는 월송리성황당에 의하여 성벽의 훼손이 심한 상태이다. 노출된 성벽 주위로 분청사기편과 와편이 채집되었다. 또한 무성하게 우거진 대나무 숲과 성벽을 덮고 있는 퇴적토로 인해 명확하게 판단하기 어렵지만, 성벽의 잔존 현황으로 고려할 때 북쪽에 노출된 성벽까지 연장될 것으로 추정된다. 북쪽 성벽은 신혼예식장의 부속건물과 선적사를 신축할 때 대부분 유실되고 성 외벽이 현재 약 18m 정도 확인되고 있으나, 노출된 외벽 아래 퇴적토 내에 성벽이 잔존하고 있을 가능성이 높다.

그리고 예식장 동쪽 콘크리트 블럭 담장위에 1973년도에 준공된 기록이 남아 있어 이전까지는 성벽의 상부가 더 많이 잔존했던 것으로 보인다. 월송포진성의 성벽은 1970년대 초 새마을운동으로 대부분 파괴되고 건물이 들어서면서 정원석과 축대로 사용되어 대부분 유실되었으며, 일부 잔존하고 있던 성벽의 하부는 선적사의 대웅전 신축과 예식장과 주차장 건립 시 유실된 것으로 추정된다. 예식장 사장의 증언에 의하면 서쪽 성벽 위에 자라는 팽나무와 보호수인 느티나무 하단의 외부에 노출된 석축은 주차장 건립 시 중장비로 나무의 보호대로 사용하기 위해 정리한 것으로 원래 성 내·외벽은 아니라고 증언하고 있다.

---

61) 성림문화재연구원, 〈울진 월송포진성 정밀지표조사 자문위원회의 자료〉, 2013 참조. 이하 현황 조사 내용은 同 자료를 참고하여 작성하였음.

62) 삼한문화재연구원, 발굴조사 결과서, 2012.

남쪽 성벽은 2012년 조사 결과에 의하면 동서방향으로 축조되었으며, 서쪽으로 가면서 방향이 북서쪽으로 휘어진다. 이는 지적도상에 나타나는 지번의 경계와 거의 일치하는 것으로, 지적도를 작성할 당시에는 성벽이 남아 있었기 때문에 성벽을 따라 그대로 지적도가 만들어졌던 것으로 판단된다. 성벽은 황색모래층을 기반으로 축조되었으며, 잔존하는 규모는 길이 68.6m, 폭 5.8~6.2m, 높이 0.8~1.25m 정도이다. 먼저 외벽을 쌓은 후 점토를 덧대고, 모래로 덮은 다음 다시 점토로 바닥을 정지하여 내벽을 축조되었다. 외벽은 50×30㎝가량의 평편한 할석을 바닥에 놓아 수평을 맞춘 다음, 150×60×40㎝가량의 장방형 할석을 1~2단 횡평적한 후 20~30㎝ 정도의 할석과 흙으로 채워 넣었다. 내벽은 50×30㎝가량의 천석과 할석을 1~2단 쌓았다. 이와 같이 기초공사 후 비교적 큰 석재로 외벽을 쌓고 뒷채움을 하거나 토석혼축으로 채운 후 내벽은 차곡차곡 진흙을 다져 완성하는 방식은 고려말 조선초기에 통상적으로 사용하던 축성법이며, 세종대 이후 축성에 대한 규식화가 이루어지면서 더욱 발전되어 갔다. 이러한 축조방식은 인근의 울진포진성에서도 동일하게 나타나고 있다.

2012년 발굴 조사지 중앙부 서편에서 문지로 추정되는 유구가 확인되었다. 외벽의 기저부가 성벽 내측으로 직각에 가까운 형태로 각을 이루며 축조되어있는데, 이로 인해 문지로 판단한 곳이며, 그 폭은 4m 정도이다. 문지의 동쪽에 내벽 안쪽으로 60~30㎝가량의 할석을 이용하여 'ㄷ'자상으로 형태로 덧댄 후 20㎝ 내외의 할석을 채워 넣은 구조물이 확인되었다. 크기는 길이 730㎝, 폭 80㎝이다.

또 성 내벽에서 북쪽으로 3m 정도 떨어진 곳에서는 우물터 1기가 조사되었다. 우물의 평면형태는 원형이며, 단면형태는 상협하광형이다. 규모는 직경 130~150㎝, 깊이 180㎝이다. 암갈색사질점토층을 굴착하여 조성하였으며, 30~50㎝ 정도의 할석을 이용하여 축조하였다. 내부에서 암키와, 수키와, 자기 등이 출토되었고, 우물 주변에서 기와편과 청동가락지 등이 출토되었다.

동벽은 선적사 진입로의 오른쪽에 성벽의 단면이 일부 노출되어 있으며, 외벽은 대나무와 생활 쓰레기에 덮여 있고 성벽 위에 성황목인 느티나무가 자라고 있다. 성황당의 북쪽으로 무성하게 우거진 대나무 숲과 성벽을 덮고 있는 퇴적토로 인해 명확하게 판단하기 어렵지만, 성벽의 잔존 현황으로 고려할 때 북쪽에 노출된 성벽까지 연장될 것으로 추정된다. 성벽은 황색모래층을 기반으로 축조되었으며, 현재 남아있는 상태를 보면 토석혼축으로 보이나 이는 외벽 면석이 대부분 없어졌기 때문이며, 석축성 외면 내측을 토석 다짐으로 채웠기에 그와 같이 관찰되는 것이다. 이러한 성벽 내부에 대한 내탁식 진흙다짐, 혹은 토석혼축 다짐은 세종대 만들어진 축성 규식인 〈築城新圖〉 반포 이후 나타난 축성방식의 문제점을 수정해 나가는 과정에서 다시 도성 축조방식을 따른 것으로 파악되기도 하였다. 최근 연구에서 조선 세종대 '축성신도' 반포 시기의 축성기법과 이에 대한 비판이 일면서 새로 나타난(단종 1년 이후) 축성방식을 분석한 연구가 이루어지기도 하였는데, 웅천읍성 발굴자료에 대한 사례 검토를 통하여 초축시기에는 '축성신도' 내용대로 내벽을 석축화하여 계단상으로 축조하였고, 증축 시기에는 토사를 정교하게 다져서 경사내탁한 것을 확인하였다. 따라서 '축성신도'에서 제시하고 있는 축성기법에 대한 비판이 일어나면서 등성시설 축조법이 다시 도성축조기법으로 환원되었다고 분석하였다.[63]

노출된 성벽의 잔존 규모는 길이 4.6m, 너비 5.4m, 단면 바닥에서 최대높이 2.3m 정도 이다. 성황당 동쪽 옆에 50~70㎝ 크기의 성벽의 최하단석으로 추정되는 성돌이 노출되어 있다. 외벽의 하단에 50~60㎝

63) 심정보, 「읍성 축조에 있어서 '築城新圖'의 반포 목적과 고고학적 검토」, 『文物硏究』 22, 2012.

정도의 할석으로 수평을 맞추고 그 위에 다양한 크기의 할석과 잡석을 이용하여 亂積 형태로 쌓은 4단의 석축이 확인되고 있다. 외벽의 성돌과 비슷한 할석으로 안쪽에 2~3열 정도 뒷채움하고 성벽 내부는 할석과 사질점토를 혼합하여 채워 넣었다. 내벽은 퇴적토로 인해 정확한 형태가 확인되지 않지만, 20~40㎝ 정도의 할석을 이용하여 성벽 안쪽으로 2열 정도가 확인되고 있다. 성벽의 상부와 주변에서 분청자기편과 소형의 와편이 일부 확인되었다.

북쪽 성벽은 신혼예식장의 부속건물과 선적사를 신축할 때 대부분 훼손되었고, 성 외벽이 현재 약 18m 정도 노출되어 확인되고 있다. 성벽의 축조 방식은 남쪽 성벽의 발굴조사 결과와 같은 협축식이며, 노출된 외벽의 최하단석의 크기는 남쪽과 동쪽에서 확인된 할석보다 크기가 작으며 그 아래에 명황갈색사질점토층이 확인되었다. 잔존 규모는 외벽의 길이 18m, 단면 하부의 너비 5.4m, 단면에 노출된 최하단석에서 높이 2.3m 정도 잔존하고 있다. 외벽은 크기가 다양한 할석과 잡석을 이용하여 亂積 형태로 축조하였는데 최대 7~8단이 확인되고 있으며, 성벽 내부는 할석과 사질점토를 혼합하여 채워 넣었다.

서쪽 성벽은 출입로와 축대 등이 설치되면서 파괴되어 거의 잔존부가 확인되고 있지 않다. 월송정은 대체로 포진성의 북서쪽 성 안쪽에 위치하였던 것으로 추정되며, 월송만호가 주재하던 청사터(월송리 302-8 · 9번지)로 여겨지는 곳에는 빈집 1채가 대나무와 잡목에 뒤덮여 있으며 가장자리 일부는 선적사의 텃밭으로 이용되고 있어 원래의 형태를 확인하기 어렵다.

월송포진성내에서 수습되는 유물은 토기편, 분청자기편, 백자편, 기와편 등이 있는데, 기와는 어골문, 차륜문, 청해파문계 복합문이 주를 이루고 있다. 이러한 유물은 대체로 고려말~조선시대로 편년되고 있다. 이러한 고고학적 조사 내용은 월송포진성이 비록 1555년(명종 10)

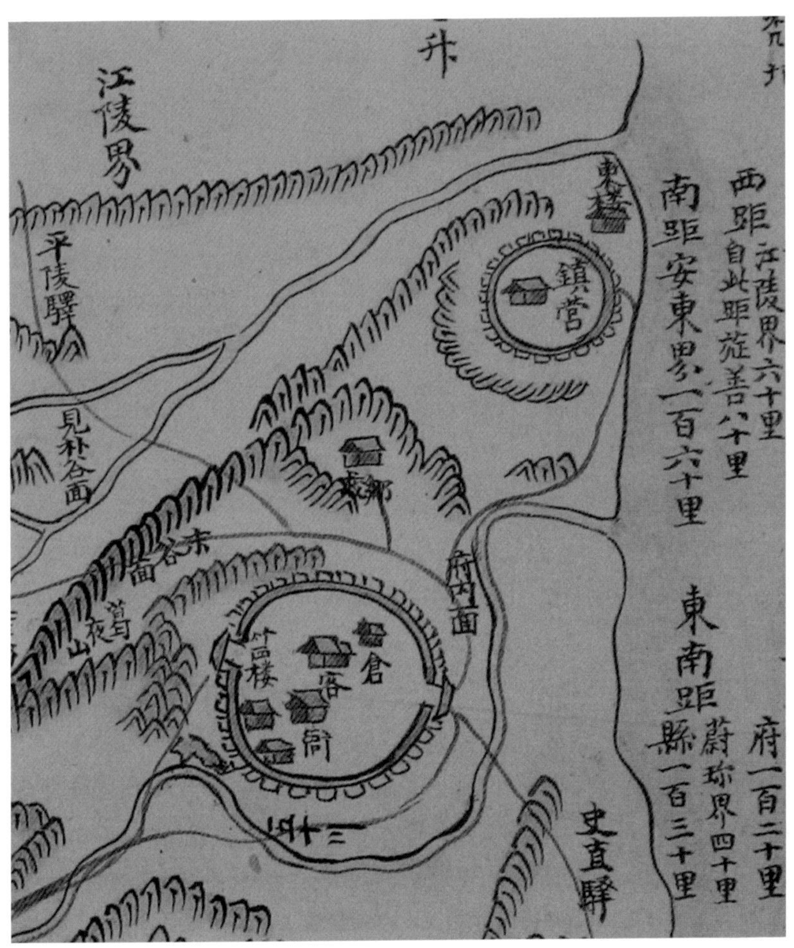

〈해동지도〉의 삼척부 지도에 나타난 삼척포진성과 삼척읍성

석축으로 축조되었지만 그 이전부터 이 터가 사용되었다는 것을 의미한다.

현재 강원도 삼척시 정상동 육향산 일대에 위치한다. 삼척포성, 三陟浦鎭城이라 불리며, 중종 15년(1520)에 둘레 900尺, 높이 8尺으로 축

이 포함된 동해남부해역은 새로운 의미를 지니게 되었다. 아울러 독도를 둘러싸고 한일 간에 벌어지는 미묘한 관계 등은 전근대시대부터 울릉도와 깊은 연관을 지닌 울진의 가치와 역할에 대해 새로운 인식을 갖게 한다.

이 글은 현재 울진의 위상을 이해하고 미래의 역할을 모색하기 위한 전제로서 한민족사에서 울진의 위상과 환경, 그리고 그로 인하여 만들어진 역사상을 살펴보고자 하는 것이다. 다만 본고의 주제상 해양과 연관된 부분을 선택해서 살펴볼 예정이며, 아울러 울진과 울릉도 및 독도간의 항로를 큰 틀 속에서 살펴볼 예정이다. 울릉도 및 독도간의 교섭 관계를 정치적으로 살펴보는 일은 김호동 등 이미 선행연구[1)]들이 있으므로 본고에서는 부분적으로 인용하는 단계에서 머무르고자 한다. 아울러 고대사회에서 울릉도 독도의 전략적인 가치 등을 비롯하여 그동안 발표했던 필자의 졸고 및 몇몇 연구성과들을 대폭 활용했음을 밝힌다.

2. 동해 및 울진 지역의 해양환경

1) 동해의 해양환경

필자는 역사공간을 '터[2)]와 다핵(field & multi core) 이론'으로 이해하고 있다.[3)] 核은 행정적 기능을 가진 대성(도시)에 해당한다. 일종의 교

---

1) 김호동, 「독도영유권 공고화를 위한 조선시대 수토제도의 향후 연구방향 모색」, 『독도연구』 5, 영남대 독도연구소, 2008.12.

2) 필자가 개념화한 '터'는 자연 지리 기후 등으로 채워지고 표현되는 단순한 공간은 아니고, 생태계 역사 등이 모두 포함된 총체적인 환경이다.

3) 이 이론의 보다 상세한 소개와 이론을 이용하여 역사상의 실제적인 분석한 몇몇

통의 길목으로서 放射狀으로 퍼지는 일종의 허브(hub)형이다. 자체적으로도 존재이유가 있지만, 다른 상태로 전화가 가능하므로 필요에 따라 관리와 조정기능을 할 수 있다. 또한 인체의 穴(경혈)처럼 경락들을 이어주는 역할을 하므로 집합과 배분기능도 함께 하면서 문화를 주변에 공급하는 능력도 있다. 그런데 터이론에서는 중핵뿐만 아니라 中核문화를 모방하거나 이것이 변형된 行星과 衛星들도 중심으로 향하면서 전체에 영향을 끼친다. 즉 전입과 전파가 하나가 연결되어 영향을 주고받는다. 여러 요소들이 일방적 관계이거나 격절된 부분으로서가 아니라 전체가 부분이 되고, 부분들이 전체로 되돌아가는 有機的인 관계에 있다. 이러한 '터'이론의 성격과 시스템은 동아시아 전체 우리역사의 터 또는 도시에도 적용할 수 있다.

동아시아라는 역사의 '터'는 지리적인 관점에서는 중국이 있는 대륙, 그리고 북방으로 연결되는 대륙의 일부와 한반도, 일본열도로 이루어졌다. 즉 크게는 大陸과 海洋이 만나고 엮어지는 海陸的 환경의 지역이다. 또한 기후라는 면에서는 온대와 아열대 아한대가 섞여 있으며, 바다와 평원 초원 사막 대삼림과 강 등이 한 '터'에서 상호작용하고 있으며, 생활양식과 종족들의 분포, 정치체제는 이루 말할 수 없이 복합적이다.[4] 또한 문화적으로도 한반도를 가운데 두고 바다 주변의 주민과 문화는 상호간에 영향을 주고받는 일종의 '環流시스템'을 이루고 있

연구가 있다. 윤명철, 『고구려는 우리의 미래다』, 고래실, 2004; 『장수왕 장보고 그들에게 길을 묻다』, 포름, 2006; 졸고, 『장보고를 통해서 본 경제특구의 역사적 교훈과 가능성』, 남덕우 편, 『경제특구』, 삼성경제연구소, 2003; 『동아시아의 해양공간에 관한 재인식과 활용 - 동아지중해모델을 중심으로-』, 『동아시아 고대학』 14, 동아시아 고대학회, 경인문화사, 2006.

[4] 윤명철, 「渤海 유역의 역사문화와 동아시아 세계의 이해-'터(場, field) 이론'의 적용을 통해서-」, 동아시아 고대학회, 2007; 「고구려 문화형성에 작용한 자연환경의 검토-터이론을 통해서-」, 『한민족 연구』 4, 2007; 한국사학사학회발표, 「한국사를 이해하는 몇 가지 틀을 모색하면서 -터(field&multi-core) 이론의 제기-」, 2008.6, 28 등 참고.

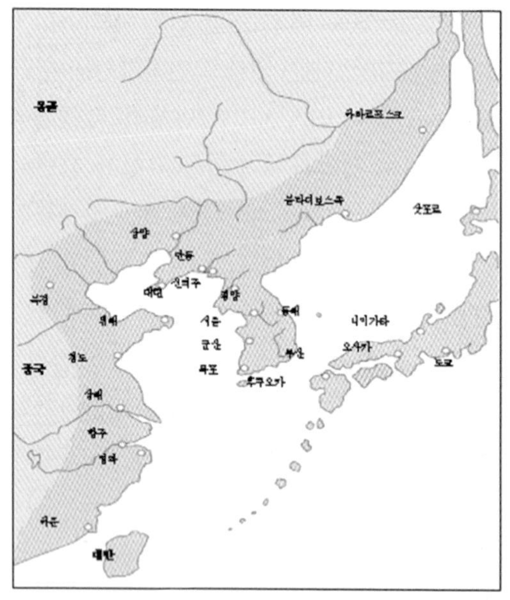

〈그림 1〉 동아지중해 개념도

었다. 필자는 동아시아의 이러한 지리적이고 문화적인 특성을 설명할 목적으로 동아시아의 내부 '터'이면서 동방문명의 중핵으로서 '東亞地中海(East Asian-mediterranean-sea)'란 모델을 설정하고 학문적으로 제시해왔다.[5] 그리고 이 이론 속에서는 몇몇 국가들은 드물면서 독특하게 대륙과 해양을 유기적으로 연결한 '터' 속에서 생성하고 발전한 海陸國家임을 주장해왔다. 이는 당연히 신라의 수도인 경주를 비롯한 울진 등 중요한 지역에도 적용되는 논리이다.[6]

---

5) 윤명철, 「海洋史觀으로 본 한국 고대사의 발전과 종언」, 『한국사연구』 123, 2003; 「한국사 이해를 위한 몇 가지 제언」, 『한국사학사학회보』 9, 한국사학사학회, 2004; 「한국 고대사 연구의 반성과 대안」, 『단군학 연구』 11, 단군학회, 2004; 「東아시아의 海洋空間에 관한 再認識과 活用- 동아지중해모델을 중심으로-」, 『동아시아 고대학』 14, 동아시아 고대학회, 경인문화사, 2006; 기타.

6) 윤명철, 「서산의 해항도시적인 성격 검토」, 『백제시대의 서산문화』, 서산발전연구

동해는 이러한 성격을 지닌 東亞地中海의 한 구성부분으로서 황해 및 남해와는 또 다른 독특한 성격을 지니고 있다. 필자는 동해문화권의 설정하였고, 이에 대한 논리를 전개한바 있다.[7] 본고의 주제와 연관하여 우선 동해의 해양환경을 간략하게 살펴본다. 동해는 지형 면에서도 서해 남해와 몇 가지 다른 점이 있었다. 홍적세에는 (2백만 년 전~1만 년 전) 빙하로 인하여 한반도와 중국 일본열도가 연결됐었다. 그러다가 지금부터 1만 년을 전후한 충적세에 들어와 빙하가 녹고 수면의 상승이 이루어졌다. 8000년 전경에 들어와 대한해협과 황해 동해가 형성되었고,[8] 현재 동해의 해안선은 약 8000년경부터 4000년경 사이에 형성되었다. 6000~4000년 전에는 현재보다 온난한 기후였으므로 수면이 4~5m 높다는 주장도 있다. 동해안은 지형이 단조롭고, 해안선으로부터 서쪽으로 해발 1000m 이상의 백두대간의 능선이 발달해서 일반적인 해안지형과는 다르다. 특히 평지가 부족해서 농경이 발달하지 않았고, 인구가 집중되지 못했다. 바다는 대륙붕이 짧아 수심이 갑자기 깊어지고, 섬들이 적고 원양에 노출된 탓에 파도의 영향이 크다. 뿐만 아니라 潮汐 干滿의 차이가 거의 없어 어장이나 인간이 거주하는 생활영역이 적고, 이를 이용하는 해상세력도 크게 존재하지 않는다. 이러한 해양환경에서 일부지역을 제외하고는 인간이 거주하기에 좋은 환경은 아니었다. 그럼에도 해양활동은 필요했다.

원, 2009.4; 윤명철, 「경주의 해항도시적인 성격검토」, 『동아시아 세계와 삼국』, 동아시아 고대학회, 2009.5.23~5.24.

7) 윤명철, 「동해문화권의 설정 검토」, 『동아시아 역사상과 우리문화의 형성』, 한국학중앙연구원, 민속원, 2005.9.

8) 박용안 외 25인, 「우리나라 현세 해수면 변동」, 『한국의 제 4기 환경』, 서울대학교 출판부, 2001, 117~155쪽.

2) 바람 · 해류 · 조류

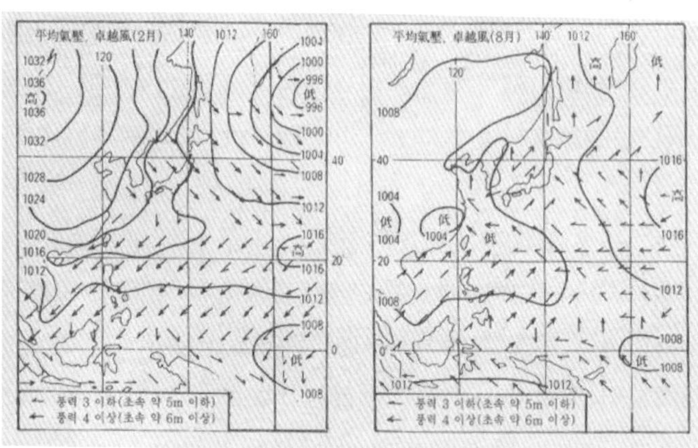

〈그림 2〉 계절풍 도표: 왼쪽은 2월, 오른쪽은 8월

역사활동과 직접적인 연관을 맺는 해양환경은 海流, 바람, 潮流 그리고 바다의 범위와 상태 등이다. 동아시아는 계절에 따라 바람이 방향성을 가졌기 때문에 인간의 해양활동에 상당한 영향을 끼친다. 특히 동해에서의 해양활동은 계절풍의 영향이 절대적이다. 〈그림 2〉에 계절풍 도표 왼쪽은 2월, 오른쪽은 8월[9]인 것이다.

삼국시대에 이루어진 對外使行은 계절풍과 해류의 영향을 받으며 이루어졌다.[10] 동해남부를 침공했던 日本(倭)의 對新羅關係 월별통계를 보면[11]왜의 침입은 주로 봄철에 집중돼서 남풍계열, 즉 남동풍을

---

9) 이 도표는 茂在寅南의 『古代日本の航海術』, 小學館, 1981, 96~97쪽; 荒竹清光, 『古代 環東シナ海 文化圈と對馬海流』, 『東アジアの古代文化』, 29號, 大和書房, 1981, 91쪽 참조.

10) 윤명철, 「海洋條件을 통해서 본 古代韓日 關係史의 理解」, 『日本學』 15, 동국대 일본학연구소, 1995; 「渤海의 海洋活動과 동아시아의 秩序再編」, 『고구려연구』 6, 학연문화사, 1988 등에 도표가 자세하게 나와 있다.

활용하였음을 알 수 있다. 高句麗人들도 겨울철에 동해연안을 내려오는 南流에 편승하여 沿岸水의 영향, 地域潮流의 도움을 받아서 북풍계열의 바람을 활용하면서 항해를 했을 것이다. 통일신라와 발해의 일본교섭을 보면 계절풍의 중요성을 분명하게 확인할 수 있다. 일본에서 신라로 향하는 경우에는 남풍계열의 바람을 이용했다.[12)]

〈그림 3〉의 '발해사 항해시기 도표'[13)]를 보면 발해인들은 일본에 갈 때는 南向하는 한류를 타고, 늦가을부터 초봄에 걸쳐 부는 북풍 내지 북서풍계열의 바람을 이용했다.

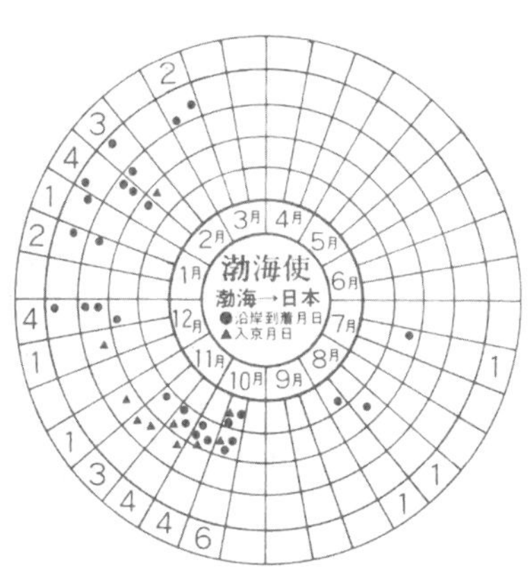

〈그림 3〉 발해사 항해시기 도표

다음으로 항해에 영향을 끼치는 것은 海流이다. 동아시아의 해양은 쿠로시오(黑潮)의 범위대에 속한다. 필리핀 북부 루손섬 해역에서 발원한 쿠로시오는 중국연안에서 일본전역에 걸쳐 중요한 영향을 미치면서 일본 外海에서 북태평양을 東方으로 흘러가는 暖流系의 해류이다. 대한난류는 對馬島를 가운데에 두고 東水道와 西水道로 나뉜다. 서수도를 통과한 해류는 북북동으로 1노트 미만의 속력으로 흘러 올라간다. 동아지중해 지역은 한류와 난류가 교차하는 지역으로 해류의 흐름과 함께 문화가 전파되었을 것으로 생각되고 있다.

---

11) 申瀅植, 『新羅史』, 이화여대출판부, 1988, 212쪽 도표 인용.

12) 吉野正敏, 「季節風と航海」, 『Museum Kyushu』 14號, 1984, p.14 도표 참조.

13) 吉野正敏, 앞의 논문, 16~17쪽에는 발해의 遣日使들의 月別分析을 통해서 항해가 계절풍의 영향을 절대적으로 받았음을 보여준다.

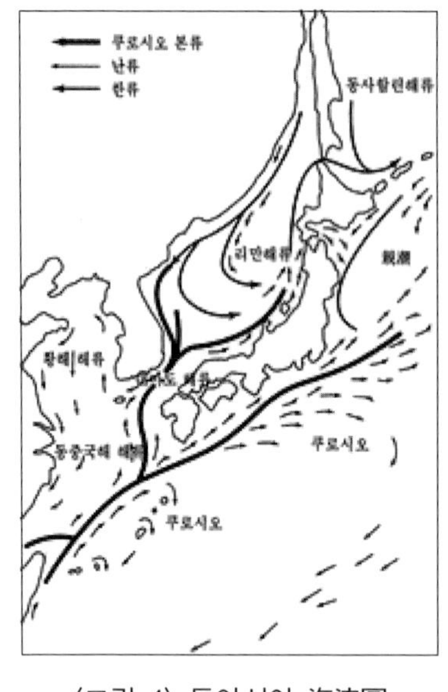

〈그림 4〉 동아시아 海流圖

東水道를 통과한 해류는 북동방향으로 흐르면서 일본열도의 서안을 끼고 올라간다. 이 해류의 유속은 계절과 지역에 따라 약간의 차이가 있으나 평균 1kn 내외이며 물의 방향은 항상 북동으로 향하고 있다.[14] 한편 북에서는 리만해류가 연해주의 연안을 통과해서 한반도 동안에 접근해서 남하하다가,[15] 대한난류와 동해의 중남부 해상에서 만나 원산의 外海와 鬱陵島 부근에 이르러 그 일부는 방향을 동으로 움직여 횡단하다가 올라간다. 能登半島의 외해에서 대마해류의 주류와 합류한다.[16] 따라서 이 해류를 효율적으로 이용해서 한반도의 동남부를 출발하면 山陰지방의 해안에 도착할 수 있다. 조류는 해양환경 및 해양활동, 특히 연근해 항해에는 절대적인 영향력을 끼치지만 동해는 황해나 남해와 달리 크게 작용하지 않는다.

또 하나 중요한 것은 바다의 상태와 범주 즉 면적이다. 이는 항해와 연관하여 특히 중요한 요소이다. 항해는 항해구역에 따라 沿岸航海, 近海航海, 遠洋航海로 구분한다. 이러한 항해방식에 따라 造船術과 航海術 등이 달라진다. 동해에서 비교적 손쉬운 근해항해의 가능성을 자

---

14) 동한난류라고도 하며, 이 해류는 한반도 연안을 따라 북상하며 일부는 보통 함경남도 근해까지 충분히 그 세력을 뻗친다.

15) 연해주 근해에서는 '연해주 해류', 북한근해에서는 '북한 한류'라고 한다.

16) 『근해항로지』 대한민국 水路局, 1973, 46쪽.

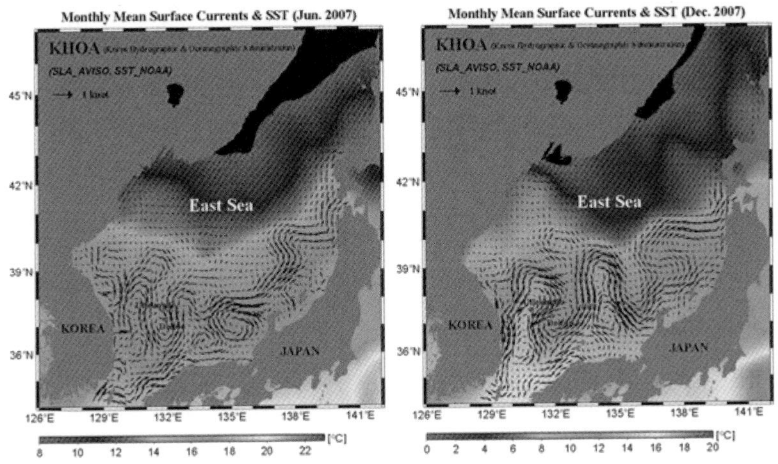

〈그림 5〉 해양연구원 자료 활용

〈그림 6〉 동해해상의 시인거리를 계산하면 다음 같은 도형이 나타난다. 점선 부분은 시인이 가능한 범주이다. 울릉도와 독도가 중요한 위치임을 확인할 수 있다. 또한 타타르해협에서는 사선의 영역처럼 어디서나 육지를 바라보면서 항해할 수 있다.

연조건과 구체적인 항해기술에 대한 검토를 통해서 추적해보았다.

먼저 자연조건, 특히 양 지역 간의 거리를 계산하여 항해자들이 地文航法을 사용해서 항해할 수 있는 범위를 일단 설정한다. 〈그림 5〉에서 육지를 보면서 자기위치를 확인하고 항해를 할 수 있는 해역은 A 부분이다. 그리고 자기위치를 정확히 알지 못한 채 망망대해를 항해하는 해역은 B 부분이다. 이 부분이 차지하는 범위는 황해에 비하여 매우 넓다.[17]

동해는 地文航法을 활용한 근해항해와 함께 원양항해를 병행해야 한다. 해양활동은 다양한 해양환경과 조건들이 종합적으로 작용하면서 이루어졌다. 역사시대에 들어온 이후에 고구려 신라 발해인들은 원양항해를 하면서 일본열도로 갔다. 그런데 원양항해를 하려면 조선술이 발달해야하고, 반드시 天文航法을 숙지하여야 한다.[18] 그리고 이러한 환경 속에서 동해에서 해양활동을 하는 데는 항법상 울릉도와 독도의 역할과 위상이 부각될 수밖에 없다.

3) 울진의 해양환경

울진지역의 범주는[19]해양과 연관해서는 울진연안 영덕연안 등으로 구성되어 있다. 그리고 간접적으로 포항연안 등도 관련이 있다. 울진은 경상북도에서 가장 북쪽에 있는 연안이다. 북은 강원도 삼척시 원덕읍과 만나고 있다. 남은 영덕군의 병곡면 해안과 만나고 있다. 그리고 동쪽 먼 바다에 울릉도가 있다. 넓이 72,56km 해안선의 둘레는 44km이고,

---

17) 윤명철, 「渤海의 海洋活動과 東아시아의 秩序再編」, 『高句麗研究』 6, 학연문화사, 1998.12. 참고.

18) 발해선에는 天文生이 타고 있었다. 『日本三代實錄』 권 21, 清和천황 14년 5월.

19) 『세종실록』 지리지, 강원도 삼척도호부 울진현 조.

〈그림 7〉 연해주와 사할린 사이의 타타르해와 오호츠크해

부속도서로서 죽도와 독도가 있다.[20)]

울진이 동해의 해양활동에서 중요한 위상을 차지하고 역할을 담당하려면 몇 가지 조건들을 구비해야 한다. 그 가운데 하나는 경제적인 어업환경이다. 전 근대사회에서 어류는 무한한 가치가 있었다. 東沃沮는 바다 멀리까지 나가서 고기잡이를 하였다.[21)] 당시 東海에서 고래잡이를 비롯한 漁撈活動能力이 있었고 원양항해와 상업어업이 실시되었음을 보여준다.

오호츠크해 근해에서 남하하는 리만해류에서 갈라져 나온 한류인 북한해류가 겨울에는 동한해류의 안쪽을 흘러 영일만까지 남하한다. 난류와 한류가 교차하는 潮境水域이 형성되어 플랑크톤이 풍부하고, 따라서 난류성 어족과 한류성 어족이 모여들은 훌륭한 어장이 형성된다.[22)] 한류성 어족인 대구·명태는 울진 근처에서 회유한다. 연어 송어 방어 대구 명태 자해(紫蟹, 대게)등과 특히 흥해에서는 해삼 등이 생산되었다.[23)]

『신증동국여지승람』의 동해남부지역 등에 수록된 토산품을 보면 어류들 가운데 청어, 상어, 연어, 송어 등은 대체로 일치하고 있다. 이는

---

20) 울릉도와 가장 가까운 본토는 강원도 삼척시 원덕읍 임원리가 137㎞, 경북 포항시가 217㎞이다.

21) 『三國志』, 魏書, 東沃沮. '--國人嘗乘船捕漁, 遭風見吹數十日, 東得一島.'

22) 해수부, 『한국의 해양문화』, 동남해역(上) 해양수산부, 2002, 167쪽.

23) 『신증동국여지승람』 및 국립수산진흥원에서 발간한 『한국연근해유용어류도감』 참고.

동해북부, 즉 연해주 일대의 바다에서도 동일하게 잡히는 종류이다. 남하하는 한류를 타고 어류들도 이동을 하고, 사람들과 문화도 이동하는 것이다. 특히 과메기는 연해주 일대 해안이나 아무르 강가에서 만들어지는 방식과 유사하다. 한편 중요한 자원으로서 해달이 있다. 해달은 동해남부 해안에서도 서식하고 있었다. 1832년의 『경상도읍지』에는 장기현 영일현에 기록하였고, 『신증동국여지승람』에는 영일현에 해달이 서식한 것으로 기록하였다.[24] 울릉도는 물론 울진에도 있었을 것인데, 그 경제적인 가치는 막대하였을 것이다.[25]

울진이 역사적으로 중요한 의미를 가지려면 정치 군사적으로 중요한 역할을 담당할 수 있어야하고, 거기에 걸 맞는 조건을 구비해야 한다. 그럴 경우 자연환경 등을 고려한다면 해양도시에 적합한 조건을 갖추고 있다. 동해안은 백두대간과 단조로운 해안선, 거친 해양환경으로 인하여 항구도시들이 상대적으로 적었다. 항구도시가 되려면 몇 가지 조건을 갖추어야 한다. 첫째, 양질의 港口와 부두시설이 구비되어야 한다. 또 군선 등 각종 선박들이 發着하는 훌륭한 항구시설이 필요했다. 둘째, 교통의 발달, 특히 대외항로와 쉽게 연결되어야 한다. 우리지역처럼 海陸的인 환경 속에서는 陸路交通과 內陸水路交通이 동시에 적합해야 한다. 또한 모든 지역이 바다와 연결될 뿐 아니라 대외적으로 교섭을 할 필요가 있으므로 항구와 가깝고 해양교통에도 유리해야 한다. 셋째, 군사도시로서의 조건도 구비해야 한다. 수군을 양성하고, 적절하게 이용할 수 있어야 하며, 방어적인 측면에서 江邊防禦體制[26] 및 海洋防禦體制[27]와 유기적인 시스템을 구축해야 한다. 그런데

---

24) 『신증동국여지승람』 23권, 영일현.

25) 현지 주민들의 증언을 청취하면 해달이 있었다고 한다.

26) 윤명철, 「한강 고대 강변 방어체제 연구-한강하류지역을 중심으로-」, 『향토서울』 61, 서울시사편찬위원회, 2001; 「고대 한강 강변방어체제연구 2」, 『鄕土서울』 64호, 서울시사편찬위원회, 2004; 「국내성의 압록강 방어체제연구」, 『고구려 연구』 15집,

〈그림 8〉 신라의 일본열도 진출도(필자, 박제상 기념관)

울진은 그러한 조건들을 적지 않게 갖추고 있다.

울진에는 蔚珍浦[28]를 비롯하여 죽변면 죽변리에 죽변항이 있고, 특히 후포면 후포리의 후포항은 울릉도행 여객선이 운항하고 있다. 영덕에는 南驛浦[29] 骨谷浦[30]가 있고, 조선시대에 비교적 중요했던 烏浦가 있다.[31] 그 외 丑山浦[32]柄谷浦, 大津, 高城浦 등이 있다. 물론 이외에

고구려연구회, 2003.

27) 해양방어체제의 성격과 기능에 대하여는 윤명철, 「江華지역의 해양방어체제연구-關彌城 위치와 관련하여」, 『사학연구』 58 · 59 합집호, 1999; 「경기만 지역의 해양방어체제」, 『고구려 산성과 해양방어체제』, 백산출판사, 2000 참조.

28) 『신증동국여지승람』 권45 강원도 울진현 산천조. 조선시대에는 울진포영을 설치하고, 수군만호 1인을 두었다.

29) 『신증동국여지승람』 권24 경상도 영덕현 산천조. 영덕군 남정면 구계리 구어포. 沙鐵생산지인데, 이는 신라의 북진과 연관하여 중요하다.

30) 『신증동국여지승람』 권24 경상도 영덕현 산천조.

31) 『신증동국여지승람』 권24 경상도 영덕현 관방조 '오포영은 현 남쪽 17리에 있다.' 수군만호진이었다.

도 크고 작은 포구들이 있었다.

울진군의 남쪽에 있지만 신라를 비롯하여 그 지역의 정치세력들에게 중요한 의미를 지닌 곳이 포항과 울산지역이다.[33] 포항은 延烏郎과 細烏女가 출항한 곳은 영일만의 한 지역인 도기야 근처이다. 울산은 석탈해와 연관이 있다.[34] 5세기 초에 朴堤上(삼국유사에는 김제상이라고 되어있다)이 내물왕의 아들인 未斯欣을 구하기 위하여 출발한 栗浦도 이 해역이다.[35]

한편 울진지역 및 연안은 국방상으로 매우 중요한 역할을 담당하였다. 동쪽에는 망망한 바다를 접해있고 부근에는 태백산맥에서 뻗어 나온 산지가 많아서 전통사회는 방어상의 要衝地로 인식하고 있었다.[36] 김호종은 세조실록의 글을 인용하여 울진의 중요성을 언급하고 있다. 즉 울진과 삼척의 두 浦口는 外敵이 통과하는 요충지인데 지방수령으로 이를 겸하여 다스리게 했으니 만약 사변이 생기면 水軍과 陸軍을 겸하여 다스려야하므로 그 형세가 매우 어렵다는 것이다. 그래서 산성만호와 연곡만호는 제 기능을 못하니 이를 없애고 울진과 삼척에 수군을 전담하는 만호를 별도로 설치하여 방어에 충실을 기하자는 것으로 世祖는 이를 그대로 승인했던 것이다. 또 울진을 지키지 못한다면 영동지방과 영서지방 모두가 적의 공격을 받기 쉽다는 것으로 이는 울진이 그만큼 방어에 있어서 중요한 지방이란 것을 말해주고 있다.

선조실록에는 비변사에서 왕에게 아뢴 글이 있다. 즉 울진은 동해안

---

32) 조선시대 영해부에 속했다.

33) 윤명철, 「경주의 해항도시적인 성격검토」, 『동아시아 세계와 삼국』, 동아시아 고대학회, 2009.5.23~5.24.

34) 『삼국유사』의 '駕洛國記'에는 역사적 사실로서 보다 구체적으로 기술하고 있다.

35) 『삼국유사』 김제상 조에 기술된 望德寺를 望海寺로 추정하고 蔚州郡 靑良面 栗里의 靈鷲山 東麓일 것으로 판단하고 있다.(李鍾恒)

36) 김호종, 「조선시대 울진지방의 역할」, 『민속연구』 제8호, 1998, 3쪽.

에 있고 산성이 극히 험하여 방어하기가 쉽다는 것이다. 더욱이 울진과 평해 사이에는 큰 산이 가로 지르고 그 앞은 바다인데다가 좁은 길이 빙빙 돌아서 나있으므로 사람들이 나란히 다닐 수가 없다. 그리고 중간에는 돌로 된 문이 있어 이름을 공암이라 하는데 만일 한 사람만 몽둥이를 가지고 그 앞에 서서 지키고 있다면 1천 명의 사람들도 감히 지나갈 수 없는 지형이라는 것이다. 조선시대에도 왜는 영동 울진 연안에 접근하였던 모양이다. 명종 때 강원감사의 다음과 같은 장계에서 확인 된다 "이달 18일 울진현령 李孫의 첩정에 15일 그 고을 南面鳥五里에 사는 사람이 와서 왜선 7척 중에 6척은 바다에 있고 1척은 육지로 접근했다고 보고해 왔습니다"[37]라는 것으로 당시 조야를 놀라게 하였다.[38]

이러한 국방상의 요충지에 방어시설을 구축한 것은 너무나 당연하다. 울진은 포항의 북쪽에 있지만 역시 경주의 해양방어체제와 유기적인 연관을 맺었다. 죽변 지역의 竹邊城은 眞興王 때 국경인 召公嶺과 해상에서 쳐들어오는 외적을 방어하기 위하여 쌓은 토성이다. 영덕읍에는 읍성이 있었다. 『삼국사기』 阿達羅王 9년(162)에는 왕이 沙道城에 가서 군사를 위로했다. 助賁王 4년(233) 5월에는 왜구가 침입하자 于老를 보내 격퇴시켰다. 儒禮王 9년(292)에는 大谷을 보내 왜구를 막고 사도성을 개축하였다. 이러한 기록들로 보아 이 성은 신라 때부터 왜구의 침입을 방어하는 해양방어체제의 하나임을 알 수 있다. 병곡면 병곡리에는 浦城이 있는데, 삼국시대의 초기를 전후한 시대에 축조되었으며, 수군 2,000명을 주둔시켰던 곳이다. 또한 長山城이 있는데 于珍 읍성으로 불리었으며, 敬順王 초기에 왜구의 침입을 받아 파괴되었다.

---

37) 『명종실록』 권4, 1년 11월 癸酉.

38) 김호종, 위 논문, 2~16쪽에서 사료들을 인용하여 전근대 시대에 울진지역이 외적 방어에 요충지임을 설명하고 있다. 위의 글은 이 논문을 인용했음을 밝힌다.

〈그림 9〉 수리 보수중인 대풍헌

그 후 울진면 현내리에는 古縣城이, 울진면 읍내리에는 古邑城, 울진읍 고성리에는 조선시대의 古山城이 있다. 죽변면 화성리에는 고려시대의 山內城이 있다. 평해면 평해 2리에는 고려시대의 平海 읍성이 있고, 그 외에 고려시대의 箕城古邑城이있다. 그리고 온정면에는 신라가 쌓은 白岩山城을 비롯해 조선시대의 越松鎭城이 있다.[39] 그 외에도 많은 수의 烽燧들이 있었는데, 해안가에서 봉수란 군사적인 목적뿐만 아니라 항로의 표시기인 등대의 역할도 겸하였다.

해양활동에 적합한 지역은 해양을 관측하기에도 용이해야 한다. 울진군 근남면 산포리에는 關東八景의 하나인 望洋亭이 있다. 이는 물론 해상관측의 기능도 겸했을 것이다. 한편 중요한 항구에는 피항시설이나 대기시설, 그리고 신앙의 장소 등을 갖추고 있었다. 절강성 舟山군도의 補陀島는 그러한 역할을 담당하던 곳이다. 울진에 있는 待風軒은

39) 『한국의 해양문화』, 동남해역(上) 해양수산부, 2002, 416~418쪽 참고.

그러한 역할을 하던 곳이다. 조선 후기에 수토사들이 울릉도를 수토할 적에 삼척영장과 월송만호가 교대로 갔었다. 삼척영장의 경우는 울진 죽변진에서, 월송만호의 경우는 월송 바로 옆 마을인 구산포(현재의 울진군 기성면 구산리)에서 출발하고 귀착하였다. 이때 順風을 기다리며 머물렀던 곳이 '待風軒'이다.[40]

3. 동해안 및 울진지역의 역사상

이미 선사시대부터 동해안을 따라서 문화가 전파되었다. 1947년에 발견된 함경도의 두만강 하구에서 서편으로 약 30㎞ 떨어진 西浦港 패총유적지는 구석기시대, 신석기시대, 청동기시대의 문화층이 함께 있다. 괭이 · 화살촉 · 칼 · 긁개 · 어망추 · 망치 등의 석기, 창 · 작살 · 칼 · 장신구 등의 골기가 발견되었다. 제 4기층에서 발견된 고래뼈로 만든 노는 기원전 4000년 기 후반으로 추정된다. 강원도 해안에서 근래까지 사용된 매생이 등이나 두만강에서 사용된 통나무배들, 흑룡강 중하류에서 나나이족 등이 사용한 카누형 배들은 그 무렵에도 이용됐을 것이다. 울릉도나 동해안에서 사용된 뗏목 선박 등은 연해주지역과 비교가 필요하다. 두만강과 가까운 연해주 지역 이즈웨스또프까에서도 일찍이 세형동검이 출토하였다.[41]

양양군 鰲山里 유적은 기원전 6000년~4500년 사이의 유적이다. 융기문 토기와 함께 다량으로 출토된 結合式釣針은 부산의 동삼동, 상노대도 등의 유적지에서도 발견되었다.[42] 청동기시대에 무문토기도 동해

40) 대풍헌에 대해서는 김호동의 논문들이 있다.

41) 姜仁旭 · 千羨幸, 2003, 「러시아 沿海州 세형동검 관계유적의 고찰」, 韓國上古史學報』, 제42호, 1~34쪽. 송호정 위 논문에서 재인용.

〈그림 10〉 오산리 유적에서 발견된 결합식 낚시바늘

〈그림 11〉 오산리 유적에서 발견된 흑요석 도구들

안을 따라 확산정착된 것으로 나타난다.[43] 속초시 조양동 2호 집자리에서는 어망추가 발견되었고, 강릉 등 동해중부 해안가에서는 패총유적들도 많이 발견되었다.

---

42) 任孝宰, 앞 논문, 17 · 21쪽.

43) 江原道, 『江原道史』(歷史編), 1995, 220쪽.

〈그림 12〉 울주군 천전리 암각화

울진지역 바로 아래인 영일만지역의 칠포리, 蔚山 盤龜臺 암각화, 고령 및 경주 시내의 암각화 등이 있다.[44] 아무르 강 중류인 하바로프스크 외곽의 강가 바위들에 새겨진 시카치 알리안 암각화는 1만 3천~4천 년 전에 새긴 바위 그림인데, 기하학적인 무늬와 동심원 등은 울산의 반구대 및 천전리 벽화, 고령의 양전동 암각화와 유사하다. 동심원은 태양을 상징한다. 알타이 문화의 제사터나 돌판에 새겨진 암각화들 가운데 사슴 양식과 제작기술은 닮았다고 한다. 시베리아의 미누신스크, 예니세이강, 아스키스, 아무르강 유역과 우리나라의 함북웅기, 강원도 양양의 오산리, 경남 울주군 대곡리 盤龜臺, 천전리, 부산 동삼동과 일본 큐슈지방까지 연결되는 하나의 분포대로 규정하고 있다.

---

44) 암각화의 기원과 문화적 성격에 관하여 많은 논란이 있다.
송화섭, 「한국 암각화의 신앙의례」, 『한국의 암각화』, 한길사, 1996, 264쪽.

〈그림 13〉 시카치 알리안 암각화를 소재로 삼은 민속화

〈그림 14〉 아무르강변 하바롭스크 외곽의 시카치 알리안 벽화

〈그림 15〉 아무르강변에 새겨진 시카치알리안 암각화

반구대 벽화는 출발지인 내륙에서 흑룡강을 따라 내려오다가 연해주 북부 및 남부 일대나 두만강하구를 최종 출발항구로 삼고 연근해항해를 한다. 리만한류와 북풍계열을 이용하여 남항하다가 항구조건 혹은 어업과 관련하여 중간 중간에 정착을 했을 것이다. 일부는 해로를 이용하여 남해안의 일부지역에 영향을 주었을 가능성도 있고, 울릉도 및 일본열도로 건너갔을 것이다. 盤龜臺 암각화에서는 고래와 작살에 꽂힌 고래 등 물고기들이 있고, 곤도라형의 船文이 발견되었으며[45]가장 원시적 항해수단인 뗏목형태도 보여준다.

〈그림 16〉 아무르강을 타고 내려오는 나나이족 주민들

교류 가능성을 입증하는 또 하나가 海獺(바다수달)이다. 추운 바다에서 서식하는 족제비과의 동물로서 표트로 1세가 파견한 베링은 베링해협과 함께 해달의 서식지를 발견하였다. 모피는 러시아 왕실의 재정수입을 상당한 부분 충당했다. 모피 중에서 가장 높은 가격은 검은담비였고, 그 다음으로 검은 여우, 그리고 일반 담비였는데,[46] 가장 좋은 모피를 지니고 있으므로 '부드러운 황금'이라고 불린 것은 해달이었다. 캄차카 해안과 그 근처 섬들에 풍부

---

45) 國分直一, 『古代東海の海上交通と船』, 『東アジアの古代文化』 29號, 大和書房, 1981, 37쪽 참조.

46) 조지캐넌 지음, 정재겸 역주, 『시베리아 원주민의 역사』, 우리역사연구재단, 2011, 86쪽.

하게 서식하고 있었으므로 러시아인들은 태평양을 비버(Beaver) 바다라고 불렀다.[47] 그러한 해달이 동해남부 해안에서도 서식하고 있었다. 1832년의 『경상도읍지』에는 장기현 영일현에 기록하였고, 『신증동국여지승람』에는 영일현에 해달이 서식한 것으로 기록하였다.[48] 물론 울릉도에도 서식하였을 것이다. 그 경제적인 가치는 막대하였을 것이다.[49]

한편 어류 또한 무한한 가치가 있었다. 東沃沮는 바다 멀리까지 나가서 고기잡이를 하였다.[50] 이러한 기록들은 당시 東海에서 고래잡이를 비롯한 漁撈活動能力이 있었고 원양항해와 상업어업이 실시되었음을 보여준다. 오호츠크해 근해에서 남하하는 리만해류에서 갈라져 나온 한류인 북한해류가 겨울에는 동한해류의 안쪽을 흘러 영일만까지 남하한다. 난류와 한류가 교차하는 潮境水域이 형성되어 플랑크톤이 풍부하고, 따라서 난류성 어족과 한류성 어족이 모여들은 훌륭한 어장이 형성된다.[51] 한류성 어족인 대구 · 명태는 울진 근처에서 회유한다. 연어 송어 방어 대구 명태 자해(紫蟹,대게)등과 특히 흥해에서는 해삼등이 생산되었다.[52] 『신증동국여지승람』의 동해남부지역 등에 수록된 토산품을 보면 어류들 가운데 청어, 상어, 연어, 송어 등은 대체로 일치하고 있다. 이는 동해북부, 즉 연해주 일대의 바다에서도 동일하게 잡히는 종류이다. 남하하는 한류를 타고 어류들도 이동을 하고, 사람들과 문화도 이동하는 것이다.

이러한 상황에서 어로잡이 기술 도구 신앙 등은 유사성이 있을 가능성이 높다. 현재 포항 일대에서 생산하는 과메기는 꽁치를 바람이 차

---

47) 쿠릴열도 원주민들은 러시아인들에게 바칠 '야삭'으로 해달을 잡아야만 했다.

48) 『신증동국여지승람』 23권, 영일현.

49) 현지 주민들의 증언을 청취하면 해달이 있었다고 한다.

50) 『三國志』, 魏書, 東沃沮. '--國人嘗乘船捕漁, 遭風見吹數十日, 東得一島.'

51) 해수부, 『한국의 해양문화』, 동남해역(上) 해양수산부, 2002, 167쪽.

52) 『신증동국여지승람』 및 국립수산진흥원에서 발간한 『한국연근해유용어류도감』 참고.

게 느껴지기 시작하는 11월 중순부터 12월 말까지 추위와 해풍에 얼려 건조하고 있으나 과거에는 청어를 말렸으며 울진 등에서 사용하던 방식이다. 이러한 방식은 연해주 및 사할린일대의 어부들이 지금도 사용하는 방식이다. 동해안의 어로문화는 해안선을 따라 남북으로 활발하게 진전되었을 것이다. 이에 따라 함경도 일대로부터 퍼져 내려온 어로문화는 강원도를 거쳐 경상도 동남부로 확산된 것으로 볼 수 있다. 이어 울릉도로 전파되었고, 또 반대로 울릉도에서 동해안으로 역류되었을 가능성도 있다.

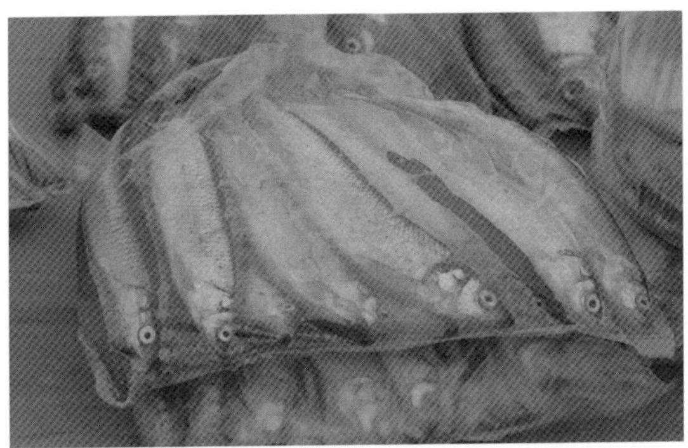

〈그림 17〉 사할린 남부의 오호츠크 마을에서 잡은 생선들

〈그림 18〉 민속화 속의 청어 연어 등의 생선을 건조하는 모습

한편 대한 난류와 남풍계열의 바람을 이용하면 남쪽에서 북으로 항해가 가능하다. 앞에서 언급한 바와 같이 한반도 남해동부와 동해남부 일부에서 일본계 죠오몽 토기 발견되고 있다. 울산 서생포의 新岩里 유적에서도 역시 죠오몽 토기들과 흑요석 석기들이 발견되었다. 당시 죠오몽 토기인들이 한반도 남부까지 왔었으며 일정기간 머물거나 어떠한 형태의 교류를 한 것을 반증한다. 이러한 해양과 연관된 동해안의 문화대 속에서 울진지역은 문화가 형성됐다. 북면 고목 2리에는 10여 기 전후의 고인돌이 있으며, 그 외에도 북면에는 나곡 2리, 신화리, 부구리 등에도 고인돌이 있다.[53)]

울진과 연관 있는 울릉도에는 선사시대부터 사람이 거주하고 있었다. 鳥居龍藏을 비롯하여 석기시대의 흔적을 주장한 학자들이 있었다. 근래에 발견된 토기들은 본토의 철기시대 전기 말경(기원전 300년경), 아무리 늦어도 서력기원 전후의 전형적인 무문토기이다. 또 南西洞의 性穴이 있는 바위는 支石墓의 덮개석일 가능성이 있는데, 縣浦洞에서 수습된 무문토기와 같은 시기에 형성되었을 가능성이 높다.[54)] 물론 이 설에 대해서는 약간의 이견도 있고, 전에는 고인돌 등이 발견되지 않는다고 하였다. 그러나 최근의 조사(1998년)를 통하여 고인돌을 비롯하여 선돌 제사유적지들이) 발견된 것으로 보아 이미 역사시대 이전부터 인간이 살았던 것은 틀림없을 것이다. 특히 해양민들의 습성과 문화, 당시 東亞地中海(EastAsian-mediterranean-sea)의 해양문화 전반을 고려한다면 충분히 가능성이 있다.

역사시대에 들어오면 삼척 울진 등 동해안은 남북 세력 간의 대결장으로 변모한다. 이는 육지영토는 물론이고 울릉도 등 해양환경 및 항로쟁탈전과 관련된다. 울진은 진한 12국 가운데 하나인 優中國이었다.

---

53) 『한국의 해양문화』, 동남해역(上), 해양수산부, 2002, 235~237쪽.

54) 『鬱陵島 地表調査 報告書』 1, 서울대학교 박물관학술총서 6, 1997, 48쪽.

그러니까 삼국시대에 울진지역은 독자적인 세력이면서도 초기에는 신라의 영향권 아래에 있었던 것으로 보인다. 고구려시대에는 古于伊郡이었고, 이어 신라의 于珍, 통일 후인 757년에는 울진이라 변경하면서 군을 만들었다.[55]그 아래인 영덕은 삼국시대에는 也尸忽이었는데 신라가 통일한 후인 경덕왕 때에 野城郡이라 하였으며, 이어 고려에 들어와 盈德이라고 하였다. 평해는 고구려의 斤乙於였다. 寧海는 于尸國이었는데 신라가 脫解王 23년(79)에 점령하였다.

고구려는 전성시대에 동해남부 지역까지 영토화 혹은 영역화 하였다. 일본서기에는 오진(應神) 28년, 닌도쿠(仁德) 12년(324), 58년(369) 등에 계속해서 왜와 교섭한 기록이 있다. 이때 사용한 항로는 정확하게 알 수 없다. 하지만 시마네현 지역의 이즈모(出雲) 등에 고구려 문화의 흔적이 있는 사실,[56] 해류의 흐름 등을 감안하면 동해 남부 또한 고구려의 해양활동 범위였을 가능성이 있다. 장수왕은 남진정책을 적극적으로 추진하여 468년에 悉直州城(삼척)을 공격하였고, 481년에 말갈병을 함께 거느리고 金城 근처인 彌秩夫(지금의 興海)까지 공격하였다. 이는 내륙 동쪽에 대한 영향력의 확대라는 측면도 있지만, 신라의 수도를 근거리에서 압박하고 영일만 같은 대외항구를 일본열도로 진출하는 교두보로 확보하면서 동해남부까지 해양력을 확대시키려는 의도였다.[57] 따라서 5세기경 고구려가 교섭한 출발지는 동해남부였을 것이고, 따라서 항로와 도착지 또한 신라인들의 그것과 유사했을 것이다.[58]

---

55) 울진은 본래 고구려의 于珍也縣과 波且縣; 영덕은 본래 고구려의 于尸郡과 也尸忽縣; 영일군 淸河面은 본래 고구려의 阿兮縣; 『三國史記』 35, 雜誌4 地理(2) 溟州條 참조.

56) 조희승, 『초기조일관계사(하)』, 사회과학출판사, 1989, 303~304쪽.

57) 윤명철, 「長壽王의 南進政策과 東亞地中海 力學關係」, 『고구려 남진경영연구』, 백산학회, 1995.4.

신라는 때때로 반격을 가하였다. 450년에 고구려의 邊將이 悉直原(삼척)에서 사냥을 하였는데, 河瑟羅의 성주인 三直이 군사를 내어 죽여 버렸다. 신라로서는 이곳을 빼앗기면 고구려가 해안을 이용한 공격이나, 수군을 동원한 신속한 급습작전에 대응할 수 없게 된다. 이렇게 동해중부 연안을 놓고 벌였다. 신라는 6세기 들어서자 동해지역에 대한 적극적인 정책을 추진하기 시작했다.[59] 504년에는 12성을 축조하였는데 일부는 흥해, 삼척 등 동해지역이다. 505년에는 悉直州를 설치하고 軍主를 異斯夫로 삼았다. 510년에는 이사부를 하슬라주의 군주로 삼아 마침내 우산국을 정벌하게 하였다. 진흥왕은 경기만으로 나가는 出海口를 확보하고, 동해안으로 북진을 계속하여 동해중부지역을 안정되게 확보하였다.

결국 이 시대의 전반적인 상황을 고려하면 신라가 먼저 삼척지역까지 진출하였고, 이어 고구려가 동해안으로 깊숙하게 진출하여 군현을 설치하였으나 어느 시기에 신라가 다시 이들 지역을 회복한 것으로 이해할 수 있다.[60] 그리고 이는 동해 중부 횡단항로와 연관이 깊다. 필자는 신라와 고구려가 동해중부 연안을 놓고 갈등을 벌이는 이유 가운데 하나는 바로 일본열도로 진출하는 항로의 확보와 연관이 깊다고 파악하여 왔다. 만약 울릉도 지역이 신라에 적대적이거나 고구려가 정복했다면 신라는 중부연안지대는 물론이고, 배후 역습의 우려 때문에 북진을 할 수도 없었을 것이다. 고구려는 울릉도 독도를 대일본열도 항해

58) 윤명철, 「海洋條件을 통해서 본 古代 韓日 關係史의 理解」, 『日本學』, 동국대 일본학연구소, 1995, 99~103쪽.

59) 李明植, 「蔚珍地方의 歷史 · 地理的環境과 鳳坪新羅碑」, 『한국고대사연구』 제2권, 한국고대사학회, 1989.5에는 울진을 비롯한 주변지역의 사료기록과 함께 지리환경을 언급하고 있다. 27~29쪽에는 양국간의 갈등상황을 전개하고 있다. 이 글에서는 연구주제와 연관된 사실만 언급하고자 한다.

60) 李明植, 「蔚珍地方의 歷史 · 地理的環境과 鳳坪新羅碑」, 『한국고대사연구』 제2권, 한국고대사학회, 1989, 27쪽.

에 적절하게 활용했을 것이다.[61)]

그런데 우산국을 정벌한 목적을 외적방어-여진족 침략을 차단하기 위한 수단이라고 이해하는 견해도 있다.[62)] 이러한 상황 등은 이 시대에 우산국의 해양전략적 가치가 심대했음을 반증하고 있다. 반면에 권오엽은 이러한 행동들을 관념적으로 파악하고 있다. 즉 斯羅 斯盧 신라 등으로 불리던 것을 지증왕 4년에 신라를 국호로 정하면서, "新은 덕업이 날로 새로운 뜻이요, 羅는 사방을 망라한다는 뜻"이라고 설명했는데, 그것이 곧 신라의 독자성이라고 하였다.[63)] 신라는 인접국과의 관계를 자국 중심으로 판단하여, 자국을 중심에 위치시키는 방법으로 천하사상을 실현하려 했던 것이다. 동해안 방면에 悉直州를 설치한 것이, 그 현실의 상황으로 확인하는 천하상이었다.[64)] 필자는 신라와 고구려가 동해중부연안을 놓고 갈등을 벌이는 이유 가운데 하나는 바로 일본열도로 진출하는 항로의 확보와 연관이 깊다고 파악하여 왔다. 신라가 울진지역에 대하여 정책적인 비중을 두었음을 짐작할 수 있는 것이 법흥왕 11년(524)에 건립된 것으로 추정된 蔚珍 鳳坪新羅碑이다.

이러한 상황 속에서 울진군 북면 덕천동에는 6세기 후반에서 7세기 초의 고분인 횡구식 석실 고분군들이 있다. 또 유사한 성격의 울진읍 읍남1리 고분군, 기성면 마산동의 고분군들이 있다.[65)] 하지만 울릉도는 이 때 역사에서 사라진 것이 아니라 오히려 문화적으로 발전한 것

61) 윤명철, 「울릉도와 독도의 해양 역사적 환경검토」, 『독도와 해양정책』, 해양문화연구소, 『제1회 해양정책세미나 논문집』 2001.5 등.

62) 金潤坤, 『于山國과 신라 고려의 관계』, 『울릉도 독도의 종합적 연구』, 영남대학교 민족문화연구소, 1998, 31쪽.

63) 權五曄, 『신라인의 동해-우산국의 실체와 신라의 세계관-』, 『역사 속의 동해, 미래 속의 동해』, 이사부 우산국 복속 1500주년 기념 심포지움, 2008.11.26.

64) 이 논리는 강봉룡에서도 나타난다. 강봉룡, 『이사부 생애와 활동의 역사적 의의』, 『이사부 표준영정 조성을 위한 전문가 포럼』 2009.8.8, 10~12쪽.

65) 『한국의 해양문화』, 동남해역(上) 해양수산부, 2002, 235~237쪽. (정준식 집필)

으로 보인다. 울릉도 내부에서는 고분군들이 많이 발견되었다. 섬 북쪽의 玄圃洞, 天府洞이 있고 남쪽에는 남서동, 남양동 등에 약 100기의 적석총이 분포되어 있다. 내부의 현실이 경상도에서 만들어졌던 橫口式石槨墓와 유사하다. 현재는 약 87기가 정도가 남은 고분들에서 발견된 유물들은 대체로 상한 연대를 6세기 중엽으로 추정하고 있다.[66] 1998년에 영남대 민족문화연구소는 方形의 적석총을 발굴하였다.[67] 이 고분들은 대체로 신라의 영향을 받으면서 토착민들이 조성한 것으로 추정되고 있으며, '울릉도식'으로 명명되고 있다.[68] 해양환경이나 고대에 이루어진 해양활동을 감안한다면 해양민들에게 울릉도와 독도는 교섭을 단념하게 할 정도로 먼 거리가 아니다.[69]

고려는 해양활동능력이 뛰어났고, 해양활동을 국가발전의 중요한 요인으로 인정하고 활용했다. 하지만 동해에 크게 주목하지 않았다. 다만 울릉도 및 동해해적과 연관하여 몇 가지 사건이 있었다. 930년(태조13년)에 우릉도(지금의 울릉도)는 白吉, 土頭 두 사람을 고려에 사절로 보내어 공물을 바쳤다. 우산국 즉 울릉도는 일반적인 郡縣의 단위로 편제된 것이 아니라 軍團的 편제로서 동해안 방위조직의 일원으로 참여해왔으며, 또한 우릉성 스스로도 외적방위를 자임하여 왔던 것 같다.[70] 그러다가 현종 때에 이르러 여진의 침략에 따라 관계가 더

---

66) 최몽룡 외, 『울릉도 지표조사보고서 1』, 49~50쪽.

67) 정영화 및 이청규, 『鬱陵島의 考古學的 研究』, 『울릉도 독도의 종합적 연구』, 영남대 민족문화연구소, 1998.

68) 曺永鉉, 『嶺南地方 橫口式古墳의 研究 1』, 伽倻古墳의 編年研究 2-墓制, 영남고고학회 1994, 53~74쪽.

69) 1986년에 한국탐험협회는 독도가 울릉도 주민들의 생활권역임을 입증하기 위하여 '가산도' 라는 뗏목을 만들어 독도까지 항해하였다. 윤명철과 장철수가 기획하고 이경남이 대장이었던 이 탐사는 한국탐험협회와 외국어대 독도연구반이 주관하였다. 이때 대원이었던 장철수와 이덕영은 1998년 1월 24일 발해뗏목탐험대를 조직하였다.

70) 金潤坤, 『于山國과 신라 고려의 관계』, 『울릉도 독도의 종합적 연구』, 영남대학교

욱 깊어졌다.

11세기 내내 여진해적들은 극성스럽게 고려의 해안을 침범하여 막대한 피해를 입혔다. 동여진은 1005년에 등주(강원도 안변 일대)에 침입, 이어 1011년에는 100여 척의 배를 타고 경주까지 침범하였고, 다음해에도 경상도해안을 노략질하였다. 1015년(현종 6년)에 20여 척의 배로 침범하였고, 1019년(현종 10년)에도 해적선들이 고려를 침범하였다. 1018년(현종9년)에 울릉도가 동여진의 침략을 받아 항복하였을 때 고려 조정은 피난민을 우산국으로 돌려보내고 농기구와 물품을 전달하였다.

고려 시대에 울릉도는 울진과 연관이 깊었다. 고려사에는 우산과 무릉을 울진현조에 배치하고 있다.[71] 울진현과 울릉도 양자의 관계는 주읍과 그 관할 속읍 및 향소부곡과 같은 관계로서, 주읍인 울진현의 '屬島'였다고 볼 수 있다. (김호동) 이러한 상황 속에서 고려는 수군활동을 강화하고 병선을 건조하였으며, 해안방위체제를 다 견고히 하기 시작했다. 1007년에 여진해적을 방어할 목적으로 고현성을 쌓았으며, 군대가 주둔하였다. 그 외에도 앞에서 언급하였듯이 해양방어체제들을 조직적으로 구축하였다. 또한 1008년(목종 11년)에는 戈船을 75척 만들었다. 해상전을 벌이면서 여진 해적들을 물리쳤다. 1050년에는 전함 23척을 이끌고 초자도의 여진 해적들을 공격하였으며, 1107년에는 육군과 협동작전으로 동북지방의 여진 본거지를 공격하였다. 고려는 곳곳에 수군기지를 두었는데 대표적인 곳은 元興鎭(함경남도 정평)과 鎭明鎭(원산)으로서 선병도부서를 설치하였다. 그 외에 예하 부대로서 鎭과 戍에 수군을 두었다.

동해남부에서도 울진은 울릉도와 깊은 연관이 있었다. 당연히 신라

민족문화연구소, 1998, 41~42쪽.

71) 『고려사』 권58, 지12 지리3 동계 울진현.

에서 고려를 거쳐 조선으로 이어졌을 것이다. 『세종실록지리지』 삼척도호부 울진현조에는 '于山과 武陵 2섬이 현의 정동 쪽 바다 가운데에 있다.—신라 때에 于山國, 또는 鬱陵島라 하였는데, 地方이 1백 리이다.—'라고 하였다. 울진현에 속한 것을 알 수 있다. 조선시대 삼척도호부 관할 울진현에 울릉도 · 독도가 '屬島'로 속해 있었다. 조선 후기에는 수토사들이 울릉도를 수토할 적에 삼척영장과 월송만호가 교대로 갔었다. 『만기요람』에는 역시 '울릉도는 울진에서 正東海中에 있고, 일본의 오키주(隱岐州)와 가까이 있고, 세 봉우리가 허공에 솟았는데, —바람이 순풍이면 이틀이면 갈 수 있다. —'라고 하여 울진과의 연관성을 표현하고 있다. 조선시대에도 왜는 영동 울진 연안에 접근하였다. 몇 가지 예가 있다. 명종 때 강원감사의 다음과 같은 장계에서 확인 된다 "이달 18일 울진현령 李孫의 첩정에 15일 그 고을 南面鳥五里에 사는 사람이 와서 왜선 7척 중에 6척은 바다에 있고 1척은 육지로 접근했다고 보고해 왔습니다"[72]라는 것으로 당시 조야를 놀라게 하였다.[73]

4. 울진 해역과 연관된 항로

1) 동해 남북 연근해항로

동해 남북 연근해항로는 연안 항해 혹은 근해 항해를 통해서 동해의 한반도 쪽 해안을 북 남으로 이어주는 항로이다.[74] 항구거점지역은 북

72) 『명종실록』 권4, 1년 11월 癸酉.

73) 김호동, 위의 논문, 12~16쪽에서 사료들을 인용하여 전근대 시대에 울진지역이 외적 방어에 요충지임을 설명하고 있다. 위의 글은 이 논문을 인용했음을 밝힌다.

74) 동해와 관련한 이 항로의 일반적인 성격은 윤명철, 「渤海의 海洋活動과 東아시아의 秩序再編」, 『高句麗研究』 6, 학연문화사, 1998.12; 「동해문화권의 설정 검토」,

〈그림 19〉 하바롭스크 향토박물관 자작나무껍질로 감싼 배. 앞뒤가 올라간 모습이 반구대암각화의 배와 유사하다.

으로 흑룡강 하구가 만나는 연해주의 북부 해안 일대에서 남부해안, 즉 타타르해협에서 두만강 하구, 동해의 북부와 중부 해역을 거쳐 남해의 여러 지역과 이어지는 항로이다.

이 항로는 선사시대부터 사용됐을 것이다. 함경도 해안에 西浦港 패총유적지가 있다. 1947년 두만강 하구에서 서편으로 약 30㎞ 떨어진 해안의 구릉에서 발견되었다. 會寧 五洞에서는 가장 이른 시기로 비정되는 鐵器 유적이 조사되는 등 일찍부터 함경북도 북부 해안지대 및 연해주 남부지역을 포괄하는 문화가 존재했고, 그것을 沃沮와 관련시키는 연구가 있었다. 두만강과 가까운 연해주 지역 이즈웨스또프까에서도 일찍이 세형동검이 출토하였다.[75] 동해북부에는 양양군의 鰲山里유적이 있는데, 기원전 6000년~4500년 사이의 것이다. 속초시에는 조양동 유적이 있고, 강릉 등 동해중부 해안가에서 패총유적들이 많이 발견되었다. 청동기시대에 들어와 무문토기도 동

『동아시아 역사상과 우리문화의 형성』 한국학 중앙연구원, 민속원, 2005.9; 「영일만 지역의 해양환경과 암각화의 길의 관련성 검토」, 『한국 암각화연구』, 78집, 한국암각화학회, 2006; 「삼척동해지역의 해항도시적 성격과 김이사부 선단의 출항지 검토」, 『이사부 우산국편입과 삼척출항 심포지움』, 한국이사부학회, 2010.8.1.

75) 姜仁旭 · 千羨幸, 「러시아 沿海州 세형동검 관계유적의 고찰」, 韓國上古史學報』, 제42호, 2003, 1~34쪽. 송호정, 위 논문에서 재인용.

〈그림 20〉 반구대 암각화에 묘사된 배형태와 유사하다.
(시카치 알리안 나나이족 민속자료관)

해안을 따라 확산정착된 것으로 나타난다.[76] 그런데 이러한 유적들은 해안가를 따라서 연속적으로 발견되지 않고 적합한 항구지역에서 발견된다. 이는 신석기 시대인, 청동기 시대인들의 이동이 바다를 활용했을 가능성을 보여준다.

연근해항로를 이용한 전파로와 관련하여 중요한 것은 암각화이다. 경상북도 영일만 지역의 칠포리, 경상남도 울산 광역시 대곡리의 盤龜臺 암각화, 천전리 암각화 등이 있다. 반구대 벽화는 출발지인 내륙에서 흑룡강을 따라 내려오다가 연해주 북부 및 남부 일대나 두만강하구를 최종 출발항구로 삼고 리만한류와 북풍계열을 이용하여 연근해항해를 하다가 항구조건 혹은 어업과 관련하여 중간 중간에 정착을 했을 것이다. 일부는 해로를 이용하여 남해안의 일부지역에 영향을 주었을 가능성도 있고, 울릉도 및 일본열도로 건너갔을 것이다. 반구대 벽화에는 고래와 작살에 꽂힌 고래 등 물고기들이 있고, 곤도라형의 船文이 있는 것을 보면 어업이 성행했음을 알 수 있고, 연해주 해양과 관련이 깊음을 알려준다.

이들은 뗏목이나 통나무배(丸木舟·獨木舟)를 사용했고, 그 후에는

---

76) 江原道, 『江原道史』(歷史編), 1995, 220쪽.

〈그림 21〉 시카치 알린안 나나이 마을 자료관의
조선 모습 그림

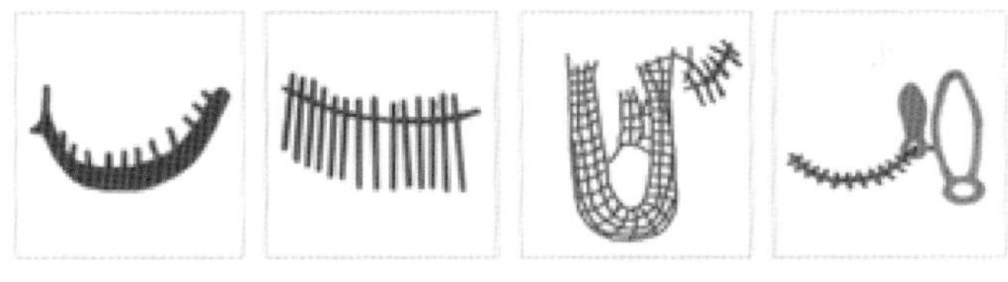

〈그림 22〉 울산광역시 반구대 암각화

어느 정도 발달된 범선이었을 것이다. 西浦港 유적지 4기층에서 발견된 고래뼈로 만든 노는 기원전 4000년 기 후반으로 추정된다.[77] 강원도 해안에서 근래까지 사용된 매생이 등이나 두만강에서 사용된 통나무배들, 흑룡강 중하류에서 나나이족 등이 사용한 카누형 배들은 신석기시대에도 이용됐을 것이다. 천전리 암각화와 반구대 암각화에서 발견된 배들은 연해주 일대의 배들과 연관이 있다고 생각된다. 이는 당연히 연근해 항로를 이용한 결과이다. 근대까지 사용했던 연해주일대

77) 이 서포항 유적지의 편년에 대해서는 대체로 의견이 일치되고 있다. 특히 임효재의 경우는 김용간의 초기 견해를 수용하고 있다.

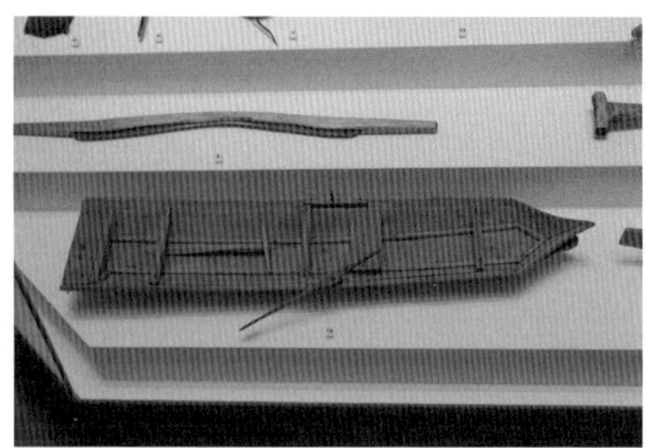

〈그림 23〉 유스노사할린스크 박물관에 전시된 오호츠크해 등에서 사용된 나무배

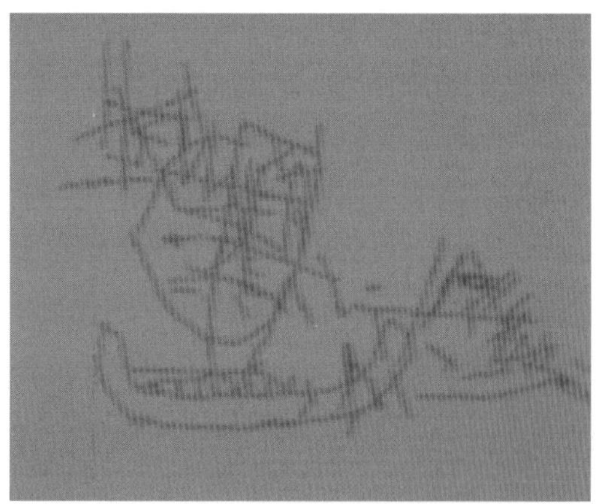

〈그림 24〉 울산광역시 천전리 암각화에 새겨진 고대의 배(장명수 제공)

의 선박 등도 동해남부 일대를 비롯한 동해상에서 사용한 선박들과 유사성을 검토하는 일이 필요하다.

천전리 암각화에도 배 형태의 선각이 있다. 한편 한반도 남해동부와 동해남부 일부에서 일본계 죠오몽(繩文) 토기들이 발견되었다.[78] 울산 서생포의 新岩里 유적에서는 죠오몽(繩文) 토기들과 흑요석 석기들이 발견되었다.[79] 죠오몽 토기인들이 한반도 남부까지 와서 일정기간 머물거나, 또는 어떠한 형태의 교류를 한 것을 반증한다. 卵生神話의 분포권이 황해와 남해연안은 물론 내륙지방에는 없고, 한반도의 동남단의 金海에서 동해안으로 편재해 있다고 하며, 이를 대한 난류(대마해류)와 관련시키는 설도 있다.[80] 이는 동해남북 연근해항로를 이용했다는 주장과 동일하다. 이러한 해양과 연관된 동해안의 문화대 속에서 울진지역은 문화가 형성됐다. 북면 고목 2리에는 10여 기 전후의 고인돌이 있으며, 그 외에도 북면에는 나곡 2리, 신화리, 부구리 등에도 고인돌이 있다.[81]

이 항로의 일상성은 표류 현상을 통해서도 입증될 수 있다. 표류[82]는 기상이변, 선체 파손, 내부혼란, 적대집단의 습격 등 비일상적인 상황으로 인하여 정상항로를 이탈한 채 자연현상에 맡겨진 것이다. 또한 이러한 표류의 길은 해양과 항해의 메커니즘 상 항로 발견과 추적에 효율성 큰 단서가 된다.[83] 1429년 가을에 '琉球國 사람 포모가라(包毛加羅) 등

78) 林墩, 「朝島의 史的考察」, 『해양대 논문집』 11, 1976, 380쪽; 「朝島貝塚 遺物小考」, 『해양대 논문집』 13집, 1978, 224쪽에서 朝島를 선사시대의 중요한 거점으로 보고 있다.

79) 任孝宰, 임효재, 任孝在, 「新石器 時代의 韓日 文化交流」, 『韓國史論』 16, 국사편찬위원회, 1986, 5쪽 등에는 울산 서생포에서 발견된 죠오몽 토기에 대해 나오고 있다.

80) 金在鵬, 「난생신화의 분포권」, 『문화인류학』 4집, 1971, 한국문화인류학회, 41~43쪽; 「古代 南海貿易ルトと朝鮮 上」, 『東アジアの古代文化』 25號, 大和書房, 1980.

81) 「한국의 해양문화」, 『동남해역(上)』, 해양수산부, 2002, 235~237쪽.

82) 사료에서는 漂流 외에 '漂着'(발해사신과 관련한 일본기록)이 또는 漂沒, 漂到 등의 용어로도 사용된다.

83) 李薰, 『조선 후기표류민과 한일관계』, 국학자료원, 2000; 한일관계사학회 편, 『조선시대 한일 표류민 연구』, 국학자료원, 2001; 정성일, 「표류민 송환체제를 통해본 근현대 한일관계제도사적 접근(1868-1914)」, 『한일관계사연구』 17, 2002; 『조선시대(朝鮮時代)의 동해(東海) : 동해를 건넌 사람들』, 이사부기념사업회, 2009; 동환, 「조선후기 商船의 船行條件」, 『한국사연구』 123, 2003; 윤명철, 「남서해양과 연관된

15인이 표류(漂流)하여 강원도 울진현(蔚珍縣)에 이르렀다.…'[84] 또 1663년 여름에는 '일본 고토(五島)열도의 왜인 3명이 표류 끝에 蔚珍縣에 닿았다.…'[85]

동해 남북 연근해항로를 이용해서 동만주 일대 혹은 연해주지역의 문화와 한반도 남쪽의 문화가 조우했을 가능성은 역사시대에 들어오면서 더욱 커졌다. 『삼국지』 동이전에 따르면 東濊 사람들은 고구려에 斑魚皮를 바쳤으며, 먼 바다까지 항해하였다. 『삼국사기』 고구려 본기에는 閔中王 때(47년)와 西川王(288년) 때 고래의 야광눈을 특별하게 왕에게 바친 기록이 있다. 포경을 비롯한 어업집단은 동예, 옥저 또는 물길과 깊은 관련이 있었으며, 그 지역은 두만강 이북의 해안일 가능성이 크다.

『후한서』 동이전에 다음과 같은 기록이 있다. '읍루는 옛 肅愼國 땅이다. 남으로는 北沃沮와 접해있다'. 이는 3~4세기 전후의 상황을 말하는데, 연해주 일대로 보여진다. 동일한 상황을 기록한 『신당서』에는 '黑水말갈은 숙신땅에 있는데, 이것은 또 읍루라고도 했다. 元魏때는 勿吉로도 불리었다.…동쪽은 바다에 닿아있고…'[86]라고 기록하였다. 『삼국지』 동이전에는 그들이 오곡농사를 짓고, 牛馬를 키우며, 麻布도 사용했다고 한으며, 또한 바다에서 물고기도 사냥하였으며 조선술도 뛰어나 배를 타고 다니면서 노략질을 하였다고 기록하였다. 『晉書』동이전에는 숙신씨는 일명 읍루… 읍루는 부여의 동북 1천여 리에 있고 바다를 접하고 있으며, 남으로는 북옥저와 닿고, 북으로는 그 끝이 어디까지 인지 알 수 없다.

표류와 역사의 발전」, 『표류의 역사, 강진』, 한중일 국제학술회의, 2009, 4월 11일; 「표류의 발생과 역사적인 역할에 대한 탐구」, 『동아시아 고대학』, 제18호, 2008.

84) 세종 11년 8월 15일(기축).

85) 현종 4년 7월 26일.

86) 『新唐書』 卷219 北狄, 黑水靺鞨傳.

이러한 기록들을 종합적으로 고려하면 읍루는 연해주 남부에서 북부에 걸쳐 있었던 것으로 추정된다. 즉 연해주의 북부와 남부항로를 다 사용할 수 있는 위치에 거주하고 있었다. 연해주항로를 사용했을 읍루와 교류 등 연관을 맺고 있었던 것은 부여 고구려 북옥저 동옥저 동예 등이다. 옥저는 北沃沮 南沃沮 東沃沮 등의 명칭으로 나타나고 있는데,[87] 대체로 같은 종족이며 다만 위치에 따라 구분한 것으로 이해하고 있다. 그렇다면 남옥저는 최소한 연해주 일대에 있었을 것이다. 읍루인들은 고려 초기에 울릉도를 공격한 여진으로 이어진다. 현재 연해주의 아무르강 유역에 거주하는 나나이족, 우데게족은 虎를 숭배하는데, 호랑이를 산신으로 삼는 동예와 관련이 있었을 가능성이 있다. 나나이족의 주거 민속 어렵 등은 동해안 및 울릉도와 연관하여 검토가 필요가 있다.

2) 동해 중부 횡단항로(울릉도 항로 포함)

동해중부 횡단항로는 동해의 중부인 삼척 강릉지방 등의 해역을 출항하여 울릉도 독도까지 가거나 또는 그 곳을 경유하여 일본열도에 도착하는 항로이다. 고구려가 동해 중부 연안을 놓고 신라와 갈등을 벌이는 이유 가운데 하나는 바로 일본열도로 진출하는 항로의 확보와 연관이 깊다. 한 겨울에 북서풍을 이용해야 하고, 원양항해와 천문항법을 시도해야만 고구려가 가장 사용하기 좋은 항로는 동해중부 횡단항로이다. 울릉도와 독도는 아래 그림처럼 동해의 한 가운데에서 항해상의 지표 및 피항지 역할을 할 수 있었기 때문이다.[88] 원 안의 범위 내

---

87) 鄭永振, 「沃沮 北沃沮 疆域考」, 『한국상고사학보』 第7호, 1991에 중국학자들의 연구성과가 잘 정리되어 있다.

88) 윤명철, 「울릉도와 독도의 해양 역사적 환경검토」, 『독도와 해양정책』, 해양문화연구소, 『제1회 해양정책세미나 논문집』, 2001.5 등.

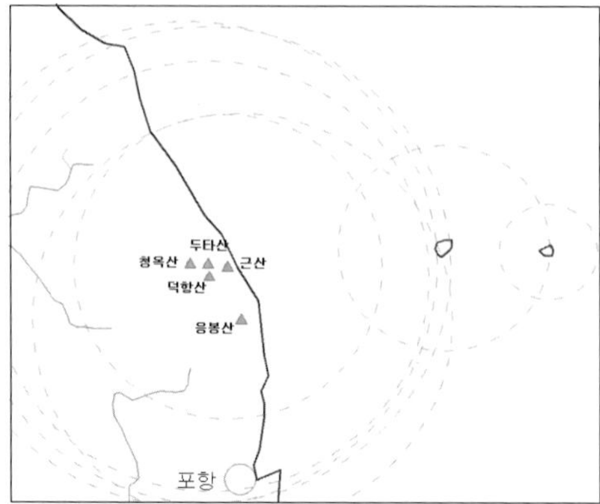

〈그림 25〉 동해중부해안을 기준으로 설정한 근해항해 가능범위도

〈그림 26〉 울릉도를 중계거점으로 삼은 동해의 항로도

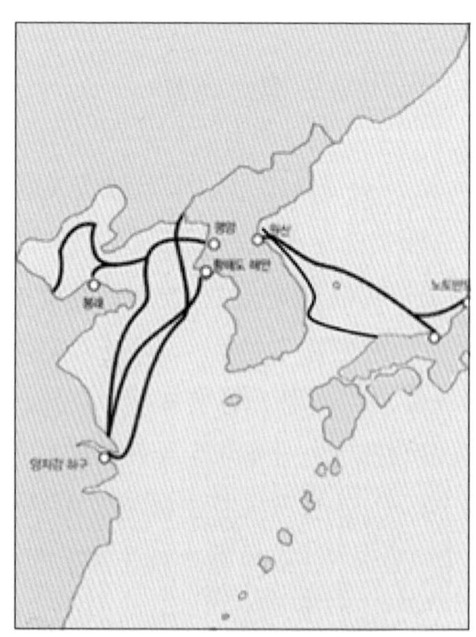

〈그림 27〉 고구려의 국제항로도

에서는 각각 위치를 확인하면서 항해가 가능하다.

동해의 자연환경 및 항법을 고려할 때 동해 종단항로나 동해중부항로를 이용할 경우에는 울릉도와 독도를 중간거점으로 이용할 수밖에 없다. 고구려는 6세기 중반에 이르면 동해중부 이북지역에서 원양으로 나갔기 때문에 도착지가 越 등이었다. 繼體天皇 10년조, 欽明天皇 원년 · 31년조. 敏達天皇 2년 · 3년 조에 越國 혹은 越의 해안에 도착했다고 되어 있다.[89] 흠메이 때에는 고구려 사신과 道君이라는 지방호족이 밀무역을 했다고 다른 호족이 조정에 밀고하는 사건이 벌어졌다.[90] 이곳은 若狹灣의 角鹿이다. 후대의 발해 사신들, 사무역선[91]과 신라의 사무역선들도 이곳에 도착하였다.[92] 그렇다면 고구려인들이 사용한 항로는 동해중부 횡단항로일 가능성이 크다. 〈그림 26〉은 고구려가 사용한 대 일본열도 항로도이다.

동해중부 횡단항로가 선사시대부터 우연히 또는 의도적으로 이용했을 가능성은 표류 등을 통한 자연현상에서 추측할 수 있다. 1425년에 장을부 등 평해인 10명이 石見州에 표착하였다. 경상도 동부 및 강원도 표류한 배들은 주로 대개 나가도(長門, 혼슈남부지역), 그리고 산음지방이었고, 심지어는 북해도 지역도 있었다. 세종 7년 12월 28일, 무릉도에 들어갈 때 바람에 표류하였던 수군인 평해 사람 장을부(張乙

89) 齊藤 忠, 「高句麗と日本との關係」(金達壽 外, 『古代の高句麗と日本』, 學生社, 1988), 22~23쪽의 도표 참조. 越 지역과 고구려와의 관련성은 高瀬重雄, 「越の海岸に着いた高句麗使」(『東アジアと日本海文化』, 森浩一 編, 小學館, 1985, 217쪽); 小嶋芳孝, 「潮の道 風の道」, 『松原客館の謎にせまる』, 氣比史學會, 1994(『日本書紀』 券26 欽明 31年).

90) 森浩一, 『古代史 津津浦浦』, 小學館, 1993, 65쪽.

91) 門脇禎二, 『日本海域の古代史』, 東京大學出版會, 1986, 17쪽.

92) 門脇禎二, 위의 책, 1986, 90~93쪽.
신라는 일본과 국교를 맺고 있지 않았으나 현실적 필요에 의해 정부는 묵인해주고 있었고, 그런 비공식성 때문에 사무역선들은 표착을 많이 했던 것으로 판단된다.

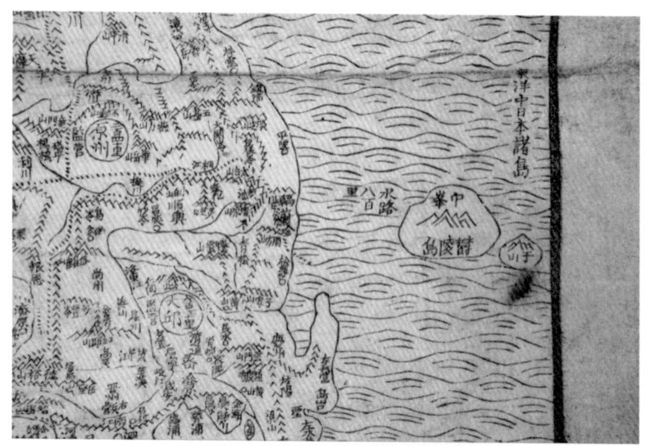

〈그림 28〉 대조선전국도

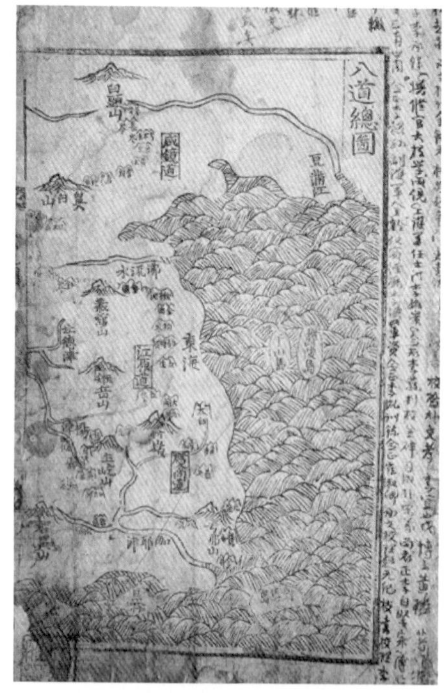

〈그림 29〉 신증동국 여지승람 소재 팔도총도

〈그림 30〉 김대건의 조선전도

夫) 등이 일본국으로부터 돌아와서 말하기를, "처음에 수군이 46인이 한 배에 타고 按撫使 김인우를 수행하여 무릉도를 향해 갔다가, 갑자기 태풍이 일어나 배가 부서지면서 같은 배에 탔던 36인은 익사하고, 우리 10인은 작은 배에 옮겨 타서 표류하여 일본국 石見洲의 長濱에 이르렀습니다."라고 하였다. 조선시대에 李志恒은 표류를 하여 1696년 5월 12일에 蝦夷地(北海道)의 북서쪽 끝의 섬에 도착해서 한동안 머무른 후에 소환당한 일이 있었는데, 그가 쓴 『漂舟錄』에는 북해도 아이누인(蝦夷)들의 생활이 기록되어 있다.

울진 연안은 일본열도로 출항하는 항로와 연관이 있지만, 한편으로는 울릉도 항로와 연관하여도 중요하다. 울진은 울릉도와 깊은 연관이 있었다. 울릉도 내부에서는 고분군들이 많이 발견되었다. 섬 북쪽의 玄圃洞, 天府洞이 있고 남쪽에는 남서동, 남양동 등에 약 100기의 적석총이 분포되어 있다. 내부의 현실이 경상도에서 만들어졌던 橫口式石槨墓와 유사하다. 현재는 약 87기가 정도가 남은 고분들에서 발견된

〈그림 31〉 울릉도 남서동 고분군

유물들은 대체로 상한 연대를 6세기 중엽으로 추정하고 있다.[93] 1998년에 영남대 민족문화연구소는 方形의 적석총을 발굴하였다.[94] 이 고분들은 대체로 신라의 영향을 받으면서 토착민들이 조성한 것으로 추정되고 있으며, '울릉도식'으로 명명되고 있다.[95] 해양환경이나 고대에 이루어진 해양활동을 감안한다면 해양민들에게 울릉도와 독도는 교섭을 단념하게 할 정도로 먼 거리가 아니다.[96]

---

93) 최몽룡 외, 『울릉도 지표조사보고서 1』, 49~50쪽.

94) 정영화 · 이청규, 「鬱陵島의 考古學的 硏究」, 『울릉도 독도의 종합적 연구』, 영남대 민족문화연구소, 1998.

95) 曺永鉉, 「嶺南地方 橫口式古墳의 硏究1」, 『伽倻古墳의 編年硏究 2-墓制』, 영남고고학회, 1994, 53~74쪽.

96) 1986년에 한국탐험협회는 독도가 울릉도 주민들의 생활권역임을 입증하기 위하여 '가산도' 라는 뗏목을 만들어 독도까지 항해하였다. 윤명철과 장철수가 기획하고 이경남이 대장이었던 이 탐사는 한국탐험협회와 외국어대 독도연구반이 주관하였다. 이때 대원이었던 장철수와 이덕영은 발해 건국 1300주년 기념 뗏목탐험대를 조직하여 1997년 12월 31일 러시아의 블라디보스토크항을 출항하였고, 1998년 1월 24일 일본 오키제도 도고섬 고가무라에서 전원 희생당했다.

이러한 전통은 당연히 신라에서 고려로 이어졌다. 고려 시대에 울릉도는 울진과 연관이 깊었다. 고려사에는 우산과 무릉을 울진현조에 배치하고 있다.[97] 울진현과 울릉도 양자의 관계는 주읍과 그 관할 속읍 및 향소부곡과 같은 관계로서, 주읍인 울진현의 '屬島'였다고 볼 수 있다. (김호동) 이후 조선으로 이어졌다. 『세종실록지리지』 삼척도호부 울진현조에는 '于山과 武陵 2섬이 현의 정동 쪽 바다 가운데에 있다. "…신라 때에 于山國, 또는 鬱陵島라 하였는데, 地方이 1백 리이다…' 라고 하였다. 울진현에 속한 것을 알 수 있다. 조선시대 삼척도호부 관할 울진현에 울릉도 · 독도가 '屬島'로 속해 있었다. 1693년(숙종 19)과 1696년의 안용복의 울릉도 · 독도행은 울산을 거점으로 하여 영해의 뱃사람과 함께 한 항해였다.[98] 조선 후기에는 수토사들이 울릉도를 수토할 적에 삼척영장과 월송만호가 교대로 갔었다.[99] 이때 삼척첨사는 울진의 竹邊津에서 출발하였다가 다시 그곳으로 귀환하였던 것 같다. 『만기요람』에는 역시 '울릉도는 울진에서 正東海中에 있고, 일본의 오키주(隱岐州)와 가까이 있고, 세 봉우리가 허공에 솟았는데, …바람이 순풍이면 이틀이면 갈 수 있다…'라고 하여 울진과의 연관성을 표현하고 있다.

이처럼 울릉도 수토를 위한 출발과 귀착은 조선시대 강원도 울진지역에서 이루어졌었다.[100] 참고삼아 조선전도를 통해서 살펴보면 19세기 말 울진에서 울릉도까지도 순풍이 불 때를 기준으로 이틀정도 걸렸다고 파악 된다.[101] 조선조의 왕조실록에는[102] 울진과 연관한 표류기

---

97) 『고려사』, 권58, 지12 지리3 동계 울진현.

98) 김호동, 「조선 숙종조 울산사람 '박어둔' 등은 왜 울릉도 · 독도로 조업을 나갔나?」, 영남대학교 학술세미나 2009년 7월 21일 발표자료.

99) 김호동, 「독도영유권 공고화를 위한 조선시대 수토제도의 향후 연구방향 모색」, 『독도연구』 5, 영남대 독도연구소, 2008.12.

100) 김호동, 위 논문 참조.

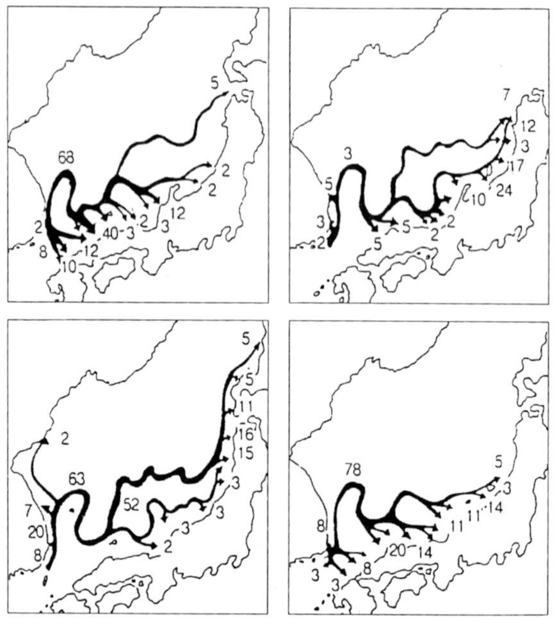

〈그림 32〉 해류병의 漂着상황도

록이 나타난다. 三峯島 敬差官 朴宗元이 거느린 군사와 더불어 4척의 배에 나누어 타고, 지난 5월 28일에 蔚珍浦로부터 출발하여 가다가 곧 큰 바람을 만나서 사방으로 흩어졌다.[103] 울진은 출항지로서 적합한 것이다. 기본적으로 경상도 연해의 어민들이 울릉도와 독도에 와서 어채 활동을 하고 있었다.

---

101) 고동환, 「조선후기 商船의 船行條件」, 『한국사연구』, 123, 323쪽.

102) 조선시대에는 기록으로 남긴 때문이기도 하지만 양국 간에 표류민들을 상호교환하는 사례들이 많이 나타난다. 이 부분에 관한 연구물들은 한일관계사학회 편, 『조선시대 한일 표류민 연구』, 국학자료원, 2001에 있다. 표류 표착의 지역적인 성격은 정성일의 -표류 표착의 지역적 특성과 그 현재적 의의』라는 논문이 다루고 있다.

103) 성종 3년 6월 12일(정축).

3) 동해남부 횡단항로

동해남부 횡단항로는 동해 남부인 울진 포항 감포 울산 등을 출항하여 혼슈우 남단인 산음지방의 돗토리(鳥取)현의 但馬, 伯耆, 시마네(島根)현의 이즈모(出雲), 오키(隱岐), 야마구치(山口)縣의 나가도(長門) 등이다. 이렇게 도착한 다음에, 목적에 따라 연안 혹은 근해항해를 이용하여 북으로는 후쿠이(福井)현의 쓰루가(敦賀)지역으로,[104] 남으로는 큐슈지역으로 다시 들어가기도 했다. 이 항해는 선사시대부터도 가능했고, 기원을 전후한 시대부터는 매우 활발했다고 추정되지만, 아직 이 부분에 관한 주변연구가 빈약해서 판단을 유보하겠다.[105] 이 항로간의 중간에는 오키(淤岐 隱岐)섬이 있었으며, 동해남부횡단항로의 경우에는 상황에 따라서 울릉도가 이용되었을 것이다.

이즈모 지역 등은 동해 남부를 사이에 두고 경상남도 울산이나 포항지방과 위도상(북위 35.5도)으로 보아 거의 비슷한 위치에 있다. 양 지역 사이에는 항로가 2개 있었다. 하나는 동해남부 또는 남해로 부터 리만한류를 타서 북위 30도 부근에서 대한난류 西派를 횡단하여 본류에 올라타서 出雲 서안에 도달하는 직접항로이다. 제 2의 항로는 한반도 동안에서 출발하여 隱岐에 도착하고, 다시 島根灣頭 혹은 因幡해안에 도착하는 것이다.[106] 즉 黑潮에서 분파된 해류는 동해 남부나 중부에서 출발한 선박을 일본열도의 해안으로 자연스럽게 밀어 붙이므로 물길과 계절풍을 활용한다면 항해는 성공할 수 있다. 옆의 자료인 〈해

---

104) 쓰루가(敦賀)는 머리에 뿔이 난 사람들이 왔으므로 고대에는 쯔누가(角鹿)라고 불리웠는데, 이것은 투구를 쓴 가야인들이 왔기 때문이다. 그러나 신라계와 관련이 깊었으므로 지금도 신라계지명 및 신사가 곳곳에 남아있다. 武藤正典, 「若狹灣とその周邊の新羅系遺跡」, 『東アジアの古代文化』, 大和書房, 1974, 88~94쪽 참조.

105) 권경근 · 박종승 『일본 오키(隱岐)방언과 울진방언의 악센트유형의 대조연구』, 『日本語 文學』 제38집은 방언비교를 통해서 매우 흥미 있는 결과를 내놓고 있다.

106) 中田 勳, 『古代韓日航路考』, 倉文社, 1956, 123~127쪽.

〈그림 33〉 울산 포항 울진 등에서 출발한 배들은 야마구치현과 시마네현에 집중적으로 닿고 있다.
〈표류도〉 1629~1840간 조선에서 일본에 표류한 선박들의 길(시바다게이시, 손태준 작성)

〈그림 34〉 동해남부 횡단항로

류병의 漂着상황도〉는 그러한 자연조건을 보여주고 있다. 〈해류병도〉[107] 대한해협에서 투입한 표류병의 도착 상황. 겨울에는 전체의 40%가 이즈모 지역에 도착하고 있다.

〈그림 33〉을 보면 동해남부 지역에서 자연환경의 영향으로 표류할 경우에 울산 포항 울진 등에서 출발한 배들은 야마구치현과 시마네현 등 일본열도 혼슈 남단지역에 표착하는 모습을 확인할 수 있다.

이는 조선시대 이전에도 가능했음을 알려주고 있다. 앞에서 언급한 바와 같이 동해를 매개로 이루어지는 모든 해상교통의 중심지 역할을 할 수 있으므로 울릉도와 독도는 항해상에 유일한 꼭 필요한 존재였

---

107) 日本海洋學會 沿岸海洋研究部會編, 『日本全國沿岸海洋誌』, 東海大學出版會, 1985, 925~926쪽.

다. 뿐만 아니라 이 지역의 해상세력들은 이들의 항해에 어떠한 형태로든 영향을 끼쳤을 것이다. 한편 동해남부 항로 간의 중간에는 오키(淤岐 隱岐)섬이 있었다.

5. 결론

동아지중해는 해양문화가 발달했으며, 국제관계에서 해양활동이 비중 높았다. 하지만 동해는 상대적으로 역사의 중심부에서 비켜나 있었으며, 울진지역 또한 그러한 면이 있었다. 그래도 울진은 동해남부 해안에 위치한 일종의 항구도시로서 중요한 역할을 담당했고, 특히 울릉도 독도와 연관해서 중요했다.

울진을 중심으로 사용한 항로는 크게 세 가지로 구분한다. 첫째, 동해 남북연근해항로이다. 선사시대부터 동해연근해항로를 이용해서 남북 간의 교류가 이루어졌으며, 이는 한반도를 넘어서는 범위도 포함되었다. 이것은 우리문화의 정체성을 찾고, 활동범위 및 문화권을 연해주 일대와 타타르해, 오호츠크해로 넓힐 수 있는 가능성을 시사한다. 그 후 고대국가 시대에 들어와 고구려의 남진정책과 신라의 북진정책은 울진 지역을 포함한 동해의 중부 남부 일대에서 이루어졌다. 이것은 육지영토의 문제뿐만 아니라 항로의 확보를 둘러싼 해양영토의 문제까지 작용한 갈등의 소산이다. 특히 신라는 해륙정책을 추진했는데, 그 때 울진은 중요한 거점지역이었다. 둘째, 동해 중부 횡단 인데 울릉도 항로를 포함시켰다. 셋째는 동해남부 횡단항로이다. 울진은 동해중부 및 남부에서 일본열도로 진출하는 항로의 거점이 되었다. 이곳은 초기 신라인들이 울릉도 및 일본열도로 항해하는 사용한 出到着 항구이었다. 고구려로서도 일본열도로 진출하는데 효율적인 전략적 요충지였다고 판단된다. 그 후 고려 시대와 조선시대를 거치면서 울진은 중요한 역할을 담당했는데, 특히 조선시대에는 울릉도와 연관하여 교류의 통로로서 비중 높은 역할을 하였다. 울진 해역을 출항한 배들이 일본열도에 표류하는 지점을 보면 일상적인 항로의 역할을 했음을 짐작할 수 있다. 반면에 표류선들은 여러 항로를 거쳐서 울진의 주변해역에 도착하였다. 울진의 항로와 항구도시적 성격은 울진뿐만 아니라 독도문제와 연관하여 울릉도의 위상을 파악하는데 중요한 지표가 되고 있다.

【참고문헌】

강봉룡, 『이사부 생애와 활동의 역사적 의의』, 『이사부 표준영정 조성을 위한 전문가 포럼』, 2009.8.8.

江原道, 『江原道史』(歷史編), 1995.

姜仁旭·千羨幸, 「러시아 沿海州 세형동검 관계유적의 고찰」, 韓國上古史學報』, 제42호, 2003.

권경근·박종승, 「일본 오키(隱岐)방언과 울진방언의 악센트유형의 대조연구」, 『日本語 文學』 제38집.

權五曄, 「신라인의 동해-우산국의 실체와 신라의 세계관-」, 『역사속의 동해, 미래속의 동해』, 이사부 우산국 복속 1500주년 기념 심포지움, 2008.11.26.

고동환, 「조선후기 商船의 船行條件」, 『한국사연구』, 123.

金在鵬, 「난생신화의 분포권」, 『문화인류학』 4집, 한국문화인류학회, 1971.

______, 「古代 南海貿易ルトと朝鮮 上」, 『東アジアの古代文化』 25號, 大和書房, 1980.

金潤坤, 『于山國과 신라 고려의 관계』, 『울릉도 독도의 종합적 연구』, 영남대학교 민족문화연구소, 1998.

김호동, 「독도영유권 공고화를 위한 조선시대 수토제도의 향후 연구방향 모색」, 『독도연구』 5, 영남대 독도연구소, 2008.

______, 「조선 숙종조 울산사람 '박어둔' 등은 왜 울릉도·독도로 조업을 나갔나?」, 영남대학교 학술세미나 2009년 7월 21일 발표자료.

김호종, 『조선시대 울진지방의 역할』, 『민속연구』 제8호, 1998.

남덕우 편, 『경제특구』, 삼성경제연구소, 2003.

대한민국 水路局, 『근해항로지』, 1973.

동환, 「조선후기 商船의 船行條件」, 『한국사연구』 123, 2003.

박용안 외 25인, 「우리나라 현세 해수면 변동」, 『한국의 제 4기 환경』, 서울대학교 출판부, 2001.

서울대학교박물관, 『鬱陵島 地表調査 報告書 1』, 서울대학교 박물관학술총서 6, 1997.

송화섭, 「한국 암각화의 신앙의례」, 『한국의 암각화』, 한길사, 1996.

申瀅植, 『新羅史』, 이화여대출판부, 1988.
윤명철, 「渤海의 海洋活動과 동아시아의 秩序再編」, 『고구려연구』 6, 학연문화사, 1988.
______, 「長壽王의 南進政策과 東亞地中海 力學關係」, 『고구려 남진경영연구』, 백산학회, 1995.
______, 「海洋條件을 통해서 본 古代韓日 關係史의 理解」, 『日本學』 15, 동국대 일본학연구소, 1995.
______, 「江華지역의 해양방어체제연구-關彌城 위치와 관련하여」, 『사학연구』 58 · 59 합집호, 1999.
______, 「경기만 지역의 해양방어체제」, 『고구려 산성과 해양방어체제』, 백산출판사, 2000.
______, 「한강 고대 강변 방어체제 연구-한강하류지역을 중심으로-」, 『향토서울』 61, 서울시사편찬위원회, 2001.
______, 「울릉도와 독도의 해양 역사적 환경검토」, 『독도와 해양정책』, 해양문화연구소, 『제1회 해양정책세미나 논문집』, 2001.
______, 「海洋史觀으로 본 한국 고대사의 발전과 종언」, 『한국사연구』, 123, 2003.
______, 「국내성의 압록강 방어체제연구」, 『고구려 연구』 15집, 고구려연구회, 2003
______, 「고대 한강 강변방어체제연구2」, 『鄕土서울』 64호, 서울시사편찬위원회, 2004.
______, 「한국사 이해를 위한 몇 가지 제언」, 『한국사학사학회보』 9, 한국사학사학회, 2004.
______, 「한국 고대사 연구의 반성과 대안」, 『단군학 연구』 11, 단군학회, 2004.
______, 『고구려는 우리의 미래다』, 고래실, 2004.
______, 「동해문화권의 설정 검토」, 『동아시아 역사상과 우리문화의 형성』, 한국학 중앙연구원, 민속원, 2005.
______, 「영일만 지역의 해양환경과 암각화의 길의 관련성 검토」, 『한국 암각화연구』 78집, 한국암각화학회, 2006.
______, 『장수왕 장보고 그들에게 길을 묻다』, 포름, 2006.
______, 『장보고를 통해서 본 경제특구의 역사적 교훈과 가능성』.

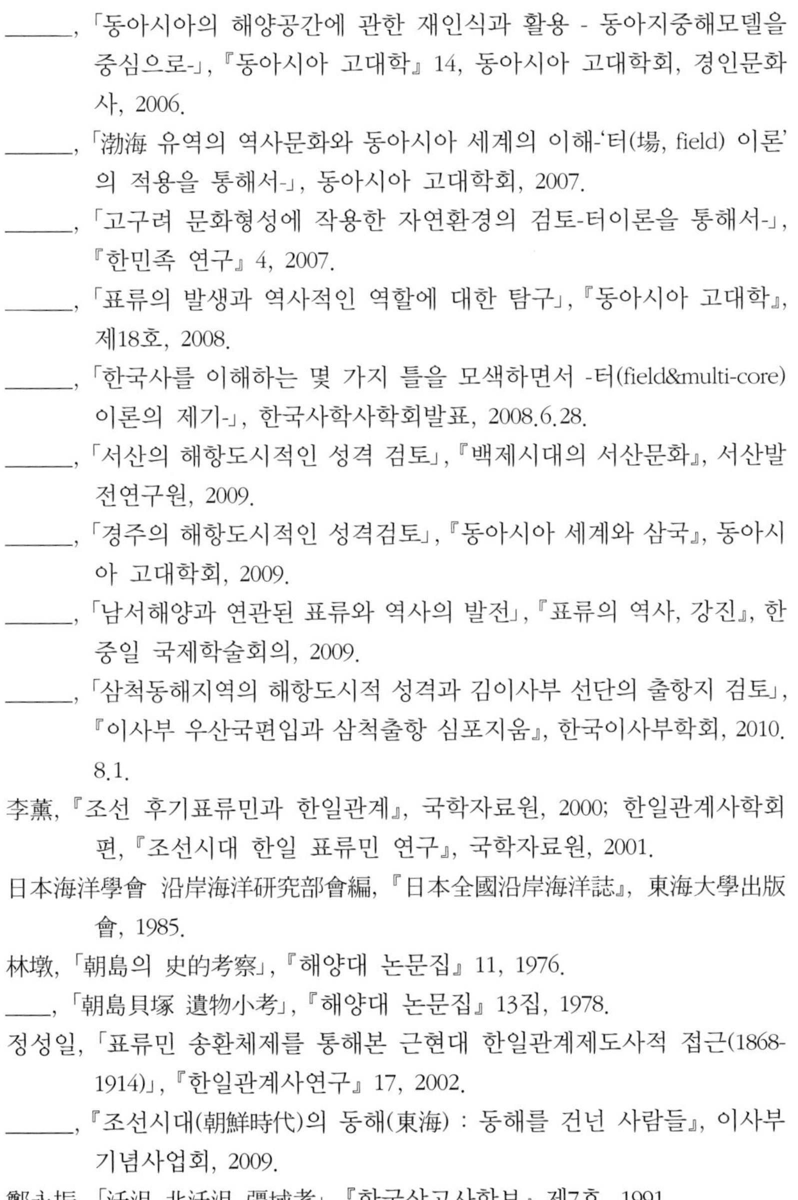

______, 「동아시아의 해양공간에 관한 재인식과 활용 - 동아지중해모델을 중심으로-」, 『동아시아 고대학』 14, 동아시아 고대학회, 경인문화사, 2006.

______, 「渤海 유역의 역사문화와 동아시아 세계의 이해-'터(場, field) 이론'의 적용을 통해서-」, 동아시아 고대학회, 2007.

______, 「고구려 문화형성에 작용한 자연환경의 검토-터이론을 통해서-」, 『한민족 연구』 4, 2007.

______, 「표류의 발생과 역사적인 역할에 대한 탐구」, 『동아시아 고대학』, 제18호, 2008.

______, 「한국사를 이해하는 몇 가지 틀을 모색하면서 -터(field&multi-core) 이론의 제기-」, 한국사학사학회발표, 2008.6.28.

______, 「서산의 해항도시적인 성격 검토」, 『백제시대의 서산문화』, 서산발전연구원, 2009.

______, 「경주의 해항도시적인 성격검토」, 『동아시아 세계와 삼국』, 동아시아 고대학회, 2009.

______, 「남서해양과 연관된 표류와 역사의 발전」, 『표류의 역사, 강진』, 한중일 국제학술회의, 2009.

______, 「삼척동해지역의 해항도시적 성격과 김이사부 선단의 출항지 검토」, 『이사부 우산국편입과 삼척출항 심포지움』, 한국이사부학회, 2010. 8.1.

李薰, 『조선 후기표류민과 한일관계』, 국학자료원, 2000; 한일관계사학회 편, 『조선시대 한일 표류민 연구』, 국학자료원, 2001.

日本海洋學會 沿岸海洋研究部會編, 『日本全國沿岸海洋誌』, 東海大學出版會, 1985.

林墩, 「朝島의 史的考察」, 『해양대 논문집』 11, 1976.

____, 「朝島貝塚 遺物小考」, 『해양대 논문집』 13집, 1978.

정성일, 「표류민 송환체제를 통해본 근현대 한일관계제도사적 접근(1868-1914)」, 『한일관계사연구』 17, 2002.

______, 『조선시대(朝鮮時代)의 동해(東海) : 동해를 건넌 사람들』, 이사부기념사업회, 2009.

鄭永振, 「沃沮 北沃沮 疆域考」, 『한국상고사학보』 제7호, 1991.

정영화 · 이청규, 『鬱陵島의 考古學的 研究』, 『울릉도 독도의 종합적 연구』,

영남대 민족문화연구소, 1998.
李明植, 「蔚珍地方의 歷史 · 地理的環境과 鳳坪新羅碑」, 『한국고대사연구』 제2권, 한국고대사학회, 1989.
曺永鉉, 「嶺南地方 橫口式古墳의 硏究 1」, 『伽倻古墳의 編年硏究 2-墓制』, 영남고고학회, 1994.
조지캐넌 지음, 정재겸 역주, 『시베리아 원주민의 역사』, 우리역사연구재단, 2011.
조희승, 『초기조일관계사(하)』, 사회과학출판사, 1989.
최몽룡 외, 『울릉도 지표조사보고서 1』.
해수부, 『한국의 해양문화』, 동남해역(上) 해양수산부, 2002.
中田 勳, 『古代韓日航路考』, 倉文社, 1956.
武藤正典, 「若狹灣とその周邊の新羅系遺跡」, 『東アジアの古代文化』, 大和書房, 1974.
國分直一, 「古代東海の海上交通と船」, 『東アジアの古代文化』 29號, 大和書房, 1981.
茂在寅南, 『古代日本の航海術』, 小學館, 1981.
荒竹清光, 「古代 環東シナ海 文化圈と對馬海流」, 『東アジアの古代文化』, 29號, 大和書房, 1981.
吉野正敏, 「季節風と航海」, 『Museum Kyushu』 14호, 1984.
高瀨重雄, 「越の海岸に着いた高句麗使」, 『東アジアと日本海文化』 森浩一 編 小學館 1985.
門脇禎二, 『日本海域の古代史』, 東京大學出版會, 1986.
齊藤 忠, 「高句麗と日本との關係」(金達壽 外, 『古代の高句麗と日本』, 學生社, 1988.
森浩一, 『古代史 津津浦浦』, 小學館, 1993.
小嶋芳孝, 「潮の道 風の道」, 『松原客館の謎にせまる』, 氣比史學會, 1994.

울진과 울릉도지역 마을신앙의 관계성 검토

김 도 현

1. 머리말

울진과 울릉도 지역이 공식적이든 비공식적이든 오랜 기간에 걸쳐 연결되어 있었으며,[1] 이로 인해 울릉도에 일본인들이 본격적으로 진출하기 이전에 이미 울진·삼척지역과 연결될 수 있는 공동체신앙의 모습들, 즉 모시는 신령, 제의 구조, 제일(祭日) 등이 상호 밀접한 관계성을 지녔을 것이다.

그런데, 기존의 울릉도지역 공동체신앙에 대한 연구 성과들은 대부분 李奎遠의 '鬱陵島檢察日記'(1882)에 기록된 울릉도 지역의 산신당에

---

1) 신라 지증왕대에 이사부에 의한 울릉도 복속을 비롯하여 고려·조선시대를 지나면서 공식적으로든 비공식적으로든 이 지역과 밀접한 관계성을 지닌 것은 관련 史料와 地理誌, 설화 등을 통해 확인할 수 있다. 이와 함께 다음 논문도 울릉도와 울진과의 관련성을 비교·검토하였다.
李秉烋, 「울진지역의 울릉도·독도와의 역사적 관련성」, 『역사교육논집』 제28집, 역사교육학회, 2002.

주목하여 초기부터 산신을 주신으로 모신 전통이 강하였지만, 1900년대 이후 일본인들이 이곳으로 진출하면서 이들에 의해 전해진 해신(海神)에 주목하고, 일본에 의한 영향 등을 주로 언급하였다.[2] 표면적으로는 일본에 의한 영향을 전혀 무시할 수는 없으나, 제의 구조나 제당 위치, 모시는 신령, 제일(祭日) 등을 종합적으로 검토하면 울릉도지역 마을공동체신앙은 교류가 비교적 활발하였던 울진과 삼척지역을 비롯한 동해안 지역의 마을공동체 신앙에 나타난 구조나 성격을 상당 부분 연결하여 이해할 수 있는 요소들이 많음을 현지 조사를 통해 확인할 수 있다.

필자는 먼저 李奎遠의 '鬱陵島檢察日記'(1882)에 기록된 울릉도 지역 민간신앙과 관련한 자료들을 검토하여 그 전통을 살펴본 후, 울진 해안지역과 울릉도 지역 마을공동체 신앙이 서로 연결될 수 있는 제의 구조, 마을 내 제당 분포, 모시는 신령, 제일(祭日)을 중심으로 두 지역을 비교하였다. 이를 통해 울릉도의 마을에서 모시는 신령이나 제의 장소·祭日이라는 측면에서 비록 일제 강점기에 일본 어민들의 영향을 받았으나, 매우 오래 전부터 현대에 이르기까지 우리의 고유한 마을신앙 전통이 결코 흐트러지지 않고, 울릉도에서 지속적으로 유지되었으며, 이는 울진 지역을 포함한 동해안지역의 마을신앙 전통과 밀접한 관계성을 가지고 있었음을 살펴보려 한다.

이를 통해 비록 일본 어부들의 진출로 일본 문화의 혼입이 많은 울

---

2) 울릉도지역 마을신앙 전통에 대한 기존의 연구 성과는 다음과 같다.
박성용 · 이기태, 「독도 · 울릉도의 자연 환경과 도민의 문화」, 『울릉도 · 독도의 종합적 연구』, 영남대학교출판부, 2005; 李秉烋, 「울진지역의 울릉도 · 독도와의 역사적 관련성」, 『역사교육논집』 제28집, 역사교육학회, 2002; 하정숙, 「울릉도 마을신앙의 전승과 변모 양상」, 『중앙민속학』 제11호, 중앙대학교 한국문화유산연구소, 2006; 안상경, 「울릉도 마을신앙의 전승과 지역적 특수성」, 『역사민속학』, 제27호, 한국역사민속학회, 2008; 이창언, 「경상북도 동해안지역 민간신앙 전승의 양상과 의미」, 『대구경북학 연구논총』 제3집, 대구경북연구원, 2006.

릉도였지만 정신적인 측면에서 1900년대 이후에도 울진 문화를 비롯한 동해안 문화의 전통이 울릉도 문화의 내면에 살아 숨 쉬고 있었음을 밝혀보려 한다.

2. 조선시대 수토사의 신앙의례를 통해 본 울릉도의 민간신앙 전통

울릉도의 실상을 확인할 수 있는 자료로서 단연 1882년(고종 19)에 작성된 이규원의 '울릉도검찰일기'를 꼽을 수 있다. 이 자료는 울릉도 개척령을 반포하기 위한 사전 준비작업으로 울릉도에 대한 인문 · 지리적 정보를 구하기 위해 고종의 명을 받은 이규원이 울릉도를 검찰하고 작성한 보고서이다. 즉, 수토정책을 실시한 이후 울릉도에 대한 공식적이고 본격적인 최초의 '조사보고서'인 셈이다.

이규원의 '울릉도검찰일기'는 검찰 당시 울릉도에 사람들이 거주하고 있는지의 여부를 포함해서 그들이 하는 생업 활동을 비롯한 다양한 내용을 상세히 기록하고 있다. 〈표 1〉은 이규원이 울릉도에 도착하여 도보에 의한 내륙 답사 5박 6일의 일정과 선편에 의한 해상 답사 1박 2일의 일정 속에서 만난 울릉도의 선주민과 그들의 출신지 및 작업 내용을 정리한 것이다.

[3] 李奎遠, '鬱陵島檢察日記', 1882. 신용하 편, 『독도영유권 자료의 탐구』 제2권, 독도연구보전협회, 1999, 36~74쪽. 정광중, 「이규원의 '울릉도검찰일기'에 나타난 지리적 정보」, 『지리학연구』 제40호, 국토지리학회, 2006, 221쪽 재인용.

〈표 1〉 이규원, '울릉도검찰일기'의 검찰 내용[3]

검찰일	대표자 / 관련자	대표자의 출신지	작업 내용	장소 / 현재 지명
4월 30일	김재근(金載謹) / 격졸 13명	전라도 흥양 삼도	미역 채취	소황토구미 / 학포
5월 2일	최성서(崔聖瑞) / 격졸 13명 전서일(全瑞日) 경주 사람 7명 연일 사람 2명	경상도 평해 경상도 함양 경상도 경주 경상도 연일	배 건조 미상 약초 채취 연죽 채취	대황토구미 / 태하 소황토구미 / 학포 대황토구미 / 태하 대황토구미 / 태하
5월 3일	이경칠(李敬七) / 격졸 20명 김근서(金謹瑞) / 결졸 19명 박기수(朴基秀) 성명 미상 40~50명 정이호(鄭二祜)	전라도 낙안 전라도 흥양 초도 경상도 대구 미상 경기도 파주	배 건조 배 건조 미상 약초 채취 약초 채취	왜선창포 / 천부 왜선창포 / 천부 중봉(中峰) / 미상 중봉(中峰) / 미상 중봉(中峰) / 미상
5월 4일	김석규(金錫奎)	경상도 함양	약초 채취	성인봉 10리 / 미상
5월 5일	김내언(金乃彦) / 격졸 12명	전라도 흥양 초도	배 건조	장작지포 / 사동
5월10일	변경화(卞敬花) / 격졸 13명 김내윤(金乃允) / 격졸 20명 일본인(日本人) 내전상장(內田 尙長) 등 78명	전라도 흥양 삼도 전라도 흥양 삼도 일본 낭카이도(南海道) 및 도카이도(東海道) 등	미역 채취 배 건조 벌목	보방청포구 / 도동 통구미 / 통구미 도방청포구 / 도동

위의 자료를 통해 이규원이 울릉도에서 직접 만나거나 거주 여부를 확인한 사람들은 조선인과 왜인(일본인)이었다. 조선인은 전라도 출신이 103명, 경상도 출신이 26명, 경기도 출신이 1명, 출신지 미상이 약 40~50명으로 총 172~182명을 직접 만나거나 주변 사람들로부터 거주하고 있다는 사실을 구두로 확인하였다. 왜인은 낭카이도(남해도), 도카이도(동해도) 출신으로 총 78명을 확인하였다. 그러나 이들 대부분은 단기 거주자였다. 이러한 사실은 그들이 울릉도에서 행하던 작업이 미

역이나 약초 채취 및 배의 건조 등을 목적으로 삼고 있다는 데서 쉽게 이해할 수 있다. 조선인은 미역 채취와 배의 건조를 주목적으로 울릉도를 출입하였다. 왜인들은 검찰 당시의 정황으로 미루어 울릉도에 입도하여 지속적으로 벌목을 행하였다. 왜인들은 울릉도가 마치 자신들의 영토인 양 착각을 하고 벌목을 행하였다.[4)]

울릉도에 대한 정보를 확인하고 정리·보고하였다는 사실은 울릉도 전역을 대상으로 이규원의 검찰이 매우 면밀하게 이루어졌다는 것을 의미한다. 그리고 내륙 조사 5박 6일의 일정과 선편에 의한 해상 조사 1박 2일의 일정은 매 이동마다 울릉도의 산신에게 검찰단의 신변 안전을 기원하는 것으로부터 시작하였다. 이와 관련한 자료를 정리하면 다음과 같다.

(가)-1. 5월 1일. 소황토구미[학포]에 풍랑이 몹시 일어 포구에 매어 놓은 배 3척의 닻줄이 끊어질 지경이라 선원들을 모두 동원하여 …… 다행이 위급한 상황을 면하고 산신당에 기도를 드렸다.

(가)-2. 5월 2일. 대황토구미[태하]에 도착하였다. 다음 날 산신당에서 일행 전체가 제사를 지낸 후 흑작지[현포]로 출발하였다.

(가)-3. 5월 4일. 성인봉 기슭에 위치한 산신당에서 기도를 하고 최고봉에 오르니 일컫되 성인봉(聖人峰)이라.

(가)-4. 5월 5일. 저동의 산신당에서 기도를 하고 대령(大嶺)을 넘어 험준한 계곡을 지나 바닷가에 당도하니 포구 이름이 장작지포[사동]이다.

(가)-5. 5월 9일. 소황토구미 산신에게 기도를 하고 배를 타고 출발하여 노를 저어 동쪽을 향해 약간 지나 십여 리를 가니 향목구미(香木邱尾)라 하나 …… 죽암[대바위]에 도착하였다.

---

4) 정광중, 위의 논문, 221~222쪽.

(가) - 6. 5월 11일. 동풍이 서서히 일고 있는데 사공들이 배에 풍장비(風裝備)를 한다기에 산신에게 기도를 하고 식사를 재촉하여 승선하니 …… 13일에 무사히 구산포(울진군 기성면)에 도착하였다.

좀 더 구체적으로 살펴보면, '鬱陵島檢察日記'(1882)에 의하면 이규원이 수하 100여 명을 이끌고 고종 19년(1882) 4월 30일 학포 마을에 상륙하여 이곳에서 이틀을 머물고, 선편으로 태하로 향하기 전 무사항해를 기원하며 학포의 산신당에서 빌었다는 기록이 있어 울릉도의 산신당은 開拓令 이전에 이미 존재하였음을 알 수 있다. 그리하여 그가 태하, 나리, 저동리 등의 산신당에서도 안전 항해를 기원하였기에 山神을 상위 신령으로 모신 산신당은 울릉도 선주민의 중요한 제의 공간이었음을 알 수 있다.

그리고, (가)를 통해 학포, 태하, 저동 등지에 산신당이 존재하였음을 알 수 있다. 이규원은 울릉도 선주민의 공동체신앙의 처소인 산신당을 검찰 활동에서 닥칠 수 있는 신변의 위협을 제거하는 종교적 성소로 여겼다. 이 중에서 (가)-1의 기록을 보면 울릉도에 정박한 이후에 선박이 풍랑으로 유실될 위기에 처하자, 이규원은 이를 타개할 목적으로 산신에게 기도를 드렸다. 울릉도로 항해를 시작할 때 바다에서의 풍랑을 관장하는 신령으로 용왕을 위했으나, 울릉도에 도착한 이후 울릉도 산신에게 풍랑이 잦아들기를 염원하였다는 것은 울릉도 선주민들의 종교 전통에서 최고의 신령으로 山神, 구체적으로 표현하면 성인봉 산신을 최고의 신령으로 모셨음을 알 수 있는 대목이다.[5)]

---

5) 이규원이 바다에서의 안전을 관장하는 용왕이 아닌 산신을 모신 것에 대하여 당시 용왕이나 해신에 대한 종교적 관념이 울릉도에 없었기 때문이라고 각종 논문에서 주장되고 있다. 이에 대하여 필자는 이규원의 『검찰일기』에 바다에서의 안전을 도모하기 위해 산신당에서 산신을 위하였다는 것은 울릉도에서의 최고 신령이 산신이었기 때문이지, 특정 기능을 지닌 신령에 대한 인식이 없었던 것은 아니라고 생각한다. 이미 이규원을 비롯한 역대 수토사들은 바다에 나섰을 때 풍랑을 만나면

입도한 이튿날이자, 본격적인 검찰로서 첫날에 겪은 풍랑 때문인지, 이규원은 검찰 일정에 따른 매 이동마다 산신에게 치제하는 것을 잊지 않는다.

울릉도에 산신을 모신 제당이 있었다는 사실을 통해, 선주민의 정착이 비록 계절에 따른 일시적인 것이든, 계속 정착하였든 울릉도에 있는 동안에 원주민들이 울릉도의 산신을 모셨음을 알 수 있다.

울릉도에서 산신은 성인봉 산신을 이른다. 성인봉에서 시작된 산줄기가 사람이 살 수 있는 공간과 농토 등을 베풀어 주며, 여기서 발원한 물이 울릉도에서 사람과 각종 생물이 존재할 수 있게 하기 때문이다. 이에 울릉도 대부분의 마을에서 최고 신령으로 산신을 모시게 되고, 해신당에서도 상당신으로 산신을 먼저 위한 후 기능적 의미를 지닌 해신 또는 용왕을 모시는 것이다.

그리고 울릉도에서의 山神은 농경이나 산에서의 활동에 따른 종교활동과 관련한 기능으로 한정지을 것이 아니라, 생명의 원천, 최고 신령으로서의 산신의 의미로 이해하여야 한다.[6)]

수토사 일행이 바다를 건너 울릉도에 올 때 파도가 심하게 치고 위

용왕제를 지냈다는 기록을 발견할 수 있기 때문이다. 그리고 사람이 해결하기 어려운 문제에 봉착하였을 때 고등종교 차원에서 이를 해결해 줄 수 있는 구체적인 신령에게 의탁할 수도 있지만, 불교에서 부처님, 기독교에서 하느님과 같은 최고의 존재를 위하는 사례도 있으므로, 산신을 위하는 것은 이와 같은 맥락에서 볼 수 있다.

6) 이와 관련하여 농업만이 아니라 가족 문제, 사업 문제, 승진 문제, 학업 문제 등 다양한 문제를 종교적으로 해결하기 위해 태백산에 올라 태백산신 또는 천신을 위하는 사례, 현재 충청도나 전라도 등에서 어업에 종사하는 사람들도 태백산이나 삼척 쉰움산 등에 와서 태백산신이나 쉰움산신을 위해 돼지를 바치며 치성을 드리는 사례 등을 통해 이해될 수 있다.
김도현, 「강원도 영동 남부지역 고을 및 마을신앙」, 고려대학교 대학원 박사학위논문, 2009년 2월; 김도현, 『史料로 읽는 太白山과 天祭』, 강원도민일보사 · 강원도 · 태백시, 2009; 김도현 · 장동호, 『3대 강 발원과 태백』, 강원도민일보 · 태백시, 2010.

험해지면 용왕에게 제사를 지냈다는 기록이 여럿 보인다. 이는 바다에서의 최고 신령으로 용왕을 상정하였기 때문에 가능한 것이다. 이후 육지에 상륙하여 울릉도를 관장하는 최고 신령으로 울릉도 성인봉 산신령임을 인지하여 이를 위하는 것은 당연한 것이다. 용왕이나 해신을 위할 수도 있는데, 이 또한 산신의 하위 신령으로 여겨서 산신당에서 하위 제차로서 용왕이나 해신을 위할 수도 있다.

그리고 현재 울릉도 내 각 마을에서 마을 전체를 관장하는 제당에서 모시는 신령을 보면 산신과 함께 동신을 위하는 사례를 다수 발견할 수 있다. 이는 마을을 관장하고 수호하는 洞神의 상위 신령으로 산신이 존재함을 잘 보여주는 사례라고 볼 수 있다.

그러므로 선주민의 울릉도 이주와 함께 강원도를 비롯하여 전국에서 발견할 수 있는 산신 신앙이 울릉도의 마을신앙 전통 형성에 큰 영향을 끼쳤다고 볼 수 있으며, 이는 현재까지 끊이지 않고 이어지므로 울릉도의 마을신앙 전통은 우리 민족 문화와 그 궤를 같이 한다고 볼 수 있다.

(나) 나리동에는 성황화상(城隍畵像)을 모신 정결한 산신당이 세워져 있었다.

한편 (나)를 통해서 나리동에 성황화상(畵像)을 당신도로 모신 산신당이 존재하였음을 확인할 수 있다. 선주민의 산신에 대한 신앙이 일시적인 정착에 따른 일시적인 믿음이 아니라, 경우에 따라 영구적인 정착에 따른 지속적인 믿음이라는 데 큰 의미가 있다.[7] 나리동은 성인

[7] 경상도와 강원도지역 고갯마루에 있는 제당 명칭이 원래 산령당 또는 산신각이었으나, 점차 고갯마루 아래에 사람들이 정착하여 마을을 형성하게 되면 산령당을 성황당, 즉 마을을 수호하는 신령이 좌정한 공간으로 여기는 사례가 다수 있기에 위의 나리분지 사례 또한 이와 같은 변화 과정과 그 궤를 같이 한다고 볼 수 있다.

봉 아래 50여 정보에 불과한 작은 분지이다. 오늘날에는 선주민의 흔적만 남아 있지만, 개척 이전에 나리동에는 사족 출신으로서 함양에서 이주한 전석규(全錫奎)와 파주에서 이주한 정이호(鄭二祜)가 초막을 짓고 생활하였다고 한다. 그들의 영향인지는 확인할 수 없지만, 개척 초기에 비교적 큰 규모의 서당이 나리동에서 운영되었다.[8] 다른 지역과는 달리 사족 출신이 입성하였고, 비교적 큰 규모의 서당이 운영되었다는 사실에서, 나리동은 특별한 의미를 갖는다. 산신에 대한 치제가 엄격한 유교 원리에 입각해서 치러졌을 것으로 짐작할 수 있기 때문이다.

다양한 자료가 부족한 현실에서 지금까지 살펴본 이규원의 '울릉도 검찰일기'가 옛 울릉도의 민간신앙 전통을 증명할 수 있는 최고(最古)이자 최고(最高)의 자료일 수밖에 없다. 이 자료를 통해 조선 정부의 수토정책에도 불구하고, 어떠한 이유에서든 울릉도에 사람들이 이주·거주하였으며, 이와 함께 내륙 지역의 민간신앙 전통도 함께 전해져서 울릉도에 정착·전승되었음을 알 수 있다.

그러나 海神堂의 존재는 그 성격이 모호하다. 이규원의 기록에서 배를 타고 바닷길을 통해 검찰 활동을 할 때 산신당에서 기도를 드렸다는 기록만 보이고, 해신 또는 용왕을 위하였다는 이야기는 전혀 언급되고 있지 않다. 이를 통해 추정해보면 1882년 당시까지 울릉도에는 공동체신앙 대상으로서의 해신에 대한 인식의 존재 여부, 하위 신령으로 모셨는지에 대하여 알 수 없으나, 어업 활동이 활발해지고, 이에 종사하는 사람들이 많아짐에 따라 울진·삼척지역 사례에서 발견할 수 있듯이 해신 또는 용왕을 위하는 민간신앙 전통이 개인 신앙 차원에서 점차 마을공동체신앙의 범주로 확대 발전되어 해신당에서의 치제가

---

8) 울릉군지편찬위원회(편), 『鬱陵郡誌』, 울릉군, 1989, 125쪽.

정착되었다고 볼 수 있다.

3. 울진의 마을신앙

울진의 마을신앙과 관련한 기존의 조사 및 연구 성과는 매우 많다. 이에 본문에서는 해안지역에 대한 일부 사례를 다음과 같이 소개한 후 제당 명칭과 형태, 모시는 신령을 중심으로 간단하게 소개한다.[9)]

〈표 2〉 울진 어촌의 동제 양상

읍면	마을 이름	제당	신령	祭日
후포면	금음 3리	산신나무, 서낭당, 해신당, 동회관	산신, 서낭, 성주, 용왕, 수부	중구일, 성주 생일
	후포	산신당, 서낭당, 동사	산신, 서낭, 성주, 수부	정월대보름, 중구일
평해읍	거일 1리	서낭당, 해신당, 산신당, 동회관	산신, 서낭, 해신, 성주	정월대보름, 중구일
	거일 2리	서낭당, 동회관	서낭신, 성주, 돌아가신 노반계원	정월대보름, 성주 생일, 중구일, 선미고사(7월)
	직산 1리	서낭당, 동회관	서낭신, 성주	정월대보름, 성주 생일, 중구일, 선미고사(10월)
기성면	구산리	서낭당, 수부당	서낭, 수부, 성주	정월대보름,

9) 필자가 울진 지역을 조사 · 연구한 결과는 다음과 같다. 김도현, 「울진군 죽변의 마을신앙 - 죽변 성황사를 중심으로-」, 『史香』 2집, 울진역사연구회, 2005; 김도현, 「울진지역 마을제당 · 굿, 12령과 선질꾼 항목(총 60항목)」, 『디지털문화대전(울진군)』, 한국학중앙연구원 · 대경문화재연구원 · 울진군, 2008; 김도현, 「울진군 기성면 구산리 대풍헌과 마을신앙」, 『박물관지』 16집, 강원대학교 중앙박물관, 2010년 2월; 김도현, 「울진 12령 샛재[鳥嶺] 城隍祠와 褓負商團」, 『실천민속학』 16집, 실천민속학회, 2010.

				삼월삼짓날, 성주생일, 중구일
원남면	오산 1리	할매당, 동회관	서낭신, 수부,성주, 터주, 수부	정월대보름, 9월 초하루

1) 제당 명칭

울진 지역 마을제당의 명칭으로는 우선 성황당 또는 서낭당이라는 명칭이 조사된 제당 총 수 127건 중 72건으로서 57%인데 절반 이상의 제당을 서낭당 또는 성황당이라 함을 알 수 있다. 성황당(城隍堂)이란 본래 6세기 중반경부터 중국 양자강 유역의 토착신앙을 배경으로 삼고, 성(城)의 수호신 신앙으로 발전하기 시작했던 것이다. 그것이 송(宋)대에는 국가 제사로 법제화되고, 그것이 고려 초에 한국에 도입된 것으로 알려지고 있다.[10]

그러한 중국 성황신앙의 전래에는 물론 그만한 시대 배경과 동기가 있었으나 그것은 역사상의 일이다. 지금 여기서 논의되는 성황당은 그 명칭만의 단순한 수용이고, 그 내용은 어디까지나 한국 본래의 전통적인 마을 공동체 신앙의 한 지역형이다. 경상북도에서는 60여% 정도가 성황당이며, 이웃한 강원도에서는 76% 정도의 제당 이름이 성황당이다. 강원도만큼 압도적이지는 않더라도 성황당이라는 이름이 가장 많으며, 이외에도 당·골매기당·수구당이라 부른다. 이웃한 강원도나 경기도 등에는 산신당·산제당이라는 명칭이 많이 불리는데 비해 울진에는 산신당 또는 산제당이라 불리는 제당은 거의 없다. 따라서 명칭만 두고 보았을 때, 마을 제당에서의 제의가 산신제적 성격을 띠는

---

10) 박호원, 「한국 공동체 신앙의 역사적 연구」, 한국정신문화연구원 한국학대학원, 1997.

예는 거의 없는 것으로 볼 수 있으며, 주로 마을 내 평안과 풍요를 기원하는 기능을 지닌 것으로 볼 수 있다.

이외에도 어업에 종사하는 해안 마을에서는 해신당의 성격을 띤 제당이 마을의 본 서낭당과는 별도로 있는 마을이 있는 것으로 보아 어업에 종사하는 사람들이 어로활동에서의 안전과 풍어를 기원하기 위해 개인적으로 치성을 드리던 장소가 마을 공동체 신앙의 제장으로 확대 개편된 마을들을 울진지역에서도 발견할 수 있다.

2) 제당 형태

당 형태에서는 먼저 당건물과 신목의 관계를 보기로 하겠다. 당건물만 있는 경우는 40 곳으로 31%, 신목을 모신 경우는 29곳으로 23%, '당+신목'인 예는 22곳으로 17%이다. 마을 제당이 당집의 형태인 마을이 총 48%임을 알 수 있으며, 어떤 형태로든 신목을 위하는 마을은 40%임을 알 수 있다. 인근의 강원도에서는 제당 721건 중 512건이 당건물인 것에 비하면 당건물 비율이 낮은 편이나, 경기도의 217/454이라는 비율과 비교하면 비슷한 양상임을 알 수 있다.

마을제당의 기원형은 신목이겠고, 여기에 당건물이 설치되는 것이 기본형이겠는데, 이를 합한 비율이 40%를 유지한다는 것은 기본적으로 신목의 비중이 역시 건재하다고 할 것이다.

3) 神格

신격은 제당의 명칭 자체가 제시해 주는 경우들이 있다. 먼저 산신(제)당의 경우 그 신격은 산신으로 제시되며, 성황당 또는 서낭당으로 불리는 경우에는 성황 할아버지 또는 성황 할머니 등 성황신 계열이 대부분을 차지하는데, 많은 마을에서 마을을 처음 개창하고, 발전시킨 조상을 성황신으로 모신 예를 발견할 수 있다. 이와 같이 조상신을 좌정시켜 특정 인물을 마을을 수호하는 신령으로 모신 사례는 신령이 여신인 경우는 3곳, 남신인 예는 3곳에서 발견된다. 단종대왕이나 권대감, 임경업 등 보편적으로 거론되는 인물을 마을신으로 모신 마을을 1967년 조사 자료에서 찾을 수는 없다.

전체적으로 보아 신격이 남신인 예는 16곳이고, 여신인 예는 17곳이다. 남신인지 여신인지 알 수 없는 곳은 65곳이다. 울진지역 대부분의 마을 제당에서 모시는 신은 특정 姓에 치우치지 않음을 알 수 있는데, 원래부터 이와 같은 현상이 나타났는지는 좀 더 치밀한 조사가 선행되어야 밝힐 수 있으리라 여겨진다.

4. 울릉도의 마을신앙

울릉도의 제당은 보통 산신당과 해신당으로 구분되어 왔다. 그러나 최근 조사에 의하면 산신과 해신이 동시에 모셔지거나, 동신과 산신, 동신과 해신이 함께 모셔져 있는 사례도 다수 발견되었고, 특히 동제당의 성격을 지니는 제당들이 점차 많아졌음이 밝혀지게 되었다. 즉 초기의 산신당 중심에서 일제강점기를 거치면서 해신당이 많아졌다가 울릉도 지역 마을 내 도로망의 확충과 마을공동체의 결성 범주가 확대되면서 통합 또는 이중 구조의 마을 공동체신앙 모습들이 늘어나게 되었음을 말하고 있는 것이다.

필자가 현지 조사한 내용을 중심으로 울릉도 지역 마을신앙 현황 일부를 소개하면 다음과 같다.

〈표 3〉 울릉도 지역 마을 제당 현황

<table>
<tr><th></th><th>제당 명칭</th><th>신령</th><th>祭日</th><th>비고</th></tr>
<tr><td>내수전</td><td>동제당,
해신당</td><td>산신, 해신, **</td><td>정월대보름, 3월 3일</td><td></td></tr>
<tr><td rowspan="2">작은 모시개</td><td>제당[산신당]</td><td>山靈神位, 洞靈神位</td><td>정월대보름, 3월 3일</td><td>제당골 내</td></tr>
<tr><td>해신당</td><td>苧洞之神位,
東海之神位</td><td>3월 3일</td><td>바닷가 언덕</td></tr>
<tr><td rowspan="2">중간 모시개</td><td>마을
제당[산신당]</td><td>山靈神位</td><td>정월대보름</td><td>마을 계곡 내</td></tr>
<tr><td>제당[해신당]</td><td>東海龍王, (산신)</td><td>3월 3일</td><td>바닷가 언덕</td></tr>
<tr><td rowspan="2">큰 모시개</td><td>마을
제당[산신당]</td><td>山王大神, ○○神</td><td>정월대보름</td><td>현재 절
산신각(산신,
독성)</td></tr>
<tr><td>해신당</td><td>東海大神位, ○○神</td><td>3월 3일</td><td></td></tr>
<tr><td rowspan="2">도동 1·2리</td><td>神堂</td><td>道洞社 신위,道洞社
신위, 主山 신위,
郡社신위, 郡稷신위</td><td>정월대보름</td><td></td></tr>
<tr><td>해신당</td><td>동해해신, ○○神</td><td>3월 3일</td><td></td></tr>
<tr><td rowspan="2">사동 3리</td><td>산령당</td><td>산신</td><td>정월대보름</td><td></td></tr>
<tr><td>갈령 제당</td><td>산신</td><td>정월대보름</td><td></td></tr>
<tr><td rowspan="2">사동 2리</td><td>마을
제당[산신당]</td><td>城隍位, 山神位</td><td>정월대보름</td><td>우복동</td></tr>
<tr><td>해령사</td><td>山神位, 海神位</td><td>3월 3일</td><td>옥천마을</td></tr>
<tr><td>사동 1동</td><td>제당</td><td>山神之位, 洞社神位,
海神之位</td><td>3월 3일</td><td>마을 제당과
해신당이
합사됨</td></tr>
<tr><td>태하</td><td>천제당,
산신당,
성황당
(성하신당),
해신당</td><td>천신, 산신,
성황신(남녀), 해신</td><td>음력 3월 초</td><td></td></tr>
</table>

울릉도 제당의 특징은 다음과 같이 정리할 수 있다.

첫째, 육지 해안에서는 보통 龍王이라 칭하는 바다 또는 물의 신이 울릉도에서는 海神으로 인식되고 있으며, 이것이 양식화되어 海神堂이라는 祭堂의 전통을 만들어 내었다는 점이다. 특히 음력 3월 3일에 해신제를 지내는 전통에서도 확인할 수 있다. 육지 해안에서는 정월대보름에 마을 전체 차원의 洞祭를 지내는데 반해서 울릉도에서는 삼월삼짇날 어업에 종사하는 사람들 중심으로 제를 지낸다. 이것은 정월에 지내는 마을 전체 차원의 동제(산신제)와 海神祭를 구별 짓기 위함이며 이로써 동제(산신제)와 해신제가 이분화되어 존재하는 것이다.

둘째, 제당에는 한 신위만 모셔지는 것이 아니라 여러 神位가 합쳐져서 모셔지고 있다. 이것은 울릉도의 지형 · 지리적인 특성을 반영하는 것으로 자연환경을 극복하기 위한 사람들의 상징적인 표현이라 생각된다. 한 신위만으로 극복할 수 없는 현실을 제 2, 제 3의 신을 합쳐서 모심으로써 현실적인 삶에 확실한 영험을 기대하기 위한 장치였을 것으로 보인다.

셋째, 자연물 암석이나 당목을 그대로 섬기는 것보다 대체적으로 당집을 지어서 신을 모신다. 자연물에 대한 신앙은 애니미즘(Animism), 샤머니즘(Shamanism)을 거론하지 않더라도 보편적으로 나타나는 현상이었다. 이와 같은 현상은 육지와 울릉도에서 별 차이가 없다. 그러나 특히 울릉도에서 자연물을 그대로 섬기기보다 당집을 지어서 모시는 것은 자연적 신을 자기들의 삶 속으로 끌어안기 위한 장치이며, 신의 생활도 인간의 생활과 별반 차이가 없다고 생각하기 때문일 것이다. 편안한 곳에 거처하며 생활하기를 바라는 사람들의 마음이 易地思之의 입장에서 표현된 것으로 보인다. 또한 당집 안에 祭壇을 만들어서 位牌를 모시기보다는 龕室을 만들어서 그 속에 신을 모신다. 또한 이것도 위와 같은 관념에서 비롯되었을 것으로 판단된다.

넷째, 금기생활의 특징이다. 제관이나 제주로 선출되면 제일 전까지 금기생활을 하며, 제를 지내고 나서도 1년 동안 초상난 집이나 부정한 것을 보지 않는 금기 생활을 한다. 바다는 불안정한 생업의 터전이며, 적은 경지면적으로 인해서 경제적인 수입은 대부분 어업을 통해서 이루어진다. 따라서 바다를 접해서 이루어지는 생업 때문에, 또한 제의의 효험이 그대로 노출되기 쉽기 때문에 육지보다 강한 제일 후의 금기생활이 적용되는 것이다.

5. 울진과 울릉도의 마을신앙 비교

개척령에 의해 울릉도에 본격적으로 내륙 사람들이 들어와 정착과 개간을 시작하였다. 당시 울릉도에 이주한 사람들의 현황을 파악하는 것은 울릉도의 민간신앙을 이해함에 있어 매우 중요한데, 개척민 이주 사례를 간단하게 소개하면 다음과 같다.[11]

□ 개척민 이주 상황

· 대황토포 : 경상도 안의 1가구, 강원도 강릉 3가구
· 곡포 : 경기도 1가구, 경상도 선산 1가구, 경상도 연일 1가구, 경상도 경주 2가구
· 추봉 : 강원도 울진 1가구, 경상도 안동 1가구
· 현포동 : 강원도 울진, 충청도 충주 2가구, 강원도 강릉 2가구

이와 함께 울릉도 마을신앙의 전통이 확립되는 과정에서 다음과 같

11) 김호동, 「개항기 울릉도 개척 정책과 이주 실태」, 『대구사학』 제77집, 대구사학회, 2004, 78쪽.

은 설화가 전하는 것으로 보아 울진과의 관계성은 매우 밀접하게 유지되었음을 알 수 있다.

[사례 1] 죽변 향나무
1964년 천연기념물 제 158호로 지정된 울진 죽변리의 향나무를 들 수 있다. 수령이 약 500년으로 추정되는 이 나무는 울릉도에서 자라다가 파도에 밀려 이곳에 와서 자라게 되었다는 전설을 가지고 있다. 이 향나무와 옆에 마을 제당이 있으므로 마을 주민들은 이 나무를 신목으로 위하고 있다.

[사례 2] 성하신당 이야기
"조선 태종 17년(1412) 울릉도 안무사 김인우가 병선 2척에 울릉도민을 소환하여 압송하는 과정에서 어린 아이 남녀 1명씩 남겨두었다가 3년 뒤에 가서 확인하였더니 죽었다. 그 원혼을 위로하기 위해 성황당을 세워서 제사 드렸다."는 이야기가 울진군에서 발견된다. 이것은 당시 행정구역이었던 강원도 지역의 문화가 울릉도로 전파되었음을 알 수 있고, 울릉도민의 문화가 육지의 문화적 상황 속에 존재하였음을 나타낸다.

1) 제의 구조

1967년 한국의 마을 제당을 조사한 보고서 중 울릉도 지역 사례에서 도동, 큰 모시개, 중간 모시개, 작은 모시개, 저동 등의 사례를 보면 일본 신사에서 또는 일본인들이 만든 해신당에서 제사를 지내다가 해방 이후 일본인들이 만든 해신당을 없애고 위치를 옮기거나, 시간이 지난 후 지역민들이 의견을 모아서 해신당을 새롭게 지었다는 기록이 보인다.

이에 해신당이나 해신 모심은 일본의 영향이 크다고 하였으나, 실제는 어민들의 마을 내 비중이 커진 상태에서 이들만의 공동체 신앙으로 발전해 간 자연스러운 현상으로 볼 수 있다.

울진과 삼척지역의 해서낭당형 마을신앙은 祭儀 구조는 5가지 유형으로 나눌 수 있다. 즉, 서낭당과 해신당으로 구성된 유형, 해신당만으로 구성된 유형, 서낭당만으로 구성된 유형, 서낭당과 해신당이 분리되어 운영되는 유형, 어업과 관련 없는 마을신앙형이 그것이다. 이는 다시 용왕제, 수부신 위함, 봉헌체 등의 요소를 기준으로 세부적으로 구분할 수 있다. 이와 같이 다양한 유형이 나타나는 이유는 각 마을이 지닌 농업과 어업이라는 생업 기반의 비중 차이와 어업과 관련한 사회 · 자연적인 조건의 차이 등에 기인한다.

이러한 5가지 유형 중에서 가장 비중이 있는 유형은 '서낭당과 해신당으로 구성된 유형'으로, 이 유형은 해안지역 마을신앙의 기본형으로 삼을 수 있다. 즉, 해안마을에서는 성황당을 上堂으로 여겨 마을 최고의 신이 좌정한 곳으로 인식한다. 이에 비해 海神堂은 下堂의 의미를 지닌 곳으로서 어민들의 염원을 대변하는 祭堂으로 여긴다.[12)]

울진 · 삼척 해안지역 사례를 보더라도 개인적으로 해서낭이나 용왕을 위하던 전통이 어민들의 마을 내 위상이 커지면서, 그리고 이들의 비중이 높아지면서 자연스럽게 해신당에서의 제의는 마을공동체신앙의 범주에 들어오게 되어 현재와 같은 제의 양상을 보여준다.

그러므로 울릉도에서의 해신과 해신당에 대한 이해를 위와 같은 사회 · 경제적 변화 과정과 연계하여 이해하려는 자세가 필요하다.

2) 모시는 신령

(1) 天神

울진 지역에서 천신을 모셔 천제를 지낸 사례가 일부 발견되며, 울

---

12) 김도현, 「삼척 해안지역 마을신앙 연구」, 『역사민속학』 21집, 한국역사민속학회, 2005; 김도현, 「삼척지역의 마을공동체 신앙과 性」, 『강원민속학』 19집, 강원민속학회, 2005.

릉도에서는 태하동에 천제단이 존재한다.

울릉도의 천제단은 태하초등학교에서 태하령 방향 약 300m 지점의 왼쪽 산기슭에 위치한다. 제당은 큰 땅과목(오동나무라고 함) 두 그루와 시멘트 제단, 큰 바위들로 구성되어 있다. 1974년에 정비하였다.

이곳은 강원도에서 수토사를 파견하여 울릉도에 입도할 때 上帝에게 제사지내던 곳이라고 한다. 제당은 옛 관사터 뒤편 산기슭의 밭 머리에 위치한다. 이것으로 보아 관주도 제의였음을 알 수 있지만 현재 그 제의 상황을 추정할 수는 없다. 현재 메 1그릇, 명태, 채소, 건포 등을 진설하여 천제를 지낸다.

우리나라의 역사에서 하늘에 제사지낸 전통은 고조선 이래 부여·고구려·삼한·동예를 이어 삼국시대, 고려와 조선시대에 이르기까지 제사를 지낸 구체적인 대상 神이나 제단, 목적하는 바는 달리 나타났지만 하늘에 제사지낸 전통은 꾸준히 이어져왔다.[13]

현재까지 알려진 天祭 또는 祭天이라 불리는 하늘[天]에 제사 지낸 사례는 크게 3가지 유형으로 구분할 수 있다.[14] 첫째, 고대부터 현재에 이르기까지 국가 차원이나 특정 산의 권역을 중심으로 행해진 천제,[15] 둘째, 강원도 삼척을 비롯하여 전국 각지에서 간헐적으로 보이

---

13) 여기에서 祭天 또는 天祭는 최고신으로서의 天神이 포함된 제사를 일반적으로 이른다. 한국의 제천의례를 통시대적으로 소개한 서영대교수의 다음 글에 역사적으로 중요한 제천과 관련한 연구 성과, 그리고 하늘에 대한 관념과 제천의 개념이 자세하게 소개되어 있다.
서영대,「한국의 제천의례」,『강화도 참성단과 개천대제』, 경인문화사, 2009, 48~61쪽.

14) 필자는 하늘[天]에 대한 祭儀 사례를 다음 논문에서 위의 3가지 유형으로 구분하였다.
김도현,「한계산성 천제단의 형태와 성격」,『한국성곽학보』 23집, 한국성곽학회, 2013.
최종성교수는 이와 관련하여 '하늘 경험의 차원'이라는 측면에서 '우주론적 차원', '지역적 차원', '몸의 차원'으로 구분한 후, 그 실천 단위를 각각 '제국(국가)/반국가', '고을, 마을', '개인'으로 구분하였다.
최종성,「천제와 산천제」,『제2차 금한동천제』, 금한동천제보존회, 2014.

는 마을 단위, 또는 여러 개의 마을이 함께 지낸 천제,[16] 셋째, 개인이나 특정 종교집단 차원에서 행한 천제로 구분할 수 있다.[17]

이 중 마을 단위의 천제에 대한 조사 · 연구 성과가 많은 것은 아니지만, 강원도를 비롯하여 전국적으로 그 사례를 소개하거나 분석한 글이 발표되고 있다. 여기서 天神은 대부분의 마을에서 마을신으로 모시는 서낭신이나 산신보다 더 큰 능력을 지닌 신령으로 여겨, 기우제를 지낼 때 모시거나, 사람이나 소 · 말의 역병 驅逐, 蟲災 방지, 거리고사를 지낼 때 상당신으로 모신다.

이와 같이 천제당 또는 천제단에서 모시는 신령은 일반적으로 天神

---

15) 임동권, 「太白山 天祭壇의 歷史性과 文化財的 位相」, 『太白文化』제 7집, 태백문화원, 1993; 박내경, 「無等山 天祭壇 開天祭 信仰考」, 『남도민속연구』 제11집, 남도민속학회, 2005; 김도현, 『사료로 읽는 태백산과 천제』, 태백시 · 강원도민일보, 2008; 김도현, 「태백산 天祭와 儀禮」, 『역사민속학』 30호, 한국역사민속학회, 2008; 서영대 외, 『강화도 참성단과 개천대제』, 경인문화사, 2009; 김도현, 「태백산 천제단과 마니산 참성단 儀禮 비교」, 『동아시아고대학』 제23집, 동아시아고대학회, 2010; 김도현, 「한계산성 천제단의 형태와 성격」, 『한국성곽학보』 23집, 한국성곽학회, 2013; 김덕진, 「전라도 광주 무등산의 神祠와 天祭壇」, 『역사학연구』 제49호, 호남사학회, 2013.

16) 마을 단위 또는 여러 개의 마을이 함께 천제를 행한 사례는 다음 논문을 참고하기 바람.
나경수, 「지남리 지북마을의 민속」, 『전남민속연구(신안군 도초면지역 민속종합조사 보고)』 창간호, 1991; 나경수, 「전남 장흥군 부산면 호계리 별신제 조사 연구」, 『민속학연구』 10집, 국립민속박물관, 2002; 김도현, 「동해시 동호동 천제단 운영과 그 성격」, 『박물관지』 14집, 강원대학교 중앙박물관, 2007; 김도현, 「태백시 咸白山 절골 天祭堂 운영 양상과 그 성격」, 『강원문화연구』, 강원대 강원문화연구소, 2009; 김도현, 「강원도 영동 남부지역 고을 및 마을신앙」, 고려대학교 대학원 박사학위논문, 2009년 2월; 이창식, 「진천지역 금한동 천제 연구」, 『충북학』 제12집, 충청북도, 2010; 박흥주, 「천제(天祭)로서의 호계마을 별신제 연구」, 『비교민속학』 제46집, 2011; 김도현, 「마을신앙으로서의 금한동 天祭 성격」, 『제 2차 금한동천제』, 금한동천제보존회, 2014; 김도현, 「삼척시 내미로리 天祭」, 『종교학연구』 제32집, 한국종교학연구회, 2014.

17) 김도현, 『사료로 읽는 태백산과 천제』, 태백시 · 강원도민일보, 2008; 김도현, 「1870년대 태백산 권역에서의 동학교도 활동과 그 의미」, 『박물관지』 제19호, 강원대학교 중앙박물관, 2012.

과 다른 신령을 함께 모셔 天祭를 지내는 예를 여러 마을에서 확인할 수 있다. 이를 구분해 보면 天神만 모시는 예, 天神과 山神을 함께 모시는 예, 天神과 기타 여러 신을 함께 모시는 예로 나눌 수 있다. 이중 울릉도 태하동에서의 천제는 天神과 기타 여러 신을 함께 모시는 유형으로 볼 수 있다.

(2) 山神

울진에서 산신은 산신 또는 이름과 기능이 변화되어 성황신으로 불리는 사례가 다수 존재한다. 이것으로 볼 때 마을에서 모시는 신령에 대한 표현을 서낭 또는 성황이라고 하지만 실제 산신계열인 사례가 매우 많다.

울릉도에서 가장 크게 위하는 신령은 산신이다. 구체적인 표현은 산령 또는 산신, 산왕 등으로 다양하게 표현되며, 이규원이 울릉도를 다녀갔을 때에도 최고 신령으로서의 산신령을 모셨음을 확인할 수 있다.

울릉도에서 산신은 성인봉 산신을 이른다. 성인봉에서 시작된 산줄기가 사람이 살 수 있는 공간과 농토 등을 베풀어 주며, 여기서 발원한 물이 울릉도에서 사람과 각종 생물이 존재할 수 있게 하기 때문이다. 이에 울릉도 대부분의 마을에서 최고 신령으로 산신을 모시게 되고, 해신당에서도 상당신으로 산신을 먼저 위한다.

그리고 울릉도에서의 山神은 농경이나 산에서의 활동에 따른 종교활동과 관련한 기능으로 한정지을 것이 아니라, 생명의 원천, 최고 신령으로서의 산신의 의미로 이해하여야 한다.[18)]

---

18) "산신당의 위치는 주로 자연 암석이나 숲 속, 골짜기, 길가 등으로 나타나지만, 모두 산기슭에 위치한다."라고 울릉도 산신당 위치와 관련한 서술을 한 사례가 많다. 이는 잘못된 인식이다. 산신당이 위치한 곳은 그 마을을 먹여 살리는 계곡물이 시작되는 곳이거나, 성인봉 자락이 이어지는 곳 능선에 위치하며, 이와 더불어 해신당 또한 산신당이 위치한 산자락이 바다로 이어지는 곳 중 바다를 잘 조망할 수

(3) 성황신

울진과 삼척지역에 소재한 많은 자연 마을들은 대부분 조선 중기~후기 사이에 형성되었는데, 주로 경상북도와 삼척 읍내, 강릉 등지에서 이주하여 마을을 형성한 것으로 되어 있다. 이들 마을을 개창한 이주민들은 마을 내 서낭당의 서낭신으로 좌정한 예도 있지만 많은 마을에서 생전에 산신이나 서낭을 모시다가 돌아가신 후 수부신으로 받들어지고 있음을 확인할 수 있었다, 이러한 사례로 보았을 때 서낭당은 마을의 개창과 함께 만들어진 제당으로서 마을이 없어지지 않는 한 계속 유지되어 오늘에 이르고 있다.

1967년 조사 자료에 의하면 삼척군(현재 삼척시 · 태백시 · 동해시)에 있는 제당 162개를 조사한 결과 124개의 제당을 서낭당[城隍堂]이라 하였으며, 울진군 북면과 서면 · 울진면에서 제당 25개를 조사한 결과 21개의 제당을 서낭당[城隍堂]이라 하였다.[19] 2007년 국립민속박물관에서 전국의 마을 제당을 조사한 통계자료에 의하면 삼척시 · 동해시 · 태백시 · 울진군(북면 · 서면 · 죽변면 · 울진읍) 소재 326개의 제당 중 서낭제[성황제]를 지내는 제당은 276개로 조사되었다.

위의 통계 자료를 종합해 보면 영동남부 지역에 있는 산간지방과 농촌 · 어촌 등 대부분의 마을에서 서낭신을 모시고 서낭제를 지냄을 알 수 있다. 이와 더불어 해안 마을에서 어민들이 바다에서의 안전과 풍어를 기원하기 위해 만든 제당도 '해서낭' 또는 '해서낭당'이라고 이르는 것에서 알 수 있는 바와 같이 서낭신을 모시고 마을 제사를 치르는 것이 이 지역 마을신앙에 나타난 보편적인 현상으로 볼 수 있다.[20]

있는 곳에 위치한다.
김도현, 「강원도 영동 남부지역 고을 및 마을신앙」, 고려대학교 대학원 박사학위논문, 2009년 2월.

19) 국립민속박물관(편), 『한국의 마을제당-강원도편』, 국립민속박물관, 1999; 국립민속박물관(편), 『한국의 마을제당-경상북도편』, 국립민속박물관, 2004.

울릉도에서의 성황신은 정착의 오랜 역사를 지닌 학포동과 태하동, 나리분지 등에서 나타난다. 즉, 두 지역이 울릉도 내에서 이주의 역사가 가장 오래된 곳이기에 다른 마을에 비해 육지의 문화 요소가 비교적 오랫동안 지속하고 있다는 점이다.

특히 태하동 성하신당(성황당)의 전설은 울진지역과의 교류와 문화 전파를 잘 보여주고 있다.

태하동이 지닌 이러한 역사적 · 사회적 · 종교적 배경을 시간의 흐름 속에서도 울릉도민의 사상적 중심에 지속적으로 자리하게 되었다. 이곳 어민들은 배를 새로 구입하거나 건조하면 성황당인 태하동 성하신당에 먼저 와서 제사를 지낸 후 다시 마을로 돌아와서 제사를 지낸다. 울릉도민들은 이를 자랑스럽게 여긴다.

결국 바다에서의 안전을 도모하려는 해신당이 있어도, 울릉도 전체적으로 보았을 때 원혼을 모셔서 재실 기능을 하는 태하신당에 가서 먼저 위해주어야 사고가 없다는 종교적 신념이 이와 같은 전통을 만든 것으로 보인다.

(4) 해신[용왕]

울릉도 지역 마을신앙을 조사 · 분석한 글을 보면 대부분 '海神'을 '龍王'과 동일하게 인식하고 있는 점으로 보아 '海神'이라는 표현은 우리나라에서 울릉도에서만 존재하는 것으로 이해하고 있다. 이와 더불어 울릉도의 동제는 토지생태계를 중심으로 한 산신당 유형과 해양생태계를 중심으로 한 해신당의 유형으로 구분하여 '해신당'의 독립적 존재 인식이 매우 강하게 표출되고 있다.

1900년 이후 일본 어부들이 울릉도로 많이 진출하였고, 이에 따라

---

20) 국립민속박물관(편), 『한국의 마을신앙』, 국립민속박물관, 2007; 김도현, 「강원도 영동 남부지역 고을 및 마을신앙」, 고려대학교 대학원 박사학위논문, 2009년 2월.

울릉도에서의 어업 활동이 활발하여 자연스럽게 바다에서의 안전을 도모하기 위해 일본인들이 모신 海神에 대한 의례가 많았던 것은 사실이지만, 이를 독단적으로 일본의 영향으로만 한정 짓는 것은 매우 우려스럽다.

다음 2가지 사례를 통해 이미 우리나라에서도 역사적으로 海神에 대한 인식이 있었음을 알 수 있다.

[사례 1] 海神 관련 자료

① 北郊祈雨諸海神祭文[21]

② 海行摠載[22]

---

21) 북교단(北郊壇)에서 여러 해신(海神)에게 고하는 기우제문

22) 해사일기 제문
고려 말과 조선시대의 일본 통신사들의 일기와 포로 및 표류 등으로 일본을 왕래한 사람들의 기행록을 모은 총서.4책. 활자양장본. 1914년 조선고서간행회(朝鮮古書刊行會)에서 간행한 조선군서대계(朝鮮群書大系) 속속편(續續篇) 제3~6집에 실려 있다. 서문과 발문 없이 20여 편의 저술이 수록되어 있다. 수록된 내용을 보면, 제1책에 정몽주(鄭夢周)의 〈봉사시작 奉使時作〉, 신숙주(申叔舟)의 〈해동제국기 海東諸國記〉, 김성일(金誠一)의 〈해사록 海(錄〉, 강항(姜沆)의 〈간양록 看羊錄〉, 제2책에는 경섬(慶暹)의 〈해사록〉, 오윤겸(吳允謙)의 〈동사상일록 東上日錄〉, 이경직(李景稷)의 〈부상록 扶桑錄〉, 임광(任絖)의 〈병자일본일기 丙子日本日記〉, 이선달(李先達)의 〈표주록 漂舟錄〉, 김세렴(金世濂)의 〈해사록〉(상), 제3책에는 김세렴의 〈해사록〉(하), 황호(黃戾)의 〈동사록 東槎錄〉, 신유(申濡)의 〈해상록 海上錄〉, 작자 미상의 〈계미년동사일기 癸未年東日記〉, 남용익(南龍翼)의 〈부상록〉, 제4책에는 홍역사(洪譯士)의 〈동사록〉, 김지남(金指南)의 〈동사일록〉, 조엄(趙曮)의 〈해사일기 海槎日記〉 등이 실려 있다. 대부분 일기형식의 산문과 시로 되어 있다. 정몽주의 〈봉사시작〉은 일본 사행에 관한 최초의 기록이며, 1377년(우왕 3) 9월에 출발하여 이듬해 7월에 돌아오면서 쓴 시이다. 일본의 실정을 알려주는 내용의 시 12수이다. 신숙주의 〈해동제국기〉, 김성일의 〈해사록〉, 이경직의 〈부상록〉, 김세렴의 〈해사록〉, 황호의 〈동사록〉, 김지남의 〈동사일록〉 등은 대부분 사행일기이며, 일본의 문물제도, 일본인과의 대화, 견문, 사행길의 감회 등을 기록했다. 강항의 〈간양록〉은 임진왜란 후 일본에서 4년 동안의 포로생활을 마치고 귀국해서 쓴 기행문이며, 이선달(李先達)의 〈표주록 漂舟錄〉은 일본 홋카이도[北海道]까지 표류하다가 일본 관원들에게 구조되어 귀국한 내용을 담고 있다. 조선인들이 일본을 보는 시각 및 일본인들이 조선을 보는 시각, 일본의 문물제도 등을 살필 수 있는 귀중한 사료가

③ 祭海神文 南玉撰[23)]

④ 耽羅船粟時祭南海神文[24)](『홍재전서』 23 제문 5)

[사례 2] 일본의 해신제사 유적과 부안 죽막동 유적 비교 검토[25)]

일본의 해신제사 유적은 바다와 관련되어 있기 때문에 모두 해안이나 섬에 위치하고 있다. 해안 중에서도 돌출된 岬이나 砂丘, 丘陵, 山斜面에 위치하며, 섬의 경우에는 산정상이나 山斜面에 위치하는 것이 일반적이다. 유적의 입지가 다양한 면을 띠고 있지만 모두 바다의 조망이 유리한 지점이라는 공통점이 있다.

이와 같은 일본 제사 유적의 입지는 기본적으로 바다의 조망이 유리한 곳에 제장을 건립하였다는 점에서 부안 죽막동유적과 같다고 볼 수 있다. 이렇게 양국의 해신제사가 유사한 양상을 보이는 것은 공동의 바다를 해상 교섭 수단이면서, 경제적으로 이용하였기에 부단하게 해상 교류를 진행시켜왔고, 한편으로는 동일한 어로 문화나 해양 신앙을 배경으로 유사한 神 관념이 발전해 왔기 때문이라고 생각해볼 수도 있다.

그러므로 울릉도 海神과 海神堂을 이해함에 있어 1900년 이후 일본인의 진출로만 규정지을 것이 아니라 사회 · 경제적인 변화에 따른 자연스런 변화로 보아야 하며, 일본인들이 神社를 만들어 여기서 '海神'만을 위하였다는 경직된 생각 또한 변해야할 것이다. 왜냐하면 일본인들의 공동체 신앙의 전통을 보면 우리가 山神을 상당신으로 모시듯이 그들 또한 우리와는 다른 상당신을 모신 후 해신을 위하기 때문이다. 이에 대한 구조적인 이해와 그 차이를 살펴볼 필요가 있다.[26)]

된다. 1974년 민족문화추진회에 의해 국역되었다. 한편 작자 · 연대 미상의 〈해행총재〉(28책)가 전하는데, 수록된 저술이 조선고서간행회 편의 이 책과 큰 차이가 없다. 국립중앙도서관에 소장되어 있다.

23) 해신(海神)에게 제사한 글 [남옥(南玉) 지음]

24) 탐라(耽羅)로 보낼 곡식을 배에 실을 때 남해신(南海神)에게 제사한 글.

25) 유병하, 「부안 죽막동유적의 海神과 제사」, 서울대학교 고고미술사학과 석사학위 논문, 1997.

3) 제의 일시

제의가 행해지는 시기는 정월 보름이 압도적이면서 삼월 삼짇날, 9월 중구일(학포동, 중간 모시개)이다. 특히 중구일은 울진군 죽변면의 직산 2리, 평해읍 후포리의 대고사(정월 보름, 삼월 초정일, 9월 초정일), 기성면 기성리의 해신당제, 평해읍 거일리의 중구고사 등이 제의와 동일하다. 제의 시기의 동일성은 울릉도와 동해안 마을과의 역사적 · 사회적 관련성에 관한 구체적인 추정을 가능하게 하는 중요한 단서가 될 수 있을 것이다.

여기서 중요한 것은 제의 일시가 지닌 의미를 이해하여 마을신앙이 지닌 의미를 새롭게 볼 수 있다는 점이다.

일반적으로 정월대보름에 마을제사를 지낸다는 것은 1년을 시작하는 의미일 것이다. 1년 시작 전에 나쁜 것을 막고, 정화하여 1년을 잘 지내보려는 마을 공동체의 의지가 담겨있다. 울릉도 지역은 주로 정월 대보름을 1년 시작으로 설정하였다. 이는 농경 사회의 전통을 잘 보여주고 있다. 울진 지역 또한 정월대보름에 마을 제사를 지내는 사례가 매우 많다. 이는 그 친연성을 잘 보여주는 것으로 볼 수 있다.

마을 제당을 비롯하여 해신당에서는 삼월 삼짇날에 제의를 베푸는 사례가 매우 많다. 삼월 삼짇날은 사전적으로 다음과 같이 정의되고 있다.

> 음력 3월 3일을 가리키는 말. 고려시대에는 9대 속절(俗節)의 하나였다. 이날을 '강남갔던제비오는날'이라고도 하며, 삼질(삼짇날의 준말), 삼샛날 또는 여자의 날이라고 한다. 한자어로는 삼중일(三重日), 삼진일(三辰日),

26) 이와 관련하여 일본 내 공동체 신앙 또는 개인 신앙에 대한 조사가 필요하며, 이를 통해 울릉도 마을신앙의 성격을 좀 더 정확하게 이해할 수 있을 것이다.

> 상사일(上巳日), 상제(上除), 원사일(元巳日), 중삼일(重三日), 답청절(踏青節), 계음일(禊飮日) 같은 이칭이 있다. 양의 수가 겹치는 삼짇날은 파릇파릇한 풀이 돋고 꽃들이 피어 봄기운이 완연하다. 그래서 이날은 봄에 걸맞은 모든 놀이와 풍속이 집중되어 있다.[27]

위의 정의와 함께 삼월 삼짇날은 산신을 위한 날로서 지금도 이와 관련한 민간신앙 관련 의례가 매우 많이 베풀어진다. 이것으로 보아 해신당에서 상당신으로 산신을 위하는 전통은 일반적으로 바다에서의 안전을 도모하기 위해 해신을 위한다고 인식하지만 실제 산신을 최고 신령으로 모셔서 바다에서의 안전 항해를 기원하는 이규원이 산신을 위했던 전통과 연결하여 이해할 수 있는 부분으로 볼 수 있다.

이와 함께 구월 중구일(중양절)에 마을 제사를 베푸는 사례가 울진지역에서 많이 발견되는데, 울릉도에서도 일부 마을에서 발견된다. 중양절은 사전적으로 다음과 같이 정의되고 있다.[28]

> 음력 9월 9일을 가리키는 날로 날짜와 달의 숫자가 같은 중일(重日) 명절(名節)의 하나. 중일 명절은 3월 3일, 5월 5일, 7월 7일, 9월 9일 같이 홀수 곧 양수(陽數)가 겹치는 날에만 해당하므로 이날들이 모두 중양(重陽)이지만 특히 9월 9일을 가리켜 중양이라고 하며 중구(重九)라고도 한다. 또 '귈'이라고 부르는 지방도 있다. 음력 삼월 삼짇날 강남에서 온 제비가 이때 다시 돌아간다고 한다. 가을 하늘 높이 떠나가는 철새를 보며 한해의 수확을 마무리하는 계절이기도 하다.

추석이 햇곡으로 제사 지내기 이른 계절이 되어감에 따라 추수가 마무리되는 중양절에 중구차례를 지내는 등 논농사의 발전에 따라 조상을

---

27) 최인학, 「삼짇날」, 『한국세시풍속사전』, 국립민속박물관, 2005.

28) 정승모, 「중양절」, 『한국세시풍속사전』, 국립민속박물관, 2006.

위하는 날의 의미를 더해갔다. 조선시대에 이날 기로연을 베풀었다는 사실은 장수에 좋다는 국화주를 마시는 것과 마찬가지로 국가에서는 물론 민간에서도 이날을 경로(敬老)의 날로 인식하였음을 알 수 있다.

울진 구산리 사례를 보면 중양절에 후손이 없는 묘에 가서 술과 제물을 진설하여 이들을 위해준다. 마을 제당에서 중양절에 마을 제사를 지내는 것은 다양한 의미와 목적이 있겠지만 마을 제당이 마을에서 살다가 후손 없이 돌아가신 분들을 위한 재실 역할도 함을 보여주는 사례로 볼 수 있다.[29] 울릉도에서 중양절에 마을 제사를 지낸다는 것은 이와 같은 기능을 염두에 두고 제사를 지내는 것으로 보이며, 이는 울릉도와 울진 지역과의 문화적인 친연성을 보여주는 사례로도 볼 수 있다.

6. 맺음말

울릉도에 있는 마을신앙 처소는 천제당, 산신당, 성황당, 해신당 등 다양한 형태로 존재하는데, 울진지역 역시 이와 같은 명칭을 가진 제당들이 다수 존재한다. 이와 함께 제당에서 모시는 신령이 천신, 산신, 성황신, 해신(또는 용왕) 등 다양한데, 울진지역 또한 이와 같은 신령을 단독 또는 합사하여 모신 사례들이 매우 많다.

필자가 본론에서 정리 · 분석한 내용을 요약하면 다음과 같다.

울릉도의 제당은 보통 산신당과 해신당으로 구분되어 왔다. 그러나 최근 조사에 의하면 산신과 해신이 동시에 모셔지거나, 동신과 산신, 동신과 해신이 함께 모셔져 있는 사례도 다수 발견되었고, 특히 동제

29) 김도현, 「울진 12령 샛재[鳥嶺] 城隍祠와 褓負商團」, 『실천민속학』 16집, 실천민속학회, 2010.

당의 성격을 지니는 제당들이 점차 많아졌음이 밝혀지게 되었다. 즉 초기의 산신당 중심에서 일제강점기를 거치면서 해신당이 많아졌다가 울릉도 지역 마을 내 도로망의 확충과 마을공동체의 결성 범주가 확대되면서 통합 또는 이중 구조의 마을 공동체신앙 모습들이 늘어나게 되었음을 말하고 있는 것이다.

李奎遠의 '鬱陵島檢察日記'(1882)에 의하면 울릉도의 산신당은 開拓令 이전에 이미 존재했던 것임을 알 수 있다. 그리하여 그가 태하, 나리, 저동리 등의 산신당에서도 안전 항해를 기원하였기에 山神을 상위 신령으로 모신 산신당은 울릉도 선주민의 중요한 제의 공간이었음을 알 수 있다.

현재 울릉도 내 각 마을에서 마을 전체를 관장하는 제당에서 모시는 신령을 보면 산신과 함께 동신을 위하는 사례를 다수 발견할 수 있다. 이는 마을을 관장하고 수호하는 洞神의 상위 신령으로 산신이 존재함을 잘 보여주는 사례라고 볼 수 있다.

그러므로 선주민의 울릉도 이주와 함께 강원도를 비롯하여 전국에서 발견할 수 있는 산신 신앙이 울릉도의 민간신앙 전통 형성에 큰 영향을 끼쳤다고 볼 수 있으며, 이는 현재까지 끊이지 않고 이어지므로 울릉도의 민간신앙 전통은 우리 민간신앙 전통과 그 궤를 같이 한다고 볼 수 있다.

1967년 한국의 마을 제당을 조사한 보고서 중 울릉도 지역 사례를 조사한 내용 중 도동, 큰 모시개, 중간 모시개, 작은 모시개, 저동 등의 사례를 보면 일본 신사에서 또는 일본인들이 만든 해신당에서 제사를 지내다가 해방 이후 일본인들이 만든 해신당을 없애고 위치를 옮기거나, 시간이 지난 후 지역민들이 의견을 모아서 해신당을 새롭게 지었다는 기록이 보인다.

이와 같은 기록을 토대로 해신당의 존재, 해신당에서 해신을 모시는 전통은 일본의 영향이 크기 때문이라는 의견이 많다. 그러나 이는 일본의 영향이라기보다는 어민들의 마을 내 비중이 커진 상태에서 이들만의 공동체 신앙으로 발전해 간 자연스러운 현상으로 볼 수 있다. 그리고 海神 또한 우리의 역사에서 발견할 수 있는 신령이다.

그러므로 울릉도 海神과 海神堂을 이해함에 있어 1900년 이후 일본인의 진출로만 규정지을 것이 아니라 사회 · 경제적인 변화에 따른 자연스런 변화로 보아야 하며, 일본인들이 神社를 만들어 여기서 '海神'만을 위하였다는 경직된 생각 또한 변해야 할 것이다. 왜냐하면 일본인들의 공동체 신앙의 전통을 보면 우리가 山神을 상당신으로 모시듯이 그들 또한 우리와는 다른 상당신을 모신 후 해신을 위하기 때문이다.

울릉도의 마을제당에서 모시는 신령은 천신, 산신, 성황신, 해신(용왕) 등이다. 이에 대한 인식을 정리하면 다음과 같다.

울진 지역에서 천신을 모셔 천제를 지낸 사례가 일부 발견되며, 울릉도에서 태하동에서 천제당이 존재한다. 울릉도 태하동에서의 천제는 天神과 기타 여러 신을 함께 모시는 유형으로 볼 수 있다.

그리고 울릉도에서는 가장 크게 위하는 신령은 산신이다. 구체적인 표현은 산령 또는 산신, 산왕 등으로 다양하게 표현되며, 이규원이 울릉도를 다녀갔을 때에도 최고 신령으로서의 산신령을 모셨음을 확인할 수 있다.

울릉도에서 산신은 성인봉 산신을 이른다. 성인봉에서 시작된 산줄기가 사람이 살 수 있는 공간과 농토 등을 베풀어 주며, 여기서 발원한 물이 울릉도에서 사람과 각종 생물이 존재할 수 있게 하기 때문이다. 이에 울릉도 대부분의 마을에서 최고 신령으로 산신을 모시게 되고, 해신당에서도 상당신으로 산신을 먼저 위한다. 또한 울릉도에서의 山神은 농경이나 산에서의 활동에 따른 종교 활동과 관련한 기능으로 한

정지을 것이 아니라, 생명의 원천, 최고 신령으로서의 산신의 의미로 이해하여야 한다.

울릉도에서의 성황신은 정착의 오랜 역사를 지닌 학포동과 태하동에서 나타난다. 즉, 두 지역이 울릉도 내에서 이주의 역사가 가장 오래된 곳이기에 다른 마을에 비해 육지의 문화 요소가 비교적 오랫동안 지속하고 있다는 점이다.

특히 태하동 성하신당(성황당)의 전설은 울진지역과의 교류와 문화 전파를 잘 보여주고 있다. 태하동이 지닌 이러한 역사적 · 사회적 · 종교적 배경을 시간의 흐름 속에서도 울릉도민의 사상적 중심에 지속적으로 자리하게 되었다. 이곳 어민들은 배를 새로 구입하거나 건조하면 성황당인 태하동 성하신당에 먼저 와서 제사를 지낸 후 다시 마을로 돌아와서 제사를 지낸다. 울릉도민들은 이를 자랑스럽게 여긴다.

결국 바다에서의 안전을 도모하려는 해신당이 있어도, 울릉도 전체적으로 보았을 때 원혼을 모셔서 재실 기능을 하는 태하신당에 가서 먼저 위해주어야지 사고가 없다는 종교적 신념이 이와 같은 전통을 만든 것으로 보인다.

제의가 행해지는 시기는 정월 보름이 압도적이면서 삼월 삼짇날, 9월 중구일(학포동, 중간 모시개)이다.

일반적으로 정월대보름에 마을제사를 지낸다는 것은 1년을 시작하는 의미일 것이다. 1년 시작 전에 나쁜 것을 막고, 정화하여 1년을 잘 지내보려는 마을 공동체의 의지가 담겨있다. 울릉도 지역은 주로 정월대보름을 1년 시작으로 설정하였다. 이는 농경 사회의 전통을 잘 보여주고 있다. 울진 지역 또한 정월대보름에 마을 제사를 지내는 사례가 매우 많다. 이는 그 친연성을 잘 보여주는 것으로 볼 수 있다.

마을 제당을 비롯하여 해신당에서는 삼월 삼짇날에 제의를 베푸는 사례가 매우 많다.

삼월 삼짇날은 산신을 위한 날로서 지금도 이와 관련한 민간신앙 관련 의례가 매우 많이 베풀어진다. 이것으로 보아 해신당에서 상당신으로 산신을 위하는 전통은 일반적으로 바다에서의 안전을 도모하기 위해 해신을 위한다고 인식하지만, 실제 산신을 최고 신령으로 모셔서 바다에서의 안전을 기원하는 신앙의례를 행한 이규원이 산신을 위했던 전통과 연결하여 이해할 수 있는 부분으로 볼 수 있다.

그리고 마을 제당이 마을에서 살다가 후손이 없이 돌아가신 분들을 위한 재실 역할도 함을 울진지역에서 발견할 수 있다. 울릉도에서 중양절에 마을 제사를 지낸다는 것은 이와 같은 기능을 염두에 두고 제사를 지내는 것으로 보이며, 이는 울릉도와 울진 지역과의 문화적인 친연성을 보여주는 사례로도 볼 수 있다.

필자는 울진과 울릉도지역 마을신앙에 대한 기존의 조사 · 연구 성과와 현장 답사를 통해 확보한 자료를 바탕으로 위와 같이 분석한 결과 울릉도 지역 마을에서 모시는 신령이나 제의 장소 · 祭日 등은 매우 오래 전부터 현대에 이르기까지 우리의 고유한 민간신앙 전통이 결코 흐트러지지 않고, 울릉도에서 지속적으로 유지되었으며, 이는 울진 지역을 포함한 내륙지역의 민간신앙 전통과 밀접한 관계성을 가지고 있었음을 알 수 있었다.

【참고문헌】

李奎遠, 「鬱陵島檢察日記」, 1882.
「北郊祈雨諸海神祭文」
「海行摠載」, 南玉 지음
「祭海神文」, 南玉撰
「耽羅船粟時祭南海神文」, 『홍재전서』 23 제문 5.

국립민속박물관(편), 『한국의 마을제당-강원도편』, 국립민속박물관, 1999.
국립민속박물관(편), 『한국의 마을제당-경상북도편』, 국립민속박물관, 2004.
김도현, 『史料로 읽는 太白山과 天祭』, 강원도민일보사 · 강원도 · 태백시, 2009.
김도현 · 장동호, 『3대 강 발원과 태백』, 강원도민일보 · 태백시, 2010.
서영대 외, 『강화도 참성단과 개천대제』, 경인문화사, 2009.
신용하 편, 『독도영유권 자료의 탐구』 제2권, 독도연구보전협회, 1999.
울릉군지편찬위원회(편), 『鬱陵郡誌』, 울릉군, 1989.

김덕진, 「전라도 광주 무등산의 神祠와 天祭壇」, 『역사학연구』 제49호, 호남사학회, 2013.
김도현, 「삼척 해안지역 마을신앙 연구」, 『역사민속학』 21집, 한국역사민속학회, 2005.
______, 「삼척지역의 마을공동체 신앙과 性」, 『강원민속학』 19집, 강원민속학회, 2005.
______, 「울진군 죽변의 마을신앙 - 죽변 성황사를 중심으로-」, 『史香』 2집, 울진역사연구회, 2005.
______, 「동해시 동호동 천제단 운영과 그 성격」, 『박물관지』 14집, 강원대학교 중앙박물관, 2007.
______, 「태백산 天祭와 儀禮」, 『역사민속학』 30호, 한국역사민속학회, 2008.
______, 「울진지역 마을제당 · 굿, 12령과 선질꾼 항목(총 60항목)」, 『디지털문화대전(울진군)』, 한국학중앙연구원 · 대경문화재연구원 · 울진군,

2008.
_____, 「강원도 영동 남부지역 고을 및 마을신앙」, 고려대학교 대학원 박사학위논문, 2009년 2월.
_____, 「태백시 咸白山 절골 天祭堂 운영 양상과 그 성격」, 『강원문화연구』, 강원대 강원문화연구소, 2009.
_____, 「태백산 천제단과 마니산 참성단 儀禮 비교」, 『동아시아고대학』 제23집, 동아시아고대학회, 2010.
_____, 「울진 12령 샛재[鳥嶺] 城隍祠와 褓負商團」, 『실천민속학』 16집, 실천민속학회, 2010.
_____, 「울진군 기성면 구산리 대풍헌과 마을신앙」, 『박물관지』 16집, 강원대학교 중앙박물관, 2010.
_____, 「1870년대 태백산 권역에서의 동학교도 활동과 그 의미」, 『박물관지』제 19호, 강원대학교 중앙박물관, 2012.
_____, 「한계산성 천제단의 형태와 성격」, 『한국성곽학보』 23집, 한국성곽학회, 2013.
_____, 「마을신앙으로서의 금한동 天祭 성격」, 『제2차 금한동천제』, 금한동천제보존회, 2014.
_____, 「삼척시 내미로리 天祭」, 『종교학연구』 제32집, 한국종교학연구회, 2014.
김호동, 「개항기 울릉도 개척 정책과 이주 실태」, 『대구사학』 제77집, 대구사학회, 2004.
나경수, 「전남 장흥군 부산면 호계리 별신제 조사 연구」, 『민속학연구』10집, 국립민속박물관, 2002.
_____, 「지남리 지북마을의 민속」, 『전남민속연구(신안군 도초면지역 민속종합조사 보고)』 창간호, 1991.
박내경, 「無等山 天祭壇 開天祭 信仰考」, 『남도민속연구』 제11집, 남도민속학회, 2005.
박성용 · 이기태, 「독도 · 울릉도의 자연 환경과 도민의 문화」, 『울릉도 · 독도의 종합적 연구』, 영남대학교출판부, 2005.
박호원, 「한국 공동체 신앙의 역사적 연구」, 한국정신문화연구원 한국학대학원, 1997.
박흥주, 「천제(天祭)로서의 호계마을 별신제 연구」, 『비교민속학』 제46집,

2011.
서영대, 「한국의 제천의례」, 『강화도 참성단과 개천대제』, 경인문화사, 2009.
안상경, 「울릉도 마을신앙의 역사적 전개와 지역적 특수성」, 『역사민속학』 제27호, 한국역사민속학회, 2008.
유병하, 「부안 죽막동 유적의 海神과 제사」, 서울대학교 고고미술사학과 석사학위논문, 1997.
李秉烋, 「울진지역의 울릉도·독도와의 역사적 관련성」, 『역사교육논집』 제 28집, 역사교육학회, 2002.
이창식, 「진천지역 금한동 천제 연구」, 『충북학』 제12집, 충청북도, 2010.
이창언, 「경상북도 동해안지역 민간신앙 전승의 양상과 의미」, 『대구경북학 연구논총』 제3집, 대구경북연구원, 2006.
임동권, 「太白山 天祭壇의 歷史性과 文化財的 位相」, 『太白文化』 제7집, 태백문화원, 1993.
정광중, 「이규원의 '울릉도검찰일기'에 나타난 지리적 정보」, 『지리학연구』 제40호, 국토지리학회, 2006.
정승모, 「중양절」, 『한국세시풍속사전』, 국립민속박물관, 2006.
최인학, 「삼짇날」, 『한국세시풍속사전』, 국립민속박물관, 2005.
최종성, 「천제와 산천제」, 『상산문화』 제20호, 진천향토사연구회, 2014.
하정숙, 「울릉도 마을신앙의 전승과 변모 양상」, 『중앙민속학』 제11호, 중앙대학교 한국문화유산연구소, 2006.

울진 수토문화와 관광자원화의 방향

송 휘 영

1. 머리말

본고의 목적은 조선 후기 수토사의 출항지인 울진 구산항에서 형성된 대풍헌의 수토문화와 동해안 연안민들의 울릉도·독도 도항의 역사적 의미를 음미하여 수토문화의 관광자원화와 울진의 관광활성화를 검토하는 것이다. 최근 우리나라 각지에서는 많은 역사자원과 문화자원을 콘텐츠로 연결하여 관광자원화하고 이를 토대로 지역 활성화를 도모하는 사례가 활발히 전개되고 있다. 이것은 소득수준이 2만 달러를 넘어서 여가수요의 증가에 따른 국민적 니즈의 확산이 배경에 자리하고 있다. 어쨌든 울진은 수도권이나 대구에서 교통편이 상당히 먼 벽지에 위치하여 상대적으로 오염되지 않은 자연경관과 풍광, 문화자원들이 잘 보존되어 있다는 이점을 지니고 있기도 하다.

울릉도·독도와 관련하여 특히 울진지역이 중요한 것은 동해안에서 울릉도·독도와 직선거리로 가장 가까운 거리에 위치하고 있어 역사적으로 우리의 선인들이 울릉도로 도항할 때에 기항지 또는 전진기지로 활용해왔기 때문이다. 조선시대 쇄환사 · 수토사[1]가 울릉도 · 독도를 순심(巡尋)하기 위해 삼척 또는 울진에서 출발하였다. 수토정책이 정착된 이후 2~3년에 한 번씩 삼척포진의 삼척영장과 울진의 월송만호가 교대로 건너갔다.[2] 수토정책은 울릉도에 입도한 어민들의 쇄환과 더불어 일본에서 건너온 왜구들이 잠입해 있는지 색출하는 것에 주된 목적이 있었다고 한다.[3] 이와 같이 쇄환사 · 수토사의에게 있어 도해의 거점이 되었음은 물론 당시 울릉도 도항을 시도하던 동해안 연안민들에게도 그리고 조선 후기에 나선을 타고 울릉도 · 독도로 드나들었던 거문도를 비롯한 남도의 어민들에게도 울진은 도항의 전초기지와 같은 역할을 했다. 또한 동해안에 산재한 '울산', '울릉', '울진' 등의 '울(蔚, 鬱, 欝, 亐)'이라는 공통된 지명[4]으로 엮여지는 곳이기도 하여 고대부터 문화적으로 상호연관성이 크다고 할 수 있다. 특히 수토정책이 정착하고부터는 대풍헌과 월송만호가 머물렀던 평해 월송포진성의 위치가 역사적 중요성을 띠는 장소로 자리매김하게 되었다. 따라서 본고에서는 이러한 대풍헌의 수토문화를 중심으로 지역자원화의 방향을 모색하고자 한다. 구체적으로는 다음과 같은 과제들을 고찰하고자 한

1) 1694년 장한상의 울릉도 파견 이전을 쇄환사, 그 이후를 수토사라 하기로 한다. 전자에 관해서는 안무사, 순무관 등의 이름으로 불리었으나 여기서는 편의상 쇄환사라 한다.

2) 숙종조 이후 울릉도 수토는 격2년(3년마다 1번)마다 월송만호와 삼척영장이 교재로 한 번씩 하는 것이 정식이었다. 김호동(2008), 153쪽을 참조. 그러나 그 이후의 수토사 펴견 빈도를 보면 2년마다 혹은 거의 매년 하는 경우도 보인다. 손승철(2015), 37쪽을 참조.

3) 김호동, 앞의 논문, 153쪽.

4) 동남해를 사이에 두고 일본 규슈(九州)와 쥬고쿠(中國) 등의 지역에도 '우르(ウル)', '우(ウ)'가 붙는 지명이 많다. 예를 들어, 우사(宇佐, 大分縣), 우쿠지마(宇九島, 長崎縣), 우베(宇部, 山口縣), 우도(宇土, 熊本縣), 우키(宇基, 熊本縣) 등의 지명들이 바다를 끼고 점재한다.

다. 첫째, 조선 후기 수토사 및 수토제도에 대한 사료 확인과 새로운 콘텐츠의 발굴 가능성 검토할 것이다. 둘째, 수토정책에 관한 역사적 기록을 검토하고 울릉도 · 독도 출항지로서 역사적으로 중요한 위치를 확인하기로 한다. 셋째, 수토사의 출항지 대풍헌의 역사적 사실 확인과 스토리텔링화의 과제를 검토할 것이다. 여기에서는 울진지역 연안민 및 대풍헌 수토사의 울릉도 · 독도 도항과 그 흔적을 중심으로 하여 울진지역 문화역사 콘텐츠의 확립과 스토리텔링을 위한 과제 도출하기로 한다.

2. 조선시대 수토제도와 울릉도 · 독도

일반적으로 수토제도의 시작을 제1차 안용복 사건(피랍사건)으로 계기로 이루어진 1694년 삼척영장 장한상의 울릉도 파견으로 보고 있다. 그 이전을 '순심' 혹은 '쇄환' 제도(정책), 그 이후를 수토제도(정책)라고 하는 것이 정설로 자리 잡고 있다.[5] 이 수토제도는 1894년에 폐지되기까지 201년간이나 지속적으로 이루어져왔다. 앞부분의 글들에서 대부분 대풍헌과 수토제도의 역사적 의미를 다루고 있으므로 여기서는 지금까지 밝혀진 객관적인 사실을 확인하고 그 역사적 의의를 약간 언급하는 정도에 그치기로 한다. 다만 이러한 사실이 울진지역의 관광자원화에 어떻게 유용하게 활용될 수 있을 것인가를 염두에 두면서 현존하는 역사적 자료, 수토제도의 실시와 울진 대풍헌의 위치, 수토사의 파견기록 등을 확인하기로 한다.

수토사의 파견과 수토내용에 관한 기록을 남기고 있는 것은 『조선

---

5) 김호동(2008)을 참조.

왕조실록(朝鮮王朝實錄)』, 장한상의 『울릉도사적(鬱陵島事蹟)』, 박세당의 『서계잡록(西溪雜錄)』, 『비변사등록』 등의 기록이다. 수토(搜討)란 한두 해의 간격을 두고 이루어졌는데 우리나라 거주민을 찾아내고(搜), 왜구를 토벌한다(討)는 의미를 담고 있다. 이는 단순히 본국인을 수색하기 보다는 동해안에 출몰이 잦은 왜구의 중간 거점이 되는 것을 막고 울릉도를 관리하기 위한 것이었다. 201년간 수토사의 파견은 대략 70회 정도 이루어졌다.[6] 그렇게 볼 경우 약 2.87년마다 1회씩 수토사가 파견된 것이 된다. 현재까지 밝혀진 수토횟수로도 초기에 3년마다, 후기에 2년마다라는 정식이 성립함을 알 수 있다.

〈표 1〉 조선후기 수토사 파견의 개요

항목	내용	비고
파견간격	2~3년마다 1회(間二年) (1694~1800: 3년에 1회, 1800~1894: 1 · 2년에 1회)	2.87년
파견시기	4~5월	
파견기간	1694~1894년 (201년간)	
수토단의 규모	80~150명	
수토 내용	거주자 색출, 지세파악, 물산 조사	
출항지	1694~18C 후반: 삼척, 죽변진, 구산포 19C~1894년: 울진 구산포	
수토의 계기	1693년 제1차 안용복 사건	

수토(搜討)란 수색을 하여 무엇을 알아내거나 찾기 위하여 조사하거나 엿본다는 의미를 지닌다. 울릉도 수토제의 실시란 울릉도에 들어가 섬의 형편을 조사하고 주민이 있는지 찾아내는 것이다. 수토제의 계기는 제1차 안용복 사건 그해 겨울 쓰시마번주가 조선어민의 죽도(울릉

[6] 대략 3년주기로 실시되던 것이 18세기 말부터 2년주기로 변경되었다고 한다. 손승철(2015), 앞의 논문을 참조.

도) 출어금지를 요구하는 서계에서 비롯된다.[7] 1694년 2월 예조에서 보낸 서계에서 죽도출어는 금지시키되 울릉도가 조선의 영토라는 애매한 서계를 보냈다. 한편 9월에는 삼척첨사 장한상으로 하여금 울릉도에 가서 섬의 형편을 살피도록 하였다. 수토단의 규모는 장한상의 파견의 경우 기선 1척, 급수선 1척을 포함한 150명이었고 그 후는 그보다 적은 규모로 80~150명 정도였다. 그리고 수토사 파견 시기는 대개 기후조건이 양호한 4~5월에 이루어졌다. 출항지는 18세기 후반까지는 삼척 장오리진, 죽변항, 구산포 등에서 이루어졌고 19시기 이후에는 대풍헌에서 바람을 기다려 구산포에서 울릉도로 출항하는 것이 정례화 되었다고 한다.[8] 아마 삼척영장의 경우는 삼척진포나 장오리진, 월송만호의 경우 죽변항이나 구산포를 주로 이용하다가 후기에 와서 구산포로 정착되어 울릉도 수토의 전진기지로 자리매김 하게 된 것 같다.

울진 대풍헌과 월송포진성은 울릉도 · 독도 관리를 위해 정기적으로 드나들었다는 중요한 장소이다. 특히 '순풍이 오기를 기다려(待風)' '울릉도 · 독도로 수토를 나갔던 곳(軒)'이 바로 대풍헌(待風軒)[9]이다. 따라서 독도 영유권과 관련하여 국내 유일의 유적지라 해도 과언이 아니다. 조선이 울릉도와 독도를 실질적으로 지배하였다는 명백한 증거이며 수토책임자들이 주둔하던 주둔지의 실체가 울진에서 처음으로 확인된 것이다. 지금까지 알려진 수토관의 수토절목(搜討節目) 등에서 보면 수토관의 역할을 다음과 같이 추정할 수 있다. ①울릉도에 주민이 살고 있는지의 여부를 조사할 것, ②울릉도에 왜인들이 거주하고

---

7) 손승철(2013), 45쪽.

8) 김호동(2014), 320~321쪽.

9) 출항을 위해 바람을 기다린다는 명칭은 울릉도 태하의 대풍감(待風坎)이 남아있고, 삼척 장오리진의 대풍처(待風處)가 있었음도 기록에서 보인다(장한상, 『鬱陵島事蹟』).

있는지의 여부를 살필 것, ③울릉도의 특산물은 무엇이 있는지 조사할 것, ④울릉도의 크기는 어떠한지 조사할 것, ⑤우산도에 주민이 살고 있는지 여부를 조사 할 것, ⑥육지에서 울릉도까지는 얼마나 떨어져 있는가? ⑦울릉도에 선박을 정박할 수 있는 곳은 어디인지 조사할 것, ⑧울릉도에서 우산도까지의 거리는 얼마인가 조사할 것 등이다.

특히 장한상의 수토기록에서 보면 울릉도에서 동해안의 대관령과 더불어 독도를 보았다는 다음과 같은 기록이 있다.

> 동방 5리쯤에 한 작은 섬이 있는데 그다지 크지 않은 해장죽(海長竹)이 한쪽에 빽빽이 자라고 있다. 서쪽으로는 대관령의 구불구불한 모습이 보이고 동쪽으로 바라보니 바다 가운데 한 섬이 있다. 멀리 아득히 동쪽에 있으며 그 크기는 울릉도의 3분의 1보다 작으며 거리는 300리가 못 된다. 그리고 남쪽과 북쪽에는 망망대해가 펼쳐져 물빛과 하늘빛과 같았다. …… 섬의 봉우리에 올라 저 나라 강역을 자세히 살펴보니, 아득할 뿐 눈에 들어오는 섬이 없어 그 거리가 얼마나 되는지 모르겠는데 울릉도의 지리적 형세는 아마도 저 나라와 우리나라 사이에 있는 듯하다.[10]

이때 장한상이 그려서 올린 산천(山川)과 도리(道里)가 『여지승람』의 기록과 다른 것이 많으므로, 혹자는 장한상이 가 본 데가 진짜 울릉도가 아닐 것이라고 의심하기도 하였다.[11] 하지만 장한상은 중봉에서 동남쪽으로 독도를 보았고 남쪽과 북쪽으로는 망망대해가 펼쳐져 있으며 일본 강역에는 섬이 없다고 했다. 장한상은 독도를 명확히 보았고 독도를 우리의 강역으로 인식했다는 중요한 증거이다.

다음으로 기존의 연구에서 『실록』이나 개인의 문서 등에서 찾아낸 수토사 파견의 구체적 기록을 보면 약 20여 차례에 걸쳐 구체적인 수

10) 장한상, 『鬱陵島事蹟』.

11) 『숙종실록』 20년 8월조.

토사 파견의 내용을 확인할 수 있다(〈표 2〉 참조). 여기서 보면 약 200년 동안 삼척영장과 울진 월송만호가 교대로 수토사로 임명되어 건너갔음을 알 수 있다. 또한 왜인을 확인하거나 지도를 작성하여 보고하고 자단향(향나무), 청죽, 석간주, 어피, 토석 등을 가져와서 진상하였음을 알 수 있다. 그리고 월송만호가 파견된 것은 1699년 월송만호 전회일이 파견된 것을 시작으로 21회 중 9회이지만 18세기 후반부터 월송만호의 파견이 잦아지고 있다. 기존의 연구에서 18세기 후반 또는 19세기 초부터 울진 구산포를 중심으로 수토사가 출발했다는 지적에 무게가 실리는 부분이다.

〈표 2〉 수토사 파견과 수토내용

번호	연도	직위	성명	수토내용
1	1694	삼척첨사	장한상	왜인 흔적 발견, 지형 토질 조사. 독도 최초 보고
2	1699	월송만호	전회일	지도, 황죽, 향목 토석 진상
3	1702	삼척영장	이준명	지도, 자단향, 청죽 석간주, 어피 진상
4	1705	월송만호	미상	평해 등지 군관 16명 익사
5	1711	삼척영장	박석창	지도 진상
6	1735	삼척첨사	구억	일부 반대가 있었으나 수토 시행
7	1746	월송만호	박후기	수토는 을축년(1735)에 함
8	1765	삼척첨사	조한기	울릉도 수토기가 있음
9	1769	삼척첨사	심의희	영장으로 나옴, 4월에 갔었다고 나옴.
10	1772	월송만호	배찬봉	울릉도 수토함.
11	1786	월송만호	김창윤	왜학 이유문등 80명,11일간 수토
12	1794	월송만호	한창국	왜학 이복상 등 80명, 18일간 수토, 가지도-독도
13	1799	월송만호	미상	삼척영장 차례인데 월송만호가 수토하게 함
14	1801	삼척영장	김최환	삼척영장이 하직하고 떠남
15	1803	월송만호	박수빈	
16	1804	삼척영장	이보국	태하리 각석문
17	1841	월송만호	오인현	
18	1882	울릉도검찰사	이규원	울릉도 개척을 건의함.
19	1882	울릉도도장	전석규	울릉도 조선인 이주, 일본인 철수

그리고 울진, 울산, 경주, 지리산 등에서 순례 활동이 주로 행하여졌다.[14] 이들 지역은 대체로 빼어난 경관과 푸른 바다, 험준한 산수로 형성되어 화랑들이 무척 즐겨 찾던 곳이었다. 강원도 동해안 지역에서 화랑의 전설을 찾을 수 있는 곳은 우선 강릉지역이다. 강릉에는 첫화랑으로 알려진 설원랑(薛原郎)을 위해 비석이 세워졌다는 기록이 전해진다.[15] 그 비석은 현존하지 않지만 당시의 신라화랑 순례의 주요한 코스의 하나였음을 추측하게 해준다.

다음으로 화랑의 순례지의 하나로 꼽는 곳이 강릉의 경포대이다. 이곳은 사선(四仙)으로 일컬어지는 술랑(述郎) · 남랑(南郎) · 영랑(永郎) · 안상(安詳)의 유오지 중의 하나였다고 전한다. 사선의 유오지(遊娛地)는 전국에 산재해 있었으며 특히 금강산과 관동팔경 등 동해안의 절경이 있는 곳을 즐겨 찾았을 것이다. 신라시대에는 도교가 들어와 고유의 신선사상과 조화를 이루며 발전하였으며, 화랑도의 무리들 중에 뛰어난 사람은 仙자를 써서 존경하는 풍습이 있었다고 한다. 이들이 머물고 다닌 유적지로는 고성의 삼일포, 통천의 사선봉(四仙峰), 간성의 선유담(仙遊潭), 금강산의 영랑봉(永郎峰) 등으로 영동지방에 집중되어 있다. 그 밖에 지리산의 영랑봉(永郎峰), 언양의 반구대(盤龜臺), 백령도 등의 명칭이나 유래에서 전하고 있다. 경포대와 더불어 강릉지방 화랑의 유적지로 알려진 곳이 한송정(寒松亭)이다. 원래 이 정자는 溟州郡 江東面 下詩洞里에 있던 것으로, 이름처럼 바로 눈앞에 동해바다가 펼쳐지는 소나무가 울창한 곳에서 들려오는 바람소리를 연상할 수 있다. 조선 말기에는 때로 송정(松亭) · 단정(彖亭) · 두정(荳亭) · 녹두

---

14) 이 부분에 대해서는 인터넷사이트(http://cafe.daum.net/esabusunyang/Sb5X/41)의 「강릉지방의 화랑유적-설원랑의 명주기념비, 경포대, 한송정, 화부산사, 오대산-」에 정리한 것을 참고하였음.

15) 『삼국유사』에서 설원랑(薛原郎)의 명주기념비(溟洲記念碑)라 전해지는 것으로 현존하지 않아 그 위치를 비정하기는 어렵다.

정(綠豆亭) 등으로 불리기도 하였다. 이 정자가 언제 세워졌는지, 또 언제 없어지게 되었는지 정확하게 밝혀져 있지 않다. 정자와 인접한 지경에 寒松寺가 있었다고 전하는데, 정자와 사찰의 개체는 다른 것이다. 『동국여지승람』의 기록에 의하면, 한송정이 있던 자리 곁에 차우물(茶泉) · 돌아궁이 · 돌절구 등이 있었는데, 이를 화랑의 茶道遺蹟이라 하였고, 또 이 유적지를 가리켜 述郎仙人, 즉 화랑도들이 노닐던 곳이라고 설명하고 있다. 또한 한송정 우물가의 돌절구에는 과거 강릉부사였던 尹宗儀가 돌절구 가장자리에 '新羅仙人永郎練丹石臼'라는 글귀를 새겨 놓았다. 그러나 돌절구라는 이 석구의 형태나 형식으로 보아, 절구가 아니라 비석을 꽂아 세우기 위한 밑받침돌일 것이라고 추정하고 있다. 통일신라시대부터 이미 승려나 화랑들에게 음차(飮茶)의 기풍이 있었다고 한다. 우리 선인들은 차를 마시면서 그윽하고 깊은 정신세계를 찾아내었다. 따라서 차를 마시는 것은 수행이나 풍류정신과 밀접한 관련이 있었던 것이다. 그러므로 四仙의 풍류는 후대의 사람들에게 흠모의 대상이 되었던 것 같다. 즉 도교적 영향과 유교문화에 대한 반발로써 仙敎, 곧 화랑도가 國風으로서 존숭되었으며, 고려시대 이후에도 도교적 경향에서 사선을 흠모하는 경향이었다. 이런 경향의 시초에는 한송정의 역할이 매우 컸었음을 확인할 수 있다.

그리고 오대산(五臺山)에도 화랑의 자취를 엿볼 수 있다. 오대산은 금강산, 설악산과 함께 관동지방의 3대 명산이다. 아름다운 자연경관과 유서 깊은 월정사, 상원사 같은 사찰이 많은 강릉에서 대관령을 거쳐 오대산에 이르는 노정도 신라시대 화랑들의 중요한 수련지 가운데 하나였다고 전한다.

신라의 부신태자(浮神太子) 보질도(寶叱徒)는 아우 효명태자(孝明太子)와 함께 하서부(河西府)의 세헌각우(世獻角干)의 집에 가서 하룻밤을 자고

> 이튿날 대령(大嶺)을 넘어 각각 일천명을 거느리고 성오평(省烏坪)에 가서 여러날 놀다가 太和 원년 8월 5일에 형제가 함께 오대산에 들어가 숨었다. 형 태자는 오대산 중대(中臺) 남쪽 밑에 있는 진여원(眞如院) 터 아래에 암자를 지어 살고, 아우 태자는 북대(北臺)의 남쪽 산 끝에 암자를 짓고 살았다.

위의 『삼국유사(三國遺事)』의 기록에서 보면[16] 신문왕 때 왕자인 보천(寶川)과 효명(孝明) 두 형제가 무리를 거느리고 오대산에 들어가 보천태자가 오대산에 진여원(眞如院=上院寺)을 세우는 것을 기록한 것으로, 이곳도 화랑들이 명산 순례지의 하나로 수련을 하였다고 보여진다.

다음으로 속초시에 있는 영랑호로서 이는 신라 화랑 영랑(永郎)에서 그 이름이 유래되었다고 전한다. 화랑도는 일상생활의 규범과 옛 전통을 배우며 각종 제전 및 의식에 관한 훈련을 쌓고, 수렵이나 전쟁에 대한 기술을 익히기도 하였으며, 협동과 단결의 정신을 기르고 강인한 체력을 연마하였다. 화랑도들은 국토순례를 중시했다. 속초의 영랑호를 비롯하여 통천 총석정의 사선봉, 고성 삼일포, 간성 선유담, 강릉의 경포대 한송정 등에는 화랑들의 고사가 고즈넉이 전해오고 있다.

---

16) 「孝明二昆弟(按國史 新羅無淨神寶川孝明三父子明文 然此記下文云 神龍元年開土立寺 則神龍乃聖德王卽位四年乙巳也 王名興光 本名隆基 神文之第二子也 聖德之兄孝照 名理恭 一作洪 亦神文之子 神文政明字日照 則淨神恐政明神文之訛也 孝明乃孝照一作昭之訛也 記云孝明卽位 而神龍年開土立寺云者 亦不細詳言之爾 神龍年立寺者乃聖德王也) 到河西府(今溟州亦有河西郡是也 一作河曲縣 今蔚州非是也) 世獻角干之家 留一宿 翌日過大嶺 各領千徒 到省烏坪 遊覽累日 忽一夕昆弟二人 密約方外之志 不令人知 逃隱入五臺山(古記云 大和元年戊申八月初 王隱山中 恐此文大誤 按孝照一作昭 以天授三年壬辰卽位 時年十六 長安二年壬寅崩 壽二十六 聖德以是年卽位 年二十二 若曰大和元年戊申 則先於孝照卽位甲辰已過四十五歲 乃太宗文武王之世也 以此知此文爲誤 故不取之) 侍衛不知所歸 於是還國 二太子到山中 靑蓮忽開地上 兄太子結庵而止住 是日寶川庵 向東北行六百餘步 北臺南麓 亦有靑蓮開處 弟太子孝明又結庵而止」.

2) 연계 가능한 울진지역의 문화역사자원

① **울진 월송정(越松亭)**: 관동팔경 중 제일 남쪽에 위치한 월송정(越松亭)은 팔작지붕 주심포, 고상누각으로 고려시대에 창건되었고, 조선중기 관찰사 박원종(朴元宗)이 중건하였으나 세월이 흘러 퇴락되었던 것을 1933년 향인(鄕人)황만영(黃萬英)등이 다시 중건하였다. 제2차 세계대전 중 일본군에 의해 철거당하여 폐허가 되었던 것을 예전의 그 자리에 도비 8천만 원으로 1980년 7월에 옛 모습으로 복원하였다.

신라시대 화랑들이 이곳의 푸른 소나무와 흰모래 밭에서 웅지(雄志)를 품던 도장으로도 알려지고 있는 월송정은 조선시대 숙종 때 송강(松江) 정철(鄭澈)이 이곳을 찬미한 관동팔경 중의 하나로 정자위에서 바라보는 빽빽이 우거진 노송림과 명사십리(明沙十里)의 아름다운 바다풍경은 가히 손꼽을 만한 명승지(名勝地)이다. 월송정은 한때 달밤(月夜)에 송림(松林) 속에서 놀았다하여 월송정(月松亭)이라고 하였으나, 월국(越國)에서 송묘(松苗)를 가져다 심었다하여 월송정(越松亭)이라고도 했으나, 전해오는 각종 자료에 의하여 월송정(越松亭)이라 불리고 있다. 월송정에 대하여 지은 시(詩)를 2수를 보면 다음과 같다.

숙종(肅宗)의 어제시(御製詩)

선랑고적장하심(仙郎古蹟將何尋) <u>화랑들이 놀던자취 어디가서 찾을건고</u>
만주장송족족삼(萬樹長松簇簇森) 일만그루 푸른솔이 빽빽하여 숲일런데
만한풍사여백설(滿限風沙如白雪) 눈앞가득 흰모래는 백설인양 방불코나
등임일망흥난금(登臨一望興難禁) 한번올라 바라보매 흥겨웁기 그지없다.

안축(安軸)의 시(詩)

사거인비수자동(事去人非水自東) 옛사람 간 곳 없고 산천은 의구한데
천년유적재송정(千年遺跡在松亭) 천년전 옛 자취 오직 송정에만 남았으며
여라정합교난해(女羅情合膠難解) 겨우사리 다정한 듯 서로 엉켜 아니풀고

제죽심친속가춘(弟竹心親粟可春) 형제대가 마음맞아 좁쌀방아 찧는구나
유저선랑동자학(有底仙郎同煮鶴) 어느 화랑 예 있어 학을 구워 술 나누리
막령초부학도룡(莫令樵斧學屠龍) 초부의 도끼로서 용잡는 것 배움말라
이모중도회유지(二毛重到會遊地) 머리털 절반 희어 예 놀던 곳 찾아오니
각선창창석일용(却羨蒼蒼昔日容) 솔은 늙지 않았구나 푸르고 푸른 네 모습아

여기서 모두 월송정 부근에서 화랑이 유오하였음을 확인할 수 있다. 그러나 관동팔경이 만들어진 것은 고려시대 이후의 일로, 설화로써 옛 화랑의 흔적과 관련을 짓고 있음을 확인할 수 있을 뿐이다. 두 번째 시의 작자인 안축(安軸)[17]은 고려 말의 문신으로 고향 죽계(竹溪)를 세력기반으로 하여 중앙으로 진출한 신흥유학자(新興儒學者)로 재능과 학문이 뛰어났다고 한다.

② **울진 봉평 신라비(鳳坪新羅碑)**: 이 봉평 신라비는 10행 398자의 비문이 있으며, 신라가 동북방면으로 진출하면서 건립한 비로 법흥왕 11년(524)에 세워진 것으로 추정하고 있다. 화랑도의 성립을 6세기 후반으로 본다면 화랑의 순례지와는 직접적 관계는 다소 멀지는 모르나 신라시대 사회의 모습을 엿볼 수 있는 것이다. 이 비석은 신라 사회 전반에 걸치는 여러 면들을 새롭게 검토해 볼 수 있는 중요한 역사적 자료이다. 또한 법흥왕 때의 율령반포와 6부제의 실시, 왕권의 실태 등을 파악할 수 있는 실마리를 제공하고 있어서 사료로서의 가치가 매우 크다. 비를 세운 목적은 거벌모라(居伐牟羅) 주민의 어떤 잘못에 대한 처벌과 재발방지를 위한 경계에 있다고 보는 것이 일반적이다. 그동안 회의적인 견해가 일부에서 제기되었던 법흥왕대의 율령반포 사실에 대해 확고한 증거가 나타났다는 점에서 큰 중요성을 지닌다.

---

17) 1287(충렬왕 13)~1348(충목왕 4).

③ **불영사(佛影寺)**: 불영천으로 형성된 맑은 불영계곡으로 이어지는 이곳은 기암괴석과 적송 40리길로도 유명하다. 강원도와 경계를 이루는 북쪽의 백두대간 산골짜기에서 흘러나온 물줄기들은 서쪽인 봉화 쪽으로 광비천이 되어 흐르고 동쪽인 울진 쪽으로 불영천이 되어 흐른다. 그리고 구불구불 백 리가 넘는 이 두 물길을 따라 봉화에서 울진으로 가는 36번 국도가 이어지는데, 바로 이 길의 동쪽 약 40리에 걸쳐 펼쳐지는 불영천의 절경이 곧 불영계곡이다. 기암괴석과 옥수, 50m가 넘는 적송이 어우러져 선경을 이루고 있는 이 계곡에는 의상대, 창옥벽, 보계등, 부처바위, 중바위, 거북돌, 소산 등의 명소가 곳곳에 흩어져 있다. 계곡에서 흘러내리는 물줄기가 봉우리들을 크게 감싸 돌며 산태극(山太極) 수태극(水太極)을 이룬 곳에 고찰 불영사가 자리잡고 있다. 특히 당대의 고승 의상대사가 유람하며 다니다가 건립한 절 중의 하나이며, 화랑과 비슷한 자취를 보인다는 측면에서 화랑의 순례길의 하나였을 것으로 짐작된다. 단지 주변의 지명이나 경내의 기록 등을 통해 화랑과의 연관성을 밝혀낼 필요가 있는 곳이다. 동해안에서 깊고 긴 계곡으로 가장 빼어난 경치를 자랑하는 이곳을 화랑들이 그냥 지나쳤을 리가 없기 때문이다. 고려 공민왕 때 한림학사 유백유(柳伯濡)가 지은 「불영사시창기(佛影寺始創記)」에 다음과 같은 창건설화가 실려 있다.

> 신라 진덕여왕5년(651) 산천을 두루 다니던 의상대사가 이곳을 지나다가 해운봉에 올라 북쪽을 보니 이곳의 지세가 당나라에서 보았던 천축산(天竺山)과 흡사하였다. 그런데 문득 연못에 부처님의 그림자가 비쳤다. 이를 이상히 여겨 다시 금탑봉에 올라 연못 속을 자세히 살펴보니 아홉 마리의 용이 숨어 있었다. 이에 의상대사가 용들에게 그곳을 떠나라고 설법을 하였으나 순순히 듣지 않았다. 그래서 다시 주문을 외우니 고통을 이기지 못한 용들이 바위를 뚫고 도망쳤다. 그 후에 의상대사가 이곳에 토

굴 삼간을 짓고 수행을 시작했으니 이것이 절이 서게 된 연원이다. 의상 대사는 이곳 산 이름을 천축산이라 짓고 절 이름을 구룡사라고 하였는데, 절 서쪽에 우뚝 솟은 바위가 연못에 비친 모습이 부처의 환영과 같다고 해서 후일에 절 이름을 불영사(佛影寺)라 부르게 되었다.

이때 연못에 비친 부처 형상의 바위가 불영암(佛影岩)이며, 용이 산을 뚫었다는 자리는 용혈(龍穴), 용이 도사리고 있던 곳을 오룡소(五龍沼)라고 하며 불영사를 휘감아 흐르는 광천(光川)계곡은 다른 이름으로 구룡(九龍)계곡이라고도 하니, 이 모두가 앞의 전설에서 비롯된 이름들이다.

울진은 백두대간의 결절점에 위치하여 산수가 빼어나 일찍이 신라 화랑, 의상대사, 송강 정철, 겸재 정선, 숙종 등이 머물렀다. 보부상의 길인 '십이령고개길'이 울진금강송숲길로 명명되어 걷기길로 조성되었고, 동해안의 해파랑길 울진구간이 일부 정비되어 있다. 여기에 불영계곡 방향으로 '신라화랑'의 길이 있어도 좋고 동해안을 따라 해파랑길의 울진 구간을 '수토사의 길', '월송만호의 길', '송강 정철의 길', '겸재 정선의 길'로 자리하여도 좋을 것이다. 이러한 문화역사의 유적에 역사적 의미를 더욱 캐내어 '이야기'의 옷을 입혀야 한다는 것이다. 더구나 천혜의 자연생태를 간직하고 있으면서도 역사적 콘텐츠를 많이 보유하고 있기 때문에 이들을 하나의 연결고리로 엮어 관광자원화 해야 할 것이다.

4. 울진지역 수토문화의 스토리텔링(story-telling)

1) 울릉도 · 독도 관련 각 지방자치단체의 움직임

①삼척시: 삼척시는 신라 장군 이사부와 삼척포진 삼척영장의 출항지로 울릉도·독도와 관련되는 곳이다.[18] 삼척시에서는 아슬라주의 군주 이사부의 출항지임을 선점하여 이사부사자공원을 조성하고 2010년부터 '삼척 동해왕 이사부 역사문화축전'을 매년 실시하고 있다. 지금은 삼척의 대표적 축제로 자리매김 하고 있는 느낌이다.

②포항시: 포항은 식민지 시기부터 현재에 이르기까지 울릉도·독도로 들어가는 출항지이자 울릉도 주민들의 생활권역이기도 하다. 근대 이후 포항-울릉도 간의 정기노선이 정착하면서 울진·삼척에서 건너가던 것이 포항으로 그 거점이 바뀌었으며 현재도 울릉도 여객의 가장 많은 부분을 포항이 담당하고 있다. 경제권으로나 정치 선거구로나 현재 관련성이 가장 높은 곳이 포항이다. 따라서 포항시와 포항교육지원청, 유관단체의 독도관련 행사가 단발적이기는 하나 꾸준히 이루어지고 있는 형편이다. 특히 포항교육지청 등에서는 울릉도·독도 관련 전시회, 교육프로그램 등을 개최하며 관심을 나타내고 있다.

③울산시: 울산은 제1차 안용복 도일사건 때 안용복과 함께 울릉도·독도 도항 및 도일을 했던 박어둔의 연고지이다. 또한 안용복 어머니가 살았던 곳이고 승려 뇌헌과 제2차 도일을 도모한 지역이 울산이다. 따라서 울산은 울산사람 박어둔에 대한 역사적 재조명을 모모하면서 울릉도·독도 도항의 기항지로서 울산을 부각시키고자 하고 있다.

④부산시: 독도 영유권과 관련해서 가장 이름이 자주 거론되는 인물이 안용복이다. 조선 숙종조에 「울릉도쟁계」를 촉발시킨 인물이자 이로 말미암아 일본 에도 막부가 울릉도·독도가 조선의 강역임을 인정하여 독도수호에 중요한 역할을 한 인물이다. 동래사람 안용복의 고향

---

[18] 이사부의 출항지로는 강릉설과 삼척(오분항)설의 2가지 설로 나누어지고 있음.

이자 동래 부산포 좌천동으로 알려져 있어 부산 수영에는 순흥 안씨들에 의해 수강사 공원 조성되어 안용복을 기리고 있다. 또한 부산은 조선후기 남도의 어민들이 울릉도 · 독도 도항의 주요 기항지이기도 했다. 따라서 울릉도 · 독도 수호 인물 안용복의 연고지로서 독도 관련 콘텐츠 조성에 의욕적이다. 그리고 많은 독도유관단체가 부산을 기반으로 활동하고 있기도 하다.

⑤**울진군:** 마지막으로 울진은 울릉도 · 독도 도항의 출항지 죽변항과 구산항를 보유하고 있는 곳이고, 최근의 발굴조사와 연구에서 대풍헌과 월성포진성의 역사적 의미가 재조명되고 있다. 울릉도 · 독도 수토사가 관여했던 유일한 유적이라는 측면에서 그 의의는 중요하다고 하겠다. 대풍헌을 발굴하여 2010년에 중수하여 정비하였으며, 2012년 월성포진성의 일부가 발굴조사되면서 울진군에서는 울진포진에 대한 정밀지표조사를 실시하였다. 2013년부터 '수토사 뱃길 재현' 행사를 추진하는 한편, 3대문화권사업의 일환으로 대풍헌 일원에 '수토문화나라 기념공원'을 조성하고 있다. 울진군은 국내 유일의 울릉도 · 독도 수토 유적지를 널리 알리고 국토수호를 위해 살아 있는 역사체험교육장으로 만들어갈 계획이다. 또한 울진지역에는 봉평신라비와 관동팔경의 월송정 · 망향정, 불영계곡 등 신라화랑의 유오지 등의 역사적 다수 존재한다. 수토사 관련 근거(출항) 및 수토사 사료의 추가 발굴을 통해 문화역사 콘텐츠로 스토리텔링화할 필요가 있으며 신라화랑 및 관동팔경 관련 콘텐츠와 연계하면 시너지 효과가 극대화될 수 있을 것이다.

2) 울진 수토문화와 울진지역의 스토리텔링화

조선시대 울릉도 · 독도 관리와 관련하여 국가적 사적으로 중요성을

〈그림 1〉 대풍헌의 전경

가지는 수토문화 관련유적은 대풍헌과 울진포진성이 현재로서는 유일하다. 독도 영유권과 관련된 문화콘텐츠는 삼척시가 2009년 '이사부축제'로 시작하여 2015년에는 '동해와 이사부 독도축전'으로 명칭을 변경하여 매년 실시하고 있다. 포항시, 울산시, 부산시도 관련 사업에 관심을 많이 기울이고 있으나 구체적으로 진행되고 있는 것은 없다. 다만 부산시의 경우 수강사의 순흥안씨 종친회를 중심으로 안욕복 동상을 건립하고 관련 학술대회를 개최하거나 하여 안용복 위인화 사업을 추진하고 있다. 울진의 경우 대풍헌을 중심으로 '수토문화나라' 조성 사업이 현재 진행 중에 있다. 이 사업은 「전국 최고의 생태 문화 관광 거점도시 조성 사업」의 일환으로 '3대문화권 수토문화나라 조성'사업(2012~2015년)으로 추진되고 있다. 수토문화관과 추모광장, 전망대, 야외갤러리, 주차장, 수토선 건조 등이 계획되어 있다. 조성 테마로는 ①특색 있는 역사 교육의 장 마련, ②호국 테마 관광지 기능 창출, ③지

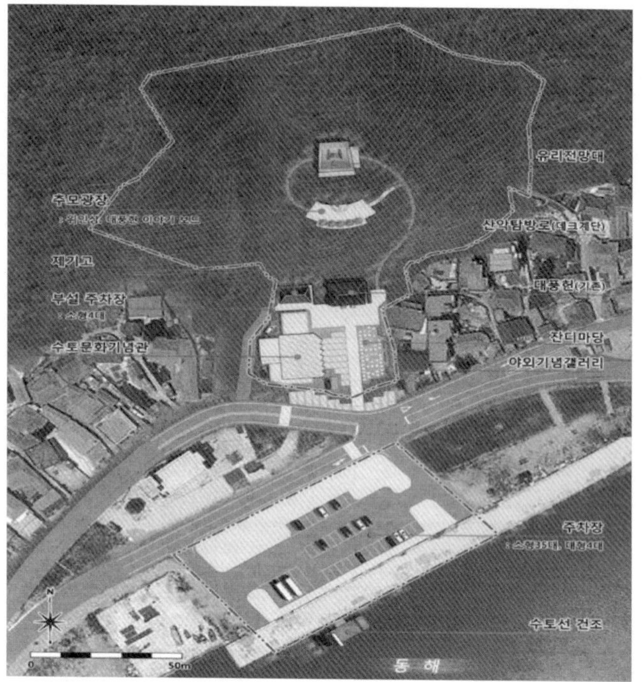

〈그림 2〉 수토문화나라 시설 배치 계획도

역 상징성 제고 및 관광객 증대를 들고 있다. 그리고 수토문화나라 조성 사업의 키워드는 독도의 실효적 지배를 위한 중요한 역사적 배경이 됐던 조선시대의 수토 제도를 주제로 해서 살아 있는 국·내외의 역사, 교육, 관광 공간으로 이미지 메이킹(image making) 하겠다는 것이다. 특히 '수토문화나라'에는 지원 공간으로 대상지의 상징성을 부각하기 위해 조선시대의 수토선(搜討船)을 건조하여 해상에 전시하고 수토선 내부를 기념관으로 활용할 수 있도록 계획되고 있다.

여기서 중요한 것은 하드웨어의 건물보다는 각 공간에 들어갈 콘텐츠가 적절히 들어가야 할 것이고 이것은 반드시 역사적 사실에 바탕을 두고 만들어져야 한다. 학생들과 일반인들에게 대풍헌과 수토사의 역사를 보다 쉽게 전달하기 위해 '대풍헌 이야기'가 작성되어 역사성, 상징성, 문화성을 표현하는 장소로 활용되어야 한다. 이러한 '수토나라조성사업'이 각종 프로그램과 교육의 장으로서 기능 확충 및 수토문화체험 활동 등에 포인트를 두고 있다면, 울진의 수토문화 콘텐츠는 역사적 사실에 바탕을 두고 보다 차별화된 것들로 아이디어를 짜내어야 할 것이다. 우리나라의 경우, 각종 테마파크, 기념관 등이 선진 사례를 무분별하게 모방한 결과 붕어빵식의 프로그램으로 그 지역만의 고유한 특색이 드러나지 않는다. 또한 하드웨어에만 치중한 나머지 방문객은 없고 건물만 남아 애물단지가 되는 경우가 많다는 것을 상기할 필요가 있다. 거듭 강조하였듯이 울진지역 수토문화를 자원화 하는 경우 반드시 역사성과 객관적 근거에 바탕을 두고 이루어져야 할 필요가 있다. 그리고 울릉도 · 독도와 관련하여 강원도 동해안의 지자체와 연계하여 '해파랑길', '관동팔경 800리' 혹은 '수토사 순심의 길'과 하나의 순례길 벨트로 이루어져야 하나 울진지역만의 역사적 지리적 특성과 문화적 요소를 가미하여 강릉~삼척~대풍헌, 월송포진성~대풍헌으로 다다르는 또 다른 콘텐츠로서 차별화를 기하여야 할 것이다.

이 경우 참고가 될 수 있는 것이 춘천의 남이섬, 제주도의 올레길, 독일 하이델베르그의 철학자의 길, 일본 와카야마의 구마노옛길(熊野古道), 프랑스에서 스페인에 이르는 800km의 산티아고 가는 길(Camino de Santiago) 등을 들 수 있다. 이들은 독자적인 역사적 사실과 화제성을 바탕으로 길을 재현하고 새롭게 스토리텔링 하여 관광명소로 거듭나고 있는 곳들이다. 이들 순례길 또는 산책길이 명소로 탈바꿈하기까지는 적어도 수십 년 혹은 백여 년 이상의 타임스팬을 두고 하나하나 그 구성요소를 채워왔다고 할 수 있을 것이다.

다만 남이섬의 경우는 자연적 지리적 요소에 역사성, 현대적 요소까지 가미된 곳이기는 하나 여기에는 조그만 하나의 발상전환으로 말미암아 경주나 제주도를 재치고 외국인 여행객이 가장 많이 오는 곳으로 변모하기에 이르렀다.

바람 많고 풍광이 좋은 제주의 올레길은 2007년에 조성하여 최근에 제주의 관광객을 모으는데 한몫을 할 정도로 각광을 받고 있는 곳이다. 울진지역이 화랑 풍류정신의 순례길 혹은 수토사 행차의 길이었다는 점을 감안한다면 앞의 일본 '구마노옛길'과 유럽의 '산티아고 가는 길'에서 많은 힌트를 얻을 수 있을 것이다. 다만 무분별한 모방을 할 것이 아니라 새로운 발상을 세계의 선진사례로부터 얻을 필요가 있다. 구마노옛길은 일본의 옛 자연신앙과 영산의 순례길로 요시노산지를 따라 옛 모습 그대로 잘 보존된 곳으로 2004년에 유네스코 세계유산으로 지정을 받은 곳이며, 산티아고 가는 길(Camino de Santiago)은 2000여 년 전 야고보가 스승 예수의 뜻에 따라 세상 끝까지 복음을 전하겠다고 하여 스페인을 향해 걸었던 '야고보의 길'이다. 산티아고에 이르는 길은 여러 갈래이지만 모든 길은 산티아고로 연결된다.

철학자의 길의 경우 일본 교토의 고찰과 신사로 이어지는 곳에 약 100년 전에 철학의 길이라는 것이 조성이 되어 지금은 빠트릴 수 없는 관광코스이자 벚꽃과 단풍구경의 명소가 되어 있다. 이 길은 독일 하이델베르그에서 헤겔, 야스퍼스 등이 사색했다는 철학자의 길에서 착안하여 일본의 유명한 철학자 니시다 키타로(西田幾多郎)가 거닐었다고 하여 '철학의 길'이라 명명을 하였지만 일본의 전통적 요소와 근대의 역사적 사실을 연결고리로 스토리텔링화 하여 성공한 사례이다. 철학의 길에는 찻집, 수공예품, 그림, 옷가게 등이 조금씩 들어서서 새로운 문화적 요소를 제안하고 있다. 굳이 홍보마케팅으로 알리지 않지만 입소문을 통해 알려진 명소로 봄이면 벚꽃, 여름이면 반딧불, 가을이면 단풍, 겨울의 설경과 같이 계절적 요소도 함께 갖춘 곳이라

할 수 있다.

3) 스토리텔링(story-telling)화의 과제

울진지역의 수토문화는 우선 역사적 사실을 바탕으로 기본인프라 구축 및 콘텐츠 개발이 이루어져야 할 것이다. 나아가 이들 역사적 자원이 울진 지역의 대표적 브랜드로 발전하기 위해서는 역사인식의 객관화 및 문화·역사 콘텐츠에 대한 스토리텔링이 이루어져야 한다. 역사적 사실을 바탕으로 한 명소 브랜드화 또는 대표 콘텐츠화를 위해서는 새로운 역사를 만들어가야 하는데 그 새로운 역사의 핵심에는 '이야깃거리' 즉 스토리텔링이 있다. 소재는 전설, 설화, 사료, 구전 등 무엇이든 상관이 없으나, 방문하는 방문객 또는 체험객의 입을 통해 입소문마케팅이 되기 위해서는 소재의 참신성과 신비성이 있어야 하며 그 계기가 되는 이야기의 아이디어성이 가장 중요한 요소로 작용한다.

스토리텔링 기법에는 울진 각지의 관련 문화 유적이나 지역음식 등을 옛날 화롯가에서 할머니의 입을 통해 듣는 것과 같은 구수한 '이야깃거리'를 ①가이드 등의 입을 통해 전달하는 방법, ②리플릿 등 책자를 통해 전달하는 방법, ③사적지의 안내문처럼 표지판을 통해 전달하는 방법 등이 있다. 여기에는 물론 역사학, 고고학, 구비문학, 인류학 등의 전문가 집단에 의한 기본 매뉴얼을 작성해야 하고 차후적으로 스토리텔링 기법에 의존하면 된다. 물론 울진군의 슬로건과 로고에서 나타내는 이미지의 하위 개념으로 나름의 작은 슬로건을 내걸 필요도 있다. 예를 들어 '조선 수토문화의 메카 울진', '동해안 절경 울진 수토사길' 등과 같은 작은 슬로건을 작성하고 세부 유적에 대해서는 울진과 조선 수토사 관련 지역의 유적들을 누구라도 보아 쉽게 이해할 수 있도록 차별화 하여 스토리텔링 해야 할 것이다.

아무리 훌륭하고 값진 역사적 유적일지라도 방문객에게 제대로 전달되지 못한다면 관광의 명소가 될 수가 없다. 다시 말해 멋과 감동, 화제성과 감성이 섬세하게 깃든 내용이어야 하며 체험하는 재미 또한 쏠쏠하게 당기는 것이어야 한다. 우리나라의 관광은 현재를 둘러보는 데 급급했지만 이제는 과거까지도 체험하려는 흐름이 늘어나고 있는 것이다. 울진의 수토문화 관련 지역은 화랑의 풍류도와 관동팔경 800리라는 키워드와 함께 수토문화 안에 담긴 이야기를, 그리고 그 주변에 흩어진 이야기들을 관광자원으로 활용하여 울진이라는 브랜드를 고객에게 전달해야 하는 시대인 것이다. 따라서 주변의 잊혀진 역사와 잊혀진 문화까지도 느끼고 들여다볼 수 있는 매뉴얼을 작성하여 울진에 산재한 역사 · 문화라는 관광자원을 스토리텔링 기법을 통해 장소마케팅 전략으로 활용해야 할 것이다.

수토문화나라에는 수토사의 울릉도 · 독도 도항이라는 기본 위에 화제성, 감성, 역사성을 담아 멋과 감동을 느끼고, 지역 역사적 문화에 대한 향수 소비에 대한 욕구를 충족시키도록 울진만(Only Uljin)의 고유성이 강조되어야 할 것이다. 이것이야말로 울진관광의 포지셔닝(positioning)이 되어야 할 것이다.

5. 울진 수토문화 관광자원화의 기본방향

울진군의 홈페이지를 들어가 보니 "내 마음의 휴식처 생태문화관광도시 관광울진"라는 캐치프레이즈가 눈에 들어온다. 수도권에서도 대구나 부산권으로부터도 5시간이나 걸리는 울진은 교통의 벽지이다. 하지만 도시와 산업으로부터 원격지에 위치함으로써 오히려 지역스러움과 시골스러움을 그대로 간직한 환경생태지역이라 일컬을 수 있는 곳이다. 과거에는 수도권과 같은 대단위의 도시권에서 가까운 관광지가 각광을 받았지만 이제는 오히려 벽지거나 오지이기 때문에 지역 고유의 환경과 문화를 고스란히 간직하고 있는 부분이 많이 남아있고 하여 시골스런 시골이 미래의 블루오션 관광지로 부각될 가능성이 높다. 특히 울진은 대풍헌을 중심으로 한 수토문화의 숨결을 간직한 곳이기도 하지만 옛 조상의 풍류정신을 엿볼 수 있는 관동팔경의 2곳을 보유한 곳이기도 하고 일찍이 신라화랑의 동해안 순례길에서 불영계곡 등은 요충지 역할을 했던 곳이기도 하다. 그런 의미에서 울진지역은 잠재자원이 풍부한 곳이라 할 수 있다. 따라서 수토문화를 관광자원화 하기 위해서는 우선 수토사 관련 울진의 역사자원 및 문화자원을 함께 엮고 새로운 역사자원을 발굴하여 '(가칭)수토사문화역사벨트'를 중심으로 콘텐츠를 집적할 필요가 있다. 그러기 위해서는 우선, 역사적 사실을 바탕으로 하여 시간과 공간을 결합하는 지역 문화콘텐츠 만들기를 추진할 필요가 있다. 이는 비싼 건축물이나 멋진 하드웨어의 건립보다는 기존의 토대(유적, 유물) 위에 역사와 문화의 옷을 입히는 스토리텔링의 작업이 우선되어야 한다. 즉 콘텐츠에 역사성과 문화성을 담는 역사적 의미를 부각시킬 필요가 있다는 것이다. 둘째, 울진의 수토문화는 국가적 차원에서 중요한 부분일 수 있다. 그러므로 울진 수토문화 콘텐츠와 화랑의 동해안 순례길, 관동팔경 "풍류(風流)"를 연계해야 그 시너지 효과를 높일 수 있다. 다시 말해, 울진 대풍헌 수토문화 콘텐츠와 수토사 뱃길을 바탕으로 하여 명소브랜드로 확산될 수 있도록 다양한 문화벨트와 연계할 필요가 있다는 것이다. 이 경우 어디까지나 역사적 근거를 바탕으로 스토리텔링을 해야 하고 이것에 근거하여 브랜드가치를 지닌 울진의 새로운 역사쓰기, 울진역사의 재발견이 이루어져야 할 것이다.

흔히들 "가장 지역적인 것이 가장 국제적인 것이다" 혹은 "가장 시골스러운 것이 가장 국제적인 것이다"라는 말을 한다. 국민소득 3만 달러 시대에는 보다 고유한 부분, 보다 자연적인 부분을 선호할 것이라는 말과 일맥상통하는 것이다. 수토문화를 관광자원화 해가되 소설을 쓰듯이 인공적으로 만들어가서는 안 된다는 말이다. 2000년 이후 우리 주변에는 각종 테마파크나 문화 공간, 체험마을 등이 우후죽순처럼 많이 조성되고 있다. 그러나 많은 곳들이 신기루처럼 나타났다가 사라지곤 했다. 이것은 콘텐츠에 '역사성'과 '문화성'이라는 옷을 입히지 않았기 때문이라고 생각한다. "50년 된 목재로 만든 집은 50년을 가고, 200년 목재로 만든 집은 200년을 간다"고 한다. 머지않아 조성되게 될 '(가칭)수토사역사문화벨트'는 역사와 문화의 뿌리를 느끼고 그 향기를 느끼는 장소가 되어야 할 것이다.

【참고문헌】

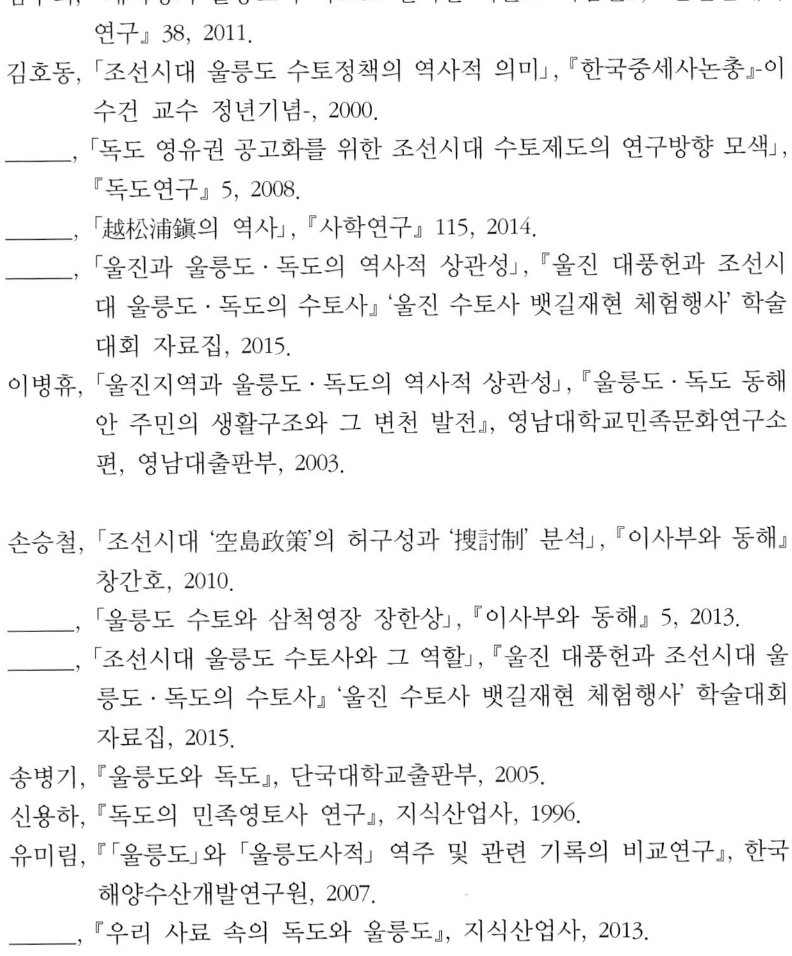

김수희, 「개척령기 울릉도와 독도로 건너간 거문도 사람들」, 『한일관계사연구』 38, 2011.

김호동, 「조선시대 울릉도 수토정책의 역사적 의미」, 『한국중세사논총』-이수건 교수 정년기념-, 2000.

______, 「독도 영유권 공고화를 위한 조선시대 수토제도의 연구방향 모색」, 『독도연구』 5, 2008.

______, 「越松浦鎭의 역사」, 『사학연구』 115, 2014.

______, 「울진과 울릉도 · 독도의 역사적 상관성」, 『울진 대풍헌과 조선시대 울릉도 · 독도의 수토사』 '울진 수토사 뱃길재현 체험행사' 학술대회 자료집, 2015.

이병휴, 「울진지역과 울릉도 · 독도의 역사적 상관성」, 『울릉도 · 독도 동해안 주민의 생활구조와 그 변천 발전』, 영남대학교민족문화연구소 편, 영남대출판부, 2003.

손승철, 「조선시대 '空島政策'의 허구성과 '搜討制' 분석」, 『이사부와 동해』 창간호, 2010.

______, 「울릉도 수토와 삼척영장 장한상」, 『이사부와 동해』 5, 2013.

______, 「조선시대 울릉도 수토사와 그 역할」, 『울진 대풍헌과 조선시대 울릉도 · 독도의 수토사』 '울진 수토사 뱃길재현 체험행사' 학술대회 자료집, 2015.

송병기, 『울릉도와 독도』, 단국대학교출판부, 2005.

신용하, 『독도의 민족영토사 연구』, 지식산업사, 1996.

유미림, 『「울릉도」와 「울릉도사적」 역주 및 관련 기록의 비교연구』, 한국해양수산개발연구원, 2007.

______, 『우리 사료 속의 독도와 울릉도』, 지식산업사, 2013.

▌찾아보기 ▌

[ㄴ]

[ㄷ]

[ㄹ]

[ㅇ]

[ㅊ]

[ㅋ]

[ㅌ]

필 · 자 · 약 · 력 (가나다 순)

■ **김기혁**

부산대학교 사범대학 지리교육과 교수

저서 : 『울릉도 · 독도 역사지리 사료 연구』(공저), 『부산고지도』, 『국토의 표상-한국 고지도집』(공저), 한국지명유래집(공저)

논문 : 「조선-일제 강점기 울릉도 지명의 생성과 변화」, 「조선 후기 고지도에 나타난 '우산도(于山島)' 지명 연구」, 「조선 후기 울릉도의 수토 기록에서 나타난 부속 도서 지명 연구」

■ **김도현**

문화재청 문화재전문위원(민속문화재분과), 강원도문화재위원회 문화재전문위원(무형문화재분과), 太東문화재연구소 소장, 강원대학교 강사

저서: 『영덕 구계리 굿과 음식』, 『삼척 임원리 굿과 음식』, 『史料로 읽는 太白山과 天祭』, 『삼척 공양왕릉』 등

논문: 「강원도 영동 남부지역 고을 및 마을신앙」, 「삼척 해안지역 마을신앙 연구」, 「울진 12령 샛재[鳥嶺] 城隍祠와 褓負商團」, 「강원도의 옛길과 문화」 외 다수

■ **김수희**

영남대학교 독도연구소 연구교수

저서 : 『근대 일본어민의 한국진출과 어업경영』, 『植民地朝鮮と愛媛の人びと』, 『독도=죽도 문제 '고유영토론'의 역사적 검토』(공역) 등

논문 : 「나카이 요사부로와 독도어업」, 「흑룡회의 독도침탈 기도와 '양코도 발견' 기록의 재검토」, 「독도어장과 재주해녀」, 「근대 일본식 어구 안강망의 전파와 서해안 어장의 변화 과정」 외 다수

■ **김호동**

영남대학교 독도연구소 연구교수

저서 : 『독도 · 울릉도의 역사』, 『고려 무신정권시대 문인 지식층의 현실대응』, 『영원한 독도인 최종덕』, 『한국 고 · 중세 불교와 유교의 역할』, 『한국사 6』(공저), 『울릉도 · 독도의 종합적 연구』(공저), 『독도를 보는 한 눈금 차이』(공저), 『울릉군지』(공저) 등

논문 : 「조선 숙종조 영토분쟁의 배경과 대응에 관한 검토」, 「조선초기 울릉도 · 독도에 관한 '공도정책'의 재검토」, 「개항기 울릉도 개척정책과 이주실태」 외 다수

■ **손승철**

강원대학교 사학과 교수

저서 : 『조선통신사-일본에 통하다』, 『근세한일관계사』, 『조선시대 한일관계사연구』, 『강좌 한일관계사』, 『독도와 대마도』, 『近世の朝鮮と日本』- 交隣關係の虚と實 - 『근세조선의 한일관계연구』, 『韓日關係史料集成』(전32권), 『울릉도 · 독도 품은 강원도 사람들』, 『근현대 강원도와 울릉도 · 독도이야기』 등

논문 : 「조선시대 공토정책의 허구성과 수토제 분석」, 「울릉도의 무인화와 독도 영유권문제」, 「울릉도수토와 삼척영장 장한상」, 「17세기 말, 안용복 사건을 통해 본 조일간의 해륙경계분쟁」, 「중근세 조선인의 도서경영과 경계인식 고찰」, 「1696년, 안용복의 제2차 공술자료」 외 다수

■ **송휘영**

영남대학교 독도연구소 연구교수

저서 : 『일본 향토사료 속의 독도』(편역), 『독도 영유권 확립을 위한 연구Ⅴ』(공

저), 『일본 학자가 보는 독도의 역사학적 연원』(역서), 『일본의 독도연구 동향과 분석』(공저) 등

논문 : 「근대 일본의 수로지에 나타난 울릉도 · 독도 인식」, 「일제강점기 울릉도 거주 일본인들의 울릉도 · 독도 인식」, 「울릉도쟁계(竹島一件)의 결착과 스야마 쇼에몽(陶山庄右衛門)」, 「일본의 독도에 대한 "17세기 영유권 확립설"의 허구성」 외 다수

■ 심현용

울진봉평신라비전시관 학예연구사

저서 : 『조선왕실의 태봉』(공저), 『한국고고학전문사전 -고분편』(공저), 『울진봉평신라비』(공저), 『울진의 금석문』(공저), 『울진의 금석문Ⅱ』(공저), 『별고을 성주, 생명을 품다 -선석산 세종대왕자 태실 이야기-』(공저), 『가노가노 언제가노 열두고개 언제가노』(공저) 등

논문 : 「조선시대 태실에 관한 고고학적 연구」, 「고고자료로 본 신라의 강릉지역 진출과 루트」, 「고고자료로 본 5~6세기 신라의 강릉지역 지배방식」, 「울진 봉평리 신라비의 재판독과 보존과학적 진단」, 「석조물로 본 울진지역 불교문화」, 「조선시대 울릉도 수토정책에 대한 고고학적 시 · 공간 검토」, 「울진 대풍헌 현판」, 「조선왕실 태실석함의 현황과 양식변천」, 「조선시대 가봉태실의 중앙태석에 대한 양식과 변천」, 「조선 왕실의 아기태실비에 대한 양식과 편년 재검토」, 「조선시대 태실의 입지에 대한 재검토」, 「조선 단종의 가봉태실에 대한 문헌 · 고고학적 검토」, 「조선 초 영주 소헌왕후 태실의 조성과 구조 복원」, 「성주 선석산 태실의 조성과 태실구조의 특징」 외 다수

■ 유재춘

강원대 사학과 교수

저서 : 『한국중세축성사연구』, 『역주 교린제성』, 『근세 한일성곽의 비교연구』, 『세계 영토분쟁의 전쟁사』(공저)

논문 : 「려말선초 강원도내 읍성 축조 과정과 그 유적」, 「春川 소재 壯節公 申崇

謙遺蹟地의 조성 경위와 특징」, 「삼척지역 일대의 성곽 및 수군 유적 연구」, 「동해안의 수군유적 연구」, 「고대 춘천지역의 관방시설에 대하여」, 「강원지역 관방유적의 연구현황과 과제」

■ **유하영**

동북아역사재단 독도연구소 연구위원

저서 : 『독도문제의 학제적 연구』, 『독도와 한일관계:법 · 역사적 접근』, 『한일 양국의 독도정책과 그 비교』

논문 : 「독도와 한일 해양경계」, 「울릉도 부속 섬으로서 독도의 법적 지위」, 「일본 교과서 기술의 국제법상 제문제」, 「한국의 독도영유권에 대한 법사학적 쟁점과 식민지배」, 「수토정책에 대한 국제법적 해석」, 「현존 국제법상 우산국 · 실직국의 법적 지위 검토」

■ **윤명철**

동국대학교 교양교육원 교수

저서 : 『바닷길은 문화의 고속도로였다』, 『해양사연구방법론』, 『해양방어체제와 강변방어체제』, 『해양활동과 해양문화의 이해』

논문 : 「고대 도시의 해양적 성격(港口都市)에 대한 체계적 검토－고대국가를 대상으로－」, 「동해문화권의 성격과 영일만의 문화적 위상」, 「蔚山의 海港都市的 성격과 國際港路 －신라와 관련하여－」, 「삼척동해지역의 해항도시적 성격과 김이사부 선단의 출항지 검토」, 「해안도서지역과 동아시아 역사와 문화」